Zugangscode

Nutzungsdauer 24 Monate

RY579LF8

https://www.pearson.de/mylab/python

Python mit Biss

Eine Einführung in die Programmierung in Python

Michael Hartl

Pearson

Bibliografische Information der Deutschen Nationalbibliothek

Die Deutsche Nationalbibliothek verzeichnet diese Publikation in der Deutschen Nationalbibliografie; detaillierte bibliografische Daten sind im Internet über *http://dnb.dnb.de* abrufbar.

Der Umwelt zuliebe verzichten wir auf Einschweißfolie.

10 9 8 7 6 5 4 3 2 1

28 27 26 25

ISBN 978-3-86894-460-0 (Buch)
ISBN 978-3-86894-547-8 (PDF)

Zugangscode einlösbar bis 30.09.2027.

Programmleitung: Birger Peil, bpeil@pearson.de
Übersetzung und Bearbeitung: Dr. Carsten Biele
Fachlektorat: Marco Gähler
Coverillustration: © Alexey Boldin, Shutterstock
Herstellung: Philipp Burkart, pburkart@pearson.de
Satz: Reemers Publishing Services GmbH
Druck und Verarbeitung: GraphyCems, Villatuerta, Navarra

Printed in Spain

Inhaltsverzeichnis

Vorwort

In *Python mit Biss* lernen Sie, praktische und moderne Programme mit der eleganten und leistungsstarken Programmiersprache Python zu schreiben. Sie werden lernen, wie Sie Python sowohl in der grundlegenden Programmierung für allgemeine Zwecke als auch für die Entwicklung von einfachen Webanwendungen einsetzen können. Obwohl es bis zur Beherrschung von Python ein langer Weg sein kann, müssen Sie nicht gleich alles lernen, um loszulegen. Wenn Sie nur ein wenig *Biss* zeigen, werden Sie schnell erste Erfolge erleben.

Sie werden damit beginnen, die Kernkonzepte der Python-Programmierung mit einer Kombination aus dem interaktiven Python-Interpreter und Textdateien, die über die Kommandozeile ausgeführt werden, zu erkunden. Das Ergebnis ist ein solides Verständnis sowohl der *objektorientierten Programmierung* als auch der *funktionalen Programmierung* in Python. Darauf aufbauend werden Sie ein einfaches, in sich geschlossenes Python-Paket entwickeln und veröffentlichen. Dieses Paket verwenden Sie dann in einer einfachen dynamischen Webanwendung, die mit dem Web-Framework *Flask* erstellt wurde und die Sie auch im Internet veröffentlichen werden. Daher eignet sich *Python mit Biss* besonders gut als Voraussetzung für das Erlernen der Webentwicklung mit Python.

Python mit Biss vermittelt Ihnen nicht nur spezifische Fähigkeiten, sondern hilft Ihnen auch, eine allgemeine *technische Raffinesse* zu entwickeln – die scheinbar magische Fähigkeit, praktisch jedes technische Problem zu lösen. Zu den technischen Raffinessen gehören konkrete Fähigkeiten wie Versionskontrolle und Codierung, aber auch unscharfe Fertigkeiten wie das Googeln von Fehlermeldungen und das Wissen, wann man das verdammte Ding einfach neu starten sollte. Während des gesamten Kurses *Python mit Biss* werden wir reichlich Gelegenheit haben, technische Raffinesse im Kontext realer Beispiele zu entwickeln.

Kapitelinhalte

Um genug *Biss* bei der Programmierung in Python zu entwickeln, beginnen wir mit einer Reihe von einfachen „hello, world"-Programmen, die verschiedene Techniken verwenden (▶ Kapitel 1), einschließlich einer Einführung in den Python-Interpreter, ein interaktives Kommandozeilenprogramm zur Auswertung von Python-Code. Gemäß der Philosophie des Buches, die Dinge immer „auch tatsächlich" selbst durchzuführen, werden wir bereits in ▶ Kapitel 1 eine (sehr einfache) dynamische Python-Anwendung im Web bereitstellen. Dieses Kapitel enthält über *Learn Enough Dev Environment to Be Dangerous* (https://www.learnenough.com/dev-environment), das kostenlos online und nach Eingabe einer gültigen E-Mail-Adresse als kostenloses eBook zum Download zur Verfügung steht, auch Hinweise auf die neuesten Setup- und Installationsanweisungen.

Nachdem wir „hello, world" gemeistert haben, beschäftigen wir uns mit einigen *Python-Objekten*, darunter Strings (▶ Kapitel 2), Listen (▶ Kapitel 3) und andere native Objekte wie Datumsangaben, Dictionaries (Wörterbücher) und reguläre Ausdrücke (▶ Kapitel 4). Zusammengenommen bilden diese Kapitel eine sanfte Einführung in die *objektorientierte Programmierung* mit Python.

In ▶ Kapitel 5 lernen wir die Grundlagen von *Funktionen* kennen, ein wichtiges Thema für praktisch jede Programmiersprache. Anschließend wenden wir dieses Wissen auf eine elegante und leistungsstarke Art der Programmierung an, die als *funktionale Programmierung* bekannt ist, einschließlich einer Einführung in *Comprehensions* (▶ Kapitel 6).

Nachdem wir die Grundlagen der in Python integrierten Objekte behandelt haben, erlernen wir in ▶ Kapitel 7 die Erzeugung eigener Objekte. Insbesondere werden wir ein Objekt für eine *Phrase* (eine Wortfolge) definieren und dann eine Methode entwickeln, um festzustellen, ob die Phrase ein *Palindrom* (also vorwärts und rückwärts gelesen dasselbe) ist oder nicht.

Unsere anfängliche Palindrom-Tester-Implementierung wird eher rudimentär sein, aber wir werden sie in ▶ Kapitel 8 mithilfe einer leistungsstarken Technik namens *testgetriebene Entwicklung* (engl.: *test-driven development*, TDD) erweitern. Dabei werden wir mehr über das Testen im Allgemeinen erfahren und darüber hinaus lernen, wie man ein Python-Paket erstellt und veröffentlicht.

In ▶ Kapitel 9 beschäftigen wir uns mit einer der größten Stärken von Python, dem Schreiben nicht-trivialer *Shell-Skripte*. Zu den Beispielen gehört das Lesen von Dateien, sowohl lokal als auch direkt von URLs. Ein letztes Beispiel zeigt, wie Sie die heruntergeladene HTML-Datei einer Webseite mithilfe von Python gezielt verändern können.

In ▶ Kapitel 10 werden wir unsere erste vollständige Python-Webanwendung entwickeln: eine Website zur Erkennung von Palindromen. Dabei werden wir uns mit *Routes, Layouts, eingebettetem Python* (*embedded Python*) sowie der *Verarbeitung von Formularen* (*form handling*) befassen. Außerdem begegnen wir dabei einem zweiten Beispiel für eine testgetriebene Entwicklung (TDD). Als krönenden Abschluss unserer Arbeit werden wir unseren Palindrom-Detektor im Internet veröffentlichen.

In ▶ Kapitel 11 erhalten wir schließlich eine Einführung in die Python-Werkzeuge, die im boomenden Bereich der *Datenwissenschaft* verwendet werden. Zu den Themen gehören numerische Berechnungen mit NumPy, Visualisierung von Daten mit Matplotlib, Datenanalyse mit pandas und maschinelles Lernen mit scikit-learn.

Zusätzliche Features

Zusätzlich zum Haupttext des Buches enthält *Python mit Biss* eine große Anzahl von Übungen, mit denen Sie Ihr Verständnis testen und den Stoff des Haupttextes vertiefen können. Die Übungen enthalten häufig Hinweise und oft auch die erwarteten Antworten.

Abschließende Überlegungen

Python mit Biss gibt Ihnen eine praktische Einführung in die Grundlagen von Python, sowohl als allgemeine Programmiersprache als auch als Spezialsprache für Webentwicklung und Datenwissenschaft. Nach dem Erlernen der in diesem Buch behandelten Techniken und vor allem nach der Weiterentwicklung Ihrer technischen Raffinesse werden Sie alles wissen, was Sie brauchen, um Shell-Skripte zu schreiben, Python-Pakete zu veröffentlichen, dynamische Webanwendungen bereitzustellen und wichtige Python-Werkzeuge für die Datenwissenschaft zu verwenden. Außerdem sind Sie dann bereit für eine Vielzahl anderer Ressourcen, darunter Bücher, Blogbeiträge und Online-Dokumentationen.

Learn-Enough-Stipendien

Learn Enough[1] setzt sich dafür ein, dass möglichst viele Menschen Zugang zu einer technischen Ausbildung erhalten. Im Rahmen dieses Engagements haben wir 2016 das Learn-Enough-Stipendienprogramm ins Leben gerufen.[2] Stipendiaten erhalten kostenlosen oder stark vergünstigten Zugang zum *Learn-Enough-All-Access*-Abonnement, das alle Learn-Enough-Online-Buchinhalte, eingebettete Videos, Übungen und Antworten auf Community-Übungen enthält.

Wie bereits im *2019 RailsConf Lightning Talk*[3] erwähnt, ist der Bewerbungsprozess für das Learn-Enough-Stipendium unglaublich einfach: Füllen Sie einfach ein vertrauliches Textfeld aus, in dem Sie uns ein wenig über Ihre Situation erzählen. Die Kriterien für das Stipendium sind großzügig und flexibel – wir verstehen, dass es eine enorme Anzahl von Gründen für den Wunsch nach einem Stipendium gibt, von der Tatsache, dass Sie Student sind, über die Tatsache, dass Sie zwischen zwei Jobs stehen, bis hin zu dem Umstand, dass Sie in einem Land mit einem ungünstigen Wechselkurs gegenüber dem US-Dollar leben. Wenn Sie das Gefühl haben, dass Sie einen guten Grund haben, werden wir das wahrscheinlich auch so sehen.

Bislang hat Learn Enough mehr als 2500 Stipendien an aufstrebende Entwickler im ganzen Land und auf der ganzen Welt vergeben. Um sich zu bewerben, besuchen Sie die Learn-Enough-Stipendienseite unter www.learnenough.com/scholarship. Vielleicht sind Sie der nächste Empfänger eines Stipendiums!

1 Der englische Originaltitel dieses Buches lautet *Learn Enough Python to Be Dangerous*. Das Buch ist Teil einer Reihe von „Learn-Enough"-Büchern zu verschiedenen Themen der Informatik.

2 https://www.learnenough.com/scholarship

3 https://www.learnenough.com/scholarship-talk

Zur deutschen Auflage

Liebe Leserin, lieber Leser,

willkommen in der Welt von Python – einer Sprache, die nicht nur durch ihre Eleganz und Einfachheit besticht, sondern auch durch ihre mächtigen Möglichkeiten, die Welt der Programmierung zu erkunden und zu gestalten. Dieses Buch soll Ihnen als Leitfaden für die Einarbeitung auf Ihrer Reise durch Python dienen, von den ersten Schritten bis hin zu fortgeschrittenen Konzepten.

Für zusätzlichen *Biss* sorgen die auf Anregung des Fachlektors Marco Gähler eigens dafür in der deutschen Auflage eingefügten *Python-mit-Biss*-Kästen. Diese Kästen enthalten Hinweise, die das Verständnis des Textes erleichtern und erweitern sowie praktische Tipps für die Programmierung und einen guten Programmierstil geben.

Ergänzend zum Buch erhalten Sie mit **MyLab | Python mit Biss** digitale Arbeitsblätter zu fast jedem Kapitel. Diese bieten Ihnen die Möglichkeit, das erworbene Wissen aktiv anzuwenden und zu vertiefen. Die Aufgaben sind modular aufgebaut und ermöglichen Ihnen ein selbstbestimmtes Lerntempo. Für das Kapitel zur Datenwissenschaft (Kapitel 11) stehen zusätzliche Programmieraufgaben zum Download bereit. Um Sie bei der Lösung zu unterstützen, finden Sie dazu passende Videotutorials.

Wir ermutigen Sie, diese Übungen so oft wie nötig zu wiederholen, manche Inhalte sind randomisiert und ändern sich mit jedem Aufruf. Programmieren lernt man am besten durch Tun, und diese Übungen bieten Ihnen die perfekte Gelegenheit zu experimentieren, Fehler zu machen und daraus zu lernen. Mit jeder gelösten Aufgabe werden Sie mehr Vertrauen in Ihre Fähigkeiten gewinnen und einen Schritt näher an die Beherrschung von Python heranrücken. Getreu dem Motto *Learn a little do a little.*

Wir wünschen Ihnen viel Erfolg und Freude beim Entdecken der faszinierenden Möglichkeiten, die Python Ihnen bietet.

Viel Spaß beim Programmieren!

Ihr Pearson-Team

Über den Autor

Michael Hartl (www.michaelhartl.com) ist der Schöpfer des *Ruby on Rails™ Tutorial* (www.railstutorial.org), einer der führenden Einführungen in die Webentwicklung, und ist Mitbegründer und Hauptautor von *Learn Enough* (www.learnenough.com). Zuvor war er Physiklehrer am California Institute of Technology (Caltech), wo er einen Lifetime Achievement Award für herausragende Lehrleistungen erhielt. Er ist Absolvent des Harvard College, hat einen Doktortitel in Physik vom Caltech und ist ein ehemaliger Teilnehmer des Y-Combinator-Unternehmerprogramms.

Über den Fachlektor der deutschen Auflage

Marco Gähler studierte an der ETH Zürich (Schweiz), sowie der TU Delft (Niederlande) Physik. Danach arbeitete er an verschiedenen Gymnasien, sowie einer Fachhochschule als Physiklehrer. Zuletzt arbeitete er mehrere Jahre als Softwareentwickler und begann ein Buch zu guten Programmierpraktiken zu schreiben. Die *Python-mit-Biss*-Kästen entstammen mehrheitlich diesem Buch.

Hallo, Welt!

1

Willkommen bei *Python mit Biss!*

Dieses Buch soll Ihnen helfen, so schnell wie möglich praktische und moderne Python-Programme zu schreiben, wobei der Schwerpunkt auf den Werkzeugen liegt, die von Softwareentwicklern tatsächlich täglich verwendet werden. Sie werden sehen, wie alles zusammenhängt, indem Sie Fähigkeiten wie Testen und testgetriebene Entwicklung, das Veröffentlichen von Paketen sowie die Grundlagen von Webentwicklung und Datenwissenschaft (Data Science) erlernen. Daher kann *Python mit Biss* entweder als eigenständige Einführung oder als hervorragende Voraussetzung für längere und syntaxlastigere Python-Tutorien dienen, von denen es viele hervorragende gibt.

Python ist eine der beliebtesten Programmiersprachen der Welt, und das aus gutem Grund. Python bietet eine saubere Syntax, flexible Datentypen, eine Fülle nützlicher Bibliotheken und ein leistungsfähiges und elegantes Design, das verschiedene Programmierstile unterstützt. Python hat sich vor allem bei Befehlszeilenprogrammen (auch als *Skripting* bekannt, wie in ▶ Kapitel 9 beschrieben), bei der Webentwicklung (über Frameworks wie *Flask* (▶ Kapitel 10) und *Django*) sowie in der Datenwissenschaft (insbesondere bei der Datenanalyse mit *pandas* und beim maschinellen Lernen mit Bibliotheken wie *scikit-learn* (▶ Kapitel 11)) durchgesetzt.

Die einzigen Dinge, für die Python nicht geeignet ist, sind die Ausführung in einem Webbrowser (wofür JavaScript erforderlich ist) und das Schreiben von Programmen, bei denen es auf Geschwindigkeit ankommt. Und selbst im letzteren Fall können uns spezialisierte Bibliotheken wie NumPy (▶ Abschnitt 11.2) die Geschwindigkeit einer niedrigeren Sprache wie C mit der Leistungsfähigkeit und Flexibilität einer höheren Sprache wie Python bieten.[4]

Es gibt nur wenige Dinge, die in der Computerprogrammierung lehrreicher sind, als die gleichen grundlegenden Probleme in zwei oder mehr verschiedenen Sprachen gelöst zu sehen.[5] Wie im Exkurs 1.1 erwähnt, werden wir in diesem Buch allerdings nur *Python*-Code schreiben und nicht beispielsweise JavaScript oder Ruby, die dann in Python übersetzt werden.

■ Exkurs 1.1: Pythonische Programmierung

Mehr noch als Benutzer anderer Sprachen neigen Python-Programmierer – manchmal auch als *Pythonisten* bezeichnet – dazu, eine feste Meinung darüber zu haben, was den richtigen Programmierstil ausmacht. So schreibt Tim Peters, der an der Entwicklung von Python mitgewirkt hat, in „The Zen of Python" (▶ Abschnitt 1.2.1): „Es sollte einen – und vorzugsweise nur einen – offensichtlichen Weg geben" (Dies steht im Gegensatz zu einem berühmten Prinzip der Programmiersprache Perl, das als „TMTOWTDI" (There is More Than One Way To Do It) bekannt ist: Es gibt mehr als einen Weg, es zu tun.)

Code, der sich gemäß den Pythonisten an gute Programmierpraktiken hält, wird als *pythonischer* Code bezeichnet. Dazu gehören die korrekte Formatierung des Codes (insbesondere die in *PEP 8 – Style Guide for Python Code* (https://peps.python.org/pep-0008/) beschriebenen Praktiken), die Verwendung eingebauter Python-Funktionen wie `enumerate()` (Abschnitt 3.5) und `items()`

4 „Höhere" Sprachen wie Python, JavaScript und Ruby bieten im Allgemeinen mehr Unterstützung für Abstraktion und automatische Speicherverwaltung.

5 Siehe Rosetta Code (https://rosettacode.org/wiki/Rosetta_Code) für eine umfangreiche Zusammenstellung solcher Beispiele.

(Abschnitt 4.4.1) und die Verwendung charakteristischer Idiome wie *ListComprehensions* (Listen-Abstraktionen) und *DictionaryComprehensions* (Wörterbuch-Abstraktionen) (Kapitel 6). (Wie in der offiziellen Dokumentation (https://peps.python.org/pep-0001/) vermerkt, „steht PEP für Python Enhancement Proposal. Ein PEP ist ein Entwurfsdokument, das Informationen für die Python-Gemeinschaft bereitstellt oder eine neue Funktion für Python oder seine Prozesse oder Umgebung beschreibt." PEP 8 ist das PEP, das sich speziell mit dem Stil und der Formatierung von Python-Code befasst.)

Der Code in diesem Buch ist im Allgemeinen bestrebt, angesichts des Materials, das an der jeweiligen Stelle eingeführt wird, so pythonisch wie möglich zu sein. Darüber hinaus werden wir oft mit einer Reihe von absichtlich unpythonischen Beispielen beginnen, um dann in einer vollständig pythonischen Version zu enden. In solchen Fällen wird die Unterscheidung zwischen *un*pythonischem und pythonischem Code sorgfältig betrachtet.

Pythonisten sind dafür bekannt, dass sie unpythonischen Code etwas hart beurteilen, was dazu führen kann, dass sich Anfänger zu viele Gedanken darüber machen, wie sie pythonisch programmieren. Aber die Bedeutung von „pythonisch" ist fließend und hängt davon ab, wie viel Erfahrung Sie mit der Sprache haben. Außerdem geht es beim Programmieren grundsätzlich um das *Lösen von Problemen*. Lassen Sie sich also nicht von der Sorge um die pythonische Programmierung davon abhalten, die Probleme zu lösen, mit denen *Sie* in Ihrer Rolle als Python-Programmierer und Softwareentwickler konfrontiert werden.

Python mit Biss setzt keine Programmierkenntnisse voraus, obwohl es sicherlich nicht schadet, wenn Sie bereits programmiert haben. Wichtig ist, dass Sie damit begonnen haben, Ihre *technischen Fähigkeiten* zu entwickeln (Exkurs 1.2), entweder allein oder mit Hilfe von Büchern, Tutorien etc.

■ Exkurs 1.2: Technische Fähigkeiten

Ein wesentlicher Aspekt bei der Nutzung und Programmierung von Computern sind die Fähigkeiten, Dinge herauszufinden und Fehler selbst zu beheben – was wir in diesem Buch als *technische Fähigkeiten* bezeichnen.

Technische Fähigkeiten zu entwickeln bedeutet nicht nur, systematischen Tutorien wie *Python mit Biss* zu folgen, sondern auch zu wissen, wann es an der Zeit ist, sich von einer strukturierten Präsentation zu lösen und einfach nach einer Lösung zu googeln oder selbst über eine Lösung nachzudenken.

Python mit Biss wird uns reichlich Gelegenheit geben, diese wichtigen technischen Fähigkeiten zu erweitern und zu verfeinern.

Wie bereits angedeutet, gibt es eine Fülle von Python-Referenzmaterial im Internet, aber es kann schwierig sein, damit umzugehen, wenn Sie nicht im Wesentlichen schon wissen, was Sie tun. Ein Ziel dieses Buches besteht darin, als Schlüssel zu dienen, der die Dokumentation aufschließt. Dazu gehören viele Verweise auf die offizielle Python-Website.

Vor allem, wenn die Ausführungen ein fortgeschritteneres Niveau erreichen, werde ich manchmal auch Websuchen einbeziehen, mit deren Hilfe Sie herausfinden können, wie die jeweilige Aufgabe zu bewältigen ist. Wie verwenden Sie zum Beispiel Python, um ein Document Object Model (DOM) zu manipulieren? In einer Websuche könnten Sie in diesem Fall Folgendes eingeben: python dom manipulation.

Sie werden in diesem Buch nicht alles über Python lernen, was es zu wissen gibt – das würde Tausende von Seiten und Jahrhunderte an Arbeit erfordern – aber Sie werden genug Python lernen, um den nötigen *Biss* zu entwickeln (▶ Abbildung 1.1[6]). Lassen Sie uns einen Blick darauf werfen, was das bedeutet.

Abbildung 1.1: Das Python-Wissen wurde, wie Rom, nicht an einem Tag erbaut.

In Kapitel 1 beginnen wir ganz am Anfang mit einer Reihe einfacher „hello, world"-Programme, bei denen verschiedene Techniken zum Einsatz kommen, einschließlich einer Einführung in ein interaktives Kommandozeilenprogramm zur Evaluierung von Python-Code. Gemäß der Philosophie dieses Buches, die Dinge immer *tatsächlich* durchzuführen, werden wir bereits im ersten Kapitel eine (sehr einfache) dynamische Python-Anwendung im Web bereitstellen. Sie erhalten außerdem Hinweise auf die neuesten Setup- und Installationsanweisungen über das englischsprachige Tutorium *Learn Enough Dev Environment to Be Dangerous* (https://www.learnenough.com/dev-environment), das sowohl als Online-Tutorium als auch als E-Book zum Herunterladen kostenlos zur Verfügung steht.

Nachdem wir „hello, world" gemeistert haben, beschäftigen wir uns mit einigen Python-Objekten, darunter Strings (▶ Kapitel 2), Arrays (▶ Kapitel 3) und andere native Objekte (▶ Kapitel 4). Zusammengenommen bilden diese Kapitel eine sanfte Einführung in die *objektorientierte Programmierung* mit Python.

In ▶ Kapitel 5 lernen wir die Grundlagen von *Funktionen* kennen, ein wichtiges Thema für praktisch jede Programmiersprache. Anschließend wenden wir dieses Wissen auf eine elegante und leistungsstarke Art der Programmierung an, die *funktionale Programmierung* (▶ Kapitel 6).

6 Bild mit freundlicher Genehmigung von Kirk Fisher/Shutterstock.

Nachdem wir die Grundlagen der in Python eingebauten Objekte kennengelernt haben, lernen wir in ▶ Kapitel 7, wie wir eigene Objekte erstellen können. Als Beispiel werden wir ein Objekt für eine *Phrase* (eine Redewendung) definieren und dann eine Methode entwickeln, um festzustellen, ob die Phrase ein *Palindrom* (vorwärts und rückwärts gelesen dasselbe) ist oder nicht.

Unsere anfängliche Palindrom-Implementierung wird eher rudimentär sein, aber wir werden sie in ▶ Kapitel 8 mit einer leistungsstarken Technik namens *testgesteuerte Entwicklung* (TDD, *test-driven development*) erweitern. Dabei werden wir mehr über das Testen im Allgemeinen erfahren und lernen, wie man ein in sich geschlossenes, eigenständiges Python-Paket erstellt und veröffentlicht.

In ▶ Kapitel 9 lernen wir, wie man nicht-triviale *Shell-Skripte* schreibt, eine der größten Stärken von Python. Zu den Beispielen gehört das Lesen von Dateien und URLs. Ein letztes Beispiel zeigt, wie man eine heruntergeladene Datei wie eine HTML-Webseite manipuliert.

In ▶ Kapitel 10 werden wir unsere erste vollständige Python-Webanwendung entwickeln: eine Website zur Erkennung von Palindromen. Dabei werden wir uns mit *Routes, Layouts, eingebettetemPython* (*embedded Python*) sowie der *Verarbeitung von Formularen* (*form handling*) befassen. Als krönenden Abschluss unserer Arbeit werden wir unseren Palindrom-Detektor im Internet veröffentlichen.

Schließlich werden in ▶ Kapitel 11 einige zentrale Bibliotheken für die Datenwissenschaft in Python vorgestellt, darunter NumPy, Matplotlib, pandas und scikit-learn.

Erfahrene Entwickler können die ersten vier Kapitel von *Python mit Biss*, wie in Exkurs 1.3 beschrieben, übrigens weitgehend überspringen.

■ Exkurs 1.3: Für erfahrene Entwickler

Wenn Sie ein paar Unterschiede zu anderen Programmiersprachen beachten, können erfahrene Entwickler die ▶ Kapitel 1–4 dieses Buches überspringen und mit den Funktionen in ▶ Kapitel 5 beginnen. Sie können dann auch schnell zur funktionalen Programmierung in Kapitel 6 übergehen und bei Bedarf frühere Kapitel zu Rate ziehen, um eventuelle Lücken zu schließen.

Hier sind einige der erwähnenswerten Unterschiede zwischen Python und den meisten anderen Sprachen:

- Verwenden Sie `print` zur Ausgabe auf dem Bildschirm oder einem anderen Ausgabegerät (▶ Abschnitt 1.2).
- Verwenden Sie `#!/usr/bin/env python3` für die Shebang-Zeile in Shell-Skripten (▶ Abschnitt 1.4).
- Strings in einfachen und doppelten Anführungszeichen sind praktisch identisch (▶ Abschnitt 2.1).
- Verwenden Sie formatierte Strings (f-Strings) und geschweifte Klammern für die Interpolation von Strings, z.B. `f"foo {bar} baz"` für die Strings `"foo"` und `"baz"` und die Variable bar (▶ Abschnitt 2.2).
- Verwenden Sie `r"..."` für rohe (raw) Strings (▶ Abschnitt 2.2.2).
- Python verfügt weder über ein `obj.length`-Attribut noch über eine `obj.length()`-Methode; verwenden Sie stattdessen `len(obj)` zur Bestimmung von Objektlängen (▶ Abschnitt 2.4).

- Leerzeichen sind wichtig (▶ Abschnitt 2.4). Zeilen werden in der Regel durch Zeilenumbrüche oder Doppelpunkte abgeschlossen, und die Blockstruktur wird durch Einrückung angezeigt (in der Regel vier Leerzeichen pro Blockebene).
- Verwenden Sie `elif` für `else if` (▶ Abschnitt 2.4).
- In einem booleschen Kontext sind alle Python-Objekte `True` mit Ausnahme von `0`, `None`, „leeren" Objekten (`""`, `[]`, `{}`, usw.) und `False` selbst (▶ Abschnitt 2.4.2 und spätere Abschnitte).
- Verwenden Sie `[...]` für Listen (Kapitel 3) und `{key: value, ...}` für Hashes (in Python *Dictionaries* genannt) (▶ Abschnitt 4.4).
- Python macht ausgiebig Gebrauch von *Namensräumen*, sodass der Import einer Bibliothek wie `math` dazu führt, dass der Zugriff auf Methoden standardmäßig über ein Bibliotheksobjekt erfolgt (`z.B. math.sqrt(2)`) (▶ Abschnitt 4.1.1).

1.1 Einführung in Python

Erschaffen vom niederländischen Entwickler Guido van Rossum (▶ Abbildung 1.2[7]), wurde *Python* ursprünglich als universelle höhere Programmiersprache entwickelt. Der Name Python bezieht sich nicht direkt auf die gleichnamige Schlange, sondern auf die britische Comedy-Truppe Monty Python. Dies spricht für eine gewisse Unbeschwertheit im Kern von Python, aber Python ist auch eine elegante, leistungsstarke Sprache, die für ernsthafte Arbeit nützlich ist. In der Tat, obwohl ich wahrscheinlich besser für meine Beiträge zur Ruby-Gemeinschaft bekannt bin, hat Python schon lange einen besonderen Platz in meinem Herzen (▶ Exkurs 1.4).

Abbildung 1.2: Guido van Rossum, der Erfinder von Python.

7 Bild mit freundlicher Genehmigung von Eugene Lazutkin/Getty Images.

Exkurs 1.4: Meine Python-Reise

In den Anfängen des World Wide Web lernte ich zunächst Perl und PHP für das Skripting und die Webentwicklung. Als ich schließlich dazu kam, Python zu lernen, war ich überwältigt davon, wie viel sauberer und eleganter Python im Vergleich zu diese Sprachen war (meiner bescheidenen Meinung nach und ohne böse Absicht). Obwohl ich zu diesem Zeitpunkt bereits in einer Vielzahl von Sprachen programmiert hatte – darunter Basic, Pascal, C, C++, IDL, Perl und PHP – war Python die erste Sprache, die ich wirklich *liebte*.

Während meines Studiums spielte Python eine Schlüsselrolle in meiner Doktorarbeit in theoretischer Physik, hauptsächlich für die Datenverarbeitung und als „Verbindungsglied" zu Hochgeschwindigkeitssimulationen, die in C und C++ geschrieben wurden. Nach meinem Abschluss beschloss ich, Unternehmer zu werden, und Python gefiel mir so gut, dass ich mich nicht dazu durchringen konnte, zu PHP zurückzukehren, obwohl letzteres zu dieser Zeit über ausgereiftere Funktionen für die Webentwicklung verfügte. Stattdessen schrieb ich für mein erstes Startup ein eigenes Web-Framework in Python. (Warum habe ich nicht einfach Django verwendet? Das ist schon eine Weile her, und Django war noch nicht veröffentlicht worden.)

Nachdem Ruby on Rails herauskam, habe ich mich mehr mit der Sprache Ruby beschäftigt (was schließlich zum *Ruby on Rails Tutorial* führte), aber ich habe mein Interesse an Python nie verloren. Es hat mich beeindruckt, wie die Syntax von Python weiter gereift und noch eleganter geworden ist, insbesondere mit der Einführung von Python 3. Besonders gefreut habe ich mich über die Integration der mathematischen Konstante tau (τ) in Python, die ich in *The Tau Manifesto* (https://tauday.com/tau-manifesto) vorgeschlagen habe. Schließlich habe ich mit Erstaunen beobachtet, wie sich die Fähigkeiten von Python auf Bereiche wie numerische Berechnungen, Plotten und Datenanalyse (die alle in ▶ Kapitel 11 behandelt werden) sowie auf wissenschaftliche und mathematische Berechnungen (z.B. SciPy und Sage) ausgeweitet haben. Die Leistungsfähigkeit der auf Python basierenden Systeme stellt inzwischen eine echte Konkurrenz für proprietäre Systeme wie MATLAB, Maple und *Mathematica* dar; insbesondere angesichts des Open-Source-Charakters von Python scheint es wahrscheinlich, dass dieser Trend anhalten wird.

Die Zukunft von Python sieht rosig aus, und ich für meinen Teil erwarte, dass ich Python in den kommenden Jahren häufig verwenden werde. Daher war die Erstellung dieses Buches für mich eine großartige Gelegenheit, wieder zu meinen Python-Wurzeln zurückzukehren, und ich freue mich, dass Sie mich auf dieser Reise begleiten.

Um Ihnen eine möglichst umfassende Einführung in die Programmierung mit Python zu geben, verwendet *Python mit Biss* vier Hauptmethoden:

1. Eine interaktive Eingabeaufforderung mit einer Read-Eval-Print-Schleife (REPL)
2. Eigenständige Python-Dateien
3. Shell-Skripte
4. Python-Webanwendungen, die auf einem Webserver laufen

Wir beginnen unser Studium von Python mit vier Variationen des altehrwürdigen Themas eines „hello, world"-Programms, einer Tradition, die bis in die Anfangszeit der Programmiersprache C zurückreicht. Der Hauptzweck von „hello, world" besteht darin, zu bestätigen, dass unser System korrekt konfiguriert ist, um ein einfaches Programm auszuführen, das die Zeichenkette `"hello, world!"` (oder eine ähnliche Variante) auf dem Bildschirm ausgibt. Das Programm ist bewusst einfach gehalten, damit wir uns auf die Herausforderung konzentrieren können, das Programm überhaupt erst zum Laufen zu bringen.

Da eine der häufigsten Anwendungen von Python das Schreiben von Shell-Skripten für die Ausführung auf der Kommandozeile ist, werden wir zunächst eine Reihe von Programmen schreiben, um eine Begrüßung in einem Kommandozeilenterminal anzuzeigen: zuerst in einer REPL; dann in einer eigenständigen Datei namens `hello.py`; und schließlich in einem ausführbaren Shell-Skript namens `hello`. Anschließend schreiben wir eine einfache Proof-of-Concept-Webanwendung mit dem Web-Framework Flask (https://flask.palletsprojects.com; ein leichtgewichtiges Framework, das als gute Vorbereitung für ein umfangreicheres Framework wie Django dient) und stellen diese bereit.

1.1.1 Systemeinrichtung und Installation

Im Folgenden gehe ich davon aus, dass Sie Zugang zu einem Unix-kompatiblen System wie macOS oder Linux haben (einschließlich der Linux-basierten Cloud9 IDE (https://www.learnenough.com/dev-environment-tutorial#sec-cloud_ide), wie in dem kostenlosen englischsprachigen Tutorium *Learn Enough Dev Environment to Be Dangerous* beschrieben). Die Cloud IDE eignet sich besonders gut für Anfänger und wird denjenigen empfohlen, die ihren Einrichtungsprozess rationalisieren möchten oder Schwierigkeiten bei der Konfiguration ihres eigenen Systems haben.

Wenn Sie die Cloud IDE verwenden, empfehle ich Ihnen, eine Entwicklungsumgebung (https://www.learnenough.com/dev-environment-tutorial#fig-cloud9_page_aws) mit dem Namen `python-tutorial` zu erzeugen. Die Cloud IDE verwendet standardmäßig das Shell-Programm Bash; Linux- und Mac-Nutzer können das Shell-Programm ihrer Wahl verwenden – dieses Tutorium sollte entweder mit Bash oder mit der standardmäßigen Z-Shell (Zsh) von macOS funktionieren. Sie können den folgenden Befehl verwenden, um herauszufinden, welches Programm auf Ihrem System läuft:

```
$ echo $SHELL
```

Wenn Sie Ihre Systemeinstellungen aktualisieren (wie in ▸ Abschnitt 1.5.1), stellen Sie sicher, dass Sie die Profildatei verwenden, die Ihrem Shell-Programm entspricht (`.bash_profile` oder `.zshrc`). Weitere Informationen finden Sie im Beitrag „Using Z Shell on Macs with the Learn Enough Tutorials“ (https://news.learnenough.com/macos-bash-zshell).

Das Tutoriumm in diesem Buch verwendet standardmäßig Python 3.10, wobei der größte Teil des Codes mit jeder Version ab 3.7 funktioniert. Sie können überprüfen, ob Python bereits installiert ist, indem Sie `python3 --version` auf der Kommandozeile ausführen, um die Versionsnummer zu erhalten (▸ Listing 1.1).[8]

Listing 1.1: Überprüfen der Python-Version.

```
$ python3 --version
Python 3.10.6
```

8 Alle Listings in *Python mit Biss* (englischer Titel: *Learn Enough Python to Be Dangerous*) finden Sie online unter http://github.com/learnenough/learn_enough_python_code_listings.

Wenn Sie stattdessen ein Ergebnis erhalten wie

```
$ python3 --version
-bash: python3: command not found
```

oder eine Versionsnummer kleiner als 3.10 erhalten, sollten Sie eine neuere Version von Python installieren.

Die Details der Installation von Python variieren je nach System und können ein wenig technische Fähigkeiten erfordern (▶ Exkurs 1.2). Die verschiedenen Möglichkeiten werden in *Learn Enough Dev Environment to Be Dangerous* behandelt, das Sie sich jetzt ansehen sollten, wenn Python noch nicht auf Ihrem System installiert ist. Insbesondere wenn Sie die von *Learn Enough Dev Environment to Be Dangerous* empfohlene Cloud IDE verwenden, können Sie die Python-Version wie in ▶ Listing 1.2 gezeigt aktualisieren. Beachten Sie, dass die Schritte in ▶ Listing 1.2 auf jedem Linux-System funktionieren sollten, das den APT package manager unterstützt. Auf macOS-Systemen kann Python mithilfe von Homebrew installiert werden (▶ Listing 1.3).

Listing 1.2: Installation von Python auf einem Linux-System wie der Cloud IDE.

```
$ sudo add-apt-repository -y ppa:deadsnakes/ppa
$ sudo apt-get install -y python3.10
$ sudo apt-get install -y python3.10-venv
$ sudo ln -sf /usr/bin/python3.10 /usr/bin/python3
```

Listing 1.3: Installation von Python auf macOS mit Homebrew.

```
$ brew install python@3.10
```

Unabhängig davon, welchen Weg Sie wählen, sollte das Ergebnis eine ausführbare Version von Python (oder genauer gesagt Python 3) sein:

```
$ python3 --version
Python 3.10.6
```

(Die genauen Versionsnummern können abweichen.)

Aus historischen Gründen enthalten viele Systeme Kopien sowohl von Python 3 als auch einer früheren Version von Python, die als Python 2 bekannt ist. Oft genügt es, wenn Sie den Befehl `python` (ohne die 3) verwenden, insbesondere wenn Sie in einer virtuellen Umgebung arbeiten (▶ Abschnitt 1.3). Wenn Sie als Python-Programmierer erst einmal etwas mehr Erfahrungen gesammelt haben, werden Sie feststellen, dass Sie in der Regel den einfachen `python`-Befehl verwenden, in der Gewissheit, dass die richtige Version zum Einsatz kommt. Dennoch werden wir in dieser Anleitung bei `python3` bleiben, da dieser Befehl die Versionsnummer explizit angibt, auch wenn das Risiko, *versehentlich* Python 2 zu verwenden, praktisch eigentlich nicht existiert.

1.2 Python in einer REPL

Unser erstes Beispiel für ein „hello, world"-Programm beinhaltet eine Read-Eval-Print-Loop oder *REPL* (ausgesprochen „reppl"). Eine REPL ist ein Programm, das Eingaben *liest* (**Read**), *auswertet* (**Eval**uate), das Ergebnis (falls vorhanden) *ausgibt* (**Print**) und dann in einer *Schleife* (**Loop**) zum Leseschritt zurückkehrt. Die meisten modernen Programmiersprachen verfügen über eine REPL, und Python bildet da keine Ausnahme. Im Fall von Python wird die REPL oft als *Python-Interpreter* bezeichnet, da sie Benutzerbefehle direkt ausführt (oder „interpretiert"). (Ein dritter gebräuchlicher Begriff lautet Python-*Shell*, in Analogie zu den Bash- und Zsh-Programmen, die zum Ausführen von Befehlszeilen-Shell-Programmen verwendet werden.)

Die REPL gut nutzen zu können, ist eine wertvolle Fähigkeit für jeden angehenden Python-Programmierer. Der bekannte Python-Autor David Beazley drückt das folgendermaßen aus:

> *Obwohl es viele Nicht-Shell-Umgebungen gibt, in denen Sie Python programmieren können, werden Sie ein besserer Python-Programmierer sein, wenn Sie in der Lage sind, Python am Terminal [d.h. der REPL] auszuführen, zu debuggen und mit Python zu interagieren. Dies ist die native Umgebung von Python. Wenn Sie Python hier verwenden können, werden Sie es auch überall sonst verwenden können.*

Die Python-REPL kann mit dem Python-Befehl `python3` gestartet werden, sodass wir sie, wie in ▶ Listing 1.4 gezeigt, über die Kommandozeile aufrufen können.

Listing 1.4: Aufrufen der interaktiven Python-Eingabeaufforderung in der Kommandozeile.

```
$ python3
>>>
```

Hier steht >>> für eine allgemeine Python-Eingabeaufforderung, die auf Eingaben des Benutzers wartet.

Wir sind nun bereit, unser erstes Python-Programm mit dem `print()`-Befehl zu schreiben (▶ Listing 1.5). Dabei ist `"hello, world!"` ein *String* (eine *Zeichenkette*). Wir werden uns in ▶ Kapitel 2 näher mit Strings beschäftigen.

Listing 1.5: Ein „hello, world"-Programm in der REPL.

```
>>> print("hello, world!")
hello, world!
```

Das war's! So einfach ist es, mit Python interaktiv „hello, world!" auszugeben.

Wenn Sie mit anderen Programmiersprachen (wie PHP oder JavaScript) vertraut sind, ist Ihnen vielleicht aufgefallen, dass in ▶ Listing 1.5 ein abschließendes Semikolon fehlt, um das Ende der Zeile zu markieren. In der Tat ist Python unter den Programmiersprachen insofern ungewöhnlich, als seine Syntax auf Dinge wie Zeilenumbrüche (▶ Abschnitt 1.2.1) und Leerzeichen angewiesen ist. Im weiteren Verlauf dieses Buches werden wir noch viele weitere Beispiele für die einzigartige Syntax von Python kennenlernen.

1.2.1 Übungen

1. Im Exkurs 1.1 wird auf „The Zen of Python" von Tim Peters verwiesen. Bestätigen Sie durch Ausprobieren, dass man den vollständigen Text von „The Zen of Python" mit dem Befehl `import this` in der Python-REPL ausgeben kann (▶ Listing 1.6).

Listing 1.6: „The Zen of Python" von Tim Peters.

```
>>> import this
The Zen of Python, by Tim Peters

Beautiful is better than ugly.
Explicit is better than implicit.
Simple is better than complex.
Complex is better than complicated.
Flat is better than nested.
Sparse is better than dense.
Readability counts.
Special cases aren't special enough to break the rules.
Although practicality beats purity.
Errors should never pass silently.
Unless explicitly silenced.
In the face of ambiguity, refuse the temptation to guess.
There should be one-- and preferably only one --obvious way to do it.
Although that way may not be obvious at first unless you're Dutch.
Now is better than never.
Although never is often better than *right* now.
If the implementation is hard to explain, it's a bad idea.
If the implementation is easy to explain, it may be a good idea.
Namespaces are one honking great idea -- let's do more of those!
```

2. Was passiert, wenn Sie `print("hello, world!", end="\n\n")` anstelle von `print("hello, world!")` ausführen? (Das `end="\n\n"` ist ein sogenanntes *Schlüsselwortargument* (*keyword argument*) (▶ Abschnitt 5.1.2).) Wie müssten Sie das end-Argument ändern, damit das Ergebnis mit dem in ▶ Listing 1.5 übereinstimmt? *Tipp*: Erinnern Sie sich (https://www.learnenough.com/command-line-tutorial/basics#sec-exercises_man), dass \n der übliche Weg ist, um einen Zeilenumbruch einzufügen.

1.3 Python in einer Datei

So praktisch es auch ist, Python interaktiv zu erkunden, die reale alltägliche Python-Programmierung findet hauptsächlich in Textdateien statt, die mit einem Texteditor erstellt wurden. In diesem Abschnitt zeigen wir Ihnen, wie Sie eine Python-Datei mit demselben „hello, world"-Programm, das wir in ▶ Abschnitt 1.2 besprochen haben, erstellen und ausführen. Das Ergebnis ist ein vereinfachter Prototyp der wiederverwendbaren Python-Dateien, die wir in ▶ Abschnitt 5.2 kennenlernen werden.

Wir beginnen mit der Erstellung eines Verzeichnisses für dieses Tutorium und einer Python-Datei (mit der Dateierweiterung `.py`) für unser `hello`-Programm (stellen Sie sicher, dass Sie zuerst den Interpreter verlassen, wenn Sie sich noch in der REPL befinden, was Sie mit `exit` oder `Ctrl-D` erreichen können):

```
$ cd ~    # Sicherstellen, dass wir uns im Home-Verzeichnis befinden.
$ mkdir -p repos/python_tutorial
$ cd repos/python_tutorial
```

Hier bewirkt die Option -p hinter dem mkdir-Befehl, dass bei Bedarf noch nicht vorhandene Zwischenverzeichnisse erstellt werden. *Hinweis*: Wenn Sie in diesem Tutorium die in *Learn Enough Dev Environment to Be Dangerous* empfohlene Cloud IDE verwenden, sollten Sie anstelle des Home-Verzeichnisses ~ das Verzeichnis ~/environment verwenden.

Da Python so weit verbreitet ist, ist Python auf vielen Systemen bereits vorinstalliert und wird von den Standardprogrammen häufig ausgiebig genutzt. Dadurch kann es zu Wechselwirkungen zwischen der Version von Python, die wir verwenden, und den Versionen, die von anderen Programmen verwendet werden, kommen, was zu unerwarteten und unerwünschten Ergebnissen führen kann. Um diese Probleme zu vermeiden, ist es eine gängige Praxis, mit eigenständigen *virtuellen Umgebungen* zu arbeiten, die es uns ermöglichen, genau die gewünschte Python-Version zu nutzen und die gewünschten Python-Pakete zu installieren, ohne den Rest des Systems zu beeinträchtigen.

Wir werden zusätzliche Pakete (packages) mithilfe des venv-Package in Kombination mit pip installieren. Diese Lösung eignet sich besonders gut für ein Tutorium wie dieses, da alle für die Einrichtung spezifischen Dateien in einem einzigen, gesonderten Verzeichnis enthalten sind, das gelöscht und neu erstellt werden kann, wenn die Installation misslingt. Es gibt jedoch noch eine weitere leistungsfähige Lösung namens Conda, die eine große und begeisterte Anhängerschaft unter Python-Programmierern hat. Meiner Erfahrung nach ist Conda allerdings etwas schwieriger zu bedienen als venv/pip (z. B. hat bei meinem ersten Versuch, Conda zu verwenden, mein System selbstständig das Standard-Python ersetzt, was schwierig rückgängig zu machen war). Aber wenn Sie erst einmal etwas mehr Erfahrung gesammelt haben, werden Sie vielleicht auf Conda umsteigen.[9]

Um eine virtuelle Umgebung zu erstellen, verwenden wir den python3-Befehl mit -m (für „Modul") und venv (der Name des Moduls für die virtuelle Umgebung):

```
$ python3 -m venv venv
```

Beachten Sie, dass das zweite venv von uns so gewählt wurde; wir könnten auch python3 -m venv foobar schreiben, um eine virtuelle Umgebung namens foobar zu erzeugen, aber venv ist die übliche Wahl. Sollten Sie Ihre Python-Konfiguration einmal komplett vermasseln, können Sie das Verzeichnis venv übrigens einfach mit rm -rf venv/ entfernen und neu beginnen (aber führen Sie diesen Befehl nicht jetzt sofort aus, sonst könnte der Rest des Kapitels nicht funktionieren!)

Sobald die virtuelle Umgebung installiert ist, müssen wir sie *aktivieren*, um sie verwenden zu können:

```
$ source venv/bin/activate
(venv) $
```

Beachten Sie, dass viele Shell-Programme (venv) vor der Eingabeaufforderung $ einfügen, um uns daran zu erinnern, dass wir in einer virtuellen Umgebung arbeiten.

9 Eine weitere Möglichkeit ist pipenv, das eine strukturiertere Schnittstelle zu venv bietet und eine große Ähnlichkeit mit der Bundler/Gemfile-Lösung aufweist, die von Ruby verwendet wird.

Der activate-Schritt ist häufig erforderlich, wenn Sie virtuelle Umgebungen verwenden. Ich schlage daher vor, einen Shell-Alias dafür zu erstellen, z. B. va.[10]

Um eine virtuelle Umgebung zu deaktivieren, verwenden Sie den Befehl deactivate:

```
(venv) $ deactivate
$
```

Beachten Sie, dass das (venv) vor der Eingabeaufforderung durch die Deaktivierung wieder verschwindet.

Lassen Sie uns nun die virtuelle Umgebung wieder aktivieren und mithilfe des Befehls touch eine Datei namens hello.py erzeugen:

```
$ source venv/bin/activate
(venv) $ touch hello.py
```

Als nächstes füllen wir die Datei in unserem bevorzugten Texteditor mit dem in ▶ Listing 1.7 gezeigten Inhalt. Beachten Sie, dass der Code genau der gleiche ist wie in ▶ Listing 1.5, mit dem Unterschied, dass es in einer Python-Datei keine Eingabeaufforderung >>> gibt.

Listing 1.7: *hello.py* Ein „hello, world"-Programm in einer Python-Datei.

```
print("hello, world!")
```

Jetzt sind wir bereit, unser Programm mit dem python3-Befehl auszuführen, den wir in ▶ Listing 1.1 verwendet haben, um die Python-Versionsnummer abzufragen. Der einzige Unterschied besteht darin, dass wir diesmal die Option --version weglassen und stattdessen ein Argument mit dem Namen unserer Datei angeben:

```
(venv) $ python3 hello.py
hello, world!
```

Wie in ▶ Listing 1.5 ist das Ergebnis die Ausgabe von „hello, world!" im Terminalfenster auf dem Bildschirm, nur dass es sich jetzt um die rohe Shell und nicht mehr um eine Python-REPL handelt.

Auch wenn es sich hier nur um ein einfaches Beispiel handelt, stellt es dennoch einen großen Fortschritt dar, da wir nun in der Lage sind, viel längere Python-Programme zu schreiben, als es in einer interaktiven Sitzung möglich wäre.

1.3.1 Übung

1 Was passiert, wenn Sie print() zwei Argumente übergeben, wie in ▶ Listing 1.8?

Listing 1.8: *hello.py* Verwendung von zwei Argumenten.

```
print("hello, world!", "how's it going?")
```

10 Sowohl in der Bash als auch in der Zsh können Sie dies erreichen, indem Sie alias va="source venv/bin/activate" zu Ihrer .bash_profile- bzw. .zshrc-Datei hinzufügen und dann source auf dieser Datei ausführen.

1.4 Python in einem Shell-Skript

Obwohl der Code in ▶ Abschnitt 1.3 vollkommen funktionstüchtig ist, ist es beim Schreiben eines Programms, das in der Kommandozeilen-Shell ausgeführt werden soll, oft besser, ein *ausführbares Skript* zu verwenden.

Wir wollen sehen, wie man mit Python ein ausführbares Skript erstellt. Wir beginnen mit der Erzeugung einer Datei namens `hello`:

```
(venv) $ touch hello
```

Beachten Sie, dass wir die Dateierweiterung `.py` *nicht* hinzugefügt haben, weil der Dateiname selbst die Benutzeroberfläche ist und es keinen Grund gibt, die Implementierungssprache für den Benutzer sichtbar zu machen. Es gibt sogar einen Grund, dies nicht zu tun: Durch die Verwendung des Namens `hello` geben wir uns die Möglichkeit, unser Skript später in einer anderen Sprache zu schreiben, ohne den Befehl zu ändern, den die Benutzer unseres Programms eingeben müssen. (Nicht dass es in diesem einfachen Fall von Bedeutung wäre, aber das Prinzip sollte klar sein. Ein realistischeres Beispiel werden wir in ▶ Abschnitt 9.3 sehen).

Ein funktionierendes Skript zu schreiben umfasst zwei Schritte. Der erste ist die Verwendung desselben Befehls, den wir schon in ▶ Listing 1.7 gesehen haben, und diesem eine Shebang-Zeile voranzustellen, die unserem System mitteilt, dass es Python zur Ausführung des Skripts verwenden soll.

Normalerweise ist die genaue Shebang-Zeile systemabhängig, aber bei Python können wir die Shell selbst bitten, den richtigen Befehl zu liefern. Der Trick besteht darin, die folgende Zeile zu verwenden, um den `python`-Befehl zu nutzen, der als Teil der *Shell-Umgebung* (env) verfügbar ist:

```
#!/usr/bin/env python3
```

Wenn Sie dies Zeile als Shebang-Zeile einsetzen, erhalten Sie das in ▶ Listing 1.9 gezeigte Shell-Skript.

Listing 1.9: *hello* Ein „hello, world"-Shell-Skript.

```
#!/usr/bin/env python3

print("hello, world!")
```

Wir könnten diese Datei wie in ▶ Abschnitt 1.3 direkt mit dem `python`-Befehl ausführen, aber ein echtes Shell-Skript sollte auch ohne ein Hilfsprogramm ausführbar sein. (Dafür ist die Shebang-Zeile da.) Stattdessen folgen wir dem zweiten der beiden oben genannten Schritte und machen die Datei selbst ausführbar, indem wir den Befehl `chmod` („change mode") in Kombination mit dem Befehl `+x` („plus ausführbar") anwenden:

```
(venv) $ chmod +x hello
```

Nun sollte die Datei ausführbar sein und wir können sie durch Aufrufen des Dateinamens `hello` ausführen, müssen dem Befehl aber noch den Zusatz `./` voranstellen, wodurch unser System angewiesen wird, im aktuellen Verzeichnis nach der ausführbaren Datei zu suchen. (Um das `hello`-Skript ohne `./` von jedem beliebigen Verzeichnis aus aufrufen zu können, müssen Sie es zur PATH-Variable Ihres Systems hinzufügen.) Das Ergebnis sieht wie folgt aus:

```
(venv) $ ./hello
hello, world!
```

Geschafft! Wir haben nun ein funktionierendes Python-Shell-Skript geschrieben, das sich zur Erweiterung und Ausarbeitung eignet. Wie oben bereits kurz erwähnt, werden wir in ▶ Abschnitt 9.3 ein Beispiel für ein echtes Hilfsprogramm in Form eines Shell-Skripts kennenlernen.

Im weiteren Verlauf dieses Tutoriums werden wir hauptsächlich den Python-Interpreter für erste Erkundungen verwenden, aber letztendlich wird das Ziel immer eine ausführbare Python-Datei sein.

1.4.1 Übung

1. Fügen Sie das `hello`-Skript zur PATH-Variable Ihres Systems hinzu. Prüfen und bestätigen Sie, dass Sie das Skript `hello` anschließend tatsächlich ohne das Voranstellen von `./` vor den Dateinamen ausführen können.

1.5 Python in einem Webbrowser

Obwohl Python ursprünglich nicht für die Webentwicklung konzipiert wurde, hat sein elegantes und leistungsfähiges Design dazu geführt, dass es weithin für die Erstellung von Webanwendungen verwendet wird. Unser letztes Beispiel für ein „hello, world"-Programm ist daher eine Live-Webanwendung, die mit dem einfachen, aber leistungsstarken Mikro-Framework *Flask* geschrieben wurde (▶ Abbildung 1.3[11]). Aufgrund seiner Einfachheit ist Flask ein perfekter Einstieg in die Webentwicklung mit Python und dient gleichzeitig als hervorragende Vorbereitung auf ein umfangreicheres Framework wie Django.

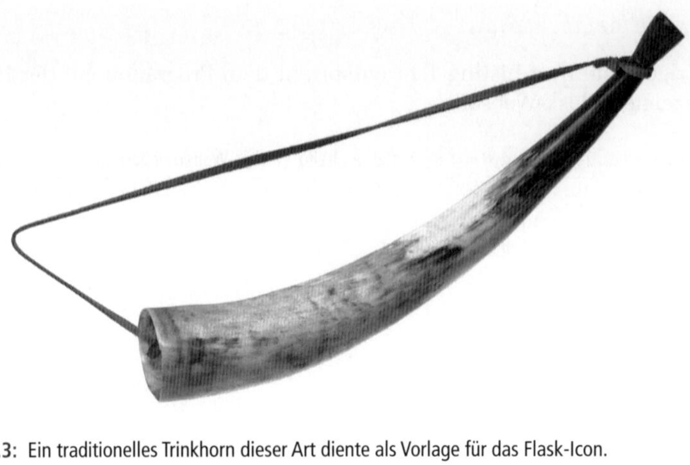

Abbildung 1.3: Ein traditionelles Trinkhorn dieser Art diente als Vorlage für das Flask-Icon.

11 Bild mit freundlicher Genehmigung von Peter Gudella/Shutterstock.

Wir beginnen mit der Installation des Flask-Pakets mithilfe von `pip` (ein rekursives Akronym, das für „pip installiert Pakete" steht). Der `pip`-Befehl wird automatisch als Teil der virtuellen Umgebung mitgeliefert, sodass wir ihn einfach durch Eingabe von `pip` in der Befehlszeile ausführen können (oder `pip3` auf einigen Systemen – versuchen Sie `pip3`, wenn pip nicht funktioniert). Als ersten Schritt sollten Sie `pip` allerdings zunächst aktualisieren, um sicherzustellen, dass Sie die neueste Version verwenden:

```
(venv) $ pip install --upgrade pip
```

Nun können Sie Flask installieren (▶ Listing 1.10).

Listing 1.10: Installation von Flask (mit Angabe einer Versionsnummer).

```
(venv) $ pip install Flask==2.2.2
```

Wir haben in ▶ Listing 1.10 eine genaue Versionsnummer angegeben, für den Fall, dass zukünftige Versionen von Flask nicht mehr mit diesem Tutorium funktionieren. Dies ähnelt unserer Entscheidung, den Befehl `python3` statt einfach nur `python` (ohne 3) zu verwenden. Wenn Sie jedoch erst einmal fortgeschrittenere Programmiererfahrungen gesammelt haben, werden Sie wahrscheinlich einfach Befehle wie `pip install Flask` mit der Gewissheit ausführen, dass Sie den Fehler schnell finden, wenn etwas wegen der falschen Version nicht funktioniert.

Ob Sie es glauben oder nicht, der eine Befehl in ▶ Listing 1.10 installiert die gesamte Software, die zum Ausführen einer einfachen, aber vollwertigen Webanwendung auf unserem lokalen System benötigt wird (wobei sich „lokal" auf die Cloud beziehen könnte, wenn Sie die oben bereits erwähnte Cloud IDE verwenden).

Zwar verwendet der Code für die „hello, world"-Webanwendung einige Befehle, die wir bisher noch nicht vorgestellt haben, aber es handelt sich auf der Flask-Homepage nur um eine unkomplizierte Anpassung unseres Beispielprogramms (▶ Abbildung 1.4). Die Fähigkeit, Code zu adaptieren, den Sie nicht unbedingt verstehen, ist ein klassisches Beispiel für die im ▶ Exkurs 1.2 beschriebenen technischen Fähigkeiten.

Wir packen unsere „hello, world"-App in eine Datei namens `hello_app.py`:

```
(venv) $ touch hello_app.py
```

Der zugehörige Code in ▶ Listing 1.11 entspricht dem Programm auf der in ▶ Abbildung 1.4 gezeigten Flask-Webseite.

Listing 1.11: *python_tutorial/hello_app.py* Eine „hello, world"-Webanwendung.

```
from flask import Flask

app = Flask(__name__)

@app.route("/")
def hello_world():
    return "<p>hello, world!</p>"
```

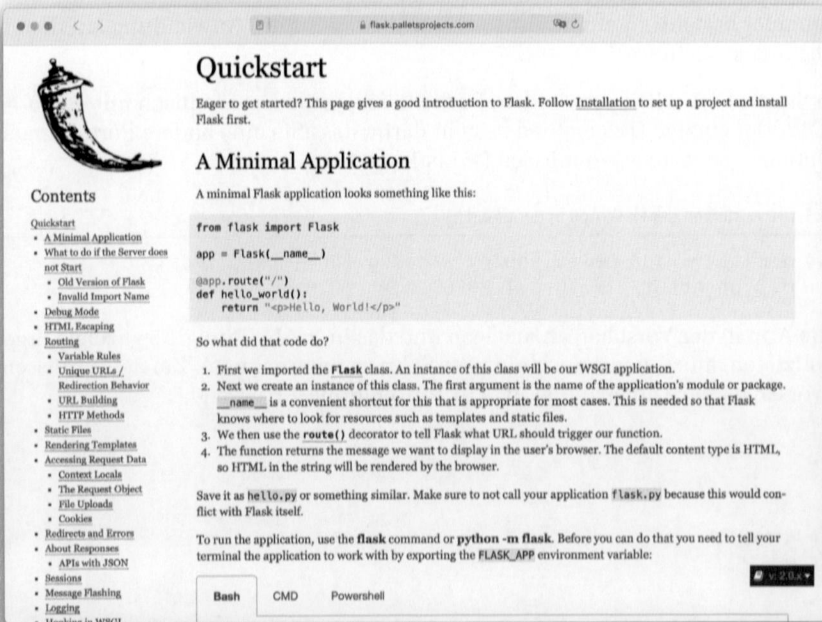

Abbildung 1.4: Ein „hello, world"-Beispielprogramm auf der Flask-Webseite.

Der Code in ▶ Listing 1.11 definiert das Verhalten für die *Root-URL* / bei der Antwort auf eine gewöhnliche Browser-Anfrage (bekannt als `GET`). Die Antwort selbst ist die erforderliche Zeichenkette „<p>hello, world!</p>", die als (sehr einfache) Webseite an den Browser zurückgegeben wird.

Um die Webanwendung aus ▶ Listing 1.11 auszuführen, müssen wir lediglich die Datei `hello_app.py` mit dem `flask`-Befehl aufrufen (▶ Listing 1.12). (Vergewissern Sie sich, dass Sie in der virtuellen Umgebung arbeiten. Es können ansonsten merkwürdige Dinge passieren, wenn Sie versuchen, den `flask`-Befehl auf dem Standardsystem auszuführen.) In ▶ Listing 1.12 bedeutet die Option `--app`, dass dahinter der Name der Datei folgt, in der sich der Code für die auszuführende Anwendung befindet, und die Option `--debug` sorgt dafür, dass die App aktualisiert wird, wenn wir den Code ändern (so müssen wir den Flask-Server nicht jedes Mal neu starten, wenn wir eine Änderung vornehmen).

Listing 1.12: Ausführen der Flask-App auf einem lokalen System.

```
(venv) $ flask --app hello_app.py --debug run
 * Running on http://127.0.0.1:5000/
```

Wenn Sie jetzt die angegebene URL (die aus der lokalen Adresse 127.0.0.1 und der Portnummer besteht) in einem Browser aufrufen, wird die Anwendung auf dem lokalen Rechner ausgeführt.[12]

Wenn Sie die Cloud IDE verwenden, ist die Befehlszeile fast identisch mit der in ▶ Listing 1.12. Der einzige Unterschied besteht darin, dass Sie eine andere Portnummer mit der Option `--port` angeben müssen (▶ Listing 1.13).

Listing 1.13: Ausführen der Flask-App in der Cloud IDE.

```
(venv) $ flask --app hello_app.py --debug run --port $PORT
 * Running on http://127.0.0.1:8080/
```

Um die App in der Vorschau anzuzeigen und das in ▶ Abbildung 1.5 gezeigte Ergebnis zu replizieren, müssen wir noch ein paar Schritte unternehmen. Zunächst müssen wir eine Vorschau der App erstellen, wie in ▶ Abbildung 1.6 gezeigt.

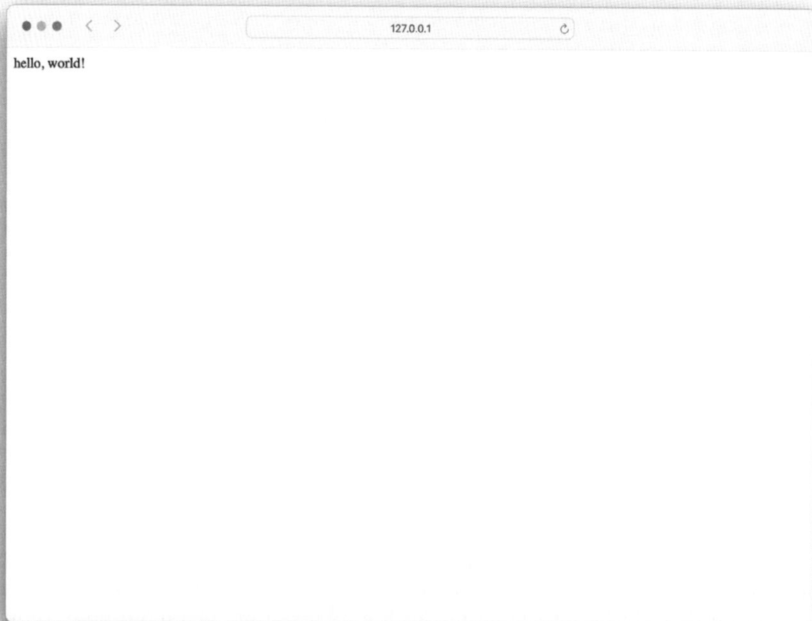

Abbildung 1.5: Die lokal ausgeführte „hello, world"-App.

12 Viele Systeme konfigurieren `localhost` als ein Synonym für `127.0.0.1`. Bei Flask ist dies zwar möglich, erfordert aber ein wenig zusätzliche Konfiguration, sodass wir in diesem Tutorium bei der Rohadresse `127.0.0.1` bleiben werden.

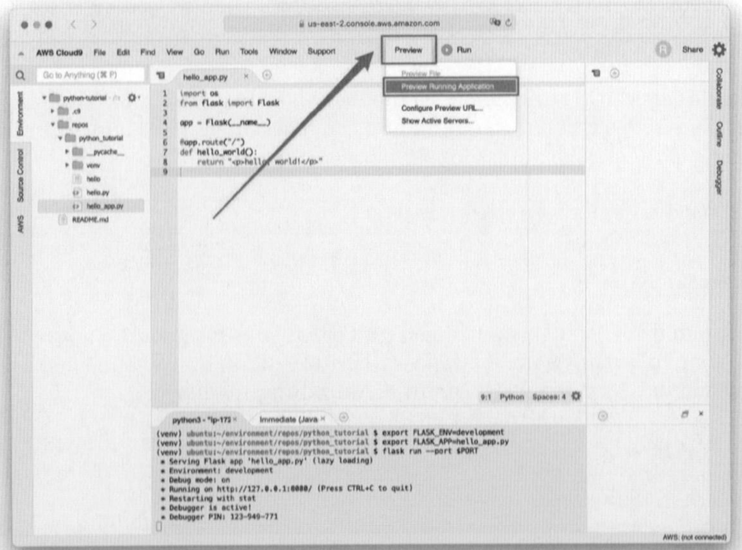

Abbildung 1.6: Der „lokale" Server, der auf der Cloud IDE läuft.

Das Ergebnis wird in der Regel in einem kleinen Fenster innerhalb der IDE angezeigt (Details können variieren). Wenn Sie auf das in ▶ Abbildung 1.7 gezeigte Symbol klicken, öffnet sich ein neues Fenster, in dem die App ausgeführt wird. Das Fenster sollte so aussehen wie in ▶ Abbildung 1.8 (der einzige Unterschied zu ▶ Abbildung 1.5 ist die URL).

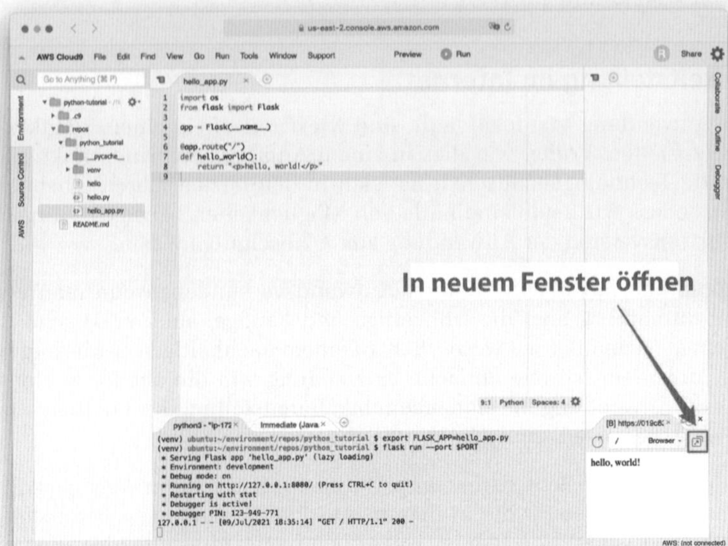

Abbildung 1.7: Vorschau auf die „hello, world"-App in der IDE.

Abbildung 1.8: Die auf der Cloud IDE laufende „hello, world"-App.

Es ist schon eine große Leistung, eine Webanwendung zum Laufen zu bringen, selbst lokal. Aber die eigentliche *Krönung* ist die Bereitstellung der App im Internet. Dies ist das Ziel von ▶ Abschnitt 1.5.1.

1.5.1 Bereitstellung im Internet

Da unsere Anwendung jetzt lokal läuft, sind wir bereit, sie in einer Produktionsumgebung bereitzustellen. Früher war dies in einem Anfänger-Tutorium praktisch unmöglich, aber die Technologielandschaft hat sich in den letzten Jahren erheblich weiterentwickelt, sodass wir heute eine Fülle von Möglichkeiten haben. Das Ergebnis wird eine Produktionsversion der Anwendung aus ▶ Abschnitt 1.5 sein.

Es ist bekanntlich mit einem höheren Aufwand verbunden, wenn man etwas zum ersten Mal durchführt, aber die frühzeitige und häufige, auch praktische Beschäftigung mit einer Thematik trägt wesentlich zu einem nachhaltigen Lernerfolg bei (▶ Exkurs 1.5). Außerdem ist eine einfache Anwendung wie die „hello, world"-App die beste Art von Anwendung für eine erstmalige Bereitstellung im Internet, weil so viel weniger Fehler passieren können.

Unser erster Schritt besteht darin, unser Projekt mit Git unter Versionskontrolle zu stellen. Auch wenn dies für die in diesem Abschnitt verwendete Bereitstellungs-Lösung nicht unbedingt erforderlich ist, ist es doch immer eine gute Idee, ein vollständig versioniertes Projekt zu haben, damit wir eventuelle Fehler leichter beheben können.

■ Exkurs 1.5: Echte Künstler liefern

Wie der legendäre Apple Mitbegründer Steve Jobs einmal sagte: *Echte Künstler liefern*. Er meinte damit wohl, dass es zwar einfacher und bequemer ist, sein Werk bis in alle Ewigkeit im Privaten weiterzuentwickeln und zu verfeinern, echte Macher ihr Werk aber auch irgendwann einmal *liefern* – das heißt fertigstellen und in die Welt hinaustragen – müssen. Das kann beängstigend sein, denn das Ausliefern bedeutet, dass Sie Ihre Arbeit nicht nur Fans, sondern auch Kritikern aussetzen: „Was, wenn den Leuten nicht gefällt, was ich gemacht habe?" *Echte Künstler liefern*.

Es ist wichtig zu verstehen, dass die Auslieferung eine andere Fähigkeit ist als die Herstellung. Viele Künstler werden gut darin, Dinge herzustellen, lernen aber nie, sie in die Welt hinauszutragen. Damit uns das nicht passiert, werden wir in diesem Tutorium mehrere Dinge ausliefern. Die Bereitstellung der „hello, world"-App in diesem Abschnitt ist nur der Anfang!

Unser erster Schritt ist die Erstellung einer Datei namens `.gitignore`, die Git anweist, Dateien und Verzeichnisse zu ignorieren, die wir nicht versionieren wollen. Verwenden Sie den Befehl `touch .gitignore` (oder eine andere Methode, die Sie bevorzugen), um die Datei zu erstellen und füllen Sie die Datei dann mit dem in ▶ Listing 1.14 gezeigten Inhalt.[13]

Listing 1.14: *.gitignore* **Inhalt der Datei, die angibt, welche Dateien und Verzeichnisse bei der Versionskontrolle mithilfe von Git ignoriert werden sollen.**

```
venv/

*.pyc
__pycache__/

instance/

.pytest_cache/
.coverage
htmlcov/

dist/
build/
*.egg-info/

.DS_Store
```

Als nächstes initialisieren Sie das Repository (verwaltetes Verzeichnis zur Speicherung und Beschreibung von Dateien):

```
(venv) $ git init
(venv) $ git add -A
(venv) $ git commit -m "Initialize repository"
```

13 Diese Datei basiert zum Teil auf dem Beispiel aus der Flask-Dokumentation selbst.

PYTHON MIT BISS

Git

Git wurde von Linus Thorwalds, dem Entwickler der Linux-Kernels, geschrieben. Es dient dazu, dass die tausenden Programmierer dieses riesigen Projektes alle am selben Code arbeiten können. Es ist den meisten anderen Lösungen zur Versionierung technisch überlegen und hat sich innerhalb von kürzester Zeit als Industriestandard durchgesetzt.

Git ist jedoch nicht nur für Arbeiten in Teams wichtig. Es ermöglicht auch, dass man Zwischenstände der eigenen Arbeit abspeichern kann. Falls man den Code so verändert hat, dass er nicht mehr funktioniert, kann man einfach zu einem funktionierenden Zustand zurückkehren.

Da Git so verbreitet ist, lohnt es sich für alle Softwareentwickler, die Verwendung dieses Werkzeugs zu erlernen. Leute mit guten Git-Kenntnissen sind immer gesucht.

Es ist auch eine gute Idee, ein neu initialisiertes Repository auf ein Remote-Backup zu übertragen. Wir verwenden für diesen Zweck GitHub (▶ Abbildung 1.9).

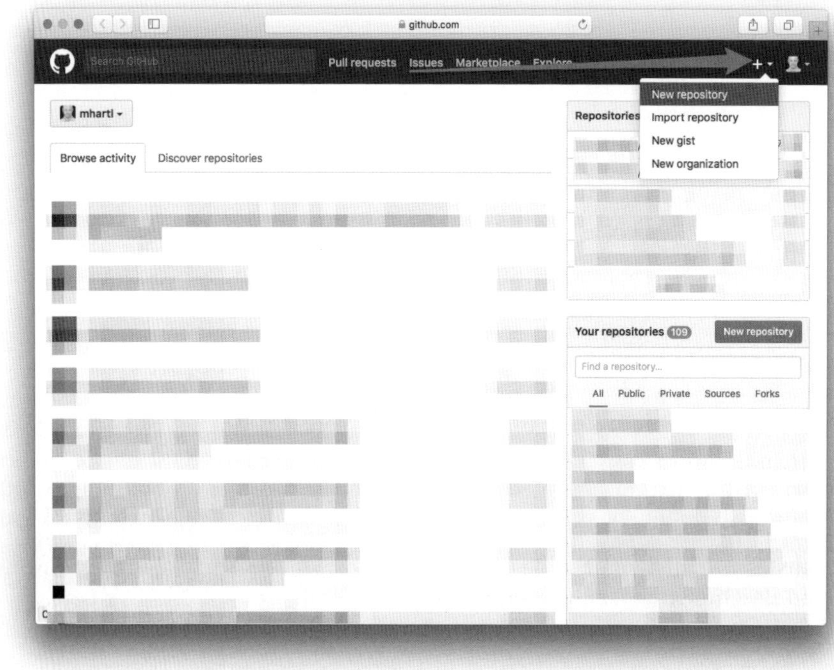

Abbildung 1.9: Erstellen eines neuen Repositorys bei GitHub.

Da Webanwendungen manchmal sensible Informationen wie Kennwörter oder API-Schlüssel enthalten, gehe ich lieber auf Nummer sicher und verwende ein *privates* Repository. Wählen Sie daher beim Anlegen des neuen Repositorys bei GitHub die Option *Private*, wie in ▶ Abbildung 1.10 gezeigt. (Übrigens ist es auch in einem privaten Repository keine gute Idee, Passwörter oder API-Schlüssel einzubinden. Am besten verwenden Sie stattdessen Umgebungsvariablen oder etwas Ähnliches.)

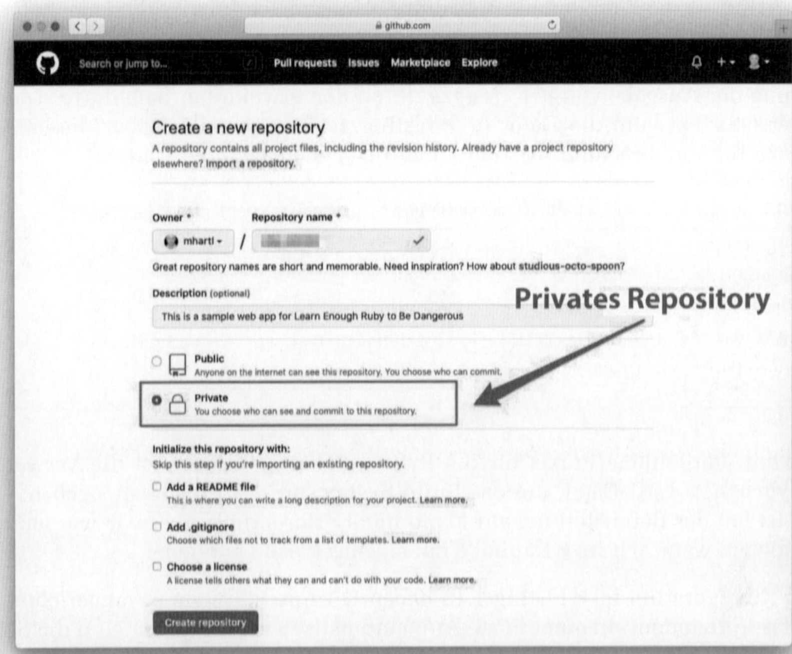

Abbildung 1.10: Verwendung eines privaten Repositorys.

Als Nächstes informieren Sie Ihr lokales System über das Remote-Repository (achten Sie darauf, `<username>` im nachfolgenden Code durch Ihren GitHub-Benutzernamen zu ersetzen) und pushen Sie es dann hoch:

```
(venv) $ git remote add origin https://github.com/<username>/ ↩
python_tutorial.git
(venv) $ git push -u origin main
```

Der Dienst, den wir für die Bereitstellung von Flask verwenden werden, ist Fly.io. Wir beginnen mit der Installation eines notwendigen Pakets und listen dann die Anforderungen (einschließlich Flask) auf, die für die Bereitstellung der Anwendung erforderlich sind. *Hinweis*: Die folgenden Schritte funktionieren zum jetzigen Zeitpunkt, aber die Bereitstellung bei einem Dienst eines Drittanbieters ist genau die Art von Dingen, die sich ohne Vorankündigung ändern können. Wenn das passiert, haben Sie wahrscheinlich die Möglichkeit, Ihre technischen Fähigkeiten einzusetzen (▶ Exkurs 1.2), bis hin zur Suche nach einem alternativen Dienst (wie Render), falls nötig.

Unser erster Schritt besteht darin, ein Paket für Gunicorn, einen Python-Webserver, zu installieren:

```
(venv) $ pip install gunicorn==20.1.0
```

Dann müssen wir eine Datei namens `requirements.txt` erstellen, um dem Bereitstellungs-Host (*deployment host*) mitzuteilen, welche Pakete für die Ausführung unserer Anwendung benötigt werden, indem wir die Datei `requirements.txt` mit

```
$ touch requirements.txt
```

erzeugen und sie dann mit dem in ▶ Listing 1.15 gezeigten Inhalt füllen, den wir durch ausführen von `pip freeze` in einer virtuellen Umgebung, in der keine nicht benötigten Pakete installiert wurden, herausfinden können. (Einige Ressourcen empfehlen die Umleitung der Ausgabe von `pip freeze` durch den erweiterten Befehl `pip freeze > requirements.txt`, um die Datei in ▶ Listing 1.15 zu erstellen, aber dieser Ansatz kann dazu führen, dass unnötige oder ungültige Pakete benötigt werden).

Listing 1.15: *requirements.txt* Auflistung der für unsere Anwendung erforderlichen Ressourcen.

```
click==8.1.3
Flask==2.2.2
gunicorn==20.1.0
itsdangerous==2.1.2
Jinja2==3.1.2
MarkupSafe==2.1.1
Werkzeug==2.2.2
```

Die derzeit empfohlene Praxis für die Python-Paketverwaltung ist die Verwendung einer `pyproject.toml`-Datei, um das Build-System für das Projekt anzugeben. Dieser Schritt ist bei der Bereitstellung auf Fly.io nicht erforderlich, aber wir werden dieser Praxis folgen, wenn wir in ▶ Kapitel 8 ein eigenes Paket erstellen.

Mit der Konfiguration in ▶ Listing 1.15 haben wir unser System so eingerichtet, dass Fly.io das Vorhandensein einer Flask-App automatisch erkennt. Hier sind die Schritte für den Start:

1. Melden Sie sich bei Fly.io an (https://fly.io/app/sign-up). Achten Sie darauf, dass Sie den Link für die kostenlose Version anklicken, der etwas schwierig zu finden ist (▶ Abbildung 1.11). Kostenlose Konten sind auf zwei Bereitstellungs-Server beschränkt, was für uns perfekt ist, da dies der Anzahl in diesem Buch entspricht (hier und in ▶ Kapitel 10).

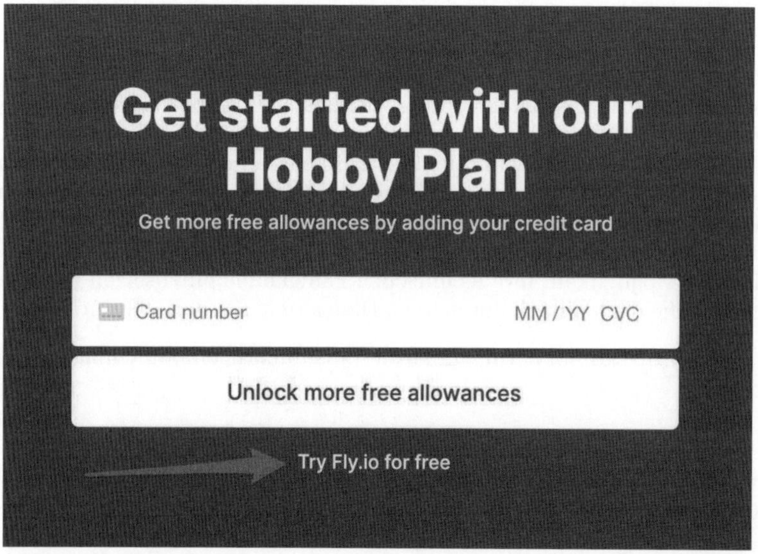

Abbildung 1.11: Das kostenlose Fly.io-Konto.

2. Installieren Sie Fly Control (`flyctl`), ein Befehlszeilenprogramm für die Interaktion mit Fly.io.[14] Die Optionen für macOS und für Linux (einschließlich der Cloud IDE) sind in ▶ Listing 1.16 bzw. ▶ Listing 1.17 aufgeführt. Achten Sie bei letzterem darauf, dass Sie alle Zeilen in Ihrer `.bash_profile`- bzw. `.zshrc`-Datei hinzuzufügen (▶ Listing 1.18), und führen Sie dann `source ~/.bash_profile` bzw. `source ~/.zshrc` aus, um die Konfiguration zu aktualisieren. Beachten Sie, dass die vertikalen Punkte in ▶ Listing 1.18 auf ausgelassene Zeilen hinweisen.
3. Melden Sie sich bei Fly.io über die Kommandozeile an (▶ Listing 1.19).

Listing 1.16: Installation von `flyctl` auf macOS mit Homebrew.

```
(venv) $ brew install flyctl
```

Listing 1.17: Installation von `flyctl` unter Linux.

```
(venv) $ curl -L https://fly.io/install.sh | sh
```

Listing 1.18: *~/.bash_profile bzw. ~/.zshrc* Hinzufügen von Konfigurationszeilen für`flyctl`.

```
.
.
.
export FLYCTL_INSTALL="/home/ubuntu/.fly"
export PATH="$FLYCTL_INSTALL/bin:$PATH"
```

Listing 1.19: Anmeldung bei Fly.io.[15]

```
(venv) $ flyctl auth login --interactive
```

Nachdem Sie sich bei Fly.io angemeldet haben, vollziehen Sie die folgenden Schritte, um die „hello, world"-Anwendung bereitzustellen:

1. Führen Sie `flyctl launch` (▶ Listing 1.20) aus und akzeptieren Sie den automatisch generierten Namen und die Standardoptionen (d.h. keine Datenbank).
2. Bearbeiten Sie die generierte `Procfile`-Datei und füllen Sie sie mit dem in ▶ Listing 1.21 gezeigten Inhalt. Sie müssen wahrscheinlich nur eine Änderung vornehmen, indem Sie den Namen `server` der Anwendung (der App) durch `hello_app` ersetzen.
3. Stellen Sie die Anwendung mit `flyctl deploy` (▶ Listing 1.22) schließlich bereit.[16]

---

14 Ich habe zufällig entdeckt, dass `flyctl` ein Alias für fly darstellt, zumindest auf meinem System; ich schlage vor, dass Sie ausprobieren, ob Sie auf Ihrem System `fly` ebenso nutzen können.

15 Listing 1.19 enthält die Option --interactive, die flyctl daran hindert, ein Browser-Fenster zu öffnen. Das funktioniert sowohl auf nativen Systemen als auch in der Cloud IDE. Wenn Sie ein natives System verwenden, können Sie diese Option auch weglassen.

16 In meinen Tests schlug die Ausführung von `flyctl deploy` bei Verwendung eines Virtual Private Network (VPN) fehl. Wenn Sie also ein VPN verwenden, sollten Sie es für diesen Schritt deaktivieren.

Listing 1.20: „Starten" der Anwendung (was nur eine lokale Konfiguration ist).

```
(venv) $ flyctl launch
```

Listing 1.21: *Procfile*

```
web: gunicorn hello_app:app
```

Listing 1.22: Bereitstellen der App auf Fly.io.

```
(venv) $ flyctl deploy
```

Nachdem der Bereitstellungsschritt abgeschlossen ist, können Sie den Befehl in ▶ Listing 1.23 ausführen, um den Status der App zu abzufragen. (Wenn etwas schief geht, könnten Sie `flyctl logs` bei der Fehlersuche hilfreich finden.)

Listing 1.23: Anzeigen des Status der bereitgestellten Anwendung.

```
(venv) $ flyctl status     # Details können variieren
App
  Name     = restless-sun-9514
  Owner    = personal
  Version  = 2
  Status   = running

  Hostname = crimson-shadow-1161.fly.dev  # Ihre URL wird von dieser ↵
abweichen.
  Platform = nomad

Deployment Status
  ID          = 051e253a-e322-4b2c-96ec-bc2758763328
  Version     = v2
  Status      = successful
  Description = Deployment completed successfully
  Instances   = 1 desired, 1 placed, 1 healthy, 0 unhealthy
```

Die hervorgehobene Zeile in ▶ Listing 1.23 zeigt die URL der Live-Anwendung, die Sie wie folgt automatisch öffnen können:

```
(venv) $ flyctl open     # funktioniert nicht in der Cloud IDE; ↵
nutzen Sie dort die angezeigte URL
```

Wie bereits erwähnt, funktioniert der Befehl `flyctl open` in der Cloud IDE nicht, da ein neues Browserfenster geöffnet werden muss. Aber in diesem Fall können Sie die URL aus ▶ Listing 1.23 einfach kopieren und in die Adressleiste Ihres Browsers einfügen, um das gleiche Ergebnis zu erzielen.

Und das war's! Unsere „hello, world"-Anwendung läuft jetzt im Produktionsmodus (▶ Abbildung 1.12). „Sie lebt!" (▶ Abbildung 1.13[17]).

17 Bild mit freundlicher Genehmigung von Niday Picture Library/Alamy Stock Photo.

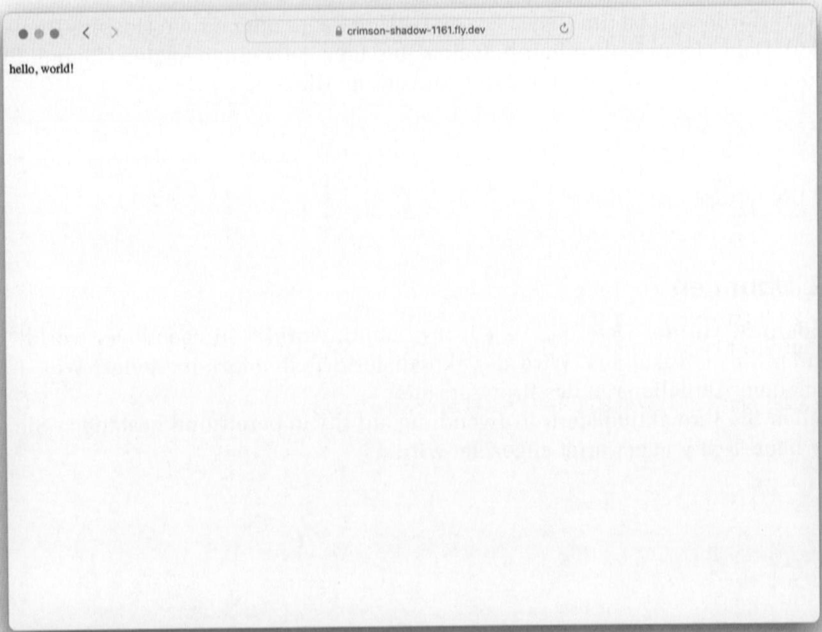

Abbildung 1.12: Die „hello, world"-Anwendung läuft nun im Produktionsmodus.

Abbildung 1.13: Eine Website zum Leben zu erwecken ist einfacher als früher.

In diesem Abschnitt war zwar eine ganze Reihe von Schritten erforderlich. Dennoch grenzt es geradezu an ein Wunder, dass wir eine Webseite so schnell bereitstellen konnten. Es mag sich dabei nur um eine einfache Anwendung handeln, aber es ist eine *reale* Anwendung, und sie im Produktionsmodus bereitstellen zu können, ist ein großer Schritt und von nicht zu unterschätzender Bedeutung, denn: „Echte Künstler liefern!"

Übrigens haben Sie vielleicht bemerkt, dass für die Bereitstellung bei Fly.io kein Git-Commit erforderlich ist (im Gegensatz zu GitHub Pages oder einem Hosting-Dienst wie Heroku). Daher ist es wahrscheinlich eine gute Idee, jetzt einen letzten Commit durchzuführen und das Ergebnis auf GitHub zu veröffentlichen:

```
(venv) $ git add -A
(venv) $ git commit -m "Konfigurieren der hello-world-Anwendung für ↩
die Bereitstellung"
(venv) $ git push
```

1.5.2 Übungen

1. Ändern Sie in der Datei `hello_app.py` „hello, world!“ in „goodbye, world!“ und führen Sie sie lokal aus. Wird der aktualisierte Text sofort angezeigt? Wie sieht es nach dem Aktualisieren des Browsers aus?
2. Stellen Sie Ihre aktualisierte Anwendung auf Fly.io bereit und bestätigen Sie, dass der neue Text wie erwartet angezeigt wird.

Strings

2

Strings (Zeichenketten) sind wahrscheinlich die wichtigste Datenstruktur für die tägliche Arbeit mit Computern. Sie werden in praktisch jeder erdenklichen Art von Programm verwendet und sind auch das Rohmaterial des Internets. Daher sind Strings ein hervorragender Ausgangspunkt für unsere Reise in die Python-Programmierung.

2.1 Grundlagen

Strings bestehen aus einer Folge von einzelnen Zeichen in einer bestimmten Reihenfolge.[18] Wir haben bereits mehrere Beispiele von Strings im Zusammenhang mit unseren „hello, world"-Programmen in ▶ Kapitel 1 kennengelernt. Schauen wir uns an, was passiert, wenn wir eine Zeichenkette allein (ohne `print()`) in die Python-REPL eingeben:

```
$ source venv/bin/activate
(venv) $ python3
>>> "hello, world!"
'hello, world!'
```

Eine Folge von Zeichen, die direkt eingegeben und in Anführungszeichen (hier in doppelten Anführungszeichen ") eingeschlossen und dadurch als String definiert wird, bezeichnet man als *Stringliteral.* Die REPL gibt nach dem Betätigen der Eingabe-Taste das Ergebnis der *Auswertung* der Zeile aus, was im Falle eines Stringliterals einfach der String selbst ist.

Ein besonders wichtiger String ist einer ohne Inhalt, der lediglich durch zwei Anführungszeichen ohne jegliches Zeichen dazwischen (auch kein Leerzeichen) erzeugt wird. Dieser wird als *leerer String* (oder manchmal auch als *der* Leerstring) bezeichnet:

```
>>> ""
''
```

Wir werden in ▶ Abschnitt 2.4.2 und ▶ Abschnitt 3.1 noch mehr über den Leerstring erfahren.

Beachten Sie, dass die REPL den Wert der Strings, die wir in doppelten Anführungszeichen eingegeben haben, mit einfachen Anführungszeichen ausgibt (`'hello, world!'` anstelle von `"hello, world!"`). Dies ist eine reine Konvention (und kann in der Tat systemabhängig sein), da einfache und doppelte Anführungszeichen in Python im Prinzip genau dasselbe sind.[19] Nun, nicht *genau* dasselbe, denn ein String kann auch ein Anführungszeichen enthalten, dass als Zeichen zum String gehört. In einem solchen Beispiel wird deutlich, dass einfache und doppelte Anführungszeichen *jeweils* auf die gleiche Weise verwendet werden können und auch *jeweils* auf gleiche Weise von Python interpretiert werden. Bei einer Kombination von einfachen und doppelten Anführungszeichen erfolgt aber sehr wohl eine Unterscheidung (▶ Abbildung 2.1[20]):

18 Wie viele andere Hochsprachen, z. B. JavaScript und Ruby, sind die „Zeichen" in Python nur Zeichenketten der Länge eins. Dies steht im Gegensatz zu niedrigeren Sprachen wie C und Java, die einen speziellen Typ nur für Zeichen besitzen.

19 Dies steht im Gegensatz zu Ruby, das einfache Anführungszeichen für *rohe Strings* verwendet. Wie in Abschnitt 2.2.2 erwähnt, ist es in Python üblich, stattdessen den Buchstaben `r` voranzustellen.

20 Bild mit freundlicher Genehmigung von LorraineHudgins/Shutterstock.

Abbildung 2.1: Manchmal ist es nicht einfach, wenn die REPL einen Syntaxfehler erzeugt.

```
>>> 'It's not easy being green'
  File "<stdin>", line 1
    'It's not easy being green'
        ^
SyntaxError: invalid syntax
```

Da die REPL `'It'` als einen String und das letzte einfache Anführungszeichen `'` als den *Anfang* eines *zweiten* Strings interpretiert, ist das Ergebnis ein Syntaxfehler, weil das abschließende Anführungszeichen für den zweiten String fehlt. (Als weiteres Ergebnis ergibt sich, dass die farbige Syntaxhervorhebung seltsam aussieht – ein Nebeneffekt, der häufig schon bei der Eingabe als visueller Hinweis auf einen drohenden Syntaxfehler dienen kann).

Gemäß dem *PEP-8 Style Guide* besteht die bevorzugte Methode zum Einfügen eines Anführungszeichens auf diese Weise darin, einfach die andere Art von Anführungszeichen für die Definition des Strings zu verwenden (▶ Listing 2.1).

Listing 2.1: Ein *einfaches* Anführungszeichen kann direkt als Bestandteil eines Strings eingegeben werden, wenn der String in *doppelte* Anführungszeichen eingeschlossen ist – und umgekehrt.

```
>>> "It's not easy being green"
"It's not easy being green"
```

Beachten Sie, dass die REPL hier dieselbe Konvention befolgt wie wir, indem sie bei einem String, der ein einfaches Anführungszeichen enthält, zu doppelten Anführungszeichen wechselt.

Schließlich ist es ungewöhnlich, dass Python *Strings in dreifachen Anführungszeichen* unterstützt:

```
>>> """Gib den Funktionswert zurück."""
'Gib den Funktionswert zurück.'
```

Wenn sie in eine Zeile passen, verhalten sich diese Strings genauso wie Strings in einfachen und doppelten Anführungszeichen, aber bei Strings in dreifachen Anführungszeichen können wir auch Zeilenumbrüche innerhalb des Strings einfügen:

```
>>> """Dies ist ein String.
...
... Wir können innerhalb des Strings neue Zeilen einfügen,
... was ziemlich cool ist.
... """
'Dies ist ein String.\nWir können innerhalb des Strings neue Zeilen ↩
einfügen,\nwas ziemlich cool ist.\n'
```

Strings in dreifachen Anführungszeichen sind bekannt für ihre Verwendung in sogenannten *DocStrings*, die in Python zur Dokumentation des Codes verwendet werden und in Funktionen (▶ Kapitel 5) und Klassen (▶ Kapitel 7) zum Einsatz kommen. Als solche werden sie in der Python-Programmierung häufig verwendet.

Im Allgemeinen weist PEP 8 darauf hin, dass sowohl Zeichenfolgen in einfachen als auch in doppelten Anführungszeichen zulässig sind, solange Sie konsistent sind, aber Zeichenfolgen in dreifachen Anführungszeichen sollten immer mit doppelten Anführungszeichen geschrieben werden:[21]

In Python sind Strings in einfachen Anführungszeichen und Strings in doppelten Anführungszeichen dasselbe. PEP 8 gibt keine Empfehlung dafür, welche dieser Anführungszeichen verwendet werden sollten. Wählen Sie für sich eine Regel aus und halten Sie sich durchgehend daran. Wenn ein String selbst einfache oder doppelte Anführungszeichen enthält, sollten Sie jedoch das jeweils andere Zeichen zum Einschließen des Strings verwenden, um ansonsten erforderliche Backslashes (\) innerhalb des Strings zu vermeiden. Das verbessert die Lesbarkeit.

Verwenden Sie bei Strings in dreifachen Anführungszeichen immer doppelte Anführungszeichen, um mit der DocString-Konvention in PEP 257 übereinzustimmen.

In diesem Buch werden Strings standardmäßig in doppelte Anführungszeichen eingeschlossen, um mit der Konvention für dreifache Anführungszeichen übereinzustimmen und gleichzeitig für alle Strings die gleichen Anführungszeichen zu verwenden. Aber es steht Ihnen natürlich frei, normale Strings in einfache Anführungszeichen einzuschließen.

2.1.1 Übungen

1. Bestätigen Sie durch Ausprobieren, dass wir Anführungszeichen mit einem Backslash (\) als Escape-Zeichen abfangen können, sodass es nicht mehr als einen String einschließendes Zeichen, sondern als zu einem String gehörendes Zeichen interpretiert wird, wie in `'It\'s not easy being green'`. Dies kann praktisch sein, wenn ein String sowohl einfache als auch doppelte Anführungszeichen enthält (in diesem Fall funktioniert der Trick aus ▶ Listing 2.1 nicht). Wie behandelt die REPL `'It\'s not "easy" being green'`?

21 Die Terminologie an dieser Stelle ist Standard, aber ein wenig verwirrend: „einfach" und „doppelt" beziehen sich jeweils auf die Anzahl der Striche in den einzelnen Anführungszeichen selbst (' vs. "), während sich „dreifach" auf die Anzahl von einfachen oder doppelten Anführungszeichen bezieht, die bei der Definition eines Strings auf jeder Seite des Strings verwendet werden ("""...""").

2 Python unterstützt gängige Sonderzeichen wie Tabulatoren (`\t`) und Zeilenumbrüche (`\n`), die zwei verschiedene Formen des sogenannten *Whitespace* sind. Zeigen Sie, dass `\t` und `\n` sowohl innerhalb von einfachen als auch innerhalb von doppelten Anführungsstrichen als Sonderzeichen interpretiert werden. Was passiert, wenn Sie einem der Strings den Buchstaben `r` voranstellen? *Hinweis*: Versuchen Sie in der REPL, Befehle wie die in ▶ Listing 2.2 auszuführen. Wir werden mehr über das besondere Verhalten von r vor Strings in ▶ Abschnitt 2.2.2 erfahren.

Listing 2.2: Einige Strings mit Sonderzeichen.

```
>>> print('hello\tgoodbye')
>>> print('hello\ngoodbye')
>>> print("hello\tgoodbye")
>>> print("hello\ngoodbye")
>>> print(r"hello\ngoodbye")
```

2.2 Verkettung und Interpolation

Zwei der wichtigsten String-Operationen sind die *Verkettung* (das Zusammenfügen von Strings) und die *Interpolation* (das Einfügen variabler Inhalte in Strings). Wir beginnen mit der Verkettung, die wir mithilfe des +-Operators durchführen können:[22]

```
(venv) $ python3
>>> "foo" + "bar"              # Verkettung zweier Strings
'foobar'
>>> "ant" + "bat" + "cat"      # Mehr als zwei Strings können in ↩
einem Schritt verkettet werden.
'antbatcat'
```

Hier gibt Python als Ergebnis der Auswertung von `"foo" + "bar"` den String `"foobar"` aus. Beachten Sie auch die *Kommentare*, die mit dem Rautezeichen # eingeleitet werden und jeweils bis zum Ende der Zeile reichen. Diese werden von Python grundsätzlich ignoriert und Sie können sie auch ignorieren, wenn Sie möchten.

Werfen wir noch einen Blick auf die Verkettung von Strings in Kombination mit *Variablen*, die Sie sich zunächst vereinfacht als benannte Boxen vorstellen können, die einen Wert besitzen (▶ Exkurs 2.1).

22 Diese Verwendung von + für die Verkettung von Strings ist in Programmiersprachen üblich, aber in einer Hinsicht ist es eine unglückliche Wahl, denn die Addition ist eine kommutative Operation in der Mathematik, das heißt $a + b = b + a$. (Im Gegensatz dazu ist die Multiplikation in einigen Fällen nicht kommutativ. Bei der Multiplikation von Matrizen gilt z. B. häufig $AB \neq BA$). Bei der Verkettung von Strings ist + jedoch ganz sicher *keine* kommutative Operation (außer im Falle identischer Strings), da z. B. `"foo"+"bar"` als Ergebnis `"foobar"` liefert, während `"bar" + "foo""barfoo"` ergibt. Teilweise aus diesem Grund verwenden einige Sprachen (z. B. PHP) ein anderes Symbol für die Verkettung, beispielsweise einen Punkt . (also `"foo"."bar"`).

Exkurs 2.1: Variablen und Bezeichner

Wenn Sie noch nie einen Computer programmiert haben, ist Ihnen der Begriff *Variable* vielleicht nicht geläufig. In der Informatik spielen Variablen eine wichtige Rolle. Sie können sich eine Variable als eine benannte Box vorstellen, die zu unterschiedlichen Zeitpunkten verschiedene (oder „variable") Inhalte enthalten kann.

Als konkrete Analogie denken Sie an die beschrifteten Boxen, die viele Grundschulen ihren Schülern zur Verfügung stellen, um Kleidung, Bücher, Rucksäcke usw. zu verstauen (▶ Abbildung 2.2[23]). Die Variable ist der Ort der Box, die Beschriftung der Box ist der Variablenname (auch *Bezeichner* genannt) und der Inhalt der Box ist der Wert der Variable.

Abbildung 2.2: Eine konkrete Analogie zu Variablen in Programmiersprachen.

Als konkretes Beispiel können wir Variablen für einen Vornamen und einen Nachnamen erstellen, indem wir das Gleichheitszeichen (=) als Operator verwenden, wie in ▶ Listing 2.3 gezeigt.

Listing 2.3: Verwendung von =, um Variablen zu definieren und einen Wert zuzuweisen.

```
>>> first_name = "Michael"
>>> last_name = "Hartl"
```

Hier werden durch das Gleichheitszeichen (=) die Variablen mit den Namen (Bezeichnern) `first_name` und `last_name` definiert und gleichzeitig wird der Variablen `first_name` der Wert `"Michael"` und der Variablen `last_name` der Wert `"Hartl"` zugewiesen.

23 Bild mit freundlicher Genehmigung von Africa Studio/Shutterstock. Bild mit freundlicher Genehmigung von Africa Studio/Shutterstock.

Die Bezeichner `first_name` und `last_name` in ▶ Listing 2.3 sind im sogenannten *Snake Case* oder *snake_case* geschrieben, wobei nur Kleinbuchstaben verwendet und Leerzeichen durch Unterstriche ersetzt werden. Der Ursprung des Namens snake_case ist unklar[24], aber der snake_case ist wahrscheinlich die gängigste Konvention für Variablennamen in Python (▶ Abbildung 2.3[25]). (Im Gegensatz dazu wird zur Benennung von Klassen in Python die sogenannte CamelCase-Konvention verwendet, die in ▶ Kapitel 7 näher beschrieben wird).

Abbildung 2.3: Die snake_case-Konvention ist der Standard für Variablennamen in Python.

Nachdem wir die Variablennamen in ▶ Listing 2.3 definiert haben, können wir sie verwenden, um den ersten und den letzten Namen zu verketten und gleichzeitig ein Leerzeichen dazwischen einzufügen – zunächst auf nicht-pythonische Weise (▶ Listing 2.4). Den pythonischen Weg lernen wir im nächsten Abschnitt kennen.

Listing 2.4: Verkettung zweier String-Variablen und eines Stringliterals auf nicht-pythonische Weise.

```
>>> first_name + " " + last_name    # Nicht pythonisch!
'Michael Hartl'
```

2.2.1 Formatierte Strings

Der am meisten *pythonische* (▶ Exkurs 1.1) Weg zur Zusammensetzuung von Strings in Kombination mit Variablen ist die *Interpolation* unter Verwendung sogenannter *formatierter Strings* oder kurz *f-Strings*, bei denen der Stringdefinition der Buchstabe `f` (für „formatiert“) vorangestellt wird und Variablenwerte mithilfe der in geschweiften Klammern eingeschlossenen Variablennamen in den String eingefügt werden:

```
>>> f"Mein Vorname lautet {first_name}."    # Pythonisch!
'Mein Vorname lautet Michael.'
```

24 Insbesondere ist „snake case“ keine Anspielung auf Python selbst. Variablennamen in snake_case sind auch in Sprachen üblich, deren Namen im Gegensatz zu dem von Python nichts mit Schlangen zu tun haben, wie C, Perl, PHP, JavaScript und Ruby.

25 Bild mit freundlicher Genehmigung von rafaelbenari/123RF.

Hier fügt Python automatisch den Wert der Variablen `first_name` an der entsprechenden Stelle in den String ein.[26] Tatsächlich wird jeder Code innerhalb von geschweiften Klammern von Python einfach ausgewertet und das Ergebnis an der entsprechenden Position anstelle des geschweiften Klammerausdrucks eingefügt.

Wir können die Interpolation verwenden, um das Ergebnis von ▶ Listing 2.4 zu replizieren, wie in ▶ Listing 2.5 gezeigt.

Listing 2.5: Wiederholung der Verkettung aus Listing 2.4 und anschließend die ergebnisgleiche Interpolation.

```
>>> first_name + " " + last_name     # Verkettung (nicht pythonisch)
'Michael Hartl'
>>> f"{first_name} {last_name}"      # Interpolation (pythonisch)
'Michael Hartl'
```

Die beiden in ▶ Listing 2.5 gezeigten Ausdrücke sind gleichwertig, aber ich bevorzuge im Allgemeinen die Interpolatioin, weil das Hinzufügen des einzelnen Leerzeichens " " zwischen den Strings bei der Verkettung etwas umständlich erscheint (und wie gesagt, Pythonisten stimmen dem im Allgemeinen zu).

Es ist erwähnenswert, dass formatierte Strings erst in Python 3.6 hinzugefügt wurden. Wenn Sie aus irgendeinem Grund eine frühere Version von Python nutzen müssen, können Sie stattdessen entweder `str.format()` oder den *Modulus-Operator* (`%`) verwenden. Dementsprechend liefern die folgenden drei Befehlszeilen jeweils das gleiche Ergebnis:

```
>>> f"Vorname: {first_name}, Nachname: {last_name}"
'Vorname: Michael, Nachname: Hartl'
>>> "Vorname: {}, Nachname: {}".format(first_name, last_name)
'Vorname: Michael, Nachname: Hartl'
>>> "Vorname: %s, Nachname: %s" % (first_name, last_name)
'Vorname: Michael, Nachname: Hartl'
```

Insbesondere die Verwendung von `format()` hat aber auch mögliche Vorteile gegenüber formatierten Strings. Siehe dazu den Artikel „Python's F-String for String Interpolation and Formatting" (https://realpython.com/python-f-strings/) für weitere Informationen.

2.2.2 Rohe Strings

Neben normalen Strings und formatierten Strings unterstützt Python auch sogenannte rohe Strings (*raw strings*). In vielen Fällen verhalten sich diese verschiedenen Arten von Strings praktisch gleich:

```
>>> r"foo"
'foo'
>>> r"foo" + r"bar"
'foobar'
```

26 Programmierer, die mit Perl oder PHP vertraut sind, sollten dies mit der automatischen Interpolation von Variablen mithilfe des Dollarzeichens in Ausdrücken wie `"Michael $last_name"` vergleichen.

Es gibt jedoch wichtige Unterschiede. Zum Beispiel interpoliert Python in rohen Strings nicht:

```
>>> r"{first_name} {last_name}"        # Keine Interpolation!
'{first_name} {last_name}'
```

Das ist allerdings nicht weiter verwunderlich, denn Python interpoliert auch nicht in normalen Strings:

```
>>> "{first_name} {last_name}"        # Keine Interpolation!
'{first_name} {last_name}'
```

Wenn normale Strings alles können, was rohe Strings auch können, wofür gibt es rohe Strings dann überhaupt? Sie sind oft nützlich, weil sie wirklich genau die Zeichen enthalten, die Sie eingeben. Der Backslash (\) zeigt auf den meisten Systemen zum Beispiel ein spezielles Verhalten, wie im Zeilenumbruch `\n` oder im Tabulator `\t`. In diesen Fällen ist der Backslash selbst nicht Bestandteil des Strings. Wenn Sie möchten, dass eine Stringvariable einen Backslash als Bestandteil des Strings enthält, machen rohe Strings das einfacher:

```
>>> r"\n"        # In rohen Strings bewirkt '\n' keinen Zeilenumbruch.
'\\n'
```

Beachten Sie, dass man den Backslash in der Python-REPL mit einem zusätzlichen Backslash abfangen muss, wenn er selbst Bestandteil des Strings sein soll. In normalen Strings müssen Sie *einen* solchen Backslash daher in Form von *zwei* Backslashes eingeben. Bei rohen Strings genügt dagegen *ein* Backslash. Bei einem kleinen Beispiel wie diesem ist die Ersparnis nicht sehr groß, aber wenn in einem String viele Zeichen abgefangen werden sollen, kann das eine echte Hilfe sein:

```
>>> r"Zeilenumbrüche (\n) und Tabulatoren (\t) enthalten beide das ↩
Backslash-Zeichen: \."
'Zeilenumbrüche (\\n) und Tabulatoren (\\t) enthalten beide das ↩
Backslash-Zeichen: \\.'
```

Die wahrscheinlich häufigste Verwendung von rohen Zeichenketten ist die Definition von regulären Ausdrücken (▶ Abschnitt 4.3), aber sie werden auch bei der Beschriftung von Plots in ▶ Abschnitt 11.3 vorkommen.

Innerhalb von rohen Strings ist das Abfangen von Zeichen also nicht erforderlich, *außer* wenn innerhalb des Strings die gleiche Art von Anführungszeichen vorkommt, die auch zur Definition des Strings verwendet wird. Wenn Sie z. B. einen rohen String mit einfachen Anführungszeichen definieren, funktioniert das in der Regel einwandfrei:

```
>>> r'Zeilenumbrüche (\n) und Tabulatoren (\t) enthalten beide das ↩
Backslash-Zeichen: \.'
'Zeilenumbrüche (\\n) und Tabulatoren (\\t) enthalten beide das ↩
Backslash-Zeichen: \\.'
```

Wenn ein roher String, der mit einfachen Anführungszeichen definiert wird, aber selbst ein einfaches Anführungszeichen enthält, führt das wie bei normalen Strings zu einem Syntaxfehler:

```
>>> r'It's not easy being green'
  File "<stdin>", line 1
    'It's not easy being green'
        ^
SyntaxError: invalid syntax
```

2.2.3 Übungen

1. Definieren Sie die Variablen `wohnort` und `bundesland` und weisen Sie ihnen als Werte Ihren aktuellen Wohnort und das zugehörige Bundesland zu. Geben Sie mithilfe der Interpolation einen String aus, der aus Ihrem Wohnort und dem Bundesland, getrennt durch ein Komma und ein Leerzeichen, besteht, wie in „München, Bayern".
2. Wiederholen Sie die vorherige Aufgabe, trennen Sie Wohnort und Bundesland diesmal aber durch ein Tabulatorzeichen anstelle eines Kommas und eines Leerzeichens.
3. Überprüfen Sie durch Ausprobieren, ob Strings in dreifachen Anführungszeichen (▶ Abschnitt 2.1) die Interpolation unterstützen.

2.3 Ausgabe

Wie wir in ▶ Abschnitt 1.2 und den folgenden Abschnitten gesehen haben, können Sie einen String in Python mithilfe der `print()`-Funktion auf dem Bildschirm ausgeben:

```
>>> print("hello, world!")      # Ausgabe auf dem Bildschirm
hello, world!
```

Hier nimmt `print()` einen String als *Argument* entgegen und gibt das Ergebnis auf dem Bildschirm aus. Die hier zu beobachtende Ausgabe des Strings durch die Funktion `print()` ist quasi eine Art *Nebeneffekt*, wobei sich der Begriff „Nebeneffekt" auf alles bezieht, was die Funktion tut, außer einen Wert zurückzugeben. Der Befehl

```
print("hello, world!")
```

gibt den String auf dem Bildschirm aus und gibt dann *nichts* zurück – tatsächlich wird ein Python-Objekt namens `None` zurückgegeben, wie im folgenden Code-Beispiel verdeutlicht wird:[27]

```
>>> result = print("hello, world!")
"hello, world"
>>> print(result)
None
```

Hier erzeugt die zweite Instanz von `print()` eine String-Darstellung des Objekts `None` und gibt das Ergebnis auf dem Bildschirm aus. Wir können die String-Darstellung eines Objekts auch direkt mithilfe der Funktion `repr()` („representation") erhalten:

```
>>> repr(None)
'None'
```

Der `repr()`-Befehl ist häufig nützlich, insbesondere in der REPL, und funktioniert mit praktisch jedem Python-Objekt.

In ▶ Abschnitt 1.2.1 haben wir bereits kurz gesehen, dass `print()` auch ein *Schlüsselwortargument* (▶ Abschnitt 5.1.2) namens `end` akzeptiert , das ein Zeichen angibt, das am Ende des Strings zusätzlich hinzugefügt wird. Wird das `end`-Argument nicht ex-

27 Das Python-Objekt `None` ist das genaue Gegenstück zu `nil` in Ruby.

plizit angegeben, wird standardmäßig automatisch ein Zeilenumbruch (\n) angehängt, weshalb wir vor der nächsten Eingabeaufforderung des Interpreters einen schönen Umbruch erhalten:

```
>>> print("foo")
foo
>>>
```

Wir können dieses Verhalten außer Kraft setzen, indem wir einen anderen String als end-Argument übergeben, z. B. den leeren String (""):

```
>>> print("foo", end="")
foo>>>
```

Beachten Sie, dass die Eingabeaufforderung nun unmittelbar nach dem String erscheint und nicht erst in der nächsten Zeile. Dies ist in einem Skript potenziell nützlich, da wir so mehrere Anweisungen ausgeben können, ohne sie voneinander zu trennen.

2.3.1 Übungen

1. Welches Ergebnis erhält man, wenn `print()` mehrere Argumente übergeben werden, wie in `print("foo", "bar", "baz")`?
2. Welches Ergebnis erhalten Sie, wenn Sie den in ▶ Listing 2.6 gezeigten Ausgabetest ausführen? *Hinweis*: Sie sollten die Datei *print_test.py* auf die Weise erstellen und ausführen, wie es in ▶ Abschnitt 1.3 besprochen wurde.

Listing 2.6: *print_test.py* Ein Test zur Ausgabe von mehreren Strings ohne Zeilenumbrüche.

```
print("foo", end="")
print("bar", end="")
print("baz")
```

2.4 Länge, Boolesche Werte und Programmflusskontrolle

Eine der nützlichsten in Python integrierten Funktionen ist `len()`, welche die Länge ihres Arguments zurückgibt. Neben vielen anderen Objekten kann `len()` auch auf Strings angewandt werden:

```
>>> len("hello, world!")
13
>>> len("")
0
```

Dies kann für Programmierer, die von anderen Hochsprachen kommen, ein kleines Problem darstellen, denn viele dieser Sprachen verwenden `obj.length` (ein Attribut) oder `obj.length()` (eine Methode), um Längen zu bestimmen. In Python spielt stattdessen `len(obj)` diese wichtige Rolle. (Wir werden ab ▶ Abschnitt 2.5 mehr über Methoden erfahren).

Die Funktion `len()` ist vor allem bei Vergleichen nützlich, z. B. wenn Sie die Länge eines Strings mit einem bestimmten vorgegebenen Wert vergleichen möchten (beachten Sie bei der Eingabe des folgenden Codes in die REPL, dass die REPL die Pfeil-nachoben-Taste unterstützt, um vorherige Zeilen in der aktuellen Zeile erneut aufzurufen und einzufügen, genau wie das Kommandozeilenterminal):

```
>>> len("Dachs") > 3
True
>>> len("Dachs") > 5
False
>>> len("Dachs") >= 5
True
>>> len("Dachs") < 10
True
>>> len("Dachs") == 5
True
```

Die letzte Zeile verwendet den Gleichheitsoperator ==, den Python mit vielen anderen Sprachen gemeinsam hat. (Python besitzt auch einen Vergleichsoperator namens `is`, der einen strengeren Vergleich durchführt, bei dem nur `True` zurückgegeben wird, wenn die beiden Operanden nicht nur den gleichen Wert aufweisen, sondern auch dasselbe Objekt repräsentieren; siehe ▶ Abschnitt 3.4.2.)

Die Rückgabewerte der obigen Vergleiche, die immer entweder `True` oder `False` (*wahr oder falsch*) lauten, werden nach dem Mathematiker und Logiker George Boole (▶ Abbildung 2.4[28]) als *Boolesche* Werte bezeichnet.

Abbildung 2.4: Wahr oder falsch? Dies ist ein Bild von George Boole.

Boolesche Werte sind besonders nützlich für die *Programmflusskontrolle*, bei der bestimmte Aktionen nur in Abhängigkeit der Ergebnisse von Vergleichen ausgeführt werden (▶ Listing 2.7).

28 Bild mit freundlicher Genehmigung von Yogi Black/Alamy Stock Photo.

Listing 2.7: Programmflusskontrolle mit `if`.

```
>>> password = "foo"
>>> if (len(password) < 6):     # Nicht ganz pythonisch
...     print("Das Passwort ist zu kurz.")
...
Das Passwort ist zu kurz.
```

Beachten Sie in ▶ Listing 2.7, dass der Vergleich nach `if` in Klammern steht und die `if`-Anweisung durch einen Doppelpunkt (`:`) abgeschlossen wird. Der abschließende Doppelpunkt ist erforderlich, die Klammern sind in Python (im Gegensatz zu vielen anderen Sprachen) aber optional und es ist üblich, sie wegzulassen (▶ Listing 2.8).

Listing 2.8: Programmflusskontrolle mit `if`.

```
>>> password = "foo"
>>> if len(password) < 6:     # Pythonisch
...     print("Das Passwort ist zu kurz.")
...
Das Passwort ist zu kurz.
```

Die Blockstruktur des Codes wird durch Einrückung angezeigt, in diesem Fall vier Leerzeichen vor dem `print()`-Befehl (▶ Exkurs 2.2).

■ Exkurs 2.2: Formatierung von Python-Code

Die Codebeispiele in diesem Buch, einschließlich derjenigen in der REPL, sollen auch zeigen, wie man Python-Code so formatiert, dass er möglichst gut lesbar und verständlich ist. Ungewöhnlich im Vergleich zu anderen Programmiersprachen ist, dass Python tatsächlich eine solche Formatierung *erfordert*, da seine Blockstruktur durch Einrückung und nicht durch geschweifte Klammern `{...}` (wie in C/C++, PHP, Perl, JavaScript, etc.) oder durch ein spezielles Schlüsselwort (z. B. `end` in Ruby) erzeugt wird.

Auch wenn sich die genauen Stile unterscheiden, finden Sie im Folgenden einige allgemeine Richtlinien für eine gute Codeformatierung in Python, die zum Teil auf dem *PEP 8 – Style Guide for Python Code* basieren:

- Rücken Sie Codezeilen ein, um die notwendige Blockstruktur zu erzeugen. Wie bereits erwähnt, ist dies in Python unbedingt erforderlich. Python erlaubt aus technischer Sicht entweder Leerzeichen oder Tabulatoren zur Einrückung, aber Tabulatoren gelten im Allgemeinen als schlechte Wahl und die Verwendung von Leerzeichen wird dringend empfohlen.
- Verwenden Sie jeweils vier Leerzeichen für die Einrückung. Auch wenn einige Python-Style-Guides, wie z. B. der Python-Kurs von Google, nur jeweils zwei Leerzeichen einrücken, sollen laut der offiziellen PEP-8-Richtlinie vier Leerzeichen verwendet werden.
- Fügen Sie Zeilenumbrüche ein, um die logische Struktur des Codes besser erkennbar zu machen. Ich füge beispielsweise besonders gerne einen zusätzlichen Zeilenumbruch nach einer Reihe von Variablendefinitionen mit Wertzuweisungen ein, um einen visuellen Hinweis darauf zu geben, dass die Definition der Variablen abgeschlossen ist und nun der „eigentliche" Code beginnt. Ein Beispiel finden Sie in ▶ Listing 4.12.
- Begrenzen Sie die Länge von Codezeilen auf 79 Zeichen (auch „Spalten" genannt) und die Länge von Kommentarzeilen oder DocStrings auf 72 Zeichen. Diese Regeln, die von PEP 8 empfohlen werden, sind sogar noch vorsichtiger als die 80-Zeichen-Beschränkung, die aus den Anfängen der 80 Zeichen breiten Terminals stammt. Viele moderne Entwickler verstoßen routine-

mäßig gegen diese Beschränkung, weil sie sie für veraltet halten. Meiner Erfahrung nach ist die Verwendung einer konservativen Zeichenbegrenzung jedoch eine gute Idee und wird Ihnen den Hals retten, wenn Sie Kommandozeilenprogramme wie `less` verwenden (oder wenn Sie Ihren Code in ein Dokument mit strengeren Anforderungen an die maximale Zeilenbreite einfügen, wie z. B. in ein Buch). Wenn die Breite einer Zeile das Zeichenlimit überschreitet, ist das ein Hinweis darauf, dass Sie einen neuen Variablennamen einführen, eine Operation in mehrere Schritte aufteilen usw. sollten, um den Code für jeden, der ihn liest, übersichtlicher zu gestalten.

Im weiteren Verlauf dieses Buches werden wir noch einigen Beispielen für weiterführende Konventionen zur Codeformatierung begegnen.

Durch Verwendung von `else` können wir eine zweite Aktion hinzufügen, die standardmäßig ausgeführt wird, wenn der erste Vergleich als Ergebnis `False` zurückgibt (▶ Listing 2.9).

Listing 2.9: Programmflusskontrolle mit `if` und `else`.

```
>>> password = "foobar"
>>> if len(password) < 6:
...     print("Das Passwort ist zu kurz.")
... else:
...     print("Das Passwort ist lang genug.")
...
Das Passwort ist lang genug.
```

Die erste Zeile in ▶ Listing 2.9 *definiert* die Variable `password` erneut, indem sie ihr einen neuen Wert zuweist. Nach der Neuzuweisung weist die Länge der Variable einen Wert von 6 auf, sodass der Vergleich `len(password) < 6` als Ergebnis `False` zurückgibt. Infolgedessen wird der `if`-Zweig der Anweisung nicht ausgewertet. Stattdessen wertet Python den `else`-Zweig aus, was in diesem Fall zur Ausgabe der Mitteilung führt, dass das Passwort lang genug ist.

Darüber hinaus können weitere Zweige hinzugefügt werden, die Python in Abhängigkeit von einem Vergleich auswertet, aber nur wenn keiner der vorhergehenden Zweige bereits ausgewertet wurde, weil sein Vergleich `True` ergeben hat. Anstelle des herkömmlichen `else if`, besitzt Python für diese Programmflusskontrolle ein spezielles `elif`-Schlüsselwort, das dasselbe bedeutet, wie in ▶ Listing 2.10 gezeigt (▶ Abbildung 2.5[29]).

Listing 2.10: Programmflusskontrolle mit `elif`.

```
>>> password = "Goldlöckchen"
>>> if len(password) < 6:
...     print("Das Passwort ist zu kurz.")
... elif len(password) < 50:
...     print("Die Länge des Passworts ist in Ordnung!")
... else:
...     print("Das Passwort ist zu lang.")
...
Die Länge des Passworts ist in Ordnung!
```

29 Bild mit freundlicher Genehmigung von Jessie Willcox Smith/Alamy Stock Photo.

Abbildung 2.5: Goldlöckchen wählt bei der Flusskontrolle genau die richtige Aktion aus.

PYTHON MIT BISS

if-Anweisungen

if-Anweisungen sind zweifellos wichtig beim Programmieren. Sie erlauben es uns, Entscheidungen zu treffen. Allerdings gibt es auch ein Problem: Manche Programmierer neigen dazu, häufig mehrere if-Anweisungen ineinander zu verschachteln. Diese Konstrukte sind jedoch tendenziell recht fehleranfällig, unübersichtlich und schwer nachzuvollziehen.

Git ist jedoch nicht nur für Arbeiten in Teams wichtig. Es ermöglicht auch, dass man Zwischenstände der eigenen Arbeit abspeichern kann. Falls man den Code so verändert hat, dass er nicht mehr funktioniert, kann man einfach zu einem funktionierenden Zustand zurückkehren.

2.4.1 Kombinierte Auswertung und Negation von Booleschen Werten

Boolesche Werte können kombiniert ausgewertet oder invertiert werden. Dazu dienen die Booleschen Operatoren `and`, `or` und `not`.

Beginnen wir mit `and` (und). Werden zwei Boolesche Werte mit dem Operator `and` verknüpft, müssen *beide* Werte `True` sein, damit die Auswertung des Ausdrucks ebenfalls `True` ergibt. Wenn ich zum Beispiel behaupte, dass ich sowohl Pommes frites *als auch* eine Ofenkartoffel möchte, kann diese Aussage nur dann wahr sein, wenn ich sowohl auf die Frage „Möchten Sie Pommes frites?" als auch auf die Frage „Möchten

Sie eine Ofenkartoffel?" tatsächlich wahrheitsgemäß mit *ja* (wahr) antworten würde. Wenn meine Antwort auf eine der beiden Fragen nein (falsch) lauten würde, muss die Kombination mit dem Operator `and` (sowohl als auch) ebenfalls falsch sein. Die möglichen Verknüpfungen von Wahrheitswerten mit Booleschen Operatoren und die Wahrheitswerte der resultierenden Gesamtaussagen werden in sogenannten *Wahrheitstabellen* zusammengefasst. Die Wahrheitstabelle für die Verknüpfung der beiden Booleschen Werte `True` und `False` mit dem Booleschen Operator `and` finden Sie in ▶ Listing 2.11.

Listing 2.11: Die Wahrheitstabelle für `and`.

```
>>> True and False
False
>>> False and True
False
>>> False and False
False
>>> True and True
True
```

Wir können Boolesche Operatoren auch einsetzen, um die Bedingungen für die Ausführung von Zweigen in if-Abfragen festzulegen, wie beispeilhaft in ▶ Listing 2.12 gezeigt.

Listing 2.12: Verwendung des Operators `and` in einer `if`-Abfrage.

```
>>> x = "foo"
>>> y = ""
>>> if len(x) == 0 and len(y) == 0:
...     print("Beide Strings sind leer!")
... else:
...     print("Mindestens einer der Strings ist nicht leer.")
...
Mindestens einer der Strings ist nicht leer.
```

In ▶ Listing 2.12 ist `len(y)` in der Tat gleich `0`, aber `len(x)` ist gleich 3 und somit ergibt der Vergleich von `len(x)` und `0` mit dem Gleichheitsoperator `False`. Folglich ist die Gesamtaussage der Verknüpfung der beiden Vergleiche mit dem Operator `and` ebenfalls `False` (in Übereinstimmung mit der Wahrheitstabelle in ▶ Listing 2.11), sodass Python in den `else`-Zweig springt und diesen auswertet.

Im Gegensatz zu `and` ergibt die Auswertung bei der Verknüpfung mit `or` (oder) bereits `True`, wenn nur mindestens *einer der beiden* Vergleiche `True` ergibt und somit natürlich auch wenn beide `True` liefern (▶ Listing 2.13).

Listing 2.13: Die Wahrheitstabelle für `or`.

```
>>> True or False
True
>>> False or True
True
>>> True or True
True
>>> False or False
False
```

Ersetzen wir den Operator `and` in ▶ Listing 2.12 durch `or` und passen wir die Bildschirmausgaben an den neuen Operator an, erhalten wir das in ▶ Listing 2.14 gezeigte Ergebnis.

Listing 2.14: Verwendung des Operators `or` in einer `if`-Abfrage.

```
>>> x = "foo"
>>> y = ""
>>> if len(x) == 0 or len(y) == 0:
...     print("Mindestens einer der Strings ist leer!")
... else:
...     print("Keiner der beiden Strings ist leer.")
...
Mindestens einer der Strings ist leer!
```

Beachten Sie in der Wahrheitstabelle in ▶ Listing 2.13, dass `or` kein *exklusives oder* darstellt. Das bedeutet, dass das Ergebnis auch dann wahr ist, wenn *beide* Aussagen wahr sind. Dies steht im Gegensatz zum umgangssprachlichen Gebrauch von *oder*, bei dem eine Aussage wie „Ich möchte Pommes frites oder Bratkartoffeln" bedeutet, dass ich entweder Pommes frites *oder* Bratkartoffeln möchte, aber nicht beides (▶ Abbildung 2.6[30]).

Abbildung 2.6: Es stellte sich heraus, dass ich nur Pommes frites wollte.

Zusätzlich zu `and` und `or` unterstützt Python die *Negation* durch den Operator `not`, der einfach `True` in `False` und `False` in `True` umwandelt (▶ Listing 2.15).

Listing 2.15: Die Wahrheitstabelle für `not`.

```
>>> not True
False
>>> not False
True
```

Wir können auch `not` in einer `if`-Abfrage verwenden, wie in ▶ Listing 2.16 gezeigt. Beachten Sie, dass in diesem Fall Klammern *erforderlich* sind, denn sonst würden wir fragen, ob `not len(x)` gleich `0` ist.

30 Bild mit freundlicher Genehmigung von Rikaphoto/Shutterstock.

Listing 2.16: Verwendung des Operators `not` in einer `if`-Abfrage.

```
>>> x = "foo"
>>> if not (len(x) == 0):      # Nicht pythonisch
...     print("x ist kein leerer String.")
... else:
...     print("x ist ein leerer String.")
...
x ist kein leerer String.
```

Der Code in ▶ Listing 2.16 ist gültiges Python, denn er negiert einfach das Ergebnis des Vergleichs `len(x) == 0`, was hier zum Gesamtergebnis `True` führt, da `len(x)` gleich `3` und somit ungleich `0` ist, sodass dieser Vergleich `False` zurückgibt, dessen Negation durch `not` schließlich `True` liefert:

```
>>> not (len(x) == 0)
True
```

In einem Fall wie diesem ist es jedoch üblicher, den Ungleichheitsoperator `!=` („ist ungleich", im Englischen oft auch „bang equals" genannt, da `!` oft als „bang" ausgesprochen wird) zu verwenden, wie in ▶ Listing 2.17 zu sehen ist.

Listing 2.17: Verwendung von `!=` („ist ungleich") in einer `if`-Abfrage.

```
>>> x = "foo"
>>> if len(x) != 0:            # Nicht ganz pythonisch
...     print("x ist kein leerer String.")
... else:
...     print("x ist ein leerer String.")
...
x ist kein leerer String.
```

Da wir nicht mehr den gesamten Ausdruck negieren, können wir die Klammern wie zuvor wieder weglassen. Wie bereits erwähnt, würde dieser Code jedoch nicht als vollkommen pythonisch angesehen werden, da der leere String (`""`) in einem Booleschen Kontext einen besonderen Wert aufweist (▶ Abschnitt 2.4.2).

2.4.2 Boolescher Kontext

Nicht alle Booleschen Werte sind das Ergebnis von Vergleichen, und tatsächlich besitzt jedes Python-Objekt in einem Booleschen Kontext entweder den Wert `True` oder den Wert `False`. Wir können Python mithilfe der Funktion `bool()` zwingen, einen solchen Booleschen Kontext zu verwenden. Natürlich sind sowohl `True` als auch `False` in einem Booleschen Kontext einfach jeweils gleich sich selbst:

```
>>> bool(True)
True
>>> bool(False)
False
```

Durch Anwendung der Funktion `bool()` können wir feststellen, dass ein String wie `"foo"` in einem Booleschen Kontext den Wert `True` aufweist:

```
>>> bool("foo")
True
```

Fast alle Strings haben in Python in einem Booleschen Kontext den Wert `True`. Die einzige Ausnahme bildet der leere String, der den Wert `False` besitzt:[31]

```
>>> bool("")
False
```

Die meisten anderen Dinge, die in irgendeinem Sinne als „leer" angesehen werden könnn, sind in Python `False`. Dazu gehört auch die Zahl `0`:

```
>>> bool(0)
False
```

sowie `None`:

```
>>> bool(None)
False
```

Wie wir später noch sehen werden, weisen auch leere Listen (▶ Kapitel 3), leere Tupel (▶ Abschnitt 3.6) und leere Dictionaries (auch Wörterbücher oder assoziative Listen genannt, ▶ Abschnitt 4.4) in einem Booleschen Kontext den Wert `False` auf.

Es ist wichtig zu verstehen, dass die Verwendung von `bool()` nur für Zwecke der Veranschaulichung dient. In echten Programmen werden wir uns fast immer auf die Anwesenheit eines Schlüsselworts wie `if` oder `elif` verlassen, das alle Objekte automatisch in ihre Booleschen Äquivalente umwandelt. Da der leere String `""` in einem Booleschen Kontext beispielsweise den Wert `False` besitzt, können wir `len(x) != 0` in ▶ Listing 2.17 einfach durch `x` selbst ersetzen, wie in ▶ Listing 2.18 zu sehen ist.

Listing 2.18: Verwendung eines Strings in einem Booleschen Kontext.

```
>>> x = "foo"
>>> if x:                        # Pythonisch
...     print("x ist kein leerer String.")
... else:
...     print("x ist ein leerer String.")
...
x ist kein leerer String.
```

Die `if`-Abfrage `if x:` wandelt `x` in `False` um, wenn es sich bei `x` um einen *leeren* String handelt, und ansonsten in `True`.

Wir können die gleiche Eigenschaft verwenden, um zum Beispiel den Code aus ▶ Listing 2.12 wie in ▶ Listing 2.19 gezeigt umzuschreiben.

Listing 2.19: Verwendung Boolescher Methoden.

```
>>> x = "foo"
>>> y = ""
>>> if x or y:
...     print("Mindestens einer der Strings ist nicht leer.")
... else:
...     print("Beide Strings sind leer!")
...
Mindestens einer der Strings ist nicht leer.
```

31 Dies ist die Art von Detail, die sich von Sprache zu Sprache unterscheidet. In Ruby zum Beispiel ist der leere String beispielsweise wahr (True).

2.4.3 Übungen

1. Welchen Wert weist `x and y` auf, wenn `x = "foo"` und `y = ""` (der leere String) ist? Überprüfen Sie mit `bool()`, ob `x and y` in einem Booleschen Kontext wahr oder falsch ist.
2. Zeigen Sie, dass wir einen String der Länge `50` mithilfe des praktischen Codes in ▶ Listing 2.20, der das Sternchen `*` zur „Multiplikation“ des Strings `"a"` mit 50 nutzt, definieren können. Führen Sie die Schritte in ▶ Listing 2.10 noch einmal mit dem neuen Passwort durch, um zu überprüfen, ob Python die Meldung „Das Passwort ist zu lang.“ ausgibt.

Listing 2.20: Definieren eines zu langen Passworts.

```
>>> password = "a" * 50
>>> password
'aaaaaaaaaaaaaaaaaaaaaaaaaaaaaaaaaaaaaaaaaaaaaaaaaa'
```

2.5 Methoden

In ▶ Abschnitt 2.4 haben wir gesehen, dass wir mithilfe der Funktion `len()` die Länge eines Strings ermitteln können. Diese Art des Aufrufs einer Funktion folgt dem gleichen Grundmuster wie bei der Funktion `print()`, die in ▶ Abschnitt 2.3 besprochen wurde: Wir geben den Namen der Funktion mit einem Argument in Klammern ein.

Es gibt eine zweite wichtige Klasse von Funktionen, die tatsächlich jeweils mit dem betrachteten Objekt verbunden sind – im Fall dieses Kapitels mit einem String-Objekt. Solche Funktionen werden als *Methoden* bezeichnet. In Python (und in vielen anderen Sprachen, die objektorientierte Programmierung unterstützen) werden Methoden durch die Eingabe des Objekts gefolgt von einem Punkt und dem Namen der Methode angegeben. Zum Beispiel besitzen Strings in Python eine Methode namens `capitalize()`, die den betroffenen String großgeschrieben zurückgibt:

```
>>> "michael".capitalize()
'Michael'
```

Beachten Sie, dass wir am Ende Klammern angefügt haben, um anzuzeigen, dass `capitalize()` eine Methode ist (in diesem Fall ohne Argument). Wenn Sie die Klammern weglassen, gibt Python die rohe Methode zurück:

```
>>> "michael".capitalize
<built-in method capitalize of str object at 0x1014487b0>
```

Aus diesem Grund geben wir Methodennamen wie `capitalize()` in der Regel mit Klammern an.

Eine wichtige Klasse von Methoden sind die *Booleschen Methoden*, die als Ergebnis jeweils `True` oder `False` zurückgeben. In Python beginnt der Name solcher Methoden häufig mit „is“:

```
>>> "dachs".islower()
True
>>> "DACHS".islower()
False
>>> "dAchS".islower()
False
```

Das obige Listing zeigt: `islower()` gibt nur dann `True` zurück, wenn der String *ausschließlich* Kleinbuchstaben enthält, in allen anderen Fällen dagegen `False`.

Es gibt eine Vielzahl von Methoden für Strings, die veränderte Versionen des jeweiligen Strings zurückgeben. Ein Beispiel für eine solche Methode ist, wie wir oben gesehen haben, `capitalize()`. Strings besitzen auch die Methode `lower()`, die (welch Überraschung!) alle Buchstaben des Strings in Kleinbuchstaben umwandelt (▶ Abbildung 2.7[32]):

Abbildung 2.7: Dieser *honigdachs* war vorher ein *HONIGDACHS*, aber das ist ihm egal.

```
>>> "HONIGDACHS".lower()
'honigdachs'
```

Beachten Sie, dass die Methode `lower()` einen *neuen* String zurückgibt, ohne das Original zu verändern (oder zu *mutieren*):

```
>>> animal = "HONIGDACHS"
>>> animal.lower()
'honigdachs'

>>> animal
'HONIGDACHS'
```

Diese Art von Methode könnte z. B. nützlich sein, wenn Sie eine E-Mail-Adresse auf Kleinbuchstaben standardisieren möchten:

```
>>> first_name = "Michael"
>>> username = first_name.lower()
>>> f"{username}@example.com"     # Beispiel-E-Mail-Adresse
'michael@example.com'
```

Wie Sie sich vielleicht denken können, unterstützt Python auch die umgekehrte Operation. Bevor Sie sich das folgende Beispiel ansehen, sollten Sie versuchen, den Namen der Methode zur Umwandlung aller Buchstaben eines Strings in Großbuchstaben zu erraten (▶ Abbildung 2.8[33]).

32 Bild mit freundlicher Genehmigung von Pavel Kovaricek/Shutterstock.
33 Bild mit freundlicher Genehmigung von Arco1/123RF.

Abbildung 2.8: Früher bewahrten Schriftsetzer die Großbuchstaben im oberen Kasten („upper case") und die Kleinbuchstaben im unteren Kasten („lower case") auf.

Ich wette, Sie haben die richtige Antwort erraten (oder waren zumindest nah dran):

```
>>> last_name = "Hartl"
>>> last_name.upper()
'HARTL'
```

Die Fähigkeit, Antworten wie diese zu erraten, ist ein Beispiel für die im ▶ Exkurs 1.2 beschriebenen technischen Fähigkeiten, aber wie dort ebenfalls bereits erwähnt, besteht eine weitere wichtige Fähigkeit darin, die Dokumentation zu nutzen. Insbesondere die offizielle Python-Dokumentation (https://docs.python.org/3/) bietet eine lange Liste nützlicher String-Methoden (https://docs.python.org/3/library/stdtypes.html#string-methods).[34] Werfen wir einen Blick auf einige davon (▶ Abbildung 2.9).

Wenn wir uns die String-Methoden in der offziellen Python-Dokumentation anschauen, entdecken unter anderem den folgende Beschreibung (sinngemäß übersetzt):

```
str.find(sub[, start[, end]])
```

Gibt den niedrigsten Index im String `str` zurück, an dem der Teilstring *sub* gefunden wird, wobei nur innerhalb des Ausschnitts (slice) `s[start:end]` gesucht wird. Die optionalen Argumente *start* und *end* werden wie in der Slice-Notation interpretiert. Gibt `-1` zurück, wenn *sub* nicht gefunden wird.

Diese Dokumentation besagt, dass wir der Methode `find()` als Argument einen Teilstring `sub` übergeben müssen und als Ergebnis die Position (der Index) innerhalb des Strings `str` zurückgegeben wird, an der der Teilstring beginnt:

```
>>> "Hallo".find("lo")
3
>>> "Hallo".find("ol")
-1
```

34 Sie können solche Seiten finden, indem Sie direkt die offizielle Python-Dokumentation aufrufen, aber die Wahrheit ist, dass ich solche Seiten fast immer finde, indem ich Befriffe wie „python string" googele. Achten Sie auf die Versionsnummer – auch wenn Python inzwischen recht stabil ist, sollten Sie bei Unstimmigkeiten sicherstellen, dass Sie die Dokumentation für die von Ihnen genutzte Python-Version verwenden.

String Methods

Strings implement all of the common sequence operations, along with the additional methods described below.

Strings also support two styles of string formatting, one providing a large degree of flexibility and customization (see `str.format()`, Format String Syntax and Custom String Formatting) and the other based on C `printf` style formatting that handles a narrower range of types and is slightly harder to use correctly, but is often faster for the cases it can handle (printf-style String Formatting).

The Text Processing Services section of the standard library covers a number of other modules that provide various text related utilities (including regular expression support in the `re` module).

`str.`**`capitalize`**`()`

Return a copy of the string with its first character capitalized and the rest lowercased.

Changed in version 3.8: The first character is now put into titlecase rather than uppercase. This means that characters like digraphs will only have their first letter capitalized, instead of the full character.

`str.`**`casefold`**`()`

Return a casefolded copy of the string. Casefolded strings may be used for caseless matching.

Casefolding is similar to lowercasing but more aggressive because it is intended to remove all case distinctions in a string. For example, the German lowercase letter `'ß'` is equivalent to `"ss"`. Since it is already lowercase, `lower()` would do nothing to `'ß'`; `casefold()` converts it to `"ss"`.

The casefolding algorithm is described in section 3.13 of the Unicode Standard.

New in version 3.3.

`str.`**`center`**`(`*`width`*`[, `*`fillchar`*`])`

Return centered in a string of length *width*. Padding is done using the specified *fillchar* (default is an ASCII space). The original string is returned if *width* is less than or equal to `len(s)`.

`str.`**`count`**`(`*`sub`*`[, `*`start`*`[, `*`end`*`]])`

Return the number of non-overlapping occurrences of substring *sub* in the range [*start*, *end*]. Optional arguments *start* and *end* are interpreted as in slice notation.

Abbildung 2.9: Beschriebung einiger String-Methoden in der offiziellen Python-Dokumentation.

(Beachten Sie, dass der Index 3 dem *vierten* und nicht dem dritten Zeichen entspricht. Dies beruht auf einer Zählweise, die als *nullbasierte* Nummerierung bekannt ist und bei der die Zählung der Zeichen in einem String, aber auch z. B. der Elemente in einer Liste etc. mit null statt mit eins beginnt. Siehe ▶ Abschnitt 2.6.)

Das Ergebnis `-1` für einen nicht im vorgegebenen String vorkommenden Teilstring bedeutet, dass wir durch einen Vergleich des Ergebnisses mit `-1` überprüfen können, ob ein String einen Teilstring enthält:

```
>>> monolog = "Sein oder Nichtsein, das ist hier die Frage:"
>>> monolog.find("Sein oder") != -1      # Nicht pythonisch
True
```

Der Rückgabewert `True` zeigt an, dass `monolog` den Teilstring `"Sein oder"` tatsächlich enthält. Aber die Dokumentation zu `find()` gibt auch noch einen wichtigen Hinweis:

Die Methode `find()` sollte nur verwendet werden, wenn Sie auch die *Position* von `sub` in Erfahrung bringen müssen. Um nur zu prüfen, ob ein String den Teilstring `sub` überhaupt enthält, sollten Sie den Operator `in` nutzen:

```
>>> 'Py' in 'Python'
True
```

Die Anwendung dieses Operators auf `monolog` führt zu den in ▶ Listing 2.21 gezeigten Ergebnissen (▶ Abbildung 2.10[35]).

Abbildung 2.10: Hamlet, Prinz von Dänemark, fragt: „Sein oder Nichtsein, das ist hier die Frage: ..."

Listing 2.21: Enthalten oder nicht enthalten? Das ist hier die Frage.

```
>>> monolog = "Sein oder Nichtsein, das ist hier die Frage:" ↵
# Nur zur Erinnerung
>>> "Sein oder" in monolog        # Enthält monolog den Teilstring ↵
"Sein oder"?
True
>>> "Frage" in monolog       # Was ist mit dem Teilstring "Frage"?
True
>>> "nicht vorhanden" in monolog  # Dieser Teilstring kommt in monolog ↵
nicht vor.
False
>>> "SEIN ODER" in monolog        # Der Operator "in" unterscheidet ↵
Groß- und Kleinschreibung.
False
```

2.5.1 Übungen

1. Testen Sie, welches Ergebnis die Anwendung der Methode `capitalize()` auf den String „hoNiGDaCHs" liefert. Hätten Sie dieses Ergebnis erwartet?
2. Schreiben Sie einen möglichst kurzen Python-Code, mit dem Sie *ohne Berücksichtigung* von Groß- und Kleinschreibung überprüfen können, ob der String „hoNiGDaCHs" den Teilstring „dachs" enthält.
3. Wie lautet die Python-Methode zum Entfernen (*stripping*) führender und nachfolgender Leerzeichen aus einem String? Das Ergebnis sollte wie in ▶ Listing 2.22 gezeigt aussehen, wobei `FILL_IN` durch den Namen der Methode ersetzt werden muss.

Listing 2.22: Entfernen von führenden und nachfolgenden Leerzeichen.

```
>>> "   Leerzeichen?   ".FILL_IN()
'Leerzeichen?'
```

35 Bild mit freundlicher Genehmigung von Everett Collection/Shutterstock.

2.6 Iteration

Das letzte Thema, mit dem wir uns in Zusammenhang mit Strings beschäftigen wollen, ist die *Iteration*, das heißt das schrittweise Durchlaufen eines Objekts Element für Element. Die Iteration spielt in der Computerprogrammierung eine häufige Rolle und Sie werden im Verlauf dieses Buches noch viel Gelegenheit bekommen, sich mit Iterationen zu beschäftigen. Dabei werden Sie auch erfahren, dass es als wachsende Fähigkeiten als Python-Entwickler bewertet werden kann, wenn Sie lernen, Iterationen vollständig zu *vermeiden* (wie in ▶ Kapitel 6 und ▶ Abschnitt 8.5 beschrieben).

Im Falle von Strings werden wir lernen, wie man durch Iteration ein *Zeichen* nach dem anderen ansteuern kann. Hierfür gibt es zwei wichtige Voraussetzungen: Erstens müssen wir lernen, wie man auf ein bestimmtes Zeichen in einem String zugreift, und zweitens müssen wir lernen, wie man eine *Schleife* bildet.

Wir können feststellen, wie man auf ein bestimmtes Zeichen in einem String zugreift, indem wir den Abschnitt *Common Sequence Operations* (https://docs.python.org/3/library/stdtypes.html#common-sequence-operations) der offiziellen Python-Dokumentation zu Rate ziehen. Danach liefert `s[i]` (mit eckigen Klammern) das *i-te* Element einer Sequenz (*sequence*) `s` bei nullbasierter Nummerierung – wobei der Oberbegriff Sequenz auch Strings einschließt. (Die wichtigsten in der Dokumentation genannten Sequenzen sind Listen (*lists*) und Tupel (*tuples*), die in ▶ Kapitel 3 behandelt werden, und Bereiche (*ranges*), mit denen wir uns gleich beschäftigen werden). Durch die Anwendung dieser Klammerschreibweise auf den String `monolog` aus ▶ Abschnitt 2.5 können wir sehen, wie dieser Zugriff auf einzelne Zeichen eines Strings funktioniert (▶ Listing 2.23).

Listing 2.23: Zugriff auf die einzelnen Zeichen eines Strings mittels `str[index]`.

```
>>> monolog    # Nur zur Erinnerung, um welchen String es sich handelt
'Sein oder Nichtsein, das ist hier die Frage:'
>>> monolog[0]
'S'
>>> monolog[1]
'e'
>>> monolog[2]
'i'
>>> monolog[3]
'n'
>>> monolog[4]
' '
```

In ▶ Listing 2.23 sehen wir, dass Python die Schreibweise mit eckigen Klammern für den Zugriff auf die einzelnen Elemente eines Strings unterstützt, wobei `str[0]` das erste Zeichen des Strings `str` zurückgibt, `str[1]` das zweite und so weiter. (Wir werden uns mit der möglicherweise wenig intuitiven nullbasierten Nummerierung in ▶ Abschnitt 3.1 noch näher beschäftigen). Jede der Zahlen, welche die Positionen im String (bzw. allgemein der Sequenz) angeben, wird als Index (*Plur.* Indizes) bezeichnet.

Schauen wir uns nun unser erstes Beispiel für eine Schleife an. In diesem Fall eine `for`-Schleife, die einen Indexwert `i` definiert und die Operation `print(i)` für jeden Wert von `i` im Bereich `range()` der Länge `5` durchführt (▶ Listing 2.24).

Listing 2.24: Eine einfache `for`-Schleife.

```
>>> for i in range(5):
...     print(i)
...
0
1
2
3
4
```

Hier haben wir die Funktion `range(5)` verwendet, die offensichtlich ein Objekt mit den fünf Zahlen von 0 bis 4 erzeugt.

▶ Listing 2.24 zeigt die Python-Version der klassischen „for-Schleife", die in einer erstaunlichen Vielfalt von Programmiersprachen – von C und C++ über JavaScript bis Perl, PHP und weitere – verwendet wird. Im Gegensatz zu diesen Sprachen, die die Zählvariable (hier `i`) explizit inkrementieren, wird in Python ein Wertebereich für die Zählvariable direkt über einen speziellen Range-Datentyp definiert.

Die Schleife in ▶ Listing 2.24 ist wohl schon ein wenig eleganter als die entsprechende „klassische" `for`-Schleife wie beispielsweise in JavaScript (▶ Listing 2.25), aber es ist immer noch kein sehr gutes Python.

Listing 2.25: Eine `for`-Schleife in JavaScript.

```
> for (i = 0; i < 5; i++) {
  console.log(i);
}
0
1
2
3
4
```

Als Sprache und als Gemeinschaft ist Python besonders wachsam bezüglich der Vermeidung von einfachen `for`-Schleifen. Wie der Informatiker (und mein persönlicher Freund) Mike Vanier (▶ Abbildung 2.11[36]) es einmal in einer E-Mail an Paul Graham formulierte:

> *Diese [langweilige Wiederholung] zermürbt einen nach einer Weile. Wenn ich für jedes Mal, wenn ich in C „for (i = 0; i < N; i++)" geschrieben habe, einen Nickel bekommen hätte, wäre ich Millionär.*

Abbildung 2.11: Nur noch ein paar `for`-Schleifen und Mike Vanier wird Millionär.

36 Bild © Mike Vanier.

Um zu vermeiden, dass auch *Sie* sich langsam zermürben, werden wir Ihnen noch zeigen, wie Sie mit `for` *direkt* über die Elemente einer Sequenz iterieren können. Wir werden auch sehen, wie wir in Python mit Hilfe der funktionalen Programmierung Schleifen ganz vermeiden können (▶ Kapitel 6 und ▶ Abschnitt 8.5).

Für den Moment wollen wir aber bei der Version aus ▶ Listing 2.24 bleiben und auf diese Weise über alle Zeichen der ersten Zeile von Hamlets berühmten Monolog iterieren. Was wir dafür noch brauchen, ist der Index, an dem die Schleife anhalten soll. In ▶ Listing 2.24 haben wir die Iterationsgrenze mit `range(5)` hart kodiert und wir könnten das auch hier tun, wenn wir wollten. Die Variable `monolog` ist allerdings etwas zu lang, sodass wir die Zeichen nicht von Hand zählen möchten. Also bitten wir Python, uns dies mit Hilfe der Funktion `len()` (▶ Abschnitt 2.4) abzunehmen:

```
>>> len(monolog)
44
```

Da wir nun die Länge von `monolog` kennen, ohne dass wir selbst die Zeichen zählen mussten, erscheint es zunächst naheliegend, Code wie den folgenden zu schreiben:

```
for i in range(44):
    print(monolog[i])
```

Dieser Code wird funktionieren, und er entspricht genau dem Muster aus ▶ Listing 2.24, aber er wirft auch eine Frage auf: Warum sollten wir die Länge hart kodieren, wenn wir die Funktion `len()` auch einfach direkt in der Schleife selbst verwenden können?

Die Antwort ist, dass wir das dennoch nicht tun sollten. Die daraus resultierende verbesserte `for`-Schleife sehen Sie in ▶ Listing 2.26.

Listing 2.26: Verwendung von `range(len())` in einer `for`-Schleife.

```
>>> for i in range(len(monolog)):     # Nicht pythonisch
...     print(monolog[i])
...
S
e
i
n

o
d
e
r
.
.
.
F
r
a
g
e
:
```

Auch wenn ▶ Listing 2.26 einwandfrei funktioniert, es ist nicht pythonisch. Stattdessen ist die pythonischste Art, über Strings zu iterieren, `for` selbst direkt auf den String anzuwenden, denn es stellt sich heraus, dass das Standardverhalten von `for` bei der Anwendung auf einen String darin besteht, einfach auf jedes Zeichen des Strings der Reihe nach zuzugreifen, wie in ▶ Listing 2.27 zu sehen ist.

Listing 2.27: Direkte Iteration über einen String mit `for`.

```
>>> for c in monolog:     # Pythonisch
...     print(c)
...
S
e
i
n

o
d
e
r
.
.
.
F
r
a
g
e
:
```

Wie bereits erwähnt, gibt es oft alternative Möglichkeiten zur Bildung von Schleifen, aber die `for`-Schleife ist dennoch ein ausgezeichneter Ausgangspunkt. Wie wir in ▶ Kapitel 8 sehen werden, besteht eine leistungsfähige Technik darin, zunächst einen einfachen *Test-Code* für eine gewünschte Funktionalität zu schreiben, der in der Regel noch nicht wie gewünscht funktioniert. Dann lässt man den Code schrittweise immer wieder ablaufen und überarbeitet (*refaktorisiert*) ihn anschließend etwas, bis man am Ende einen eleganten, leistungsfähigen und funktionierenden Code erhält. Der zweite Schritt in diesem sich wiederholenden Prozess, der als *testgetriebene Entwicklung* (TDD, *test-driven development*) bezeichnet wird, beinhaltet oft das Schreiben von wenig elegantem, aber leicht verständlichem Code – eine Aufgabe, für die sich die einfache `for`-Schleife anbietet.

2.6.1 Übungen

1. Schreiben Sie eine `for`-Schleife, die die Zeichen unseres Strings `monolog` in umgekehrter Reihenfolge ausgibt. *Hinweis*: Was könnte die Anwendung der Funktion `reversed()` auf einen String bewirken?
2. Ein Nachteil der einfachen `for`-Schleife in ▶ Listing 2.27 besteht darin, dass wir keinen Zugriff mehr auf den Indexwert selbst haben. Wir könnten das Problem wie in ▶ Listing 2.28 lösen, aber die pythonische Lösung ist die Verwendung der Funktion `enumerate()`, um gleichzeitig Zugriff auf den Index und das Element zu erhalten. Bestätigen Sie durch Ausprobieren, dass Sie mit `enumerate()` das in ▶ Listing 2.29 gezeigte Ergebnis erzeugen können.

Listing 2.28: Verwendung eines Index mit Zugriff auf den String.

```
>>> for i in range(len(monolog)):     # Nicht pythonisch
...     print(f"Zeichen {i+1} lautet '{monolog[i]}'")
...
Zeichen 1 lautet 'S'
Zeichen 2 lautet 'e'
Zeichen 3 lautet 'i'
Zeichen 4 lautet 'n'
Zeichen 5 lautet ' '
Zeichen 6 lautet 'o'
Zeichen 7 lautet 'd'
Zeichen 8 lautet 'e'
Zeichen 9 lautet 'r'
.
.
.
```

Listing 2.29: Iteration über einen String mit einem Index.

```
>>> for i, c in enumerate(monolog):     # Pythonisch
...     print(f"Zeichen {i+1} lautet '{c}'")
...
Zeichen 1 lautet 'S'
Zeichen 2 lautet 'e'
Zeichen 3 lautet 'i'
Zeichen 4 lautet 'n'
Zeichen 5 lautet ' '
Zeichen 6 lautet 'o'
Zeichen 7 lautet 'd'
Zeichen 8 lautet 'e'
Zeichen 9 lautet 'r'
.
.
.
```

Listen

3

In ▶ Kapitel 2 haben wir gesehen, dass Strings als Folgen von einzelnen Zeichen in einer bestimmten Reihenfolge betrachtet werden können. In diesem Kapitel lernen wir den Datentyp *List* kennen, der in Python als allgemeiner Container für eine Liste beliebiger Elemente in einer bestimmten Reihenfolge dient. Python-Listen ähneln dem Datentyp *Array* in anderen Sprachen (z. B. JavaScript und Ruby), sodass Programmierer, die mit anderen Sprachen vertraut sind, wahrscheinlich eine Menge darüber erahnen können, wie sich Python-Listen verhalten. (Obwohl Python über einen eingebauten Array-Typ verfügt, bezieht sich „Array" in diesem Buch immer auf den von der NumPy-Bibliothek definierten Datentyp *ndarray*, der in ▶ Abschnitt 11.2 behandelt wird).

Wir beginnen mit der expliziten Verknüpfung von Strings und Listen über die Methode `split()` (▶ Abschnitt 3.1) und lernen dann im weiteren Verlauf des Kapitels verschiedene andere Listenmethoden und -techniken kennen. In ▶ Abschnitt 3.6 werfen wir außerdem einen kurzen Blick auf zwei eng verwandte Datentypen in Python, *Tupel* und *Set*.

3.1 Listen durch Aufspalten von Strings

Bisher haben wir viel Zeit damit verbracht, Strings zu verstehen, und es gibt mit der Methode `split()` einen einfachen Weg, von Strings zu Listen zu gelangen:

```
$ source venv/bin/activate
(venv) $ python3
>>> "ant bat cat".split(" ")      # Aufspalten eines Strings in eine ↵
Liste mit drei Elementen
['ant', 'bat', 'cat']
```

An diesem Ergebnis sehen wir, dass `split(" ")` eine Liste der Teilzeichenketten zurückgibt, die durch ein Leerzeichen in der ursprünglichen Zeichenkette voneinander getrennt sind.

Die Aufspaltung an Leerzeichen ist eine der am häufigsten verwendeten `split()`-Operationen, aber wir können auch an fast allen anderen Zeichen oder Zeichenketten, die in Zusammenhang mit der `split()`-Methode als Trennzeichen oder Separatoren bezeichnet werden, aufspalten (▶ Listing 3.1). Beachten Sie, dass die Separatoren in der resultierenden Liste nicht enthalten sind.

Listing 3.1: Aufspaltung mit beliebigen Zeichenketten als Separatoren.

```
>>> "ant,bat,cat".split(",")
['ant', 'bat', 'cat']
>>> "ant, bat, cat".split(", ")
['ant', 'bat', 'cat']
>>> "antheybatheycat".split("hey")
['ant', 'bat', 'cat']
```

Viele Sprachen unterstützen diese Art der Aufspaltung von Strings, aber beachten Sie, dass die `split()`-Methode in Python in dem in ▶ Listing 3.2 beschriebenen Fall einen Leerstring am Ende der Liste einfügt, den einige Sprachen (wie Ruby) automatisch abschneiden. Wir können diesen zusätzlichen Leerstring in der Liste bei der Aufspaltung an Zeilenumbrüchen vermeiden, indem wir stattdessen die Methode `splitlines()` verwenden (▶ Listing 3.2).

Listing 3.2: Vergleich der Aufspaltung an Zeilenumbrüchen mit `split()` oder `splitlines()`.

```
>>> s = "Dies ist eine Zeile.\nUnd dies ist eine andere Zeile.\n"
>>> s.split("\n")
['Dies ist eine Zeile.', 'Und dies ist eine andere Zeile.', '']
>>> s.splitlines()
['Dies ist eine Zeile.', 'Und dies ist eine andere Zeile.']
```

In vielen Sprachen ist es möglich, einen String durch die Verwendung des Leerstrings als Separator in seine einzelnen Zeichen aufzuspalten. In Python funktioniert das aber nicht:

```
>>> "Dachs".split("")
"Dachs".split("")
Traceback (most recent call last):
  File "<stdin>", line 1, in <module>
ValueError: empty separator
```

In Python erreicht man dieses Ziel dagegen am einfachsten durch die direkte Anwendung der Funktion `list()` auf die betreffende Zeichenkette:

```
>>> list("Dachs")
['D', 'a', 'c', 'h', 's']
```

Da Python von Natur aus über die Zeichen eines Strings iterieren kann, wird diese Technik aber nur selten explizit benötigt. Stattdessen verwenden wir in der Regel *Iteratoren*, die wir in ▶ Abschnitt 5.3 kennenlernen werden.

Am häufigsten wird die Methode `split()` vermutlich ganz *ohne* Argument verwendet. In diesem Fall wird standardmäßig an *Leerräumen* (wie Leerzeichen, Tabulatoren oder Zeilenumbrüchen) aufgespalten:

```
>>> "ant bat cat".split()
['ant', 'bat', 'cat']
>>> "ant      bat\t\tcat\n     duck".split()
['ant', 'bat', 'cat', 'duck']
```

Wir werden diesen Fall genauer untersuchen, wenn wir uns in ▶ Abschnitt 4.3 mit *regulären Ausdrücken* beschäftigen.

Beachten Sie, dass bei der Anwendung der Methode `split()` *ohne* Argument mehrere Leerraumzeichen hintereinander jeweils als nur ein zusammenhängender Separator behandelt werden. Wenn Sie den letzten String des obigen Beispiels dagegen an Leerzeichen (nicht Tabulatoren und Zeilenumbrüchen) aufspalten, wird für jede Stelle im Ausgangsstring, an der jeweils zwei Leerzeichen aneinandergrenzen, ein Leerstring in die resultierende Liste eingefügt:

```
>>> "ant     bat\t\tcat\n    duck".split(" ")
['ant', '', '', '', '', 'bat\t\tcat\n', '', '', '', 'duck']
```

3.1.1 Übungen

1. Weisen Sie einer Variablen `a` das Ergebnis der Aufspaltung des Strings „Ein Mann, ein Plan, ein Kanal, Panama“ mit der Zeichenfolge Komma-Leerzeichen als Separator zu. Wie viele Elemente hat die resultierende Liste?
2. Können Sie die Methode erraten, mit der Sie die Reihenfolge der Elemente in der Liste `a` genau umkehren können? (Googeln Sie bei Bedarf nach.)

3.2 Zugriff auf Listen

Nachdem wir Strings über die `split()`-Methode mit Listen in Verbindung gebracht haben, werden wir nun eine zweite enge Verbindung entdecken. Beginnen wir damit, einer Variablen als Wert eine mit `list()` erzeugte Liste von einzelnen Zeichen zuzuweisen:

```
>>> a = list("Dachs")
>>> a
['D', 'a', 'c', 'h', 's']
```

Hier sind wir der Tradition gefolgt und haben die Variable `a` genannt, sowohl weil es der erste Buchstabe des Alphabets ist als auch als Anspielung auf den Datentyp Array, dem Listen so sehr ähneln.

Wir können auf bestimmte Elemente von `a` zugreifen, indem wir dieselbe Klammerschreibweise verwenden, die wir bereits im Zusammenhang mit Strings in ▶ Abschnitt 2.6 kennengelernt haben (siehe ▶ Listing 3.3).

Listing 3.3: Zugriff auf die Elemente einer Liste mit der Klammerschreibweise.

```
>>> a[0]
'D'
>>> a[1]
'a'
>>> a[2]
'c'
```

In ▶ Listing 3.3 sehen wir, dass Listen wie Strings *nullbasiert* sind, d. h., das „erste" Element hat den Index `0`, das zweite hat den Index `1` und so weiter. Diese Konvention kann verwirrend sein, und tatsächlich ist es üblich, das erste Element von nullbasierten Listen als das „nullte" Element zu bezeichnen, um daran zu erinnern, dass die Indexierung bei `0` beginnt. Diese Konvention kann auch verwirrend sein, wenn Sie mehrere Sprachen verwenden (von denen einige die Indexierung von Listen bei 1 starten), wie in dem xkcd-Comic „Donald Knuth" illustriert.[37]

Bis jetzt haben wir uns ausschließlich mit Listen von Zeichen beschäftigt, aber Python-Listen können alle Arten von Elementen enthalten (▶ Listing 3.4).

Listing 3.4: Erstellen einer Liste mit mehreren Arten von Elementen.

```
>>> monolog = "Sein oder Nichtsein, das ist hier die Frage:"
>>> a = ["Dachs", 42, "Sein oder" in monolog]
>>> a
['Dachs', 42, True]
>>> a[2]
True
>>> a[3]
Traceback (most recent call last):
  File "<stdin>", line 1, in <module>
IndexError: list index out of range
```

37 Dieser xkcd-Comicstrip ist nach dem berühmten Informatiker Donald Knuth benannt, dem Autor von *The Art of Computer Programming* und Erfinder des TeX-Satzsystems, mit dem viele technische Dokumente, darunter auch das englische Original dieses Buches, erstellt wurden.

Wir sehen hier, dass die Zugriffsschreibweise mit eckigen Klammern für eine Liste mit gemischten Typen wie üblich funktioniert, was nicht weiter verwunderlich ist. Wir sehen auch, dass durch den Versuch, auf einen Listenindex außerhalb des definierten Bereichs zuzugreifen, ein Fehler ausgelöst wird.

Eine weitere praktische Funktion der Klammerschreibweise in Python ist die Unterstützung *negativer* Indizes, die vom Ende der Liste aus gezählt werden:

```
>>> a[-2]
42
```

Beachten Sie, dass beim Zählen vom Ende der Liste aus *nicht* mit null begonnen wird. Negative Indizes bieten uns unter anderem eine einfache, schnelle Möglichkeit, auf das *letzte* Element in einer Liste zuzugreifen. Da `len()` (▶ Abschnitt 2.4) sowohl für Listen als auch für Strings funktioniert, könnten wir dies auch direkt mit einem positiven Index tun, indem wir `1` von der Länge der Liste subtrahieren (wir müssen 1 subtrahieren, da Listen nullbasiert sind):

```
>>> a[len(a) - 1]
True
```

Aber so ist es noch einfacher:

```
>>> a[-1]
True
```

Ein letzter häufiger Fall besteht darin, dass wir auf das letzte Element zugreifen und es gleichzeitig entfernen wollen. Wir werden die Methode dafür in ▶ Abschnitt 3.4.3 behandeln.

Übrigens, ab ▶ Listing 3.4 haben wir die Schreibweise mit eckigen Klammern auch verwendet, um Listen von Hand zu definieren. Diese Notation ist so natürlich, dass Sie sie wahrscheinlich nicht einmal explizit bemerkt haben, und es ist in der Tat das gleiche Format, das die REPL beim Ausgeben von Listen verwendet.

Wir können dieselbe Notation verwenden, um die *leere Liste* `[]` zu definieren, die einfach nur sich selbst auswertet:

```
>>> []
[]
```

Sie erinnern sich vielleicht aus ▶ Abschnitt 2.4.2, dass leere oder nicht existierende Dinge wie `""`, `0` und `None` in einem Booleschen Kontext `False` sind. Dieses Muster gilt auch für die leere Liste:

```
>>> bool([])
False
```

PYTHON MIT BISS

Listen

Listen sind das Arbeitstier in der Softwareentwicklung. Sie erlauben es uns, viele Daten auf einmal zu speichern und zu verarbeiten. Gleichzeitig gibt es aber auch hier ein paar Punkte zu beachten.

Speichern Sie möglichst nur gleichwertige Objekte in einer Liste. In Sprachen wie C++ sind sie quasi dazu gezwungen, da alle Objekte in einer Liste vom selben Typ sein müssen. In Python ist dies nicht der Fall. Trotzdem ist es besser, wenn sie in einer Liste z. B. nur Zahlen speichern. Schauen wir kurz das folgende Code-Beispiel an:

```
einkauf = ["Apfel", 1.5, 4.0]
```

Auf den ersten Blick ist es gänzlich unklar, was diese Werte bedeuten. Offensichtlich haben sie aber unterschiedliche Bedeutungen. Beim Zugriff auf Elemente der Liste wird man daher jeweils auf ein bestimmtes Element über seinen Index zugreifen wollen:

```
preis = einkauf[2]
```

Dazu muss man aber genau wissen, welchen Index dieses spezifische Element besitzt. Dadurch wird der Zugriff auf die Elemente der Liste ziemlich fehleranfällig.

Wenn sie auf ein einzelnes Element in einer Liste zugreifen, sollten Sie nachdenklich werden. Dies bedeutet wahrscheinlich, dass nicht alle Elemente gleichwertig sind. Beim Zugriff auf Listen sollten Sie in der Regel über alle Elemente iterieren.

Um strukturierte Objekte zu speichern, können Sie dafür z. B. eine sogenannte Klasse (▶ Kapitel 7) verwenden.

3.2.1 Übungen

1. Wir haben gesehen, dass `list(str)` eine Liste der einzelnen Zeichen im String `str` zurückgibt. Wie können wir eine Liste mit den Zahlen im Bereich 0 bis 4 erstellen? *Tipp*: Erinnern Sie sich an die Funktion `range()`, die Sie zum ersten Mal in ▶ Listing 2.24 kennengelernt haben.
2. Zeigen Sie, dass Sie eine Liste der Zahlen im Bereich 17 bis 41 erstellen können, indem Sie `list()` mit `range(17, 42)` als Argument verwenden.

3.3 List Slicing

Python unterstützt nicht nur die in ▶ Abschnitt 3.2 beschriebene Klammerschreibweise, sondern zeichnet sich auch durch eine Technik für den gleichzeitigen Zugriff auf mehrere Elemente aus, die als *List Slicing* bekannt ist (▶ Abbildung 3.1[38]). Als Vorbereitung auf das *Sortieren* von Listen, das wir in ▶ Abschnitt 3.4.2 lernen werden, definieren wir unsere Liste `a` neu, sodass sie nur noch rein numerische Elemente enthält:

```
>>> a = [42, 8, 17, 99]
[42, 8, 17, 99]
```

38 Bild mit freundlicher Genehmigung von Artjazz/Shutterstock.

Abbildung 3.1: Python ist ungewöhnlich gut im Slicing.

Eine Möglichkeit, einen zusammenhängenden Bereich aus einer Liste zu extrahieren, besteht in der Verwendung der Funktion `slice()` unter Angabe von zwei Argumenten – dem Index, an dem der extrahierte Bereich beginnen soll, und der erste Index, der *nicht* mehr Teil des extrahierten Bereichs sein soll. Durch `slice(2, 4)` werden beispielsweise die Elemente mit den Indizes 2 und 3 extrahiert, aber nicht mehr das Element mit dem Index 4:

```
>>> a[slice(2, 4)]     # Nicht pythonisch
[17, 99]
```

Dies kann ein wenig schwierig zu verstehen sein, da es kein Element mit dem Index 4 in a gibt, da a vier Elemente enthält und der Index von Listen nullbasiert ist. Wir können dies besser verstehen, wenn wir uns einen Zeiger vorstellen, der sich bei der Extraktion schrittweise von Element zu Element bewegt. Er beginnt beim Index 2, wählt das Element mit diesem Index aber erst aus, wenn er zum Index 3 voranschreitet. Dann wählt er das Element mit dem Index 3 aus, wenn er sich zum Index 4 bewegt. Da der Index 4 als zweites Argument in der `slice()`-Funktion angegeben ist, stoppt der Zeiger an dieser Stelle und versucht erst gar nicht mehr zum Index 5 zu schreiten und dabei das Element mit dem Index 4 auszuwählen.

Die explizite `slice()`-Notation wird in echtem Python-Code nur selten verwendet; weitaus üblicher ist die äquivalente Doppelpunkt-Notation, z. B. so:

```
>>> a[2:4]     # Pythonisch
[17, 99]
```

Beachten Sie, dass die Indexkonvention dieselbe ist: Um die Elemente mit den Indizes 2 und 3 zu extrahieren, wird nach dem Doppelpunkt ein Endindex angegeben, der um eins *größer* ist als der Wert des letzten Indexes im gewünschten Extraktionsbereich (in diesem Fall 3 + 1 = 4).

Im vorliegenden Fall haben wir aus der Liste a einen Bereich extrahiert, der beim Index 2 beginnt und bis zum Ende der Liste reicht. Da die Extraktion von einem Startindex bis zum Ende einer Liste eine sehr häufige Aufgabe darstellt, gibt es in Python dafür eine spezielle Notation – man lässt den zweiten Index einfach ganz weg:

```
>>> a[2:]     # Pythonisch
[17, 99]
```

Wie Sie sich vielleicht denken können, funktioniert die analoge Notation auch für die Extraktion vom *Anfang* einer Liste bis zu einer bestimmten Position in der Liste:

```
>>> a[:2]     # Pythonisch
[42, 8]
```

Allgemein können wir feststellen, dass `a[start:end]` die Elemente mit den Indizes `start` bis `end-1` aus der Liste `a` extrahiert. Jeweils einer der beiden Indizes kann weggelassen werden, um entweder einen Bereich vom Anfang der Liste bis zum Index `end-1` oder vom Index `start` bis zum Ende der Liste zu extrahieren. Python unterstützt außerdem eine Erweiterung dieser Syntax in der Form `a[start:end:step]`, die dem regulären Slicing von Listen entspricht, außer dass der Zeiger beim Springen von Element zu Element den Index jeweils um `step` erhöht und die Elemente mit den dazwischenliegenden Indizes *nicht* mit extrahiert werden. So können wir aus dem angegebenen Bereich einer Liste beispielsweise folgendermaßen nur jedes dritte Element extrahieren:

```
>>> numbers = list(range(20))
>>> numbers
[0, 1, 2, 3, 4, 5, 6, 7, 8, 9, 10, 11, 12, 13, 14, 15, 16, 17, 18, 19]
>>> numbers[0:20:3]        # Nicht pythonisch
[0, 3, 6, 9, 12, 15, 18]
```

Oder wir könnten z. B. bei Index 5 beginnen und Index 17 als Stoppindex angeben:

```
>>> numbers[5:17:3]
[5, 8, 11, 14]
```

Wie beim regulären Slicing können wir Indizes weglassen, wenn wir vom Anfang oder bis zum Ende der Liste extrahieren wollen:

```
>>> numbers[:10:3]   # Extrahiert in 3er-Schritten vom Anfang bis ↵
zum Index 10-1
[0, 3, 6, 9]
>>> numbers[5::3]    # Extrahiert in 3er-Schritten von Index ↵
5 bis zum Ende
[5, 8, 11, 14, 17]
```

Da der in `numbers[0:20:3]` angegebene Indexbereich die gesamte Liste umfasst, können wir diesen Befehl auch pythonischer schreiben, indem wir sowohl den Index 0 *als auch* den Index 20 einfach weglassen:

```
>>> numbers[::3]        # Pythonisch
[0, 3, 6, 9, 12, 15, 18]
```

Wir können sogar rückwärtsgehen, indem wir eine negative Schrittweite verwenden:

```
>>> numbers[::-3]
[19, 16, 13, 10, 7, 4, 1]
```

Dies legt eine (vielleicht zu clevere) Möglichkeit nahe, die Reihenfolge der Elemente in einer Liste *umzukehren*, nämlich mithilfe der Verwendung einer Schrittweite von −1. Wendet man diese Idee auf unsere ursprüngliche Liste an, erhält man folgendes Ergebnis:

```
>>> a
[42, 8, 17, 99]
>>> a[::-1]
[99, 17, 8, 42]
```

Sie werden der Konstruktion `[::-1]` in echtem Python-Code begegnen, daher ist es wichtig zu wissen, was sie bewirkt. Zur Umkehrung der Reihenfolge der Elemente in einer Liste gibt es aber bequemere und leichter lesbare Wege, die in ▶ Abschnitt 3.4.2 beschrieben werden.

3.3.1 Übungen

1. Definieren Sie eine Liste mit den Zahlen 0 bis 9. Verwenden Sie Slicing und `len()`, um den Bereich vom dritten Element bis einschließlich des drittletzten Elements zu extrahieren. Erledigen Sie die gleiche Aufgabe mit einem negativen Index.
2. Zeigen Sie, dass auch Strings Slicing unterstützen, indem Sie nur `"bat"` aus der Zeichenkette `"ant bat cat"` extrahieren. (Möglicherweise müssen Sie ein wenig experimentieren, um die Indizes richtig zu wählen.)

3.4 Weitere Listentechniken

Es gibt noch viele andere Dinge, die wir mit Listen tun können, außer auf Elemente zuzugreifen und sie zu extrahieren. In diesem Abschnitt geht es nun darum zu prüfen, ob eine Liste ein bestimmtes Element enthält, die Elemente in einer Liste zu sortieren, die Reihenfolge der Elemente in einer Liste umzukehren sowie um das Anhängen von Elementen an und das Entfernen von Elementen vom Ende einer Liste.

3.4.1 Prüfen auf Vorkommen eines Elements

Analog zu Strings (▶ Abschnitt 2.5) können Sie auch bei Listen mit dem Schlüsselwort `in` prüfen, ob die Liste ein bestimmtes Element enthält:

```
>>> a = [42, 8, 17, 99]
>>> a
[42, 8, 17, 99]
>>> 42 in a
True
>>> "foo" in a
False
```

3.4.2 Sortieren und Umkehren

Python verfügt über leistungsstarke Möglichkeiten zum *Sortieren* und *Umkehren* von Listen. Es gibt zwei verschiedene Arten, dies zu tun: *In-Place* und *Generatoren*. Schauen wir uns ein paar Beispiele an, um zu sehen, was das bedeutet und worin der Unterschied besteht.

Wir beginnen mit dem In-Place-Sortieren einer Liste – ein hervorragender Trick, der in den alten Zeiten von C oft eine eigene Implementierung erforderte.[39] In Python wenden wir einfach die Methode `sort()` auf die Liste an:

```
>>> a = [42, 8, 17, 99]
>>> a.sort()
>>> a                    # Die ursprüngliche Liste wurde verändert ↩
(mutiert).
[8, 17, 42, 99]
```

Wie Sie es bei einer Liste von Ganzzahlen erwarten können, wurde die Liste durch `sort()` numerisch sortiert (im Gegensatz z. B. zu JavaScript, das sie verwirrenderweise „alphabetisch" sortiert, sodass 17 vor 8 steht). Wir sehen auch, dass (*anders* als bei Ruby, aber *ebenso wie* bei JavaScript) das Sortieren einer Liste mit `sort()` die ursprüngliche Liste selbst verändert oder *mutiert*. (Wir werden gleich sehen, dass dabei `None` zurückgegeben wird.)

Mithilfe der Methode `reverse()` kann die Reihenfolge der Elemente in einer Liste umgekehrt werden:

```
>>> a.reverse()
>>> a
[99, 42, 17, 8]
```

Beachten Sie, dass `reverse()` wie auch `sort()` eine In-Place-Methode ist, sodass durch `reverse()` die ursprüngliche Liste selbst umgekehrt wird.

Solche Mutationsmethoden (In-Place) können dabei helfen, einen häufigen Fehler bei Python-Listen zu demonstrieren, der die Zuweisung von Listen betrifft. Angenommen, wir haben eine Liste `a1` und wollen eine unabhängige, eigenständige Kopie der Liste namens `a2` erzeugen (▶ Listing 3.5).

Listing 3.5: Eine gefährliche Zuweisung.

```
>>> a1 = [42, 8, 17, 99]
>>> a2 = a1     # Gefährlich!
```

Die Zuweisung in der zweiten Zeile führt nicht zum Ergebnis einer *eigenständigen* Liste `a2`, weil `a2` in diesem Fall auf die gleiche Stelle im Speicher des Computers zeigt wie `a1`. Das bedeutet, dass sich `a2` bei einer Änderung von `a1` genauso verändert (und umgekehrt):

```
>>> a1.sort()
>>> a1
[8, 17, 42, 99]
>>> a2
[8, 17, 42, 99]
```

Wir sehen hier, dass sich `a2` verändert hat, obwohl wir nichts direkt daran geändert haben. (Sie können dies vermeiden, indem Sie zur Erzeugung von `a2` die Funktion `list()` oder die Methode `copy()` verwenden: `a2 = list(a1)` oder `a2 = a1.copy()`.)

39 Das ist C gegenüber nicht ganz fair: Python selbst ist in C geschrieben, sodass `sort()` tatsächlich nur eine Art „maßgeschneiderte Implementierung" ist!

Pythons In-Place-Methoden sind sehr effizient, aber in der Regel sind die verwandten Funktionen `sorted()` und `reversed()` geeigneter. Wir können eine sortierte Liste zum Beispiel auch wie folgt erhalten:

```
>>> a = [42, 8, 17, 99]
>>> sorted(a)    # Pythonisch
[8, 17, 42, 99]
>>> a
[42, 8, 17, 99]
```

Anders als im Fall von `sort()` bleibt die ursprüngliche Liste dabei unverändert!

Auf ähnliche Weise können wir (fast) eine Liste mit umgekehrter Elementreihenfolge erhalten, indem wir die Funktion `reversed()` verwenden:

```
>>> a
[42, 8, 17, 99]
>>> reversed(a)
<list_reverseiterator object at 0x109561910>
```

Leider verhält sich die Funktion `reversed()` hier etwas anders als die Funktion `sorted()`, zumindest zum Zeitpunkt der Erstellung dieses Buches. Anstelle einer Liste gibt `reversed()` einen *Iterator* zurück. Das ist ein spezieller Typ von Python-Objekten, die (Sie haben es erraten) schrittweise durchlaufen werden können (über die *iteriert* werden kann). Häufig ist das kein Problem, da die in ihrer Reihenfolge umgekehrten Elemente der Liste oftmals sowieso zusammengefügt oder schrittweise durchlaufen werden sollen. In diesem Fall ist der Generator genau richtig (▶ Abschnitt 5.3). Wenn wir aber als Ergebnis wirklich wieder eine neue Liste benötigen, ohne die ursprüngliche Liste zu verändern, können wir direkt die Funktion `list()` aufrufen (▶ Abschnitt 3.1):

```
>>> list(reversed(a))
[99, 42, 17, 8]
```

Wie bereits erwähnt, macht dieses etwas andere Verhalten von `reversed()` kaum einen Unterschied, da das Verhalten des Generators bei der Iteration praktisch identisch zu dem der Listenversion ist.[40]

Vergleich

Listen unterstützen die gleichen grundlegenden Gleichheits- und Ungleichheitsoperatoren wie Strings (▶ Kapitel 2):

```
>>> a = [1, 2, 3]
>>> b = [1, 2, 3]
>>> a == b
True
>>> a != b
False
```

40 In gewisser Hinsicht ist es sogar besser, da der Generator nicht die gesamte Liste im Speicher erstellen muss. Siehe Abschnitt 5.3 für weitere Informationen.

Python unterstützt auch den Operator `is`, der testet, ob zwei Variablen dasselbe Objekt repräsentieren. Da `a` und `b` zwar dieselben Elemente enthalten, aber in Pythons Speichersystem nicht dasselbe Objekt sind, geben `==` und `is` in diesem Fall unterschiedliche Ergebnisse zurück:

```
>>> a == b
True
```

```
>>> a is b
False
```

Im Gegensatz dazu sind die Listen `a1` und `a2` aus ▶ Listing 3.5 bei beiden Vergleichen gleich bzw. identisch:

```
>>> a1 == a2
True
>>> a1 is a2
True
```

Im zweiten Fall wird `True` zurückgegeben, weil `a1` und `a2` nicht nur die gleichen Elemente enthalten, sondern wirklich auch genau das gleiche Objekt im Speicher repräsentieren. Dieses Verhalten entspricht praktisch dem Operator `===`, der von vielen anderen Sprachen, wie Ruby und JavaScript, unterstützt wird.

Gemäß dem *PEP-8 Style Guide* sollte immer der Operator `is` verwendet werden, wenn mit `None` verglichen wird. Zum Beispiel können wir mit `is` bestätigen, dass die In-Place-Listenmethoden zum Umkehren und Sortieren `None` zurückgeben:

```
>>> a.reverse() == None    # Nicht pythonisch
True
>>> a.sort() == None       # Nicht pythonisch
True
>>> a.reverse() is None    # Pythonisch
True
>>> a.sort() is None       # Pythonisch
True
```

3.4.3 Anhängen und Entfernen von Elementen

Ein nützliches Paar von Listenmethoden ist `append()` und `pop()` – durch `append()` wird ein Element an das Ende einer Liste angehängt, während durch `pop()` das Element am Ende der Liste entfernt und sein Wert zurückgegeben wird:

```
>>> a = sorted([42, 8, 17, 99])
>>> a
[8, 17, 42, 99]
>>> a.append(6)                        # Anhängen eines Elements ans ↵
Ende
>>> a
[8, 17, 42, 99, 6]
>>> a.append("foo")
>>> a
[8, 17, 42, 99, 6, 'foo']
>>> a.pop()                            # Entfernen eines Elements vom ↵
Ende
```

```
'foo'
>>> a
[8, 17, 42, 99, 6]
>>> a.pop()
6
>>> a.pop()
99
>>> a
[8, 17, 42]
```

Beachten Sie, dass `pop()` den Wert des letzten Elements der Liste zurückgibt und das Element gleichzeitig aus der Liste entfernt. `append()` gibt dagegen `None` zurück (was dadurch deutlich wird, dass nach dem Anhängen nichts ausgegeben wird).

Wie in ▶ Abschnitt 3.2 bereits angekündigt, sind wir nun in der Lage, auf das letzte Element einer Liste zuzugreifen und es gleichzeitig zu entfernen:

```
>>> die_antwort_aufs_leben_das_universum_und_alles = a.pop()
>>> die_antwort_aufs_leben_das_universum_und_alles
42
```

3.4.4 Aufspaltung eines Strings zu einer Liste rückgängig machen

Ein letztes Beispiel für eine Listenmethode, mit dem sich der Kreis von ▶ Abschnitt 3.1 schließt, ist die Methode `join()`. Genau wie `split()` einen String in Listenelemente aufspaltet, fügt `join()` die Elemente einer Liste (wieder) zu einem String zusammen (▶ Listing 3.6).

Listing 3.6: Verschiedene Möglichkeiten des Zusammenfügens von Listenelementen zu einem String mit `join()`.

```
>>> a = ["ant", "bat", "cat", "42"]
['ant', 'bat', 'cat', '42']
>>> "".join(a)
'antbatcat42'
>>> ", ".join(a)
'ant, bat, cat, 42'
>>> " -- ".join(a)
'ant -- bat -- cat -- 42'
```

Beachten Sie, dass die Listen, deren Elemente zusammengefügt werden, in allen in ▶ Listing 3.6 gezeigten Fällen ausschließlich aus Strings bestehen. Was wäre, wenn eine Liste zum Beispiel die *Zahl* `42` und nicht den String `"42"` enthielte? Das funktioniert standardmäßig nicht:

```
>>> a = ["ant", "bat", "cat", 42]
>>> ", ".join(a)
Traceback (most recent call last):
  File "<stdin>", line 1, in <module>
TypeError: sequence item 3: expected str instance, int found
```

Ich erwähne dies vor allem deshalb, weil viele Sprachen, darunter JavaScript und Ruby, Objekte beim Zusammenfügen automatisch in Strings umwandeln. Für Programmierer, die mit solchen Sprachen vertraut sind, könnte dies in Python daher eine kleine Umgewöhnung erfordern.

Eine Lösung in Python besteht in der Verwendung der Funktion `str()`, der wir in ▶ Abschnitt 4.1.2 noch einmal begegnen werden:

```
>>> str(42)
'42'
```

Dann können wir als Argument von `join()` einen *Generatorausdruck* verwenden, der mithilfe von `str(e)` für jedes Element `e` der Liste einen String zurückgibt:

```
>>> ", ".join(str(e) for e in a)
'ant, bat, cat, 42'
```

Diese etwas fortgeschrittene Konstruktion steht im Zusammenhang mit *Comprehensions*, auf die wir in ▶ Kapitel 6 näher eingehen werden.

3.4.5 Übungen

1. Um die Elemente einer Liste in umgekehrter Reihenfolge zu sortieren, ist es möglich, erst zu sortieren und dann umzukehren, aber die kombinierte Operation ist so nützlich, dass sowohl `sort()` als auch `sorted()` ein Schlüsselwortargument unterstützen (▶ Abschnitt 5.1.2), durch das beim Sortieren *automatisch* die Reihenfolge umgekehrt wird. Bestätigen Sie durch Ausprobieren, dass `a.sort(reverse=True)` und `sorted(a, reverse=True)` bewirken, dass die Elemente der Liste gleichzeitig sortiert und in ihrer Reihenfolge umgekehrt werden.
2. Finden Sie mithilfe der Listendokumentation unter https://docs.python.org/3/tutorial/datastructures.html heraus, wie Sie ein Element am Anfang einer Liste einfügen können.
3. Kombinieren Sie die beiden in ▶ Listing 3.7 gezeigten Listen mithilfe der Methode `extend()` zu einer einzigen Liste. Wird a1 dabei verändert (mutiert)? Was ist mit `a2`?

Listing 3.7: Erweitern von Listen.

```
>>> a1 = ["a", "b", "c"]
>>> a2 = [1, 2, 3]
>>> # Füllen Sie diese Zeile mit der Lösung der Aufgabe.
>>> a1
['a', 'b', 'c', 1, 2, 3]
```

3.5 Iteration durch Listen

Eine der häufigsten Aufgaben im Zusammenhang mit Listen ist die Iteration durch ihre Elemente und die Durchführung einer Operation mit jedem einzelnen Element. Das kommt Ihnen vielleicht bekannt vor, da wir in ▶ Abschnitt 2.6 genau das gleiche Problem mit Strings gelöst haben, und in der Tat ist die Lösung praktisch dieselbe. Alles, was wir tun müssen, ist, die `for`-Schleife aus ▶ Listing 2.27 an Listen anzupassen, d. h. `monolog` durch `a` zu ersetzen, wie in ▶ Listing 3.8 gezeigt.

Listing 3.8: Kombination des Zugriffs auf die Elemente einer Liste mit einer `for`-Schleife.

```
>>> a = ["ant", "bat", "cat", 42]
>>> for i in range(len(a)):     # Nicht pythonisch
...     print(a[i])
...
ant
bat
cat
42
```

Das ist bequem, aber es ist nicht die beste Art, durch Listen zu iterieren, und Mike Vanier wäre damit noch nicht glücklich (▶ Abbildung 3.2[41]).

Abbildung 3.2: Mike Vanier ist immer noch genervt vom Tippen der `for`-Schleife.

Glücklicherweise ist die Formulierung einer Schleife auf die beste Art und Weise in Python einfacher als in den meisten anderen Sprachen, sodass wir sie hier tatsächlich schon behandeln können. Der Trick besteht darin, zu wissen, dass das Standardverhalten von `for...in` wie bei Strings auch bei Listen darin besteht, Schritt für Schritt auf jedes Element der Sequenz (String oder Liste) zuzugreifen, wie in ▶ Listing 3.9 gezeigt.

Listing 3.9: Die beste Art und Weise mit `for...in` über eine Liste zu iterieren.

```
>>> for e in a:     # Pythonisch
...     print(e)
...
ant
bat
cat
42
```

Mit dieser Art von `for`-Schleife können wir direkt durch die Elemente einer Liste iterieren und müssen so nicht mehr Mike Vaniers *Angstvorstellung*`for (i = 0; i < N; i++)` eintippen und können auch auf `range(len())` verzichten. Das Ergebnis ist sauberer Code und ein glücklicherer Programmierer (▶ Abbildung 3.3[42]).

41 Bild © Mike Vanier.
42 Bild © Mike Vanier.

Abbildung 3.3: Das Vermeiden von `range(len())` hat Mike Vanier ein wenig glücklicher gemacht.

Wir können übrigens `enumerate()` verwenden, wenn wir aus irgendeinem Grund den Index selbst benötigen, wie in ▶ Listing 3.10 gezeigt. (Wenn Sie die Übung zu ▶ Listing 2.29 gelöst haben, kommt Ihnen der Code in ▶ Listing 3.10 vielleicht bekannt vor.)

Listing 3.10: Ausgabe von Listenelementen mit Index.

```
>>> for i, e in enumerate(a):       # Pythonisch
...     print(f"a[{i}] = {e}")
...
a[0] = ant
a[1] = bat
a[2] = cat
a[3] = 42
```

Beachten Sie, dass das Endergebnis in ▶ Listing 3.10 nicht ganz richtig ist. Korrekterweise müssten die ersten drei Elemente in Anführungszeichen ausgegeben werden, da es sich bei diesen Elementen um Strings handelt – also `"ant"`, `"bat"` und `"cat"` statt `ant`, `bat` und `cat`. Die Behebung dieses kleinen Fehlers bleibt als weitere Übung bestehen.

Schließlich ist es möglich, eine Schleife vorzeitig mit dem Schlüsselwort `break` abzubrechen (▶ Listing 3.11).

Listing 3.11: Abbrechen einer `for`-Schleife mit `break`.

```
>>> for i, e in enumerate(a):
...     if e == "cat":
...         print(f"Element mit dem Index {i} = cat")
...         break
...     else:
...         print(f"a[{i}] = {e}")
...
a[0] = ant
a[1] = bat
Element mit dem Index 2 = cat
>>>
```

In diesem Fall hält die Ausführung der Schleife bei Index 2 an und geht nicht zu den nachfolgenden Indizes weiter. Wir werden einer ähnlichen Konstruktion mit dem Schlüsselwort `return` in ▶ Abschnitt 5.1 begegnen.

3.5.1 Übungen

1. Verwenden Sie `reversed()` um die Elemente einer Liste in umgekehrter Reihenfolge auszugeben.
2. In ▶ Listing 3.10 haben wir gesehen, dass die String-Elemente der Liste ohne Anführungszeichen, also z. B. `ant` anstelle von `"ant"`, und somit nicht ganz korrekt ausgegeben wurden. Wir könnten die Anführungszeichen in der Schleife von Hand einfügen, aber dann würde auch das Integer-Element `42` in der Form `"42"` mit Anführungszeichen ausgegeben, was ebenfalls falsch ist. Lösen Sie dieses Problem, indem Sie die Funktion `repr()` (▶ Abschnitt 2.3) verwenden, um eine typgerechte Darstellung jedes Listenelements für die Ausgabe zu generieren, wie in ▶ Listing 3.12 gezeigt.

Listing 3.12: Eine Verfeinerung von Listing 3.10.

```
>>> for i, e in enumerate(a):
...     print(f"a[{i}] = {repr(e)}")
...
???
```

3.6 Tupel und Sets

Neben Listen unterstützt Python auch Tupel, die im Grunde genommen Listen sind, die nicht verändert werden können (d. h., Tupel sind *unveränderlich*).

Wir können Tupel auf die gleiche Weise erzeugen wie Listen. Der einzige Unterschied besteht darin, dass für Tupel runde anstelle von eckigen Klammern verwendet werden:

```
>>> t = ("Fuchs", "Hund", "Aal")
>>> t
('Fuchs', 'Hund', 'Aal')
>>> for e in t:
...     print(e)
...
Fuchs
Hund
Aal
```

Wir sehen hier, dass die Iteration über ein Tupel mit der gleichen `for...in`-Syntax erfolgen kann wie bei Listen (▶ Listing 3.9).

Da Tupel unveränderlich sind, führt der Versuch, sie zu ändern, zu einem Fehler:

```
>>> t.append("Ziege")
Traceback (most recent call last):
  File "<stdin>", line 1, in <module>
AttributeError: 'tuple' object has no attribute 'append'
>>> t.sort()
Traceback (most recent call last):
  File "<stdin>", line 1, in <module>
AttributeError: 'tuple' object has no attribute 'sort'
```

Ansonsten unterstützen Tupel viele der gleichen Operationen wie Listen, z. B. Slicing oder Sortieren ohne Mutation:

```
>>> t[1:]
('Hund', 'Aal')
>>> sorted(t)
['Aal', 'Fuchs', 'Hund']
```

Beachten Sie im zweiten Fall, dass `sorted()` ein Tupel als Argument annehmen kann, aber eine Liste zurückgibt.

Übrigens können wir bei der Definition von Tupeln die Klammern auch weglassen:

```
>>> u = "Fuchs", "Hund", "Aal"
>>> u
('Fuchs', 'Hund', 'Aal')
>>> t == u
True
```

Ich halte diese Notation für potenziell verwirrend und ziehe es im Allgemeinen vor, bei der Definition von Tupeln Klammern zu verwenden. Sie sollten die Notation aber kennen, falls Sie ihr im Code anderer Programmierer begegnen. Die wichtigsten Ausnahmen sind die einfache Anzeige von mehreren Variablen in der REPL oder die Zuweisung über das sogenannte *Tupel-Entpacken* (*tuple unpacking*), mit dem Sie mehrere Zuweisungen auf einmal vornehmen können:

```
>>> a, b, c = t     # Sehr pythonisch; funktioniert auch mit Listen
>>> a
'Fuchs'
>>> b
'Hund'
>>> c
'Aal'
>>> a, b, c         # Tupel zur Anzeige der Variablenwerte
('Fuchs', 'Hund', 'Aal')
```

Abschließend sei darauf hingewiesen, dass die Definition eines Tupels mit nur einem Element ein nachgestelltes Komma erfordert, da ein Objekt in Klammern nur das Objekt selbst ist:

```
>>> ("foo")
'foo'
>>> ("foo",)
('foo',)
```

Python bietet auch native Unterstützung für Sets, die der mathematischen Definition sehr nahe kommen und als Listen von Elementen betrachtet werden können, bei denen sich wiederholende Werte ignoriert werden und die Reihenfolge der Elemente keine Rolle spielt. Sets können analog zu Listen und Tupeln, aber mit geschweiften Klammern, oder durch die Übergabe einer Liste oder eines Tupels (oder eigentlich eines beliebigen iterierbaren Objekts) als Argument an die Funktion `set()` erzeugt werden:

```
>>> s1 = {1, 2, 3, 4}
>>> s2 = {3, 1, 4, 2}
>>> s3 = set([1, 2, 2, 3, 4, 4])
>>> s1, s2, s3
({1, 2, 3, 4}, {1, 2, 3, 4}, {1, 2, 3, 4})
```

Die Gleichheit von Sets kann wie üblich mit dem Operator == geprüft werden:

```
>>> s1 == s2
True
>>> s2 == s3
True
>>> s1 == s3
True
>>> {1, 2, 3} == {3, 1, 2}
True
```

Sets können Elemente unterschiedlichen Datentyps enthalten (und können auch mit einem Tupel statt einer Liste initialisiert werden):

```
>>> set(("ant", "bat", "cat", 1, 1, "cat"))
{'bat', 'ant', 'cat', 1}
```

Beachten Sie, dass in allen Fällen doppelte Werte ignoriert werden.

Python-Sets unterstützen viele gängige Set-Operationen, wie die Vereinigung von Sets und die Feststellung der Schnittmenge von Sets:

```
>>> s1 = {1, 2, "ant", "bat"}
>>> s2 = {2, 3, "bat", "cat"}
>>> s1 | s2    # Vereinigung von Sets
{'bat', 2, 1, 3, 'ant', 'cat'}
>>> s1 & s2    # Schnittmenge von Sets
{'bat', 2}
```

Weitere Informationen finden Sie unter „Sets in Python" (https://realpython.com/python-sets/).

Da sie nicht geordnet sind, können Elemente von Sets nicht direkt ausgewählt werden (woher soll Python wissen, welches Element des Sets ausgewählt werden soll?). Die Prüfung, ob ein Set ein bestimmtes Element enthält, sowie die Iteration über Sets sind aber möglich:

```
>>> s = {1, 2, 3, 4}
>>> s[0]
Traceback (most recent call last):
  File "<stdin>", line 1, in <module>
TypeError: 'set' object is not subscriptable
>>> 3 in s
True
>>> for e in s:
...     print(f"{e} ist ein Element des Sets.")
...
1 ist ein Element des Sets.
2 ist ein Element des Sets.
3 ist ein Element des Sets.
4 ist ein Element des Sets.
```

Schließlich sei noch darauf hingewiesen, dass das leere Tupel und das leere Set, wie die leere Liste, beide in einem Booleschen Kontext `False` ergeben:

```
>>> bool(())
False
>>> bool(set())
False
```

Beachten Sie hier, dass wir, vielleicht kontraintuitiv, nicht die Notation `{}` für das leere Set verwenden können, da diese Notation für das leere *Dictionary* (*Wörterbuch*) reserviert ist, das wir in ▶ Abschnitt 4.4 besprechen werden. Wir müssen und dürfen auch kein nachgestelltes Komma in `()` für das leere Tupel einfügen.

Wir können diese Aussagen mit der Funktion `type()` überprüfen:

```
>>> type(())
<class 'tuple'>
>>> type({})
<class 'dict'>
>>> type(set())
<class 'set'>
```

Hier sehen wir, dass `()`, `{}`, und `set()` Objekte der Klassen *tuple*, *dictionary* bzw. set sind. (Wir werden in ▶ Kapitel 7 mehr darüber erfahren, was eine Klasse ist.)

3.6.1 Übungen

1. Bestätigen Sie die Existenz der Funktion `tuple()`, indem Sie `sorted(t)` mithilfe von `tuple()` von einer Liste in ein Tupel umwandeln.
2. Erzeugen Sie eine Set mit Zahlen im Bereich von 0 bis 4 unter Einsatz einer Kombination aus `set()` und `range()`. (Erinnern Sie sich an die Verwendung von `range()` in ▶ Listing 2.24.) Bestätigen Sie, dass man mithilfe der Methode `pop()`, die in ▶ Abschnitt 3.4.3 erwähnt wurde, ein Element nach dem anderen aus dem Set entfernen kann.

Andere native Objekte

4

Nachdem wir nun einen Blick auf Strings und Listen (sowie Tupel und Sets) geworfen haben, fahren wir mit einer Tour durch einige andere wichtige Funktionen und Objekte in Python fort: Mathematik, Datumsangaben, reguläre Ausdrücke und Wörterbücher (Dictionaries).

4.1 Mathematik

Wie die meisten Programmiersprachen unterstützt Python eine große Anzahl von mathematischen Operationen:

```
$ source venv/bin/activate
(venv) $ python3
>>> 1 + 1
2
>>> 2 - 3
-1
>>> 2 * 3
6
>>> 10/5
2.0
```

Beachten Sie, dass Sie bei der Division die Antwort erhalten, die Sie erwarten würden:

```
>>> 10/4
2.5
>>> 2/3
0.6666666666666666
```

Wir sehen hier, dass Python standardmäßig eine *Fließkommadivision* durchführt. Dies steht im Gegensatz zu einigen anderen Sprachen, wie C und Ruby, in denen der Operator / (Slash) eine *Ganzzahldivision* bewirkt, welche als Ergebnis zurückgibt, wie oft der Nenner *vollständig* in den Zähler hineinpasst. (Man erhält das Ergebnis der Ganzzahldivision, indem man beim Ergebnis der Fließkommadivision einfach die Nachkommastellen weglässt.) Mit anderen Worten, `10/4` ergibt in einer Sprache wie C `2` statt `2.5`. Um eine Ganzzahldivision in Python durchzuführen, können wir als Operator *zwei* Schrägstriche (Slashes) anstelle von einem verwenden:

```
>>> 10//4    # Ganzzahldivision
2
>>> 2//3
0
```

Aufgrund seiner großartigen numerischen Fähigkeiten finden es viele Programmierer, mich eingeschlossen, bequem, einen Python-Interpreter zu starten und ihn bei Bedarf als einfachen Taschenrechner zu verwenden. Er ist zwar nicht besonders schick, aber schnell und relativ leistungsfähig, und die Möglichkeit, Variablen zu definieren, ist ebenfalls sehr nützlich.

4.1.1 Fortgeschrittenere Operationen

Python unterstützt fortgeschrittenere mathematische Operationen über das `math`-Objekt (das technisch gesehen ein *Modul* ist, eine besondere Art von Objekt, über das wir ab ▶ Kapitel 7 mehr erfahren werden). Das `math`-Modul verfügt über Hilfsprogramme für Dinge wie mathematische Konstanten, Wurzeln und trigonometrische Funktionen:

```
>>> import math
>>> math.pi
3.141592653589793
>>> math.sqrt(2)
1.4142135623730951
>>> math.cos(0)
1.0
>>> math.cos(2*math.pi)
1.0
```

Wir sehen hier, das man das `math`-Modul verwenden kann, indem man es zunächst mit `import math` lädt und dann auf den Inhalt des Moduls mit `math.` (der Modulname gefolgt von einem Punkt) zugreift. Dies ist ein allgemeines Muster für den Zugriff auf Python-Module. Bezüglich des Zugriffs auf die Funktionen des Moduls `math` stellt `math` auch einen sogenannten *Namensraum* (engl.: *namespace*) dar. Das heißt, durch die Notation `math.` wird eindeutig festgelegt, dass die nach dem Punkt folgende Methode (etc.) diejenige aus dem `math`-Modul sein soll und nicht eine möglicherweise existierende Methode gleichen Namens aus einem anderen Modul.

Bei der Logarithmusfunktion ist zu beachten, dass `log(x)` in Python wie in den meisten anderen Programmiersprachen den natürlichen Logarithmus (also den Logarithmus zur Basis *e*) bezeichnet:[43]

```
>>> math.log(math.e)
1
>>> math.log(10)
2.302585092994046
```

Den dekadischen Logarithmus, also den Logarithmus zur Basis 10, erhält man in Python und den meisten anderen Programmiersprachen dagegen mithilfe von `log10`:

```
>>> math.log10(10)
1.0
>>> math.log10(1000000)
6.0
>>> math.log10(1_000_000)
6.0
>>> math.log10(math.e)
0.4342944819032518
```

Beachten Sie hier, dass wir Unterstriche in einer Zahl als Trennzeichen verwenden können, um die Lesbarkeit zu verbessern. `1000000` und `1_000_000` stehen also beispielweise beide für die Zahl eine Million.

43 Im Gegensatz zu den meisten Programmiersprachen steht log(x) in den meisten Lehrbüchern der Mathematik für den dekadischen Logarithmus (also den Logarithmus zur Basis 10) und ln(x) für den natürlichen Logarithmus (Basis *e*).

Schließlich unterstützt Python über den Operator ** auch die Potenzierung (Exponentiation):

```
>>> 2**3
8
>>> math.e**100
2.6881171418161212e+43
```

Am Ende des Ergebnisses für e^{100} gibt Python e+43 aus. Dabei steht e+ in den von Python ausgegebenen Ergebnissen allgemein für „10 hoch“. Die Ausgabe 2.688117141816121e+43 entspricht somit der wissenschaftlichen Schreibweise $2{,}688117141816121 \times 10^{43}$ für das Ergebnis von e^{100}.

Die math-Dokumentation (https://docs.python.org/3/library/math.html) enthält eine ausführlichere Liste mathematischer Operationen, die über das math-Modul zur Verfügung stehen.

4.1.2 Konvertierungen zwischen Zahlen und Strings

In ▶ Kapitel 3 haben wir besprochen, wie Sie von Strings zu Listen (und umgekehrt) gelangen können, indem Sie die Methoden split() und join() verwenden. In ähnlicher Weise können wir in Python Zahlen in Strings und Strings in Zahlen konvertieren.

Die wahrscheinlich gebräuchlichste Art, eine Zahl in einen String zu konvertieren, ist die Verwendung der Funktion str(), die wir bereits in ▶ Abschnitt 3.4.4 kurz kennengelernt haben. ▶ Listing 4.1 zeigt zum Beispiel, wie die Kreiskonstante tau (Exkurs 4.1 und ▶ Abbildung 4.1) mithilfe von str() in einen String konvertiert wird.

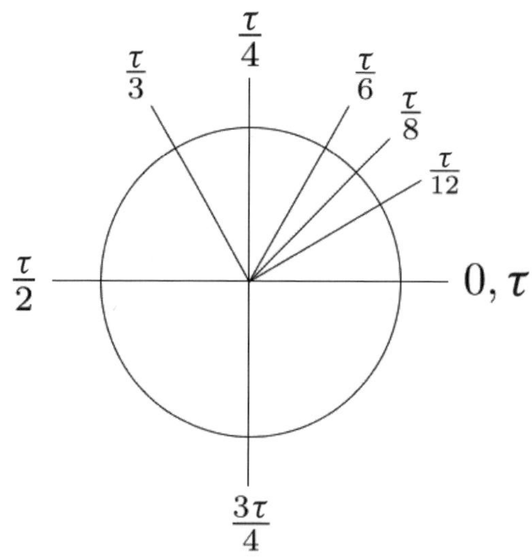

Abbildung 4.1: Einige spezielle Winkel, ausgedrückt mithilfe der Kreiskonstante tau ($\tau = C/r$).

Listing 4.1: Verwendung von `tau` für die Kreiskonstante.

```
>>> math.tau
6.283185307179586
>>> str(math.tau)
'6.283185307179586'
```

■ Exkurs 4.1: Die Etablierung von tau

In ▶ Listing 4.1 sehen Sie, dass `math.tau` Teil der offiziellen mathematischen Bibliothek von Python ist.

Dies ist für mich ein besonders erfreulicher Punkt, da die Verwendung von tau (τ) zur Darstellung der Kreiskonstante $C/r = 6{,}283185\ldots$ in einem 2010 von mir veröffentlichten mathematischen Artikel mit dem Titel *The Tau Manifesto* (https://tauday.com/tau-manifesto) vorgeschlagen wurde (wodurch auch der mathematische Feiertag Tau Day (https://tauday.com/) ins Leben gerufen wurde). Bis zu diesem Zeitpunkt hatte die Konstante C/r keinen allgemein gebräuchlichen Namen (außer „2π"), aber τ hat sich im Laufe der Jahre immer mehr durchgesetzt, unter anderem in Googles Online-Taschenrechner, in der Khan Academy und in Computersprachen wie Microsofts .NET, Julia und Rust (und natürlich Python!) (https://tauday.com/state-of-the-tau).

Obwohl das Hinzufügen von tau zu Python nicht unumstritten war, wurde es schließlich in Python 3.6 (und später) als Osterei für die Art von Mathematik-, Wissenschafts- und Computer-Nerds aufgenommen, die Spaß an solchen Dingen haben. Ich hoffe, Sie sind einer von ihnen!

Die Funktion `str()` funktioniert auch mit nackten Zahlen:

```
>>> str(6.283185307179586)
'6.283185307179586'
```

Um in umgekehrter Richtung einen String in eine Zahl zu konvertieren, stehen die Funktionen `int()` für die Umwandlung in eine Ganzzahl und `float()` für die Konvertierung in eine Fließkommazahl zur Verfügung:

```
>>> int("6")
6
>>> float("6.283185307179586")
6.283185307179586
```

Achten Sie darauf, die Funktion `int()`*nicht* auf einen String anzuwenden, der eine Fließkommazahl darstellt. In vielen Sprachen wird dann einfach nur der ganzzahlige Anteil des Strings zurückgegeben (sodass sowohl `"6.28"` als auch `"6.98"` beide die Ganzzahl `6` ergeben), aber in Python führt das zu einem Fehler:

```
>>> int("6.28")
Traceback (most recent call last):
  File "<stdin>", line 1, in <module>
ValueError: invalid literal for int() with base 10: '6.28'
```

Es ist jedoch zulässig, den Befehl `int()` auf eine Fließkommazahl (keinen String!) anzuwenden, was das erwartete Ergebnis liefert:

```
>>> int(6.28)
6
>>> int(6.9)
6
```

Wir können also einen String, der eine Fließkommazahl darstellt, in eine ganze Zahl umwandeln, indem wir die beiden Funktionen direkt nacheinander aufrufen:

```
>>> int(float("6.28"))
6
```

Übrigens gibt es einen nützlichen Trick, mit dem das Ergebnis des zuvor ausgeführten Befehls in der REPL mit nur einem Zeichen schnell und einfach im nächsten Befehl eingesetzt werden kann, nämlich durch Verwendung des Unterstrichs, der den Wert des zuvor ausgeführten Befehls repräsentiert:

```
>>> float("6.28")
6.28
>>> int(_)
6
```

Schließlich ist es manchmal praktisch, den Modulnamen weglassen zu können, wenn Sie viele Berechnungen mit einer Konstante oder Funktion durchführen. In solchen Fällen können Sie die Syntax `from <module> import <things>` verwenden (▶ Listing 4.2).

Listing 4.2: Importieren bestimmter Elemente aus einem Modul.

```
>>> from math import sin, cos, tau     # Pythonisch
```

Durch den Import in ▶ Listing 4.2 wird die Verwendung von `sin()`, `cos()`, und `tau` ohne das `math.`-Namespace-Präfix möglich:

```
>>> cos(tau)
1.0
>>> sin(tau/3)
0.8660254037844387
>>> cos(tau/3)
-0.49999999999999983
>>> sin(tau/3)**2 + cos(tau/3)**2
1.0
```

Beachten Sie, dass als Wert von $\cos(\tau/3)$, der exakt –0,5 beträgt, aufgrund eines numerischen Rundungsfehlers

```
-0.49999999999999983
```

ausgegeben wird. (Auch das Ergebnis der letzten Berechnung mit $\tau/3$ ist nichts Besonderes, da bekanntermaßen $\sin^2\theta + \cos^2\theta = 1$ für jeden beliebigen Winkel θ gilt.)

Hinweis: Manchmal werden Sie sehen, dass der *gesamte* Inhalt eines Moduls wie im folgenden Beispiel importiert wird:

```
>>> from math import *     # Gefährlich und extrem unpythonisch
```

Von dieser Praxis wird dringend abgeraten, da sie ein hohes Risiko von *Kollisionen* birgt, bei denen zwei Funktionen oder Variablen denselben Namen besitzen. Die Vermeidung von Kollisionen ist einer der Gründe, warum Tim Peters in seinem Buch „The Zen of Python" (▶ Listing 1.6) sagt: „Namensräume sind eine großartige Idee – wir sollten mehr davon machen!"

4.1.3 Übungen

1. Welches Ergebnis erhalten Sie, wenn Sie die Funktion `float()` auf den String `"1.24e6"` anwenden? Was liefert die Anwendung der Funktion `str()` auf das Ergebnis?
2. Zeigen Sie, dass `int(6.28)` und `int(6.98)` beide die ganze Zahl `6` als Ergebnis zurückgeben. Dies ist das gleiche Verhalten wie im Fall der *Floor-Funktion* (in der Mathematik geschrieben als $\lfloor x \rfloor$. Zeigen Sie, dass Pythons `math`-Modul über eine Funktion `floor()` verfügt, welche den gleichen Effekt hat wie `int()`.

4.2 Zeit und Datum

Andere häufig verwendete eingebaute Objekte sind die eng verwandten Module `time` und `datetime`. Zum Beispiel können wir die aktuelle Zeit mit der Methode `time()` abrufen:

```
>>> import time
>>> time.time()
1708766258.652838
```

Diese Methode gibt die Anzahl der Sekunden zurück, die seit dem Beginn der sogenannten *Unix-Epoche* am 01.01.1970 um 00:00 Uhr vergangen sind. Ein für die Praxis besser geeignetes Ergebnis erhalten wir mit der Methode `ctime()` (die Dokumentation sagt nichts darüber aus, aber wahrscheinlich steht `ctime` für „convert time"):

```
>>> time.ctime()
'Sat Feb 24 10:17:40 2024'
```

Python stellt eine Menge anderer nützlicher Methoden mit dem `datetime`-Modul zur Verfügung. Wie bei anderen Python-Objekten, enthalten `datetime`-Objekte eine Vielzahl von Methoden:

```
>>> import datetime
>>> now = datetime.datetime.now()
>>> now.year
2024
>>> now.month
2
>>> now.day
24
>>> now.hour
10
```

Da viele nützliche Methoden für das separate `datetime`-Objekt innerhalb des `datetime`-Moduls definiert sind, ist es oft praktischer, mit `from` nur dieses eine Objekt zu importieren (unter Verwendung der gleichen grundlegenden Syntax wie in ▶ Listing 4.2):

```
>>> from datetime import datetime
>>> now = datetime.now()
>>> now.year
2024
>>> now.day
24
>>> now.month
2
>>> now.hour
10
```

Dies kann etwas verwirrend sein, und es ist in der Tat recht ungewöhnlich, dass ein Modul ein Objekt mit genau demselben Namen wie das Modul selbst definiert.

Es ist auch möglich, `datetime`-Objekte mit einem bestimmten Datum und Zeitpunkt zu initialisieren, z. B. mit dem Zeitpunkt der ersten Mondlandung (▶ Abbildung 4.2[44]):

```
>>> mondlandung = datetime(1969, 7, 20, 20, 17, 40)
>>> mondlandung.day
20
```

Abbildung 4.2: Buzz Aldrin und Neil Armstrong sind irgendwie ohne Python zum Mond (und zurück!) gekommen.

44 Bild mit freundlicher Genehmigung von Castleski/Shutterstock.

Standardmäßig verwendet `datetime` die lokale Zeitzone, aber das führt zu einer merkwürdigen Ortsabhängigkeit der Operationen. Daher ist es eine gute Praxis, stattdessen mit der UTC[45] zu arbeiten:

```
>>> from datetime import timezone
>>> now = datetime.now(timezone.utc)
>>> print(now)
2024-02-24 09:44:12.188165+00:00
```

Um ein `datetime`-Objekt für den Zeitpunkt der ersten Mondlandung zu erzeugen, müssen wir die Zeitzone mit dem *Schlüsselwortargument* `tzinfo` (kurz für „time zone information", „Zeitzoneninformation") übergeben (zum ersten Mal in ▶ Abschnitt 2.3 gesehen und in ▶ Abschnitt 5.1.2 weiter diskutiert):

```
>>> mondlandung = datetime(1969, 7, 20, 20, 17, 40, tzinfo=timezone.utc)
>>> print(mondlandung)
1969-07-20 20:17:40+00:00
```

Schließlich können `datetime`-Objekte auch voneinander subtrahiert werden:

```
>>> print(now - mondlandung)
19941 days, 13:26:32
```

Das Ergebnis dieser Subtraktion ist die Anzahl der Tage, Stunden, Minuten und Sekunden, die seit dem Tag und der Uhrzeit der ersten Mondlandung vergangen sind. (Ihre Ergebnisse werden natürlich davon abweichen, denn die Zeit schreitet voran und Ihr Wert für `datetime.now` ist ein anderer.)

Sie haben vielleicht schon bemerkt, dass der Monat (`.month`) ausgehend vom Januar und der Tag (`.day`) ausgehend vom ersten des jeweiligen Monats *nicht* nullbasiert wie der Index von Listen (▶ Abschnitt 3.2), sondern *einsbasiert* gezählt werden. Im achten Monat (August) gibt `now.month()` beispielsweise den Wert 8 und nicht 7 zurück (wie es der Fall wäre, wenn die Monate wie Indizes einer Liste nullbasiert gezählt würden). Es gibt jedoch einen wichtigen Wert, der als nullbasierter Index zurückgegeben wird:

```
>>> mondlandung.weekday()
6
```

Hier liefert `weekday()` den Index des Wochentags, und da es sich um einen nullbasierten Index handelt, zeigt der Index 6 an, dass die erste Mondlandung am siebten Tag der Woche stattfand.

45 Für die meisten praktischen Zwecke ist die koordinierte Weltzeit (UTC) dasselbe wie die *mittlere Greenwich-Zeit* (engl.: *Greenwich Mean Time*, GMT). Aber woher stammt das Akronym UTC? Aus den *NIST Time and Frequency FAQ* erhalten wir die Antwort: **F:** Warum wird UTC und nicht CUT als Abkürzung für *Coordinated Universal Time* (Koordinierte Weltzeit) verwendet? **A:** 1970 wurde das System der koordinierten Weltzeit von einer internationalen Beratergruppe technischer Experten innerhalb der Internationalen Fernmeldeunion (ITU) entwickelt. Die ITU hielt es für das Beste, eine einzige Abkürzung für die Verwendung in allen Sprachen zu verwenden, um Verwirrung zu vermeiden. Da man sich weder auf die englische Wortfolge *Coordinated universal time* (CUT) noch auf die französische Wortfolge *Temps universel coordonné* (TUC) einigen konnte, wurde als Kompromiss das Akronym UTC gewählt.

Wir müssen hier allerdings vorsichtig sein, denn an vielen Orten (z. B. auch in den Vereinigten Staaten) gilt der Sonntag als der erste Tag der Woche und einige Programmiersprachen (wie JavaScript und Ruby) folgen dieser Festlegung, sodass der Sonntag den Index 0 erhält. Der offizielle internationale Standard besagt jedoch, dass der Montag der erste Tag der Woche ist. Python folgt *dieser* Konvention und vergibt somit den Index 0 an den Montag.

Daher können wir den Namen des Wochentags ermitteln, indem wir zunächst eine Liste von Strings für die Wochentage erstellen. Dieser geben wir wie in Python für eine Konstante üblich einen Bezeichner (Namen) nur aus Großbuchstaben. Den jeweiligen Wochentag erhalten wir dann als String, indem wir bei der Abfrage eines Elements aus der Liste (▶ Abschnitt 3.2) den Rückgabewert von `weekday` als Index verwenden:

```
>>> TAGESNAMEN = ["Montag", "Dienstag", "Mittwoch",
...               "Donnerstag", "Freitag", "Samstag", "Sontag"]
>>> TAGESNAMEN[mondlandung.weekday()]
'Sonntag'
>>> TAGESNAMEN[datetime.now().weekday()]
'Samstag'
```

(Der jeweilige Tagesname ist tatsächlich auch als Teil des `calendar`-Moduls über `calendar.day_name` abrufbar. Sie müssen nur `import calendar` ausführen, um das Modul zu laden. Ein Beispiel finden Sie in ▶ Abschnitt 4.2.1.) Ihr Ergebnis in der letzten Zeile wird natürlich von dem hier gezeigten abweichen, es sei denn, Sie führen die vorletzte Zeile an einem Samstag aus.

Als letzte Übung wollen wir unsere Flask-basierte „hello, world"-App aus ▶ Listing 1.11 mit einer Begrüßung aktualisieren, die den Wochentag enthält. Der Code ist in ▶ Listing 4.3 zu sehen, das Ergebnis in ▶ Abbildung 4.3. (Die Befehle zum Ausführen der Flask-App finden Sie in ▶ Abschnitt 1.5.) Beachten Sie, dass ▶ Listing 4.3 der Konvention folgt, zuerst Systembibliotheken (z. B. `datetime`) und dann, durch eine Leerzeile getrennt, Bibliotheken von Drittanbietern (z. B. `flask`) zu importieren und dann noch zwei Leerzeilen anzuhängen. Die Aufhebung der unpythonischen Position von `DAYNAMES` in ▶ Listing 4.3 finden Sie als Übung in ▶ Abschnitt 4.2.1.

Listing 4.3: *hello_app.py* Hinzufügen einer an den Wochentag angepassten Begrüßung.

```
from datetime import datetime

from flask import Flask


app = Flask(__name__)

@app.route("/")
def hello_world():
    # Unpythonische Position von DAYNAMES
    DAYNAMES = ["Monday", "Tuesday", "Wednesday",
                "Thursday", "Friday", "Saturday", "Sunday"]
    dayname = DAYNAMES[datetime.now().weekday()]
    return f"<p>Hello, world! Happy {dayname}.</p>"
```

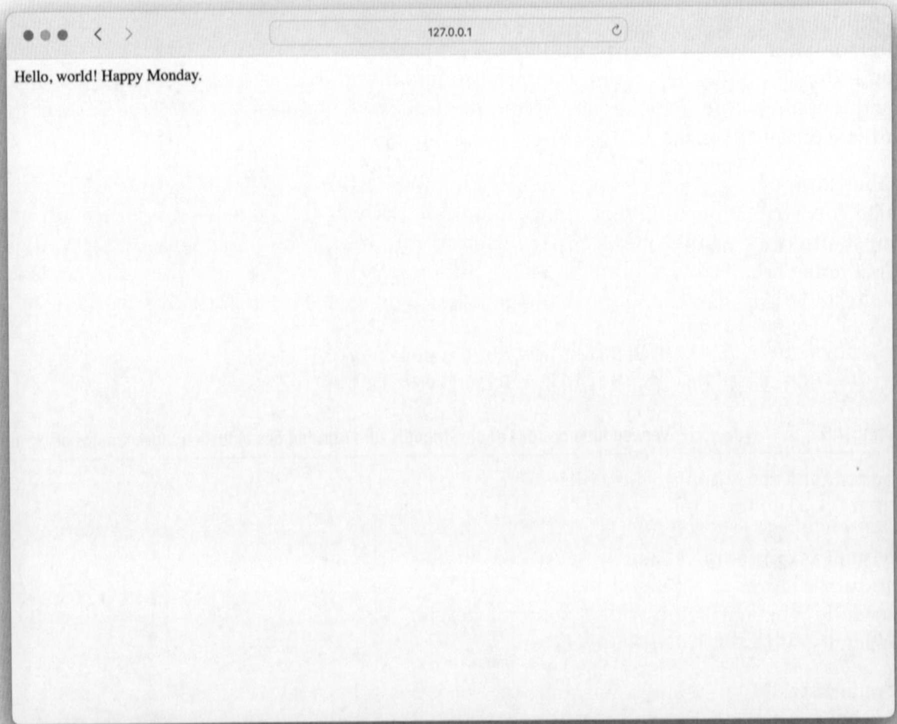

Abbildung 4.3: Eine an den jeweiligen Tag angepasste Begrüßung. In diesem Fall wurde die App an einem Montag gestartet.

4.2.1 Übungen

1. Verwenden Sie Python, um zu berechnen, wie viele Sekunden nach der ersten Mondlandung Sie geboren wurden. (Oder vielleicht wurden Sie sogar *vor der* Mondlandung geboren – in diesem Fall haben Sie Glück! Ich hoffe, Sie konnten sie im Fernsehen verfolgen. Berechnen Sie dann die Anzahl der Sekunden zwischen Ihrer Geburt und der Mondlandung.)
2. Zeigen Sie, dass ▶ Listing 4.3 auch dann funktioniert, wenn Sie `DAYNAMES` aus der Funktion `hello_world` herausziehen, wie in ▶ Listing 4.4 gezeigt. (Dies ist im Allgemeinen der bevorzugte Ort für Konstanten – durch eine Leerzeile getrennt unter Bibliotheksimporten und dann, durch zwei Leerzeilen getrennt, gefolgt vom Rest der Datei). Verwenden Sie anschließend das `calendar`-Modul, um die Konstante `DAYNAMES` vollständig überflüssig zu machen und zu entfernen (▶ Listing 4.5).

Listing 4.4: *hello_app.py* Herausziehen von `DAYNAMES` aus der Funktion `hello_world`.

```
from datetime import datetime

from flask import Flask

DAYNAMES = ["Monday", "Tuesday", "Wednesday",
            "Thursday", "Friday", "Saturday", "Sunday"]


app = Flask(__name__)

@app.route("/")
def hello_world():
    dayname = DAYNAMES[datetime.now().weekday()]
    return f"<p>Hello, world! Happy {dayname}.</p>"
```

Listing 4.5: *hello_app.py* Verwendung des `calendar`-Moduls zum Abrufen des aktuellen Tagesnamens als String.

```
from datetime import datetime
import calendar

from flask import Flask


app = Flask(__name__)

@app.route("/")
def hello_world():
    dayname = calendar.day_name[datetime.now().weekday()]
    return f"<p>Hello, world! Happy {dayname}.</p>"
```

4.3 Reguläre Ausdrücke

Python bietet volle Unterstützung für *reguläre Ausdrücke* (engl.: *regular expression*, Abkürzung: Regex oder RegExp). Dabei handelt es sich um eine leistungsfähige Mini-Sprache zum Suchen nach Mustern in Text. Die vollständige Besprechung von regulären Ausdrücken würde den Rahmen dieses Buches sprengen (und deren Beherrschung vielleicht auch die menschlichen Fähigkeiten), aber die gute Nachricht ist, dass es viele Ressourcen gibt, mit denen man die Welt der regulären Ausdrücke schrittweise erkunden und erlernen kann. Das Wichtigste, was Sie wissen müssen, ist zunächst die allgemeine Idee hinter den regulären Ausdrücke – die Details können Sie nach und nach ergänzen.

Reguläre Ausdrücke sind bekanntermaßen kurz und fehleranfällig, wie der Programmierer Jamie Zawinski sagte:

Manche Leute denken, wenn sie mit einem Problem konfrontiert werden: „Ich weiß schon, ich benutze reguläre Ausdrücke.“ Und schon haben sie zwei Probleme.

Glücklicherweise wird diese Situation durch Webanwendungen wie regex101 (https://regex101.com), mit denen wir reguläre Ausdrücke interaktiv erstellen können, erheblich verbessert (▶ Abbildung 4.4). Darüber hinaus enthalten solche Ressourcen in der Regel eine Schnellreferenz, die uns dabei hilft, den Code für die Suche nach bestimmten Textmustern zu finden (▶ Abbildung 4.5).

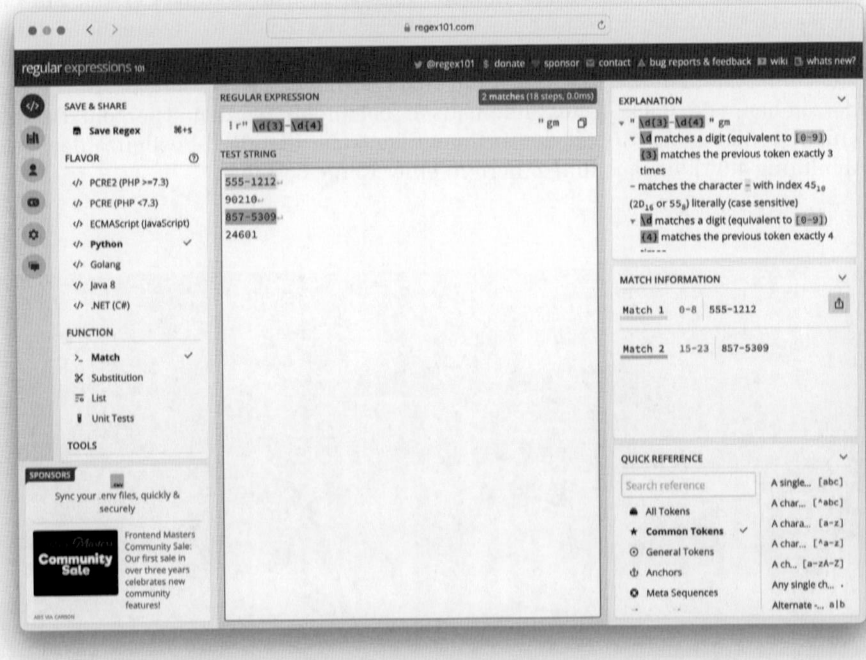

Abbildung 4.4: Das Online-Tool regex101 zur Erstellung regulärer Ausdrücke.

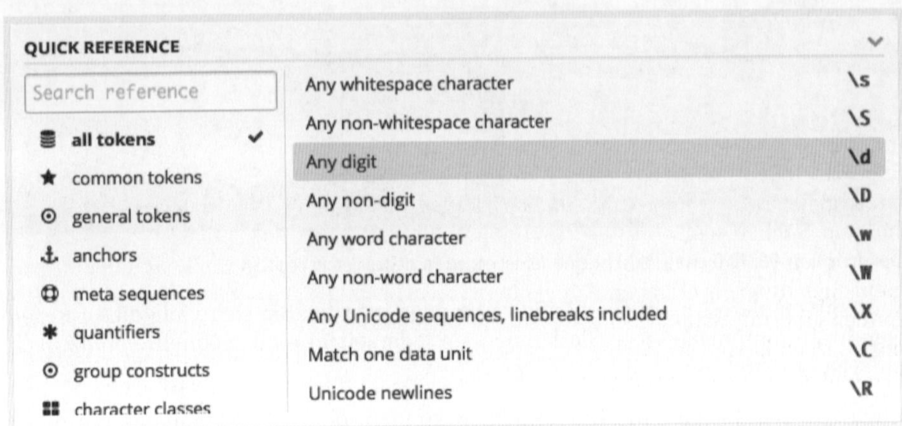

Abbildung 4.5: Eine Nahaufnahme der Regex-Referenz von regex101.

Beachten Sie, dass regex101 auch Python-spezifische reguläre Ausdrücke enthält (was Sie in ▶ Abbildung 4.4 daran erkennen können, dass die **Python**-Zeile mit einem Häkchen markiert ist). In der Praxis unterscheiden sich die Sprachen in ihrer Implementierung von regulären Ausdrücken nur wenig, aber es ist ratsam, die korrekten sprachspezifischen Einstellungen zu verwenden, wenn sie verfügbar sind, und immer eine doppelte Überprüfung vorzunehmen, wenn Sie einen regulären Ausdruck in eine andere Sprache übertragen.

Werfen wir einen Blick auf einige einfache reguläre Ausdrücke in Python. Ein einfacher regulärer Ausdruck besteht aus einer Folge von Zeichen, die einem bestimmten Textmuster entsprechen. Wir können einen neuen regulären Ausdruck als eine Zeichenkette erstellen, die fast immer ein roher String ist (▶ Abschnitt 2.2.2), sodass Sonderzeichen wie Backslashes automatisch behandelt werden. Hier ein Beispiel für einen regulären Ausdruck, der auf amerikanische Standard-Postleitzahlen passt (▶ Abbildung 4.6[46]), die aus fünf Ziffern in einer Reihe bestehen:

```
>>> postleitzahl = r"\d{5}"
```

Abbildung 4.6: 90210 (Beverly Hills) ist eine der teuersten Postleitzahlen in den USA.

Wenn Sie reguläre Ausdrücke häufig verwenden, werden Sie sich viele dieser Regeln irgendwann einprägen, aber Sie können sie jederzeit in einer Schnellreferenz nachschlagen (▶ Abbildung 4.5).

Sehen wir uns nun an, wie Sie feststellen können, ob eine Zeichenkette mit einem regulären Ausdruck übereinstimmt. In Python können Sie dies mit dem Modul `re` bewerkstelligen, das eine Suchmethode `search` enthält. Im folgenden Beispiel wird mithilfe des oben definierten regulären Ausdrucks `postleitzahl` geprüft, ob im String `"kein Treffer"` eine Postleitzahl vorkommt (was natürlich nicht der Fall ist):

```
>>> import re
>>> re.search(postleitzahl, "kein Treffer")
```

46 Bild mit freundlicher Genehmigung von 4kclips/123RF.

Hier gibt `re.search` `None` zurück (was wir daraus schließen können, dass die REPL kein Ergebnis anzeigt). Das bedeutet, dass im String `"kein Treffer"` *keine* Übereinstimmung mit dem regulären Ausdruck `postleitzahl` gefunden wurde. Da `None` in einem Booleschen Kontext `False` ist (▶ Abschnitt 2.4.2), können wir dieses Ergebnis in einer `if`-Abfrage verwenden:

```
>>> if re.search(postleitzahl, "kein Treffer"):
...     print("Es wurde eine Postleitzahl gefunden!")
... else:
...     print("Kein Treffer!")
...
Kein Treffer!
```

Werfen wir nun einen Blick auf ein Beispiel mit einer Übereinstimmung:

```
>>> re.search(postleitzahl, "Beverly Hills 90210")
<re.Match object; span=(14, 19), match='90210'>
```

Dieses Ergebnis ist ein etwas kryptisches `re.Match`-Objekt. In der Praxis wird es vor allem in Booleschen Kontexten wie dem folgenden verwendet:

```
>>> if re.search(postleitzahl, "Beverly Hills 90210"):
...     print("Es wurde eine Postleitzahl gefunden!")
... else:
...     print("Kein Treffer!")
...
Es wurde eine Postleitzahl gefunden!
```

Eine weitere häufige und lehrreiche Operation mit regulären Ausdrücken besteht darin, eine Liste *aller* Übereinstimmungen in einem String zu erstellen. Wir beginnen mit der Definition eines längeren Strings, der zwei Postleitzahlen enthält (▶ Abbildung 4.7[47]):

Abbildung 4.7: 91125 ist eine spezielle Postleitzahl für den Campus des California Institute of Technology (Caltech).

47 Bild mit freundlicher Genehmigung von Kitleong/123RF.

```
>>> s = "Beverly Hills 90210 war eine in Los Angeles spielende ↵
90er-Jahre-US-TV-Serie."
>>> s += "\n91125 ist eine weitere Postleitzahl im Gebiet von ↵
Los Angeles."
>>> print(s)
"Beverly Hills 90210 war eine in Los Angeles spielende ↵
90er-Jahre-US-TV-Serie.
91125 ist eine weitere Postleitzahl im Gebiet von Los Angeles."
```

Sie sollten in der Lage sein, mit Hilfe Ihrer technischen Raffinesse (▶ Exkurs 1.2) herauszufinden, was der Operator += hier bewirkt, wenn Sie ihn noch nicht gesehen haben (was eine schnelle Google-Suche erfordern könnte).

Um alle Übereinstimmungen mit einem regulären Ausdruck in einem String zu finden und gleichzeitig eine Liste mit allen Treffern zu erstellen, können wir die Methode `findall()` verwenden:

```
>>> re.findall(postleitzahl, s)
['90210', '91125']
```

Man kann einen literalen regulären Ausdruck auch direkt verwenden, wie im folgenden Beispiel, in dem mithilfe der Methode `findall()` im String `s` alle Wörter mit mindestens zwei Buchstaben gesucht werden, die nur aus Großbuchstaben bestehen:

```
>>> re.findall(r"[A-Z]{2,}", s)
['US', 'TV']
```

Versuchen Sie, die Regeln, die zur Erstellung des obigen regulären Ausdrucks verwendet wurden, in der QUICK REFERENCE von regex101 (https://regex101.com, ▶ Abbildung 4.5) zu finden.

4.3.1 Aufspaltung von Strings mithilfe von regulären Ausdrücken

Unser letztes Beispiel für reguläre Ausdrücke kombiniert die Leistungsfähigkeit von Mustervergleichen mit der `split`-Methode, die wir in ▶ Abschnitt 3.1 kennengelernt haben. Dort haben wir gesehen, wie man einen String an Leerzeichen aufspaltet – etwa so:

```
>>> "ant bat cat duck".split(" ")
['ant', 'bat', 'cat', 'duck']
```

Wir können das gleiche Ergebnis auf eine robustere Art und Weise erzielen, indem wir nicht an Leerzeichen, sondern an Leerraumzeichen (engl.: *whitespace character*) aufspalten und somit neben Leerzeichen auch Tabulatoren und Zeilenumbrüche als Separatoren einschließen. In der QUICK REFERENCE von regex101 (https://regex101.com, ▶ Abbildung 4.5) finden wir, dass der reguläre Ausdruck für Leerraumzeichen `\s` lautet, und dass das Pluszeichen + „ein oder mehrere" bedeutet. Wir können also wie folgt an jeweils einem oder mehreren aufeinanderfolgenden Leerraumzeichen aufspalten:

```
>>> re.split(r"\s+", "ant bat cat duck")
["ant", "bat", "cat", "duck"]
```

In diesem Beispiel kamen nur *einzelne* Leerzeichen vor. Die Verwendung des Pluszeichens führt dazu, dass wir das gleiche Ergebnis erhalten, wenn Wörter in dem String jeweils durch mehrere aufeinanderfolgende Leerraumzeichen getrennt sind:

```
>>> re.split(r"\s+", "ant    \t bat\t \ncat\n\tduck")
["ant", "bat", "cat", "duck"]
```

Wie wir in ▶ Abschnitt 3.1 gesehen haben, ist dieses Muster inklusive des Pluszeichens so nützlich, dass es sogar das Standardverhalten für `split()` geworden ist. Wenn wir `split()` ohne Argumente aufrufen, spaltet Python den String automatisch an einem oder mehreren Leerraumzeichen auf:

```
>>> "ant    \t bat\t \ncat\n\tduck".split()
["ant", "bat", "cat", "duck"]
```

4.3.2 Übungen

1. Schreiben Sie einen regulären Ausdruck, mit dem Sie auf eine amerikanische Postleitzahl im erweiterten Format prüfen können. Eine solche Postleitzahl besteht aus fünf Ziffern, gefolgt von einem Bindestrich und anschließend weiteren vier Ziffern (z. B. 10118-0110). Bestätigen Sie, dass Ihr regulärer Ausdruck funktioniert, indem Sie ihn in der Methode `re.search()` auf die Bildunterschrift von ▶ Abbildung 4.8[48] anwenden.

Abbildung 4.8: Postleitzahl 10118-0110 (das Empire State Building).

48 Bild mit freundlicher Genehmigung von Jordi2r/123RF.

2 Welches Ergebnis erhalten Sie, wenn Sie den String `"ant \t bat\t \ncat\n\tduck"` mithilfe des regulären Ausdrucks `r"\s"` (ohne Pluszeichen) statt wie oben mithilfe des regulären Ausdrucks `r"\s+"` (mit Pluszeichen) aufspalten?

3 Schreiben Sie einen regulären Ausdruck, der nur auf Zeilenumbrüche prüft. Solche regulären Ausdrücke sind nützlich, um einen Textblock in seine einzelnen Zeilen aufzuspalten. Testen Sie Ihren regulären Ausdruck, indem Sie das Gedicht in ▶ Listing 4.6 in die Konsole einfügen und mit `re.split(`*`Ihr regulärer Ausdruck`*`, sonnet)` in seine einzelnen Zeilen aufspalten. Wie lang ist die resultierende Liste?

Listing 4.6: Etwas Text mit Zeilenumbrüchen.

```
sonnet = """Let me not to the marriage of true minds
Admit impediments. Love is not love
Which alters when it alteration finds,
Or bends with the remover to remove.
O no, it is an ever-fixed mark
That looks on tempests and is never shaken
It is the star to every wand'ring bark,
Whose worth's unknown, although his height be taken.
Love's not time's fool, though rosy lips and cheeks
Within his bending sickle's compass come:
Love alters not with his brief hours and weeks,
But bears it out even to the edge of doom.
   If this be error and upon me proved,
   I never writ, nor no man ever loved."""
```

4.4 Dictionaries (Wörterbücher)

Unser letztes Beispiel für einen einfachen Python-Datentyp ist ein *Dictionary* (auf Deutsch *Wörterbuch* oder *assoziative Liste*), das in den meisten anderen Sprachen als *Hash* oder *assoziatives Array* bezeichnet wird. Sie können sich Dictionaries wie Listen vorstellen, allerdings mit generischen Bezeichnungen anstelle von ganzen Zahlen als Indizes, sodass wir ein Element des Dictionary beispielsweise mit `d["name"] = "Michael"` statt mit `a[0] = "Michael"` wie bei Listen festlegen können. Jedes Element eines Dictionary ist also ein Wertepaar: eine Bezeichnung (der *Schlüssel*) und ein Element eines beliebigen Typs (der *Wert*). Diese Elemente werden auch als *Schlüssel-Wert-Paare* (engl.: *key-value pairs*) bezeichnet, ähnlich wie Wörterbücher aus Wörtern (Schlüssel) und den dazugehörigen Definitionen (Werte) bestehen.

Die vertrauteste Wahl für Schlüsselbezeichnungen sind Strings (▶ Kapitel 2); in der Tat ist dies die bei weitem häufigste Wahl in Sprachen, die assoziative Arrays unterstützen. Wir werden uns daher auf die Erstellung von Dictionaries mit String-Schlüsseln konzentrieren. Lassen Sie uns als einfaches Beispiel ein Objekt erstellen, das den Vor- und Nachnamen eines Benutzers speichert, wie wir es beispielsweise in einer Webanwendung finden könnten:

```
>>> nutzer = {}                        # {} ist ein leeres Dictionary.
>>> nutzer["Vorname"] = "Michael"      # Schlüssel "Vorname", ↵
Wert "Michael"
>>> nutzer["Nachname"] = "Hartl"       # Schlüssel "Nachname", Wert "Hartl"
```

Wie Sie sehen können, wird ein leeres Dictionary durch geschweifte Klammern dargestellt, weshalb wir in ▶ Abschnitt 3.6 für ein leeres Set `set()` verwenden mussten. Wir können Werte auch mit der gleichen eckige-Klammer-Syntax wie bei Listen zuweisen und auf analoge Weise aus dem Dictionary abrufen:

```
>>> nutzer["Vorname"]        # Zugriff auf Elemente wie bei Listen
'Michael'
>>> nutzer["Nachname"]
'Hartl'
>>> nutzer["nicht existent"]
Traceback (most recent call last):
  File "<stdin>", line 1, in <module>
KeyError: 'nicht existent'
```

Beachten Sie im letzten Beispiel, dass Dictionaries beim Versuch eines Zugriffs auf ein Element mit einem Schlüssel, der im Dictionary nicht existiert, einen Fehler auslösen. Dies wird im Allgemeinen nicht passieren, wenn Sie über die Schlüssel iterieren (▶ Abschnitt 4.4.1), aber für den direkten Zugriff auf bestimmte Elemente in Kontexten, in denen Sie nicht wissen, ob der Schlüssel existiert, ist die Verwendung der Methode `get()` praktischer:

```
>>> nutzer.get("Nachname")
'Hartl'
>>> nutzer.get("nicht existent")
>>> repr(nutzer.get("nicht existent"))
'None'
```

Hier haben wir einen Aufruf von `repr()` eingefügt, um zu verdeutlichen, dass das Ergebnis von `get()None` ist, wenn der Schlüssel nicht existiert, da die REPL das Ergebnis `None` im Allgemeinen nicht anzeigt.

Wenn wir uns ansehen, wie Dictionaries dargestellt werden, stellen wir fest, dass sie aus Schlüsseln und Werten bestehen, die durch Doppelpunkte getrennt sind:

```
>>> nutzer
{'Vorname': 'Michael', 'Nachname': 'Hartl'}
```

Es ist möglich (und oft bequem), diese Syntax zu verwenden, um Dictionaries direkt zu definieren:

```
>>> mondmann = {"Vorname": "Buzz", "Nachname": "Aldrin"}
>>> mondmann
{'Vorname': 'Buzz', 'Nachname': 'Aldrin'}
```

Sehen wir uns ein größeres Dictionary an, dessen Schlüssel die Namen von prominenten Mondspaziergängern und dessen Werte die Jahreszahlen der dazugehörigen ersten Mondspaziergänge sind:

```
>>> moonwalks = {"Neil Armstrong": 1969,
...              "Buzz Aldrin": 1969,
...              "Alan Shepard": 1971,
...              "Eugene Cernan": 1972,
...              "Michael Jackson": 1983}
```

Wir können uns die Schlüssel und Werte getrennt ansehen, die (ab Python 3.6) der *Reihe nach* in speziellen Python-Objekten gespeichert werden:

```
>>> moonwalks.keys()
dict_keys(['Neil Armstrong', 'Buzz Aldrin', 'Alan Shepard',
'Eugene Cernan', 'Michael Jackson'])
>>> moonwalks.values()
dict_values([1969, 1969, 1971, 1972, 1983])
```

Beachten Sie, dass frühere Versionen von Python die Dictionary-Elemente nicht geordnet haben, sodass Sie vorsichtig sein sollten, wenn Sie Annahmen über die Reihenfolge treffen.

Wie ein Listenindex ist ein Schlüssel in einem Dictionary jeweils nur einem bestimmten Wert zugeordnet. Das bedeutet, dass wir den zu einem Schlüssel gehörenden Wert durch einen anderen Wert ersetzen können. Es dürfen auch zwei oder mehr identische Werte in einem Dictionary vorkommen, wie man im obigen Beispiel von `moonwalks` sieht. Ein Dictionary kann aber nicht zwei identische Schlüssel enthalten. Daher ist es manchmal nützlich, sich die Schlüssel eines Dictionary wie ein geordnetes Set vorzustellen, da sie (wie Sets) keine sich wiederholenden Elemente aufweisen können. In der Tat kann das oben erwähnte spezielle `keys()`-Objekt, das technisch als *View* bekannt ist, in manchen Zusammenhängen wie ein Set behandelt werden. Der folgende Code führt beispielsweise die Bestimmung einer Schnittmenge wie in ▶ Abschnitt 3.6 beschrieben durch:

```
>>> apollo_11 = {"Neil Armstrong", "Buzz Aldrin"}
>>> moonwalks.keys() & apollo_11
{'Neil Armstrong', 'Buzz Aldrin'}
```

PYTHON MIT BISS

Dictionaries (Wörterbücher)

Dictionaries (häufig einfach kurz *Dicts* genannt) sind ein sehr praktisches Werkzeug in der Softwareentwicklung. Sie werden nicht unbedingt gebraucht, können gewisse Probleme jedoch sehr vereinfachen. Aber beginnen wir von vorn:

```
a = 1 mein_dict = {"a": 1}
```

Worin liegen die Ähnlichkeiten und die Unterschiede dieser beiden Codezeilen?

- Sie definieren beide ein „Objekt", auf welches mit einem „Schlüssel" a zugegriffen werden kann. Der Wert, der dem Schlüssel zugewiesen wird, ist 1. In der ersten Zeile wird zu diesem Zweck eine normale Variable und in der zweiten Zeile ein Dictionary verwendet.
- Einer Variablen muss bei der Deklaration ein Wert zugewiesen werden. Der Wert kann aber zur Laufzeit verändert werden. Ein Dictionary kann anfänglich als leeres Dictionary deklariert und sein Inhalt erst zur Laufzeit z. B. aus einer Datei eingelesen werden.
- Dictionaries haben vielseitige Anwendungen. Sie können beispielsweise häufig if-Anweisungen ersetzen.
- Bei der Verwendung von Dictionaries sollten Sie immer überlegen, ob ein Dictionary im vorliegenden Fall die beste Wahl ist. Zur Strukturierung von Daten sind beispielsweise Klassen (▶ Kapitel 7) häufig besser geeignet.
- Verwenden Sie generell normale Variablen, behalten Sie Dictionaries und Klassen aber immer als zusätzliche Option im Hinterkopf, wenn Sie ein neues Problem lösen müssen.

Übrigens können wie bei Listen (▶ Abschnitt 3.4.1) mit dem Schlüsselwort `in` prüfen, ob ein bestimmter Schlüssel in einem Dictionary vorkommt:

```
>>> "Buzz Aldrin" in moonwalks
True
```

Beachten Sie, dass wir hier `keys()` weglassen und `in` einfach mit dem Namen des gesamten Dictionary verwenden können, um die Schlüssel zu durchsuchen (die Werte werden dabei nicht berücksichtigt). Einem weiteren Beispiel für diese Konvention werden wir in ▶ Abschnitt 4.4.1 begegnen.

4.4.1 Iteration durch Dictionaries

Wie bei Listen, Tupeln und Sets ist eine der häufigsten Aufgaben beim Dictionary die Iteration über seine Elemente. Sie könnten versucht sein, wie folgt über die Schlüssel zu iterieren:

```
>>> for key in moonwalks.keys():        # Nicht pythonisch
...     print(f"{key} unternahm seinen ersten Mondspaziergang ↵
{moonwalks[key]}.")
...
Neil Armstrong unternahm seinen ersten Mondspaziergang 1969.
Buzz Aldrin unternahm seinen ersten Mondspaziergang 1969.
Alan Shepard unternahm seinen ersten Mondspaziergang 1971.
Eugene Cernan unternahm seinen ersten Mondspaziergang 1972.
Michael Jackson unternahm seinen ersten Mondspaziergang 1983.
```

Wie im Kommentar bereits angedeutet, ist dies nicht pythonisch, weil bei der Iteration durch ein Dictionary *standardmäßig* durch die Schlüssel iteriert wird:

```
>>> for key in moonwalks:               # Etwas pythonisch
...     print(f"{key} unternahm seinen ersten Mondspaziergang ↵
{moonwalks[key]}.")
...
Neil Armstrong unternahm seinen ersten Mondspaziergang 1969.
Buzz Aldrin unternahm seinen ersten Mondspaziergang 1969.
Alan Shepard unternahm seinen ersten Mondspaziergang 1971.
Eugene Cernan unternahm seinen ersten Mondspaziergang 1972.
Michael Jackson unternahm seinen ersten Mondspaziergang 1983.
```

Das ist zwar etwas pythonisch, aber wenn Sie sowohl die Schlüssel als auch die Werte verwenden (wie in diesem Fall), ist es sogar besser, mit `items()` über die vollständigen Einträge (die Schlüssel-Wert-Paare) des Dictionary zu iterieren:

```
>>> moonwalks.items()
dict_items([('Neil Armstrong', 1969), ('Buzz Aldrin', 1969), ('Alan
Shepard', 1971), ('Eugene Cernan', 1972), ('Michael Jackson', 1983)])
```

Dies führt zu der in ▶ Listing 4.7 gezeigten eleganten Iteration.

Listing 4.7: Iteration durch die Einträge (`items()`) des Dictionary `moonwalks`.

```
>>> for name, jahr in moonwalks.items():    # Pythonisch
...     print(f"{name} unternahm seinen ersten Mondspaziergang {jahr}.")
...
Neil Armstrong unternahm seinen ersten Mondspaziergang 1969.
Buzz Aldrin unternahm seinen ersten Mondspaziergang 1969.
Alan Shepard unternahm seinen ersten Mondspaziergang 1971.
Eugene Cernan unternahm seinen ersten Mondspaziergang 1972.
Michael Jackson unternahm seinen ersten Mondspaziergang 1983.
```

Beachten Sie, dass wir in ▶ Listing 4.7 mit `name, jahr` anstelle der unspezifischen `key, value` auch zu aussagekräftigen Namen gewechselt haben.

4.4.2 Zusammenführen von Dictionaries

Eine häufige Operation ist das *Zusammenführen* (engl.: *merging*) von Dictionaries, bei der die Elemente zweier Dictionaries zu einem einzigen zusammengefasst werden. Nehmen wir zum Beispiel zwei Dictionaries, die aus Schulfächern mit dazugehörigen Klausurergebnissen bestehen:

```
>>> klausuren1 = {"Mathematik": 75, "Physik": 99}
>>> klausuren2 = {"Geschichte": 77, "Englisch": 93}
```

Es wäre schön, wenn man auf einfache Weise aus diesen beiden Dictionaries ein Dictionary erzeugen könnte, das alle vier Kombinationen von Fächern und Klausurergebnissen enthält.

Ältere Versionen von Python unterstützten das Zusammenführen von Dictionaries nicht, aber in Python 3.5 wurde die **-Syntax für diesen Zweck hinzugefügt:

```
>>> {**klausuren1, **klausuren2}      # Irgendwie pythonisch
{'Mathematik': 75, 'Physik': 99, 'Geschichte': 77, 'Englisch': 93}
```

Wenn Sie mich fragen, ist das eine ziemlich merkwürdige Syntax, die ich hier vor allem deshalb aufführe, weil sie Ihnen im Code anderer Programmierer begegnen könnte. Glücklicherweise gibt es seit Python 3.9 eine großartige Möglichkeit, Dictionaries mithilfe des Pipe-Operators | zusammenzuführen:

```
>>> klausuren1 | klausuren2           # Sehr pythonisch
{'Mathematik': 75, 'Physik': 99, 'Geschichte': 77, 'Englisch': 93}
```

Wenn die Dictionaries keine sich überschneidenden Schlüssel aufweisen, werden beim Zusammenführen einfach alle Schlüssel-Wert-Paare in einem einzigen Dictionary zusammengefasst. Wenn das *zweite* Dictionary jedoch einen oder mehrere Schlüssel mit dem ersten gemeinsam hat, dann haben seine Werte Vorrang. In diesem Fall können wir uns vorstellen, wie auf diese Weise das erste Dictionary mit dem Inhalt des zweiten *aktualisiert* werden kann.[49] Nehmen wir zum Beispiel an, dass wir die Klausurergebnisse aus den Dictionaries `klausuren1` und `klausuren2` mithilfe des Pipe-Operators in einem Dictionary zusammenführen, das wir der Variablen `klausurergebnisse` zuweisen:

```
>>> klausurergebnisse = klausuren1 | klausuren2
{'Mathematik': 75, 'Physik': 99, 'Geschichte': 77, 'Englisch': 93}
```

49 Aus diesem Grund heißt die Methode, mit der Dictionaries (oder besser gesagt Hashes) zusammengeführt werden, in Ruby `update`.

Nehmen wir nun an, dass der Schüler die Klausuren, bei denen er die niedrigsten Punktzahlen erreicht hat, wiederholen darf und diesmal bessere Ergebnisse erzielt:

```
>>> wiederholung = {"Mathematik": 97, "Geschichte": 94}
```

An dieser Stelle können wir die im Dictionary `klausurergebnisse` hinterlegten ursprünglichen Klausurergebnisse mit den aktualisierten Werten aus den Wiederholungsklausuren auf die oben beschriebene Weise aktualisieren (▶ Listing 4.8).

Listing 4.8: Aktualisieren eines Wörterbuchs mit Hilfe einer Zusammenführung.

```
>>> klausurergebnisse | wiederholung
{'Mathematik': 97, 'Physik': 99, 'Geschichte': 94, 'Englisch': 93}
>>> klausurergebnisse
{'Mathematik': 75, 'Physik': 99, 'Geschichte': 77, 'Englisch': 93}
```

Wir sehen, dass die Werte zu den Schlüsseln `"Mathematik"` und `"Geschichte"` mit den Werten aus dem zweiten Dictionary aktualisiert wurden. Beachten Sie aber, dass hier ein neues Dictionary mit den aktualisierten Werten erzeugt wurde, während die ursprünglichen Dictionaries `klausurergebnisse` und `wiederholung` unverändert geblieben sind! Wenn das Dictionary `klausurergebnisse` selbst auch aktualisiert werden soll, muss das Ergebnis der Zusammenführung der Variablen `klausurergebnisse` erneut zugewiesen werden:

```
>>> klausurergebnisse = klausurergebnisse | wiederholung
{'Mathematik': 97, 'Physik': 99, 'Geschichte': 94, 'Englisch': 93}
>>> klausurergebnisse
{'Mathematik': 97, 'Physik': 99, 'Geschichte': 94, 'Englisch': 93}
```

4.4.3 Übungen

1. Definieren Sie ein Dictionary für einen `nutzer` mit den drei Attributen (Schlüsseln) `"nutzername"`, `"passwort"` und `"passwort_bestätigung"`. Wie würden Sie prüfen, ob das Passwort mit der Bestätigung des Passworts übereinstimmt?
2. Wir haben in ▶ Listing 2.29 und ▶ Listing 3.10 gesehen, dass Strings und Listen in Python für Fälle, in denen bei der Iteration jeweils der aktuelle Iterationsindex benötigt wird, die Funktion `enumerate()` bereitstellen. Bestätigen Sie, dass wir die `enumerate()`-Funktion bei der Iteration durch Dictionaries auf analoge Weise nutzen können, wie beispielsweise im Code in ▶ Listing 4.9.
3. Zeigen Sie durch Umkehrung der Reihenfolge der beiden Dictionaries, die mithilfe des Pipe-Operators zusammengeführt werden, in ▶ Listing 4.8, dass das Ergebnis der Zusammenführung von Dictionaries von deren Reihenfolge bei der Verknüpfung mit dem Pipe-Operator abhängt, sodass `d1 | d2` im Allgemeinen nicht dasselbe ist wie `d2 | d1`. Unterscheiden sich die Ergebnisse nur in den Werten der resultierenden Dictionaries? Unter welchen Bedingungen sind die Ergebnisse identisch?

Listing 4.9: Verwendung von `enumerate()` bei der Iteration durch ein Dictionary.

```
>>> for i, (name, jahr) in enumerate(moonwalks.items()):    # Pythonisch
...     print(f"{i+1}. {name} unternahm seinen ersten Mondspaziergang ↩
{jahr}.")
...
1. Neil Armstrong unternahm seinen ersten Mondspaziergang 1969.
2. Buzz Aldrin unternahm seinen ersten Mondspaziergang 1969.
```

```
3. Alan Shepard unternahm seinen ersten Mondspaziergang 1971.
4. Eugene Cernan unternahm seinen ersten Mondspaziergang 1972.
5. Michael Jackson unternahm seinen ersten Mondspaziergang 1983.
```

4.5 Anwendung: Unterschiedliche Wörter zählen

Wenden wir die Dictionaries aus ▶ Abschnitt 4.4 nun auf eine anspruchsvollere Aufgabe an, die schließlich zu unserem bisher längsten Programm führt. Die Aufgabe besteht darin, alle unterschiedlichen Wörter aus einem ziemlich langen Text zu extrahieren und zu zählen, wie oft jedes dieser Wörter in dem Text vorkommt.

Da die Befehlsfolge diesmal etwas umfangreicher ist, arbeiten wir in diesem Fall mit einer Python-Datei (▶ Abschnitt 1.3), die dann mit dem `python3`-Befehl ausgeführt wird. (Wir machen daraus kein eigenständiges Shell-Skript wie in ▶ Abschnitt 1.4, weil wir nicht vorhaben, das Programm als allgemein verwendbares Dienstprogramm zu entwerfen). In jeder Phase empfehle ich Ihnen, den Code interaktiv mit Python auszuführen, wenn Sie Fragen zu den Auswirkungen eines bestimmten Befehls haben.

Beginnen wir mit der Erstellung unserer Datei:

```
(venv) $ touch count.py
```

Füllen Sie die Datei nun mit einem String, der den Text des von uns dafür ausgewählten Sonetts 116[50] (▶ Abbildung 4.9[51]) von Shakespeare enthält, den wir ▶ Listing 4.6 entnommen und in ▶ Listing 4.10 erneut wiedergegeben haben. Stellen Sie außerdem den Import des Moduls `re` voran, da wir im weiteren Verlauf mit regulären Ausdrücken arbeiten müssen.

Listing 4.10: *count.py* Hinzufügen des Imports des Moduls `re` und des zu analysierenden Strings zu unserer Python-Datei.

```
import re


sonnet = """Let me not to the marriage of true minds
Admit impediments. Love is not love
Which alters when it alteration finds,
Or bends with the remover to remove.
O no, it is an ever-fixed mark
That looks on tempests and is never shaken
It is the star to every wand'ring bark,
Whose worth's unknown, although his height be taken.
Love's not time's fool, though rosy lips and cheeks
Within his bending sickle's compass come:
Love alters not with his brief hours and weeks,
But bears it out even to the edge of doom.
   If this be error and upon me proved,
   I never writ, nor no man ever loved."""
```

50 Beachten Sie, dass sich in der ursprünglichen Aussprache, die zu Shakespeares Zeiten verwendet wurde, Wörter wie „love“ und „remove“ reimten, ebenso wie „come“ und „doom“.

51 Bild mit freundlicher Genehmigung von Psychoshadowmaker/123RF.

Abbildung 4.9: Sonnet 116 vergleicht die Beständigkeit der Liebe mit dem Leitstern für eine wandernde Barke (Schiff).

Unser Ziel ist die Erstellung eines Dictionary namens `uniques`, dessen Schlüssel den unterschiedlichen Wörtern im String `sonnet` und dessen Werte der jeweiligen Anzahl der Vorkommen dieser Wörter in `sonnet` entsprechen. Wir beginnen mit der Erstellung des *leeren* Dictionary `uniques`:

```
uniques = {}
```

Für die Zwecke dieser Übung definieren wir ein „Wort" als eine Folge von einem oder mehreren *Wortzeichen* (d. h. Buchstaben oder Zahlen, aber keine Leerraumzeichen). Die Suche nach solchen Wörtern kann mithilfe eines regulären Ausdrucks (▶ Abschnitt 4.3) erfolgen. Tatsächlich gibt es mit `\w` einen kurzen regulären Ausdruck für genau diesen Fall (▶ Abbildung 4.5):

```
words = re.findall(r"\w+", sonnet)
```

Wir haben hier die Methode `findall()` aus ▶ Abschnitt 4.3 verwendet, um eine Liste aller Teilzeichenketten im String `sonnet` zu erhalten, die mit dem Muster „ein oder mehrere Wortzeichen in einer Reihe" übereinstimmen. (Die Erweiterung dieses Musters auf Apostrophe, sodass es z. B. auch auf „wand'ring" passt, verbleibt als Übung für ▶ Abschnitt 4.5.1.)

An diesem Punkt sollte die Datei den in ▶ Listing 4.11 gezeigten Inhalt aufweisen.

Listing 4.11: *count.py* Hinzufügen eines leeren Dictionary und einer Liste mit allen Wörtern des Strings `sonnet`.

```
import re


sonnet = """Let me not to the marriage of true minds
Admit impediments. Love is not love
Which alters when it alteration finds,
Or bends with the remover to remove.
O no, it is an ever-fixed mark
That looks on tempests and is never shaken
It is the star to every wand'ring bark,
Whose worth's unknown, although his height be taken.
Love's not time's fool, though rosy lips and cheeks
Within his bending sickle's compass come:
Love alters not with his brief hours and weeks,
But bears it out even to the edge of doom.
   If this be error and upon me proved,
   I never writ, nor no man ever loved."""

uniques = {}
words = re.findall(r"\w+", sonnet)
```

Nun zum Kernstück unseres Programms. Wir iterieren durch die Liste `words` und tun dabei Folgendes:

1. Wenn das Wort bereits als Schlüssel im Dictionary `uniques` vorkommt, erhöhen wir den zugehörigen Wert, der die Anzahl des Vorkommens des Wortes in `sonnet` repräsentiert, um 1.
2. Wenn das Wort noch nicht als Schlüssel im Dictionary `uniques` enthalten ist, fügen wir das Wort als Schlüssel zu `uniques` hinzu und initialisieren den zugehörigen Wert mit 1.

Das Ergebnis unter Verwendung des Operators +=, den wir in ▶ Abschnitt 4.3 kurz kennengelernt haben, sieht so aus:

```
for word in words:
    if word in uniques:
        uniques[word] += 1
    else:
        uniques[word] = 1
```

Zum Schluss geben wir das Ergebnis auf dem Terminal aus:

```
print(uniques)
```

Das vollständige Programm (mit hinzugefügten Kommentaren) finden Sie in ▶ Listing 4.12.

Listing 4.12: *count.py* Ein Programm zum Auflisten und Zählen von unterschiedlichen Wörtern in einem Text.

```
import re


sonnet = """Let me not to the marriage of true minds
Admit impediments. Love is not love
```

```
Which alters when it alteration finds,
Or bends with the remover to remove.
O no, it is an ever-fixed mark
That looks on tempests and is never shaken
It is the star to every wand'ring bark,
Whose worth's unknown, although his height be taken.
Love's not time's fool, though rosy lips and cheeks
Within his bending sickle's compass come:
Love alters not with his brief hours and weeks,
But bears it out even to the edge of doom.
   If this be error and upon me proved,
   I never writ, nor no man ever loved."""

# Dictionary für unterschiedliche Wörter und ihre Anzahl
uniques = {}
# Alle Wörter in dem Text
words = re.findall(r"\w+", sonnet)

# Iteration durch die Liste words und schrittweises Füllen des ↩
Dictionary uniques
for word in words:
    if word in uniques:
        uniques[word] += 1
    else:
        uniques[word] = 1

print(uniques)
```

Das Ergebnis der Ausführung von `count.py` im Terminal sieht dann in etwa so aus:

```
(venv) $ python3 count.py
{'Let': 1, 'me': 2, 'not': 4, 'to': 4, 'the': 4, 'marriage': 1, 'of': 2,
'true': 1, 'minds': 1, 'Admit': 1, 'impediments': 1, 'Love': 3, 'is': 4,
'love': 1, 'Which': 1, 'alters': 2, 'when': 1, 'it': 3, 'alteration': 1,
'finds': 1, 'Or': 1, 'bends': 1, 'with': 2, 'remover': 1, 'remove': 1,
'O': 1, 'no': 2, 'an': 1, 'ever': 2, 'fixed': 1, 'mark': 1, 'That': 1,
'looks': 1, 'on': 1, 'tempests': 1, 'and': 4, 'never': 2, 'shaken': 1,
'It': 1, 'star': 1, 'every': 1, 'wand': 1, 'ring': 1, 'bark': ↩
1, 'Whose': 1,
'worth': 1, 's': 4, 'unknown': 1, 'although': 1, 'his': 3, 'height': 1,
'be': 2, 'taken': 1, 'time': 1, 'fool': 1, 'though': 1, 'rosy': ↩
1, 'lips': 1,
'cheeks': 1, 'Within': 1, 'bending': 1, 'sickle': 1, 'compass': ↩
1, 'come': 1,
'brief': 1, 'hours': 1, 'weeks': 1, 'But': 1, 'bears': 1, 'out': ↩
1, 'even': 1,
'edge': 1, 'doom': 1, 'If': 1, 'this': 1, 'error': 1, 'upon': ↩
1, 'proved': 1,
'I': 1, 'writ': 1, 'nor': 1, 'man': 1, 'loved': 1}
```

Dies ist ein gutes Beispiel für eine Lösung „von Hand“, die einigermaßen pythonisch ist. Es gibt aber eine noch pythonischere, wenn auch wesentlich fortgeschrittenere Lösung (▶ Abschnitt 4.5.1). Wie in ▶ Exkurs 1.1 erwähnt, ist die Bedeutung der Bezeichnung *pythonisch* fließend und das Programm in ▶ Listing 4.12 ist ein ausgezeichneter Anfang.

4.5.1 Übungen

1 Erweitern Sie den in Listing ▶4.12 verwendeten regulären Ausdruck um einen Apostroph, sodass er z. B. auch auf „wand'ring“ passt. *Tipp:* Verwenden Sie den ersten Ausdruck in der QUICK REFERENCE bei regex101 (▶Abbildung 4.10) mit `\w`, einem Apostroph und dem Plus-Operator +. Testen Sie Ihren regulären Ausdruck auf regex101 (https://regex101.com).

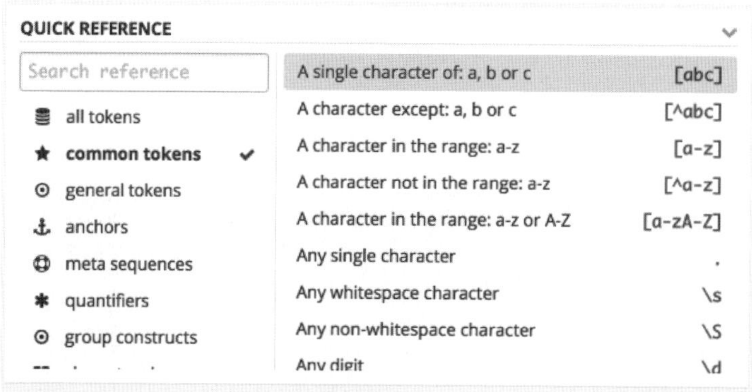

Abbildung 4.10: Ein Tipp für einen regulären Ausdruck.

2 Führen Sie den Code in ▶Listing 4.13 aus und zeigen Sie, dass wir die Ergebnisse aus ▶Listing 4.12 mit der leistungsstarken `Counter()`-Klasse aus dem Python-Modul `collections` auf effektive Weise replizieren können. In diesem hervorragenden Video (https://www.youtube.com/watch?v=8OKTAedgFYg&t=364s) finden Sie weitere Einzelheiten zu diesem Thema.

Listing 4.13: Verwendung der mächtigen `Counter()`-Klasse.

```
import re

from collections import Counter


sonnet = """Let me not to the marriage of true minds
Admit impediments. Love is not love
Which alters when it alteration finds,
Or bends with the remover to remove.
O no, it is an ever-fixed mark
That looks on tempests and is never shaken
It is the star to every wand'ring bark,
Whose worth's unknown, although his height be taken.
Love's not time's fool, though rosy lips and cheeks
Within his bending sickle's compass come:
Love alters not with his brief hours and weeks,
But bears it out even to the edge of doom.
    If this be error and upon me proved,
    I never writ, nor no man ever loved."""

words = re.findall(r"\w+", sonnet)
print(Counter(words))
```

Funktionen und Iteratoren

5

Bislang haben wir in diesem Buch mehrere Beispiele für Python-Funktionen gesehen, die eine der wichtigsten Ideen in Python, ja in der gesamten Informatik sind. In diesem Kapitel lernen wir, wie wir unsere eigenen Funktionen definieren können (▶ Abbildung 5.1). Wir werden auch etwas mehr über Iteratoren lernen (die in ▶ Abschnitt 3.4.2 bereits kurz behandelt wurden), sowohl weil Python solche Objekte oft als Rückgabewerte von eingebauten Funktionen verwendet, als auch weil sie an sich wichtig sind.

Abbildung 5.1: Es ist Zeit, eine Ebene höher zu steigen.

Falls Sie die Python-Shell nicht bereits ausführen, sollten Sie die virtuelle Umgebung aktivieren und die REPL wie gewohnt starten:

```
$ source venv/bin/activate
(venv) $ python3
```

5.1 Funktionen definieren

Wie wir bereits bei Funktionen wie `print()` (▶ Abschnitt 2.3), `len()` (▶ Abschnitt 2.4) sowie `sorted()` und `reversed()` (▶ Abschnitt 3.4.2) gesehen haben, bestehen Funktionsaufrufe in Python aus einem *Namen* und null oder mehr Argumenten in Klammern:

```
print("hello, world!")
```

Eine der wichtigsten Aufgaben beim Programmieren besteht darin, eigene Funktionen zu definieren, was in Python mit dem Schlüsselwort `def` erfolgen kann. (Wie in ▶ Abschnitt 2.5 beschrieben, werden Funktionen, die an Objekte gebunden sind (wie z. B. `split()` und `islower()`) auch als *Methoden* bezeichnet. Wir werden in ▶ Kapitel 7 lernen, wie wir eigene Methoden definieren können.)

Schauen wir uns ein einfaches Beispiel für die Definition einer Funktion in der REPL an. Wir beginnen mit einer Funktion, die ein einzelnes numerisches Argument annimmt und das Quadrat des Arguments zurückgibt, wie in ▶ Listing 5.1 gezeigt.[52]

Listing 5.1: Definieren einer Funktion.

```
>>> def quadrat(x):
...     return x*x
...
>>> quadrat(10)
100
```

(Hier könnten wir auch `x**2` anstelle von `x*x` verwenden.) Die Funktion endet mit dem Schlüsselwort `return`, gefolgt vom Rückgabewert der Funktion.

52 Python hat keinen Typ-Mechanismus, um z. B. numerische Argumente für Funktionen zu erzwingen. Es gibt eine Bibliothek namens typing mit Unterstützung für Typ-Hinweise.

Im Fall unserer Funktion `quadrat()` ist das Ende der Funktion auch der Anfang, weil die Funktion nur eine Zeile umfasst. Aber wie Sie vielleicht bereits erwarten, kann eine Funktion auch aus mehreren Schritten bestehen, wie die in ▶ Listing 5.2 gezeigte Funktion `quadrate_liste()` zur Rückgabe einer Liste der Quadrate der ganzen Zahlen von `0` bis `n` (in Übereinstimmung mit dem üblichen Verhalten von `range()`).

Listing 5.2: Funktion zur Rückgabe einer Liste von Quadraten der Zahlen von `0` bis `n`.

```
>>> def quadrate_liste(n):
...     quadrate = []
...     for i in range(n+1):
...         quadrate.append(i**2)
...     return quadrate
...
>>> quadrate_liste(10)
[0, 1, 4, 9, 16, 25, 36, 49, 64, 81, 100]
```

▶ Listing 5.2 enthält das übliche Muster, eine Variable zu initialisieren, sie zu ändern und dann den geänderten Wert zurückzugeben. Wir werden in ▶ Kapitel 6 sehen, wie Sie dieses Muster durch eine kompaktere Version ersetzen können.

Durch die Sprunganweisung `return` wird die Funktion *insgesamt* sofort vollständig verlassen und dabei der hinter `return` stehende Wert zurückgegeben, auch wenn sich die `return`-Anweisung innerhalb einer Iterationsanweisung wie einer `for`-Schleife innerhalb der Funktion befindet, wie die erste `return`-Anweisung in ▶ Listing 5.3. Dagegen bewirkt die `break`-Anweisung, die wir in ▶ Listing 3.11 bereits kennengelernt haben, nur das Verlassen der Iterationsanweisung, von der sie direkt umschlossen wird, und gibt dabei keinen Wert zurück. So können wir mithilfe von `return` zum Beispiel eine Funktion schreiben, die die erste Zahl in einer Liste zurückgibt, die größer als 10 ist, oder `None`, wenn keine solche Zahl in der Liste existiert, wie in ▶ Listing 5.3 gezeigt.

Listing 5.3: Verwendung von `return` zum sofortigen vollständigen Verlassen einer Funktion aus einer `for`-Schleife innerhalb der Funktion.

```
>>> def groesser_als_10(zahlen):
...     for n in zahlen:
...         if n > 10:
...             return n
...     return None
...
>>> groesser_als_10(quadrate_liste(10))
16
```

Beachten Sie, dass wir ein explizites `returnNone` in ▶ Listing 5.3 eingefügt haben. Tatsächlich stellt die Rückgabe von `None` allerdings das Standardverhalten von Funktionen dar, wenn die Funktion keine `return`-Anweisung enthält oder wenn keine andere `return`-Anweisung in der Funktion erreicht wird, weil zum Beispiel die dafür erforderliche Bedingung beim Durchlaufen der Funktion nie erfüllt wird. Wir hätten diese Zeile somit auch einfach weglassen können. Zur Verdeutlichung dieses Sachverhalts behalten wir die Zeile in diesem Listing dennoch bei, werden sie aber ab ▶ Listing 5.21 nicht mehr einfügen.

Nachdem wir nun einige Beispielfunktionen gesehen haben, schreiben wir nun eine Funktion, die wir tatsächlich in einer Anwendung verwenden werden – in diesem Fall in der in ▶ Abschnitt 1.5 erstellten Flask-Webanwendung. Insbesondere definieren wir eine Funktion namens `dayname()`, der ein einzelnes `datetime`-Argument (▶ Abschnitt 4.2) übergeben wird und die den Wochentag zurückgibt, der durch den angegebenen Zeitpunkt repräsentiert wird.

Sie erinnern sich aus ▶ Abschnitt 4.2, dass ein `datetime`-Objekt über eine Methode namens `weekday()` verfügt, die den nullbasierten Index des Wochentags zurückgibt (Index 0 entspricht dem Montag):

```
>>> from datetime import datetime
>>> now = datetime.now()
>>> now.weekday()
3
```

In demselben Abschnitt haben wir kurz erwähnt, dass die `calendar`-Bibliothek ein Objekt für die Wochentage enthält:

```
>>> import calendar
>>> calendar.day_name
<calendar._localized_day object at 0x100f13910>
>>> list(calendar.day_name)
['Monday', 'Tuesday', 'Wednesday', 'Thursday', 'Friday', 'Saturday', ↩
'Sunday']
```

Hier haben wir die Funktion `list()` verwendet, um das Objekt `localized_day` für eine bessere Ansicht in eine Liste umzuwandeln.

Mithilfe des `day_name`-Objekts können wir folgendermaßen den Wochentag zu einem gegebenen Index feststellen:

```
>>> list(calendar.day_name)[0]
'Monday'
```

Hier haben wir eine Klammer mit einem Index verwendet, um auf das entsprechende Element der *Liste* zuzugreifen (▶ Abschnitt 3.2), aber es stellt sich heraus, dass Sie die gleiche Syntax auch direkt mit dem Objekt `localized_day` verwenden können:

```
>>> calendar.day_name[0]
'Monday'
```

Dies ist genau die Art von Verhalten, die Sie im Vorfeld vielleicht nicht erahnen konnten, und dies ist ein großartiges Beispiel für den Wert der REPL für Experimente (eine Schlüsselkomponente der technischen Raffinesse (▶ Exkurs 1.2)).

Mit einer Kombination aus `weekday()` und `day_name` können wir nun den jeweils aktuellen Wochentag finden, der dem von `datetime.now().weekday()` zurückgegebenen Index entspricht:

```
>>> calendar.day_name[datetime.now().weekday()]
'Thursday'
```

Das funktioniert ganz gut, aber der Ausdruck ist schon relativ lang geworden. Es wäre praktisch, diese Definition und Logik in einer Funktion namens `dayname()` zu *kapseln*, sodass wir stattdessen mit dem folgenden Ausdruck das gleiche Ergebnis erhalten könnten:

```
dayname(datetime.now())
```

Indem wir die oben genannten Elemente kombinieren, können wir dies wie in ▶ Listing 5.4 gezeigt bewerkstelligen.

Listing 5.4: Definieren der Funktion `dayname()` in der REPL.

```
>>> def dayname(zeitpunkt):
...     """Gib den Namen des Wochentags zum angegebenen Zeitpunkt ↵
zurück."""
...     return calendar.day_name[zeitpunkt.weekday()]
...
>>>
```

Wie wir in ▶ Listing 5.4 sehen, beginnt eine Python-Funktion mit dem Schlüsselwort `def`, gefolgt vom Namen der Funktion, in runden Klammern eingeschlossenen beliebigen Argumenten, die der Funktion übergeben werden, und einem anschließenden Doppelpunkt. In der nächsten Zeile folgt ein optionaler, aber sehr empfehlenswerter *DocString* (Dokumentations-String, der normalerweise nicht in der REPL verwendet wird, hier aber aus Gründen, die wir gleich sehen werden, enthalten ist). Danach folgt der eigentliche *Funktionskörper*, in dem der Rückgabewert der Funktion bestimmt und schließlich mithilfe von `return` zurückgegeben wird. (In diesem Fall enthält der Funktionskörper nur eine *einzige* Zeile, wenn man den DocString nicht mitzählt.) Schließlich wird die Funktion durch eine Leerzeile (zwei Zeilenumbrüche) beendet. Beachten Sie, dass diese letzte Tatsache im Gegensatz zu fast allen anderen Programmiersprachen steht, die Funktionsdefinitionen in der Regel mit einer schließenden geschweiften Klammer (z. B. C, C++, Perl, PHP, Java und JavaScript), einer schließenden runden Klammer (die meisten Lisp-Varianten) oder einem speziellen Schlüsselwort wie `end` (z. B. Ruby) abschließen.

Wir können die neu definierte Funktion nun wie folgt testen:

```
>>> dayname(datetime.now())
'Thursday'
```

Das mag nicht wie eine große Verbesserung erscheinen, aber beachten Sie, dass es konzeptionell einfacher ist, weil wir uns keine Gedanken über die Implementierung machen müssen (d. h. das Element eines Objekts zu finden, das dem Wert von `weekday()` entspricht). Diese Art von *Abstraktionsebene* zwischen Funktionsname und Implementierung ist auch dann nützlich, wenn die Definition der Funktion nur ein oder zwei Zeilen lang ist. (In der Tat halte ich ein- oder zweizeilige Funktionen für ein Zeichen von gutem Programmdesign.) Wir werden die obige Funktion `dayname()` in ▶ Abschnitt 5.2 gut gebrauchen können, um die benutzerdefinierte Begrüßung in unserer „Hello, world“-App (▶ Listing 4.3) zu vereinfachen.

Wie in ▶ Abschnitt 2.1 erwähnt, wird in Python-Funktionen zur Dokumentation des Codes häufig ein DocString in dreifachen Anführungszeichen wie in ▶ Listing 5.4 eingefügt.[53] Der DocString ist nicht nur für die Leser des Codes nützlich, sondern kann auch in der REPL über die Funktion `help()` abgerufen werden:

```
>>> help(dayname)
```

Das Ergebnis der Ausführung von `help()` ist systemabhängig. Auf meinem System ergibt die Ausführung von `help(dayname)` in der REPL das in ▶ Abbildung 5.2 gezeigte Ergebnis.

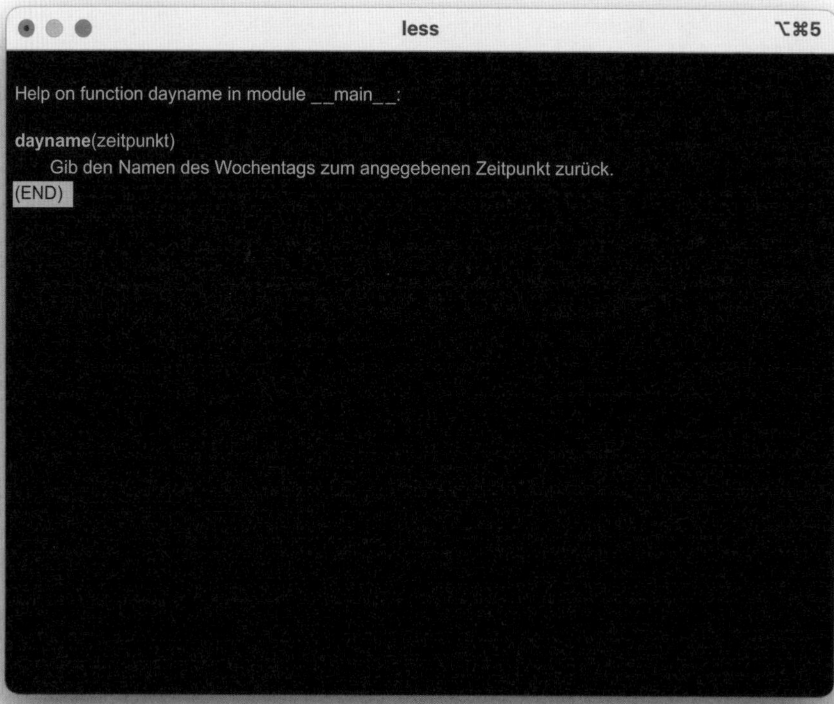

Abbildung 5.2: Das Ergebnis der Ausführung von `help(dayname)`.

Wie bereits erwähnt, würden wir bei der Definition einer Funktion in der REPL normalerweise keinen DocString einfügen, aber wir haben ihn in ▶ Listing 5.4 hinzugefügt, damit wir die Verwendung von `help()` wie in ▶ Abbildung 5.2 veranschaulichen konnten. Da in Python integrierte Funktionen in der Regel DocStrings enthalten, ist die Verwendung von `help()` in der REPL auch bei diesen Funktionen nützlich (▶ Abschnitt 5.1.3).

53 In Python-DocStrings wird in der Regel der Imperativ verwendet, also zum Beispiel „Gib den Namen zurück." anstelle von „Gibt den Namen zurück.".

5.1.1 First-Class-Funktionen

Eine möglicherweise überraschende Eigenschaft von Python-Funktionen ist, dass sie in vielerlei Hinsicht wie reguläre Variablen behandelt werden können (manchmal auch als *First-Class-Objekte* oder *Objekte erster Klasse* bezeichnet). Werfen wir zum Beispiel noch einmal einen Blick auf die Funktion `quadrat()`, die in ▶ Listing 5.1 definiert wurde:

```
>>> def quadrat(x):
...     return x*x
...
>>> quadrat(10)
100
```

Wir können diese Funktion tatsächlich einer neuen Variablen zuweisen und dann über den Namen der neuen Variablen genau wie zuvor aufrufen:

```
>>> potenz2 = quadrat
>>> potenz2(7)
49
```

Vielleicht noch cooler ist, dass wir Funktionen als Argumente an andere Funktionen übergeben können. Wir können zum Beispiel eine Funktion erstellen, die eine andere Funktion anwendet und dann zum Ergebnis wie folgt 1 addiert:

```
>>> def funktion_addierer(x, f):
...     return f(x) + 1
...
>>>
```

Wir können dann `quadrat` als Argument `f` übergeben (*ohne* Klammern, also nicht `quadrat()`):

```
>>> funktion_addierer(10, quadrat)
101
```

In Python integrierte Funktionen können auf die gleiche Weise als Argument übergeben werden:

```
>>> import math
>>> funktion_addierer(100, math.log10)
3.0
```

Das letzte Ergebnis ergibt sich wie folgt: $\log_{10} 100 = \log_{10} 10^2 = 2$ und $2 + 1 = 3$. (Warum zeigt Python das Ergebnis als Fließkommazahl `3.0`?)[54]

5.1.2 Variable Argumente und Schlüsselwort-Argumente

Zusätzlich zu den regulären Argumenten unterstützen Python-Funktionen auch eine variable Anzahl von Argumenten und Schlüsselwortargumenten. Obwohl wir in diesem Buch keine Funktionen mit Argumenten dieser Art definieren müssen, werden wir sie dennoch an einigen Stellen benötigen, da sie von vielen in Python integrierten

54 *Antwort*: Die Funktion `math.log10()` gibt Fließkommazahlen und keine ganzen Zahlen zurück.

Funktionen verwendet werden. Sie sind auch für fortgeschrittene Arbeiten in Python nützlich. Werfen wir also einen kurzen Blick darauf, wie sie funktionieren.

Nehmen wir an, wir definieren eine Funktion `foo()` mit den zwei Argumenten `bar` und `baz`:

```
>>> def foo(bar, baz):
...     print((bar, baz))
...
>>> foo("hello", "world")
('hello', 'world')
```

Die Funktion ist so definiert, dass bei ihrem Aufruf zwei Argumente übergeben werden müssen, die dann als Tupel (▶ Abschnitt 3.6) ausgegeben werden, sodass die beiden übergebenen Werte erkennbar werden.

Aber was wäre, wenn wir nicht wüssten, wie viele Argumente die Funktion erfordert? Die Übergabe von drei Argumenten würde zum Beispiel nicht funktionieren:

```
>>> foo("hello", "world", "good day!")
  File "<stdin>", line 1, in <module>
TypeError: foo() takes 2 positional arguments but 3 were given
```

Python unterstützt eine variable Anzahl von Argumenten über die spezielle Sternchen-Syntax `*args`:[55]

```
>>> def foo(*args):
...     print(args)
...
>>> foo("hello", "world", "good day!")
('hello', 'world', 'good day!')
```

Wir sehen hier, dass Python automatisch ein Tupel der Argumente erstellt hat. Dies funktioniert mit jeder Anzahl von Argumenten:

```
>>> foo("Dies", "ist ein Bündel", "von Argumenten", "für die Funktion.")
('Dies', 'ist ein Bündel', 'von Argumenten', 'für die Funktion.')
```

Eine verwandte Konstruktion verwendet eine *Doppel-Sternchen-Syntax* für *Schlüsselwortargumente*, bei der die Funktion die Übergabe von Schlüsselwort-Wert-Paaren erwartet, wobei das Schlüsselwort jeweils durch ein Gleichheitszeichen mit dem Wert verbunden ist. Das Analogon von `*args` lautet in diesem Fall `**kwargs`(„kw" steht dabei für *key word*). Versuchen Sie mit dem Wissen, dass `*args` in ein Tupel umgewandelt wird, vorherzusagen, was mit `**kwargs` geschieht:

```
>>> def foo(**kwargs):
...     print(kwargs)
...
>>> foo(a="hello", b="world", bar="good day!")
{'a': 'hello', 'b': 'world', 'bar': 'good day!'}
```

Wie Sie vielleicht schon erraten haben, werden die Schlüssel-Wert-Paare des Doppel-Sternchen-Arguments `**kwargs` automatisch in den Standard-Datentyp von Python für solche Paare umgewandelt, nämlich ein Dictionary (▶ Abschnitt 4.4).

55 Sie könnten `*irgendeinwort` verwenden, aber `*args` hat sich als üblich etabliert.

Häufig werden `*args` und `**kwargs` kombiniert, was dazu führt, dass eine Vielzahl von Argumenttypen akzeptiert werden kann. Ein einfaches Beispiel finden Sie in ▶ Abschnitt 5.1.3.

5.1.3 Übungen

1. Führen Sie `help(len)` im Python-Interpreter aus, um zu bestätigen, dass `help()` auch bei in Python integrierten Funktionen funktioniert. Wie lautet das Ergebnis der Ausführung des Befehls `help(print)`? (Das Ergebnis wird in diesem Fall als mehrzeiliger DocString bezeichnet.)
2. Definieren Sie eine Funktion namens `ableiter()` wie in ▶ Listing 5.5 gezeigt, die eine Funktion `f` und einen Zahlenwert `x` als Argumente annimmt und einen Wert zurückgibt, der ein Maß dafür ist, wie sehr sich der Funktionswert der übergebenen Funktion `f` an der Stelle `x` in einem kleinen Intervall von `x` der Länge `h` ändert. Bestätigen Sie, dass die Funktion das in ▶ Listing 5.5 erhaltene Ergebnis liefert, wenn man die zu Beginn von ▶ Abschnitt 5.1.1 in ▶ Listing 5.1 definierte Funktion `quadrat()` für `f` und den Wert 3 für `x` übergibt. Wie lautet das Ergebnis der Ausführung von `ableiter(math.cos, math.tau/2)`?[56]
3. Definieren Sie eine Funktion `foo()`, der sowohl `*args`- als auch `**kwargs`-Argumente übergeben werden, wie in ▶ Listing 5.6 gezeigt. Welches Ergebnis erhalten Sie, wenn Sie die Funktion wie in der letzten Anweisung von ▶ Listing 5.6 ausführen? (Beachten Sie, dass Sie die Dreipunkte `...` nicht in den Aufruf von `foo()` mit eingeben. Wie wir bei der Definition von Funktionen gesehen haben, sind dies Fortsetzungszeichen, die vom Python-Interpreter automatisch hinzugefügt werden.)

Listing 5.5: Funktion für die Berechnung eines Maßes für die Änderung des Funktionswertes einer Funktion in einem kleinen Intervall *h*.

```
>>> def ableiter(f, x):
...     h = 0.00001
...     return (f(x+h) - f(x))/h
...
>>> ableiter(quadrat, 3)
6.000009999951316
```

Listing 5.6: Definieren einer Funktion mit sowohl `*args`- als auch `**kwargs`-Argumenten.

```
>>> def foo(*args, **kwargs):
...     print(args)
...     print(kwargs)
...
>>> foo("Dies", "ist ein Bündel", "von Argumenten", "für die Funktion.",
...     a="hello", b="world", bar="good day!")
```

56 Einige aufmerksame Leser haben vielleicht schon erkannt, dass der in `ableiter()` berechnete und zurückgegebene Quotient für sehr kleine h annähernd und für $h \to 0$ gleich dem Wert der ersten Ableitung (Steigung) von $f(x)$ an der Stelle x ist. Da die Ableitung von cos x bei $x = \tau/2$ gleich 0 ist (hier liegt ein Minimum von cos x), sollte der von `ableiter(math.cos, math.tau/2)` zurückgegebene Wert ebenfalls in der Nähe von 0 liegen. Die Ableitung von x^2 lautet hingegen 2x, was den in Listing 5.5 gezeigten Rückgabewert von `ableiter(quadrat, 3)` erklärt.

5.2 Funktionen in einer Datei

Auch wenn die Definition von Funktionen in einer REPL zu Demonstrationszwecken praktisch ist, ist sie doch etwas umständlich. Besser ist es, Funktionen in einer Datei zu hinterlegen (wie wir es mit dem Skript in ▶ Abschnitt 4.5 getan haben). Wir beginnen damit, die in ▶ Abschnitt 5.1 definierte Funktion zunächst nach `hello_app.py` zu verschieben und anschließend in eine noch praktischere externe Datei.

Die Verwendung einer solchen externen Ressource erfordert die Existenz einer etwas mysteriösen Datei namens `__init__.py`, die Python dazu veranlasst, unser Projektverzeichnis als *Paket* (engl.: *package*) zu interpretieren. Die Datei muss allerdings keinen Inhalt haben – sie muss nur *existieren*, was wir mit `touch` erreichen:

```
(venv) $ touch __init__.py
```

(Wir werden etwas mehr über die Notwendigkeit der Existenz dieser Datei erfahren, wenn wir in ▶ Kapitel 8 ein richtiges Paket erstellen.) Damit sind wir bereit, unsere Flask-Anwendung aus ▶ Listing 4.3 wie in ▶ Abschnitt 1.5 beschrieben über die Kommandozeile zu starten:

```
(venv) $ flask --app hello_app.py --debug run
```

Schauen wir uns den aktuellen Code unserer „Hello, world“-App an, der in ▶ Listing 5.7 noch einmal wiederholt wird (dieser entspricht ▶ Listing 4.3; Ihr Code wird sich davon unterscheiden, wenn Sie die Aufgaben in ▶ Abschnitt 4.2.1 gelöst haben).

Listing 5.7: *hello_app.py* Der aktuelle Code unserer „Hello, world"-App.

```
from datetime import datetime

from flask import Flask


app = Flask(__name__)

@app.route("/")
def hello_world():
    DAYNAMES = ["Monday", "Tuesday", "Wednesday",
                "Thursday", "Friday", "Saturday", "Sunday"]
    dayname = DAYNAMES[datetime.now().weekday()]
    return f"<p>Hello, world! Happy {dayname}.</p>"
```

Unser erster Schritt besteht darin, die Funktionsdefinition aus ▶ Abschnitt 5.1 in diese Datei einzufügen, wie in ▶ Listing 5.8 gezeigt.

Listing 5.8: *hello_app.py* Hinzufügen einer Funktion für den Wochentag.

```
from datetime import datetime
import calendar

from flask import Flask

def dayname(zeitpunkt):
  """Gib den Namen des Wochentags zum angegebenen Zeitpunkt zurück."""
  return calendar.day_name[zeitpunkt.weekday()]
```

```
app = Flask(__name__)

@app.route("/")
def hello_world():
    DAYNAMES = ["Monday", "Tuesday", "Wednesday",
                "Thursday", "Friday", "Saturday", "Sunday"]
    dayname = DAYNAMES[datetime.now().weekday()]
    return f"<p>Hello, world! Happy {dayname}.</p>"
```

Dann können wir die Zeilen zur Feststellung des Wochentags in der Funktion `hello_world()` durch einen einzigen Aufruf der neuen Funktion `dayname()` ersetzen. Das Ergebnis, bei dem der Körper der Funktion `hello_world()` auf eine einzige Zeile reduziert wurde, sehen wir in ▶ Listing 5.9. An dieser Stelle sollten Sie bestätigen können, dass die App funktioniert, wie in ▶ Abbildung 5.3 zu sehen ist.

Listing 5.9: *hello_app.py* Verwendung der Funktion `dayname()` in der Funktion `hello_world()`.

```
from datetime import datetime
import calendar

from flask import Flask


def dayname(zeitpunkt):
  """Gib den Namen des Wochentags zum angegebenen Zeitpunkt zurück."""
  return calendar.day_name[zeitpunkt.weekday()]

app = Flask(__name__)

@app.route("/")
def hello_world():
    return f"<p>Hello, world! Happy {dayname(datetime.now())}.</p>"
```

An dieser Stelle sollten Sie bestätigen können, dass die App funktioniert und dabei das in ▶ Abbildung 5.3 gezeigte Ergebnis erhalten, allerdings mit Ihrem aktuellen Wochentag.

Wir können den Code in ▶ Listing 5.9 noch sauberer gestalten, indem wir die Funktion `dayname()` in eine separate Datei auslagern und sie dann in unsere App einbinden. Zunächst schneiden wir die Funktion heraus und fügen sie in eine neue Datei namens `day.py` ein:

```
(venv) $ touch day.py
```

Den Code der daraus resultierenden Dateien finden Sie in ▶ Listing 5.10 und ▶ Listing 5.11. Beachten Sie, dass wir die Begrüßung in ▶ Listing 5.11 leicht angepasst haben, damit wir erkennen können, dass unser neuer Code tatsächlich funktioniert.

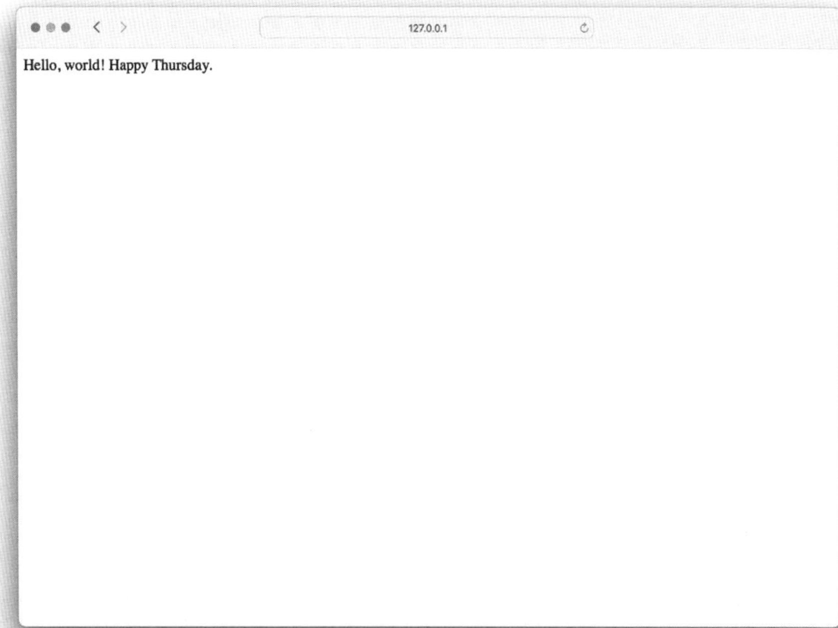

Abbildung 5.3: Das Ergebnis der Ausführung der überarbeiteten „Hello, world"-App.

Listing 5.10: *day.py* Die Funktion `dayname()` in einer separaten Datei.

```
import calendar

def dayname(zeitpunkt):


  """Gib den Namen des Wochentags zum angegebenen Zeitpunkt zurück."""
  return calendar.day_name[zeitpunkt.weekday()]
```

Listing 5.11: *hello_app.py* Unsere Begrüßung ohne die herausgetrennte Funktion `dayname()`.

```
from datetime import datetime

from flask import Flask


app = Flask(__name__)

@app.route("/")
def hello_world():
    return f"<p>Hello, world! Happy {dayname(datetime.now())} from a ↵
file!</p>"
```

Wie Sie durch erneutes Laden des Browsers feststellen können, funktioniert die App nicht – sie stürzt sofort ab und wir erhalten lediglich die Flask-Fehlerseite (▶ Abbildung 5.4), die anzeigt, dass eine *Ausnahme* vom Typ `NoMethodError` aufgetreten ist. (Ausnahmen sind einfach ein standardisierter Weg, um bestimmte Arten von Fehlern in einem Programm anzuzeigen.) Wir können mehr über den Fehler herausfinden, wenn wir uns die Fehlermeldung genauer ansehen. Diese besagt, dass die Methode `dayname()` nicht definiert ist. Wenn wir die Meldung vergrößern, sehen wir, dass dort sogar die genaue Zeile genannt wird, in der das Problem auftritt (▶ Abbildung 5.5).

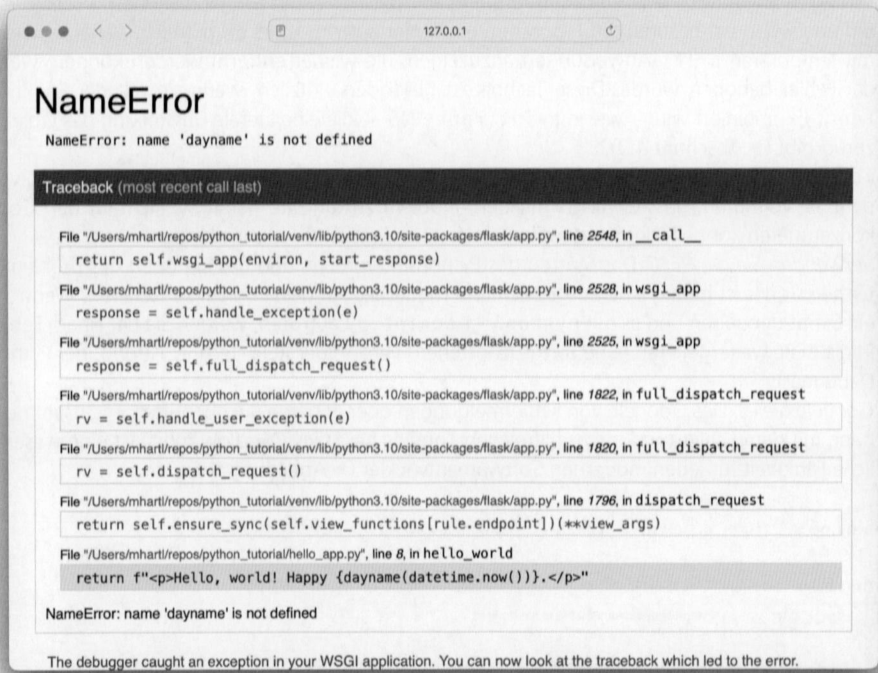

Abbildung 5.4: Eine solche Meldung ist ein sicheres Zeichen dafür, dass in unserer App etwas nicht funktioniert.

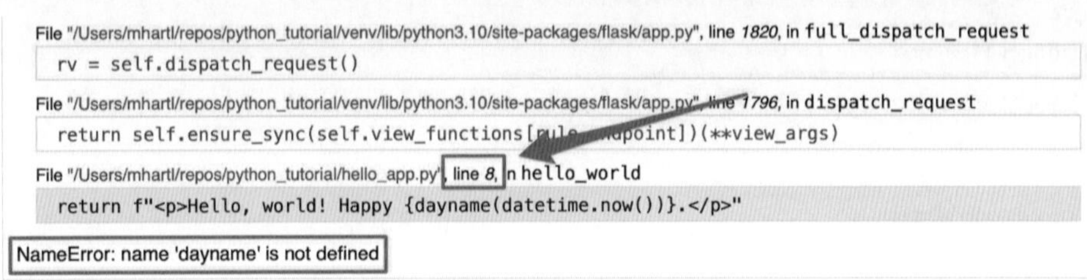

Abbildung 5.5: Mithilfe der Flask-Fehlerseite können wir den Fehler in unserem Code lokalisieren.

Diese Praxis ist eine leistungsstarke Debugging-Technik: Wenn Ihr Python-Programm abstürzt, sollte die genaue Betrachtung der Fehlermeldung Ihr erster Ausweg sein. Und wenn Sie anhand der Fehlermeldung nicht sofort erkennen können, worin genau der Fehler liegt, liefert das Googeln der Fehlermeldung oft nützliche Ergebnisse (▶ Exkurs 5.1).

Exkurs 5.1: Fehlersuche (Debugging) in Python

Eine wichtige technische Fähigkeit von Programmieren ist das *Debugging*: die Kunst, Fehler in Computerprogrammen zu finden und zu beheben. Es gibt zwar keinen Ersatz für Erfahrung, aber hier sollen einige Techniken erwähnt werden, die Ihnen beim Aufspüren der unvermeidlichen Pannen in Ihrem Code helfen sollten:

- *Verfolgen Sie die Ausführung des Programms mit* `print`. Wenn Sie herausfinden wollen, warum und wo in ein bestimmten Programm ein Fehler auftritt, ist es oft hilfreich, Variablenwerte mit temporären `print`-Anweisungen anzuzeigen, die wieder entfernt werden können, wenn der Fehler behoben wurde. Diese Technik ist besonders nützlich, wenn sie mit der Funktion `repr()` kombiniert wird – wie in `print(repr(a))` –, die eine literale Darstellung des Objekts zurückgibt (▶ Abschnitt 4.3).
- *Kommentieren Sie Code aus.* Manchmal ist es eine gute Idee, Code auszukommentieren, von dem Sie vermuten, dass er nichts mit dem Problem zu tun hat, damit Sie sich auf den Code konzentrieren können, der nicht funktioniert.
- *Verwenden Sie die REPL.* Das Starten des Python-Interpreters und das Einfügen des problematischen Codes ist häufig eine ausgezeichnete Methode, um das Problem zu isolieren. Wenn Sie ein Skript debuggen und es mit `python3 -i script.py` aufrufen, werden Sie bei einem Fehler in die REPL weitergeleitet. (Eine fortgeschrittenere Version der REPL-Technik ist *pdb*, der Python Debugger).
- *Googeln Sie es.* Das Googeln von Fehlermeldungen oder anderen Suchbegriffen im Zusammenhang mit dem Fehler (was oft zu hilfreichen Threads bei Stack Overflow führt) ist eine wesentliche Fähigkeit für jeden modernen Softwareentwickler (▶ Abbildung 5.6).

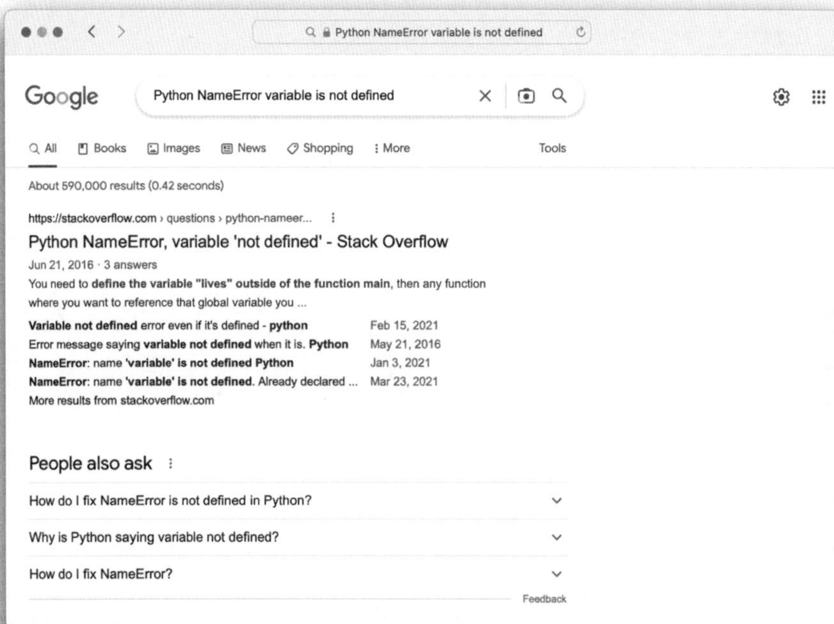

Abbildung 5.6: Wie konnten die Menschen vor Google bloß debuggen?

Der Grund für den Absturz ist, dass wir `dayname()` aus `hello_app.py` entfernt haben, sodass unsere App natürlich keine Ahnung mehr hat, worum es sich dabei handelt. Die Lösung besteht darin, `dayname` auf die gleiche Weise zu importieren, wie wir es mit `flask`, `datetime`, und `calendar` bereits getan haben, wie in ▶ Listing 5.12 gezeigt. Beachten Sie, dass die Import-Anweisung in ▶ Listing 5.12 das aktuelle Verzeichnis (`python_tutorial/day`) explizit nennt. Das ist notwendig, da unser Projektverzeichnis nicht standardmäßig im Python-Pfad enthalten ist.[57] (Das ist für den Moment in Ordnung, verhindert aber unter anderem, dass die Anwendung in der hier geschriebenen Form in der Produktion eingesetzt werden kann (▶ Abschnitt 1.5.1). Dienstprogramme, die häufiger oder in Produktionsumgebungen verwendet werden sollen, sollten als *Pakete* (engl.: *packages*) eingebunden werden. Dieses Thema werden wir in ▶ Kapitel 8 aufgreifen und in ▶ Kapitel 9 und ▶ Kapitel 10 anwenden).

Es ist erwähnenswert, dass ▶ Listing 5.12 einen vollständigen Satz von Importen enthält – Module aus der Standardbibliothek (`datetime`), eine Bibliothek eines Drittanbieters (`flask`) und eine eigene Bibliothek (`python_tutorial.day`) –, die gemäß der Konvention durch Leerzeilen voneinander getrennt sind (und vom Rest der Datei durch zwei Leerzeilen).

Listing 5.12: *hello_app.py* Verwendung einer Funktion aus einer externen Datei.

```
from datetime import datetime

from flask import Flask

from python_tutorial.day import dayname


app = Flask(__name__)

@app.route("/")
def hello_world():
    return f"<p>Hello, world! Happy {dayname(datetime.now())} from ↵
a file!</p>"
```

An diesem Punkt funktioniert die Anwendung! Das Ergebnis sollte in etwa wie in ▶ Abbildung 5.7 aussehen.

57 Wie würden Sie herausfinden, wie Sie das aktuelle Verzeichnis zum Importpfad hinzufügen können? Ich würde nach Folgendem bei Google suchen: „python add to import path".

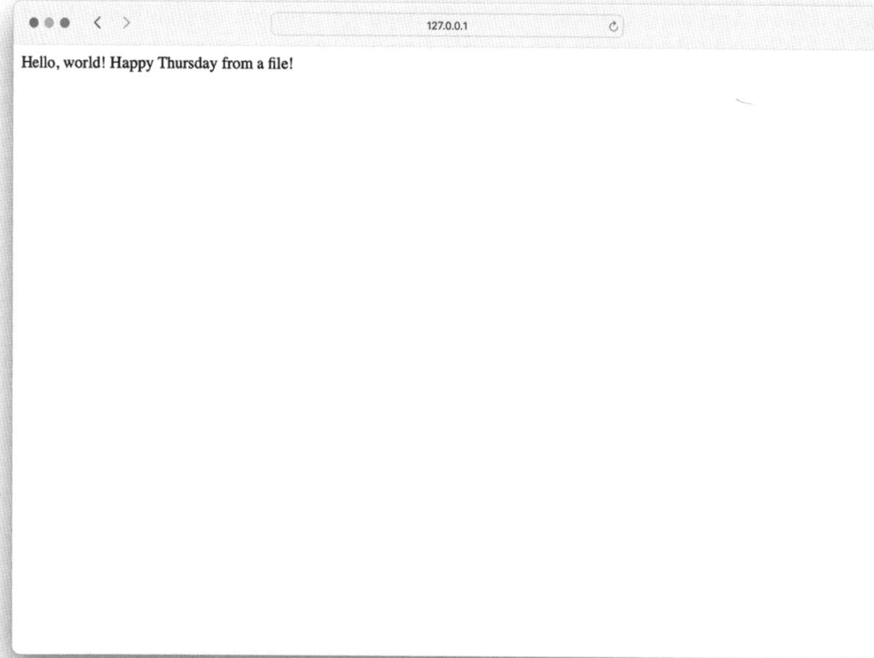

Abbildung 5.7: Eine aktualisierte Begrüßung.

5.2.1 Übung

1. Wir ersetzen die interpolierte Zeichenkette in ▶ Listing 5.11 durch einen Aufruf einer in der Datei `day.py` (▶ Listing 5.10) neu hinzugefügten Funktion namens `greeting()` (▶ Listing 5.13). Tauschen Sie `BITTE_ERSETZEN` in ▶ Listing 5.13 gegen geeigneten Code aus und fügen Sie zu ▶ Listing 5.14 wenn erforderlich noch eine Import-Anweisung hinzu, sodass die Ausführung der auf diese Weise veränderten Datei `hello_app.py` aus ▶ Listing 5.14 zum gleichen Ergebnis führt wie die Ausführung der vorhergehenden Datei `hello_app.py` aus ▶ Listing 5.12.

Listing 5.13: *day.py* Hinzufügen einer Funktion namens `greeting()` zur Datei `day.py`.

```
import calendar


def dayname(zeitpunkt):
  """Gib den Namen des Wochentags zum angegebenen Zeitpunkt zurück."""
  return calendar.day_name[zeitpunkt.weekday()]

def greeting(zeitpunkt):
  """Gib eine freundliche Begrüßung zurück, die den aktuellen ↵
Wochentag einschließt."""
  return BITTE_ERSETZEN
```

Listing 5.14: *hello_app.py* Importieren und Verwenden der Funktion `greeting()` aus der Datei `day.py`.

```
from datetime import datetime

from flask import Flask

from python_tutorial.day import dayname

app = Flask(__name__)

@app.route("/")
def hello_world():
    return greeting(datetime.now())
```

5.3 Iteratoren

In diesem Abschnitt beginnen wir mit der Entwicklung des in der Einführung (▶ Kapitel 1) erwähnten Palindromthemas. Unser Ziel ist das Schreiben einer Funktion namens `ispalindrom()`, die `True` zurückgibt, wenn ihr Argument vorwärts und rückwärts gelesen identisch ist, und `False`, wenn dies nicht der Fall ist. Eine einfache Definition eines Palindroms lautet: „Eine Zeichenkette, die gleich dieser Zeichenkette mit ihren Zeichen in umgekehrter Reihenfolge ist.“ (Wir werden diese Definition im Laufe der Zeit immer weiter ausbauen.) Dazu müssen wir eine Zeichenkette, das heißt die Reihenfolge ihrer Zeichen, umkehren können.

Eine einfache Möglichkeit zur Umkehrung eines Strings (einer Zeichenkette) bestünde darin, die Funktion `list()` und die Methode `join()` (▶ Abschnitt 3.4.4) mit der Möglichkeit zu kombinieren, die Reihenfolge der Elemente einer Liste mit `reverse()` umzukehren (▶ Abschnitt 3.4.2):

```
>>> s = "foobar"
>>> a = list(s)
>>> a.reverse()
>>> "".join(a)
'raboof'
```

Das würde funktionieren, aber eine weitaus elegantere Methode ergibt sich aus der Beobachtung, dass die Funktion `reversed()`, deren Anwendung auf Listen wir in ▶ Abschnitt 3.4.2 kennengelernt haben, auch bei Strings funktioniert:

```
>>> reversed("foobar")
<reversed object at 0x104858d60>
```

Wie in der Python-Dokumentation beschrieben, gibt `reversed()` einen umgekehrten *Iterator* zurück. Ein Iterator ist ein Objekt – im vorliegenden Fall ein String (eine Folge von Zeichen) –, über das effektiv iteriert, das heißt, auf dessen Elemente effektiv *nacheinander* zugegriffen werden kann. In ▶ Abschnitt 5.3.1 werden wir uns mit einer speziellen Art von Iteratoren, die als *Generatoren* bezeichnet werden, beschäftigen und in ▶ Abschnitt 7.2 werden wir einen vollständig eigenen Iterator implementieren.

Eine Möglichkeit, das Ergebnis von `reversed()` anzuzeigen, ist die Iteration durch das umgekehrte Objekt mithilfe einer `for`-Schleife (▶ Listing 5.15):

Listing 5.15: Verwendung eines Iterators in einer `for`-Schleife.

```
>>> for c in reversed("foobar"):
...     print(c)
...
r
a
b
o
o
f
```

Wir können den Iterator auch als Argument an die Funktion `list()` übergeben, um die Elemente direkt anzuschauen:

```
>>> list(reversed("foobar"))
['r', 'a', 'b', 'o', 'o', 'f']
```

Wir sehen hier, dass `list()` den umgekehrten Iterator durchläuft und uns eine Liste der Zeichen liefert. Beachten Sie, dass durch die Verwendung von `list()` im Gegensatz zu dem Code in ▶ Listing 5.15 die Liste als vollständiges Objekt im Speicher erzeugt wird. Bei einer kleinen Liste wie hier macht das kaum einen Unterschied, aber bei großen Listen kann der Unterschied erheblich sein.[58]

Wir haben in ▶ Abschnitt 3.4.4 gesehen, wie man die Elemente einer Liste von Zeichen mit `join()` (wieder) zu einem String zusammenfügen kann (in diesem Fall jeweils mit dem Leerstring "" zwischen den Elementen):

```
>>> "".join(list(reversed("foobar")))
'raboof'
```

Dies ist ein erheblicher Fortschritt auf dem Weg zur Erkennung von Palindromen, da wir nun eine Möglichkeit haben, die Umkehrung eines Strings zu erzeugen. Darüber hinaus können wir feststellen, dass die Methode `join()` auch automatisch durch ein iterierbares Objekt läuft, sodass wir den Zwischenaufruf von `list()` weglassen können:

```
>>> "".join(reversed("foobar"))
'raboof'
```

Jetzt sind wir in der Lage, auf ein Palindrom zu testen, indem wir einen String mit seiner eigenen Umkehrung vergleichen:

```
>>> "foobar" == "".join(reversed("foobar"))
False
>>> "hangnah" == "".join(reversed("hangnah"))
True
```

Mit dieser Technik in unserem Werkzeugkasten sind wir bereit, die erste Version unserer Palindrom-Methode zu schreiben.

Fügen wir unsere Funktion zur Erkennung von Palindromen in eine eigene Datei namens `palindrome.py` ein:

```
(venv) $ touch palindrome.py
```

58 In der Tat ist es möglich, Iteratoren für *unendlich* große Mengen wie die Menge der natürlichen Zahlen zu erstellen, die nicht einmal prinzipiell im Speicher instanziert werden können.

Wie sollen wir die Funktion zur Erkennung eines Palindroms nennen? Nun, der Palindrom-Detektor sollte einen String als Argument entgegennehmen und `True` zurückgeben, wenn der String ein Palindrom darstellt, und ansonsten `False`. Das macht ihn zu einer Booleschen Methode. Sie erinnern sich aus ▶ Abschnitt 2.5, dass der Name Boolescher Methoden in Python im Allgemeinen mit „is" beginnt, was die Definition in ▶ Listing 5.16 nahelegt. (Für eine solche Funktion auf *Modulebene*, die nicht mit einem Objekt verknüpft ist, wäre der Name `is_palindrom` im snake_case konventioneller. Aber wir haben tatsächlich vor, sie an ein Objekt zu binden; siehe ▶ Kapitel 7.)

Listing 5.16: *palindrome.py* Unsere erste Version der Funktion `ispalindrom()`.

```
def reverse(string):
    """Kehre den String string um."""
    return "".join(reversed(string))

def ispalindrom(string):
    """Gib True zurück, wenn string ein Palindrom ist, ansonsten ↵
False."""
    return string == reverse(string)
```

Der Code in ▶ Listing 5.16 verwendet den Vergleichsoperator `==` (▶ Abschnitt 2.4), um den richtigen Booleschen Wert zurückzugeben.

Wir können den Code in ▶ Listing 5.16 testen, indem wir die Datei `palindrome.py` in den Python-Interpreter importieren:

```
>>> import palindrome
```

Dadurch wird `ispalindrom()` über den Modulnamen verfügbar:

```
>>> palindrome.ispalindrom("hangnah")
True
>>> palindrome.ispalindrom("Regallager")
False
```

Anhand des zweiten Beispiels stellen wir fest, dass unser Palindrom-Detektor zwischen Groß- und Kleinschreibung unterscheidet und „Regallager" somit nicht als Palindrom erkennt. Damit unser Detektor nicht zwischen Groß- und Kleinschreibung unterscheidet und dann auch Substantive wie „Regallager" als Palindrom erkennt, können wir alle Buchstaben beider Strings vor dem Vergleich mithilfe der Methode `lower()` in die entsprechenden Kleinbuchstaben umwandeln. Das Ergebnis ist in ▶ Listing 5.17 dargestellt.

Listing 5.17: *palindrome.py* Erkennung von Palindromen *ohne* Unterscheidung zwischen Groß- und Kleinschreibung.

```
def reverse(string):
    """Kehre den String string um."""
    return "".join(reversed(string))

def ispalindrom(string):
    """Gib True zurück, wenn string ein Palindrom ist, ansonsten ↵
False."""
    return string.lower() == reverse(string.lower())
```

Wenn wir zur REPL zurückkehren, können wir den Detektor neu laden (mit der praktischen Funktion `reload()` aus dem Modul `importlib`)[59] und ihn wie folgt anwenden:

```
>>> from importlib import reload
>>> reload(palindrome)
>>> palindrome.ispalindrom("Regallager")
True
```

Erfolgreich!

Als letzte Verfeinerung folgen wir dem Prinzip *Don't Repeat Yourself* (oder „DRY") und beseitigen die Doppelung in ▶ Listing 5.17. Wenn wir uns den Code ansehen, stellen wir fest, dass `string.lower()` zweimal verwendet wird. Das legt nahe, eine Variable zu deklarieren, welche den eigentlichen String repräsentiert, der mit seiner Umkehrung verglichen wird – also den noch nicht umgekehrten String, der aber keine Großbuchstaben mehr enthält. Wir nennen diese Variable `kleinbuchstaben_string` (▶ Listing 5.18).

Listing 5.18: *palindrome.py* Beseitigung einiger Doppelungen.

```
def reverse(string):
    """Kehre den String string um."""
    return "".join(reversed(string))

def ispalindrom(string):
    """Gib True zurück, wenn string ein Palindrom ist, ansonsten ↩
False."""
    kleinbuchstaben_string = string.lower()
    return kleinbuchstaben_string == reverse(kleinbuchstaben_string)
```

In ▶ Listing 5.18 entfällt ein Aufruf von `lower()` auf Kosten einer zusätzlichen Zeile. Es ist also nicht offensichtlich besser als ▶ Listing 5.17, aber wir werden ab Kapitel 8 sehen, dass uns eine separate Variable viel mehr Flexibilität bei der Erkennung komplexerer Palindrome gibt.

Als letzten Schritt sollten wir überprüfen, ob die Funktion `ispalindrom()` immer noch wie gewünscht funktioniert:

```
>>> reload(palindrome)
>>> palindrome.ispalindrom("Regallager")
True
>>> palindrome.ispalindrom("Able was I ere I saw Elba")
True
```

Wie Sie sich denken können, wird es schnell mühsam, solche Dinge von Hand zu überprüfen. In ▶ Kapitel 8 werden wir sehen, wie wir *automatisierte Tests* schreiben können, um das Verhalten unseres Codes automatisch zu überprüfen.

59 Das ist genau die Art von Dingen, nach denen Sie bei Google suchen sollten (Exkurs 1.2), also z. B. nach „modul in python neu laden".

5.3.1 Generatoren

Ein *Generator*, dem wir zum ersten Mal in ▶ Abschnitt 3.4.2 begegnet sind, ist eine besondere Art von Iterator, der durch die Verwendung einer speziellen Operation namens `yield` erzeugt wird. Die Wirkung von `yield` besteht darin, dass auf jedes Element der Sequenz der Reihe nach zugegriffen wird, ohne dass die gesamte Sequenz in den Speicher geladen wird.

Wir können zum Beispiel einen String-Generator erstellen, indem wir mithilfe von `yield` die einzelnen Zeichen des Strings nacheinander ansteuern:

```
>>> def characters(string):
...     for c in string:
...         yield c
...     return None
...
>>> characters("foobar")
<generator object characters at 0x11f9c1540
```

(Wir haben hier explizit `None` zurückgegeben, aber wir werden in ▶ Listing 5.21 sehen, dass wir die `return`-Anweisung auch weglassen können, da ohne weitere Anweisung standardmäßig `None` zurückgegeben wird.)

Die Anwendung der so definierten Generator-Funktion `characters()` auf einen String gibt nun ein Generator-Objekt zurück, über das wir wie gewohnt iterieren können:

```
>>> for c in characters("foobar"):
...     print(c)
...
f
o
o
b
a
r
```

Ebenso können wir die Generator-Funktion verwenden, um die einzelnen Zeichen des Strings abzurufen und mit `join()` wieder zu einem String zusammenzufügen (bei Verwendung des Leerstrings als Separator erhält man hier natürlich wieder den ursprünglichen String):

```
>>> "".join(characters("foobar"))
'foobar'
```

Die Umwandlung eines Strings in einen Iterator ist zwar lehrreich, aber nicht sehr nützlich, da wir bereits über reguläre Strings iterieren können. Schauen wir uns ein interessanteres Beispiel an, das die Vorzüge von Generatoren verdeutlicht.

Nehmen wir an, wir möchten eine Funktion schreiben, die in einer gegebenen Menge von ganzen positiven Zahlen diejenigen findet, die jeweils alle Ziffern von 0 bis 9 mindestens einmal enthalten.[60] Ein cleverer Weg, dies zu tun, beginnt mit der Feststellung, dass die Funktion `set()`, die in ▶ Abschnitt 3.6 vorgestellt wurde, tatsächlich einen

60 Vielen Dank an Tom Repetti für dieses Beispiel und für seine Hilfe bei der Vorbereitung dieses Abschnitts.

String als Argument annehmen kann und ein Set mit den Zeichen zurückgibt, aus denen der String zusammengesetzt ist:

```
>>> set("1231231234")
{'2', '4', '3', '1'}
```

Beachten Sie, dass sich im String wiederholende Elemente (Zeichen) im resultierenden Set dennoch nur jeweils einmal vorkommen, wie es für Sets festgelegt ist. (Denken Sie auch daran, dass die Reihenfolge der Elemente bei Sets keine Rolle spielt.)

Demnach könnten wir eine Zahl, die alle zehn Ziffern enthält, erkennen, indem wir sie wie in ▶ Abschnitt 4.1.2 mithilfe der Funktion `str()` in einen String und den String mit `set()` anschließend in ein Set umwandeln, das wir dann mit dem Set vergleichen, das alle zehn Ziffern (als Strings) enthält:

```
>>> str(132459360782)
'132459360782'
>>> set(str(132459360782))
{'8', '7', '9', '3', '4', '0', '2', '6', '1', '5'}
>>> set(str(130245936782)) == set("0123456789")
True
```

▶ Listing 5.19 zeigt als Beispiel eine Funktion, die das erste Vorkommen einer Zahl mit allen zehn Ziffern in einer kurzen Liste ganzer positiver Zahlen zurückgibt. Beachten Sie, dass in ▶ Listing 5.19 dieselbe Technik wie in ▶ Listing 5.3 verwendet wird, um die Funktion sofort zu verlassen, sobald eine bestimmte Bedingung erfüllt ist.

Listing 5.19: Suche nach dem ersten Vorkommen einer Zahl mit allen zehn Ziffern in einer Liste.

```
>>> def hat_alle_ziffern(zahlen):
...     for n in zahlen:
...         if set(str(n)) == set("0123456789"):
...             return n
...     return None
...
>>> hat_alle_ziffern([1424872341, 1236490835741, 12341960523])
1236490835741
```

Lassen Sie uns unsere Funktion `hat_alle_ziffern()` nun verwenden, um das erste *perfekte Quadrat* mit allen zehn Ziffern zu finden. Eine Möglichkeit, dies zu tun, besteht darin, eine Liste mit allen Zahlen n^2 für alle positiven ganzen Zahlen n bis zu einem sehr großen n zu erstellen und diese Liste dann als Argument an unsere Funktion `hat_alle_ziffern()` zu übergeben. Da wir nicht wissen, wie hoch wir mit n gehen müssen, versuchen wir es mit hundert Millionen oder 10^8 (+1, weil `range(n)` mit `n-1` endet, auch wenn das hier eigentlich keine Rolle spielt). In ▶ Listing 5.20 wird diese Liste der Quadrate erstellt.

Listing 5.20: Erstellen einer großen Liste von Quadraten.

```
>>> quadrate = []
>>> for n in range(10**8 + 1):
...     quadrate.append(n**2)
...
>>>
```

(Einen besseren Weg, diese Liste zu erstellen, werden wir in ▶ Abschnitt 6.4.1 sehen.) Tatsächlich dauert die Ausführung des obigen Codes selbst auf einem relativ neuen Computer so lange, dass ich irgendwann einfach `Ctrl-C` drücke, um die Schleife zu verlassen. (Wie sich noch herausstellt, müssen wir zwar nicht den ganzen Weg bis $n = 10^8$ gehen, aber das wissen wir ja nicht im Voraus und hier soll das Prinzip demonstriert werden).

Der Grund, warum die Ausführung des Codes in ▶ Listing 5.20 so lange dauert, ist, dass zunächst der gesamte Bereich bis $n = 10^8$ iteriert und die gesamte Liste der Quadrate im Speicher erstellt wird. Eine weitaus bessere Lösung verwendet `yield`, um einen Generator zu erzeugen, der das nächste Quadrat nur bei Bedarf liefert und nicht vorab alle Quadrate bis $n = 10^8$ berechnet und keine zugehörige Liste im Speicher erstellt. Einen solchen Quadratzahlen-Generator zeigt ▶ Listing 5.21. Beachten Sie, dass wir die `return`-Anweisung weggelassen haben, sodass die Funktion standardmäßig `None` zurückgibt.

Listing 5.21: Ein Quadratzahlen-Generator.

```
>>> def quadrate_generator():
...     for n in range(10**8 + 1):
...         yield n**2
...
>>> quadrate = quadrate_generator()
```

Übrigens, Sie werden sich vielleicht fragen, warum der Aufruf von `range()` in ▶ Listing 5.21 nicht einfach genau die Liste erzeugt, deren Erzeugung wir vermeiden wollen. Die Antwort ist, dass dies früher der Fall war und Sie die Funktion `xrange()` verwenden mussten, um die Erstellung der gesamten Liste im Speicher zu vermeiden. Aber seit Python 3 macht die Funktion `range()` genau das, was wir wollen, indem sie das nächste Element im Bereich nur bei Bedarf erzeugt. Dieses Verhalten ist als *lazy evaluation* bekannt und entspricht genau dem Verhalten, das auch ein Generator an den Tag legt.

Mit der letzten Zuweisung in ▶ Listing 5.21 sind wir bereit, das erste Quadrat zu finden, das alle zehn Ziffern enthält:

```
>>> hat_alle_ziffern(quadrate)
1026753849
```

Wenn Sie zur besseren Lesbarkeit an den Tausenderstellen Leerzeichen einfügen, erhalten Sie als Ergebnis für das erste *perfekte Quadrat* 1 026 753 849. Mithilfe von `math.sqrt()` können Sie bestätigen, dass dieses gleich 32043^2 ist, also bereits bei $n = 32043$ und somit sehr lange vor $n = 10^8$ erreicht wird.

5.3.2 Übungen

1. Stellen Sie mit Hilfe des Python-Interpreters fest, ob Ihr System die Verwendung der Funktion `ispalindrom()` aus ▶ Listing 5.17 für Emojis unterstützt. (Vielleicht helfen Ihnen die Emojipedia-Links zu den Emojis *racecar* (Rennwagen) und *fox face* (Fuchsgesicht)). Wenn Ihr System Emojis in diesem Zusammenhang unterstützt, sollte das Ergebnis in etwa so aussehen wie in ▶ Abbildung 5.8. (Beachten Sie, dass ein Emoji ein „Palindrom" ist, wenn es nach eine Spiegelung in horizontaler Richtung – also an einer vertikalen Spiegelebene – genauso aussieht wie zuvor. Das Emoji *fox face* ist also ein Palindrom, das Emoji *racecar* jedoch nicht, obwohl das *Wort racecar* ein Palindrom *ist*, das *Wort fox face* dagegen *nicht*).

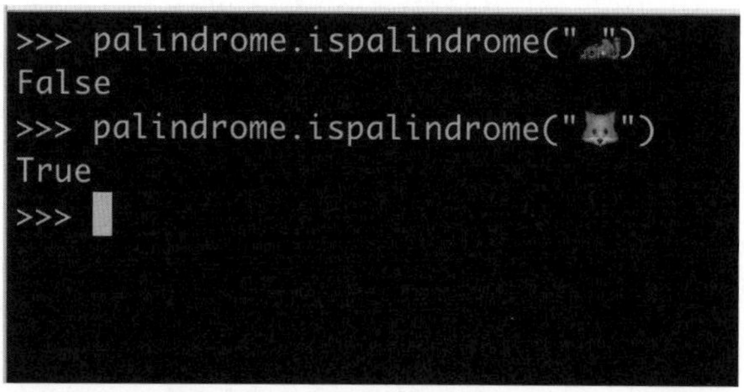

Abbildung 5.8: Erkennen von palindromischen Emojis.

2. Zeigen Sie mithilfe des Codes in ▶ Listing 5.22, dass es möglich ist, den Körper der Funktion `ispalindrom()` durch Verwendung des fortgeschrittenen Slice-Operators `[::-1]` (▶ Abschnitt 3.3) in einer Zeile auszudrücken. (Einige Python-Programmierer bevorzugen vielleicht diesen Ansatz, aber ich glaube, dass die geringere Länge den Verlust an Übersichtlichkeit nicht rechtfertigt).
3. Schreiben Sie eine Generator-Funktion, die die ersten 50 geraden Zahlen zurückgibt.

Listing 5.22: *palindrome.py* **Eine kompakte, aber ziemlich obskure Version von `ispalindrom()`.**

```
def ispalindrom(string):
    """Gib True zurück, wenn string ein Palindrom ist, ansonsten ↵
False."""
    return string.lower() == string.lower()[::-1]
```

Funktionale Programmierung

6

PYTHON MIT BISS

Funktionale Programmierung

Die funktionale Programmierung stand lange Zeit im Schatten der objektorientierten Programmierung. Da sie aber durchaus auch ihre Vorteile hat, kam sie in den letzten Jahren wieder etwas mehr in Mode. So ist funktionaler Code verhältnismäßig leicht zu verstehen, da es keine versteckten Zustände gibt, auf die man achtgeben müsste. Dies erleichtert auch das Schreiben von Tests.

Natürlich kommt die Popularität der funktionalen Programmierung noch nicht an jene der objektorientierten Programmierung heran. Dennoch sollte man es wenn immer möglich in Betracht ziehen, Teile des Codes funktional, also ohne die Verwendung von Klassen, zu schreiben.

Nachdem wir gelernt haben, wie man Funktionen definiert und in verschiedenen Kontexten anwendet, werden wir nun die Grundlagen der *funktionalen Programmierung* erlernen, einem Programmierstil oder Programmierparadigma, bei dem – Sie haben es erraten – Funktionen im Vordergrund stehen. Wie wir sehen werden, wird bei der funktionalen Programmierung in Python häufig eine leistungsstarke (und sehr pythonische) Kategorie von Techniken eingesetzt, die *Comprehensions* (oder auf Deutsch seltener auch *Abstraktionen*) genannt werden. Dabei werden in der Regel Funktionen verwendet, um auf praktische Art und Weise Python-Objekte mit bestimmten Elementen zu konstruieren. Die gebräuchlichsten Comprehensions sind *List Comprehensions* (*Listen-Abstraktionen*) und *Dictionary Comprehensions* (*Wörterbuch-Abstraktionen*), die Listen bzw. Dictionaries erstellen. Wir werden uns auch mit einem Beispiel für die Verwendung von *Generator Comprehensions* beschäftigen, bei dem die Ergebnisse aus ▶ Abschnitt 5.3.1 mithilfe einer Generator Comprehension repliziert werden, sowie eine kurze Einführung in *Set Comprehensions* geben.

Dies ist ein anspruchsvolles Kapitel und Sie müssen vielleicht ein paar Dinge nochmal nachlesen, um es vollständig zu verstehen (▶ Exkurs 6.1), aber es wird sich auf jeden Fall lohnen.

■ Exkurs 6.1: Ein paar Wiederholungen

In allen Bereichen, von Kampfsport über Schach bis hin zum Erlernen von Sprachen, kommt man immer wieder an einen Punkt, an dem keine Analyse oder Reflexion mehr hilft – man muss einfach bereits erlernte Dinge häufiger wiederholen.

Es ist erstaunlich, wie sehr man sich verbessern kann, wenn man etwas ausprobiert, es irgendwie (aber vielleicht nicht ganz) schafft und es dann einfach *noch einmal macht*. Im Zusammenhang mit einem Buch wie diesem bedeutet das manchmal, dass Sie einen besonders schwierigen Abschnitt oder ein besonders schwieriges Kapitel noch einmal lesen. Manche Leute (mich selbst eingeschlossen) lesen sogar ein ganzes Buch noch einmal.

Ein wichtiger Aspekt bei der Wiederholung ist das *Aussetzen der Selbstbeurteilung* – erlauben Sie sich, nicht sofort perfekt zu sein. (Viele Menschen – auch ich – brauchen oft erst einige Übung, um sich damit abfinden zu können, dass sie nicht sofort perfekt sind. Meta-Wiederholungen, sozusagen.)

Gönnen Sie sich eine Pause, machen Sie Ihre Wiederholungen und beobachten Sie, wie Ihre technischen Fähigkeiten von Tag zu Tag wachsen.

Bei der folgenden Beschäftigung mit der funktionalen Programmierung werden wir jeweils eine Aufgabe zunächst mit einer Reihe von Befehlen bewältigen (die sogenannte „imperative Programmierung“[61], die wir bis hierher hauptsächlich angewandt haben) und anschließend zeigen, wie dieselbe Aufgabe mithilfe der funktionalen Programmierung gelöst werden kann.

Der Einfachheit halber werden wir für unsere Erkundungen eine Datei erstellen, anstatt alles in die REPL einzutippen:

```
(venv) $ touch functional.py
```

6.1 List Comprehensions

Wir beginnen unser Studium der funktionalen Programmierung mit einer Technik, die Ihnen ein Verständnis von Python auf Einstein-Niveau vermitteln wird (▶ Abbildung 6.1[62]). Mit dieser Technik, die als *List Comprehensions* bekannt ist, können wir Listen mithilfe von Funktionen mit einem einzigen Befehl aufbauen. Die Ergebnisse sind dabei im Großen und Ganzen ähnlich wie bei der `map`-Funktion in JavaScript oder Ruby – Python selbst unterstützt `map` sogar auch, aber die List Comprehensions sind sehr viel pythonischer.

Abbildung 6.1: Albert Einstein war ein Meister der Comprehensions (Abstraktionen).

61 Von lateinisch *imperativus*, „von einem Befehl ausgehend“.
62 Bild mit freundlicher Genehmigung von GL Archive/Alamy.

Lassen Sie uns ein konkretes Beispiel betrachten. Nehmen wir an, wir hätten eine Liste mit Strings in gemischter Groß- und Kleinschreibung und wollten eine entsprechende Liste mit Strings nur in Kleinbuchstaben erstellen und dabei Leerzeichen innerhalb der einzelnen Strings durch Bindestriche ersetzen, sodass das Ergebnis für die Verwendung in URLs geeignet ist – etwa so:

```
"North Dakota" -> "north-dakota"
```

Mit den bisher in diesem Buch besprochenen Techniken könnten wir dies wie folgt erreichen:

1. Definieren einer Variablen, die eine Liste von Strings enthält.
2. Definieren eine zweiten (zunächst leeren) Variablen für die URL-freundliche Liste von Strings.
3. Hinzufügen einer mit `lower()` erzeugten Kleinbuchstaben-Version (▶ Abschnitt 2.5) jedes Elements der ersten Liste mit `append()` (▶ Abschnitt 3.4.3) zur zweiten Liste, wobei die Kleinbuchstaben-Version vor dem Hinzufügen jeweils mit `split()` an Leerraumzeichen aufgespalten (▶ Abschnitt 4.3) und dann mithilfe von `join()` (▶ Abschnitt 3.4.4) mit Bindestrichen wieder zusammengefügt wird. (Sie könnten auch jeweils an einem einzelnen Leerzeichen " " aufspalten, aber die Aufspaltung an Leerraumzeichen ist so viel robuster, dass ihre standardmäßige Verwendung eine gute Praxis darstellt.)

Lassen Sie uns dies in der REPL aufbauen, bevor wir es in unsere Datei einfügen. Wir beginnen mit einem Beispiel für die Verarbeitung eines einzelnen US-Bundesstaats gemäß Schritt 3 ohne das Hinzufügen zur zweiten Liste:

```
(venv) $ python3
>>> staat = "North Dakota"
>>> staat.lower()
'north dakota'
>>> staat.lower().split()
['north', 'dakota']
>>> "-".join(staat.lower().split())
'north-dakota'
```

Beachten Sie die Verwendung der Kombination `lower().split()`, die zwei Methoden nacheinander in einem Prozess anwendet, der als *Methodenverkettung* (engl.: *method chaining*) bekannt ist. Auch wenn dies in Python nicht so häufig vorkommt wie in einigen anderen objektorientierten Sprachen (was zum großen Teil auf die Verwendung von Iteratoren (▶ Abschnitt 5.3) in Python zurückzuführen ist), ist es dennoch sehr wissenswert.

Die Kombination dieses Aufrufs von `join()` mit den anderen oben beschriebenen Schritten ergibt schließlich den in ▶ Listing 6.1 gezeigten Code. Der Code ist schon etwas komplizierter. Wenn Sie also in der Lage sind, ▶ Listing 6.1 nachzuvollziehen, ist das ein guter Hinweis auf Ihre wachsenden technischen Fähigkeiten in der Python-Programmierung. (Wenn Ihnen das Verständnis des Codes Schwierigkeiten bereitet, sollten Sie zunächst einmal den Python-Interpreter starten und ihn in der REPL zum Laufen bringen.)

Listing 6.1: *functional.py* Erzeugen von URL-geeigneten Strings aus einer Liste.

```
staaten = ["Kansas", "Nebraska", "North Dakota", "South Dakota"]

# URLs: Imperative Version
def imperative_urls(staaten):
    urls = []
    for staat in staaten:
      urls.append("-".join(staat.lower().split()))
    return urls

print(imperative_urls(staaten))
```

Das Ergebnis der Ausführung von ▶ Listing 6.1 sieht wie folgt aus:

```
(venv) $ python3 functional.py
['kansas', 'nebraska', 'north-dakota', 'south-dakota']
```

Sehen wir uns nun an, wie wir dasselbe mit einer List Comprehension tun können. Wir starten mit ein paar einfacheren Beispielen, angefangen mit einem, das einfach die Funktion `list()` repliziert:

```
>>> list(range(10))                    # Funktion list()
[0, 1, 2, 3, 4, 5, 6, 7, 8, 9]
>>> [n for n in range(10)]             # List comprehension
[0, 1, 2, 3, 4, 5, 6, 7, 8, 9]
```

Der zweite Befehl – die List Comprehension – erstellt eine Liste, die jede ganze Zahl `n` im Bereich von 0 bis 9 enthält. Was ihn flexibler macht als `list()` ist, dass wir ihn auch für andere Operationen verwenden können, z. B. für das Quadrieren:

```
>>> [n*n for n in range(10)]
[0, 1, 4, 9, 16, 25, 36, 49, 64, 81]
```

Wenn wir eine ähnliche Technik auf eine Liste von Strings anwenden, können wir eine Liste der Kleinbuchstaben-Versionen der Strings erstellen, indem wir die `lower()`-Methode (die nur eine Art Funktion ist) nacheinander für jeden String aufrufen:

```
>>> [s.lower() for s in ["ALICE", "BOB", "CHARLIE"]]
['alice', 'bob', 'charlie']
```

Wenn wir zu unserem Hauptbeispiel zurückkehren, können wir uns die mehrstufige Umwandlung in den Schritten (a) in Kleinbuchstaben konvertieren, (b) an Leerraumzeichen aufspalten und dann (c) wieder mit Bindestrichen verbinden als eine einzige Operation vorstellen und eine List Comprehension verwenden, um diese Operation nacheinander auf jedes Element in der Liste anzuwenden. Das Ergebnis ist so kompakt, dass es problemlos in die REPL passt:

```
>>> staaten = ["Kansas", "Nebraska", "North Dakota", "South Dakota"]
>>> ["-".join(staat.lower().split()) for staat in staaten]
['kansas', 'nebraska', 'north-dakota', 'south-dakota']
```

Wenn wir dies zusätzlich in die Datei `functional.py` einfügen, wird sofort ersichtlich, dass die funktionale Version erheblich kürzer ist als die imperative Version (▶ Listing 6.2).

Listing 6.2: `functional.py` Hinzufügen einer funktionalen Version, die eine List Comprehension verwendet.

```
staaten = ["Kansas", "Nebraska", "North Dakota", "South Dakota"]

# URLs: Imperative Version
def imperative_urls(staaten):
    urls = []
    for staat in staaten:
      urls.append("-".join(staat.lower().split()))
    return urls

print(imperative_urls(staaten))

# URLs: Funktionale Version
def funktionale_urls(staaten):
    return ["-".join(staat.lower().split()) for staat in staaten]

print(funktionale_urls(staaten))
```

Wir können in der Kommandozeile bestätigen, dass die Ergebnisse die gleichen sind:

```
(venv) $ python3 functional.py
['kansas', 'nebraska', 'north-dakota', 'south-dakota']
['kansas', 'nebraska', 'north-dakota', 'south-dakota']
```

Mit den List Comprehensions in Python können wir diese US-Bundesstaaten ohne eine `map` verarbeiten (▶ Abbildung 6.2[63]).

Abbildung 6.2: Einige List Comprehensions sind äquivalent zu einer `map` (deutsch: *Karte*).

63 Bild mit freundlicher Genehmigung von Creative Jen Designs/Shutterstock.

Als letzte Verfeinerung können wir die Methodenkette, die dafür verantwortlich ist, die Strings in URL-kompatible Strings zu konvertieren, in eine separate Hilfsfunktion namens `urlify()` auslagern:

```
def urlify(string):
    """Gib eine URL-freundliche Version des Strings string zurück.

    Beispiel: "North Dakota" -> "north-dakota"
    """
    return "-".join(string.lower().split())
```

Beachten Sie, dass wir einen mehrzeiligen DocString eingefügt haben, der ein Beispiel für einen erfolgreichen Vorgang enthält. Das Definieren dieser Funktion in `functional.py` und ihre Verwendung in der imperativen und funktionalen Version ergibt den Code in ▶ Listing 6.3.

Listing 6.3: *functional.py* **Definieren einer Hilfsfunktion.**

```
staaten = ["Kansas", "Nebraska", "North Dakota", "South Dakota"]

def urlify(string):
    """Gib eine URL-freundliche Version des Strings string zurück.

    Beispiel: "North Dakota" -> "north-dakota"
    """
    return "-".join(string.lower().split())

# URLs: Imperative Version
def imperative_urls(staaten):
    urls = []
    for staat in staaten:
      urls.append(urlify(staat))
    return urls

print(imperative_urls(staaten))

# URLs: Funktionale Version
def funktionale_urls(staaten):
    return [urlify(staat) for staat in staaten]

print(funktionale_urls(staaten))
```

Wie zuvor sind die Ergebnisse wieder dieselben:

```
(venv) $ python3 functional.py
['kansas', 'nebraska', 'north-dakota', 'south-dakota']
['kansas', 'nebraska', 'north-dakota', 'south-dakota']
```

Im Vergleich zur imperativen Version umfasst die funktionale Version nur ein Viertel der Zeilen (eine statt vier), verändert keine Variablen (ein oft fehleranfälliger Schritt bei der imperativen Programmierung) und kann vollständig auf die zwischenzeitliche Erzeugung der Liste `urls` verzichten. Das ist die Art von Dingen, die Mike Vanier sehr glücklich machen (▶ Abbildung 6.3[64]).

64 Als ich das letzte Mal nachgefragt habe, war Mikes Lieblingssprache eine „rein funktionale“ Sprache namens Haskell. Bild © Mike Vanier.

Abbildung 6.3: Funktionale Programmierung macht Mike Vanier am glücklichsten.

6.1.1 Übung

1. Schreiben Sie unter Verwendung einer List Comprehension eine Funktion, die die Variable `staaten` als Argument annimmt und eine Liste von URLs in der Form `https://example.com/<urlifiedform>` zurückgibt (`<urlifiedform>` steht für die URL-freundliche Version des Namens des jeweiligen Staats).

6.2 List Comprehensions mit Bedingungen

List Comprehensions in Python unterstützen nicht nur die Erstellung von Listen mit `for ... in`, sondern auch die Verwendung von `if`, um nur Elemente auszuwählen, die bestimmte Kriterien erfüllen. Auf diese Weise können List Comprehensions mit Bedingungen das Verhalten der Methode `filter` in JavaScript und `select` in Ruby replizieren. (Wie im Fall von `map` unterstützt Python dieses Verhalten tatsächlich auch direkt – hier über die Funktion `filter`. Ebenso wie bei `map` ist die Comprehension-Version aber weitaus pythonischer.)

Nehmen wir zum Beispiel an, dass wir aus unserer Liste `staaten` mit Namen von US-Bundesstaaten nur die Strings auswählen möchten, die aus einem einzelnen Wort bestehen, während diejenigen, die aus mehr als einem Wort bestehen, nicht berücksichtigt werden sollen. Wie in ▶ Abschnitt 6.1 schreiben wir zunächst eine imperative Version:

1. Definieren einer Liste `singles`, um die Ein-Wort-Strings zu speichern.
2. Hinzufügen jedes Elements aus der Liste `staaten`, dessen Aufspaltung an Leerraumzeichen mit `split()` eine Liste der Länge 1 ergibt, zur Ein-Wort-Liste `singles` mit `append()`.

Daraus ergibt sich der Code in ▶ Listing 6.4. Beachten Sie, dass in ▶ Listing 6.4 und den folgenden Listings jeweils gerade nicht relevante Teile der Datei `functional.py` der besseren Übersicht wegen durch vertikale Punkte repräsentiert werden.

Listing 6.4: *functional.py* Lösen eines Filterungsproblems durch imperative Programmierung.

```
staaten = ["Kansas", "Nebraska", "North Dakota", "South Dakota"]
.
.
.
# singles: Imperative Version
def imperative_singles(staaten):
    singles = []
    for staat in staaten:
        if len(staat.split()) == 1:
            singles.append(staat)
    return singles

print(imperative_singles(staaten))
```

Achten Sie in ▶ Listing 6.4 auf das bekannte Muster aus ▶ Listing 6.1: Wir definieren zunächst eine Hilfsvariable, um die gesuchten Staaten darin zu speichern. Dann durchlaufen wir die Elemente der ursprünglichen Liste mithilfe einer Schleife, wobei wir die Variable bei jedem Element nach Bedarf verändern. Schließlich geben wir die veränderte Variable zurück. Das ist nicht besonders schön, aber es funktioniert:

```
(venv) $ python3 functional.py
['kansas', 'nebraska', 'north-dakota', 'south-dakota']
['kansas', 'nebraska', 'north-dakota', 'south-dakota']
['Kansas', 'Nebraska']
```

Sehen wir uns nun an, wie wir die gleiche Aufgabe mit einer List Comprehension erledigen können. Wie in ▶ Abschnitt 6.1 starten wir mit einem einfachen numerischen Beispiel in der REPL. Wir beginnen mit dem *Modulo-Operator*`%`, der den Rest der Division einer ganzen Zahl durch eine andere ganze Zahl zurückgibt. Mit anderen Worten, `17 % 5` (lies „siebzehn mod fünf") ist gleich `2`, denn 5 passt dreimal vollständig in 17 (was 15 ergibt), wobei ein Rest von 17 – 15 = 2 verbleibt. Die Operation `Ganze Zahl % 2` teilt die ganzen Zahlen in zwei Klassen: bei geraden Zahlen ergibt die Operation das Ergebnis `0` (kein Rest) und bei ungeraden Zahlen das Ergebnis `1` (Rest 1), was im Code beispielsweise wie folgt aussieht:

```
>>> 16 % 2  # gerade
0
>>> 17 % 2  # ungerade
1
>>> 16 % 2 == 0  # gerade
True
>>> 17 % 2 == 0  # ungerade
False
```

Wir können `%` in einer List Comprehension verwenden, um eine Liste von Zahlen zu verarbeiten und eine Zahl nur dann auszuwählen, wenn sie gerade ist:

```
>>> [n for n in range(10) if n % 2 == 0]
[0, 2, 4, 6, 8]
```

Dies ist genau dasselbe wie eine reguläre List Comprehension, allerdings mit einer zusätzlichen `if`-Anweisung.

Anhand dieses Beispiels sehen wir, dass die *funktionale* Version von ▶ Listing 6.4 viel sauberer wäre. Wie in ▶ Listing 6.2 lässt sie sich in einer einzigen Zeile zusammenfassen, wie wir in der REPL sehen können:

```
>>> [staat for staat in staaten if len(staat.split()) == 1]
['Kansas', 'Nebraska']
```

Wenn Sie das Ergebnis in unsere Beispieldatei `functional.py` einfügen, wird noch einmal deutlich, wie viel kompakter die funktionale Version im Vergleich zur imperativen Version ist (▶ Listing 6.5).

Listing 6.5: *functional.py* Hinzufügen der Lösung eines Filterungsproblems durch funktionale Programmierung.

```
staaten = ["Kansas", "Nebraska", "North Dakota", "South Dakota"]
.
.
.
# singles: Imperative Version
def imperative_singles(staaten):
    singles = []
    for staat in staaten:
        if len(staat.split()) == 1:
            singles.append(staat)
    return singles

print(imperative_singles(staaten))

# singles: Funktionale Version
def funktionale_singles(staaten):
      return [staat for staat in staaten if len(staat.split()) == 1]

print(funktionale_singles(staaten))
```

Wie gewünscht, liefert die funktionale Version das gleiche Ergebnis:

```
(venv) $ python3 functional.py
['kansas', 'nebraska', 'north-dakota', 'south-dakota']
['kansas', 'nebraska', 'north-dakota', 'south-dakota']
['Kansas', 'Nebraska']
['Kansas', 'Nebraska']
```

So kompakt List Comprehensions auch sein können, so sollten Sie doch beachten, dass es bei ihrer Verwendung Einschränkungen gibt. Insbesondere, wenn die Logik innerhalb von List Comprehensions komplizierter wird, können sie schnell unhandlich und unübersichtlich werden. Es gilt daher als unpythonisch, zu komplizierte List Comprehensions zu formulieren. Wenn Sie selbst bemerken, dass Sie zu viel Inhalt in eine einzige Comprehension zu packen versuchen, sollten Sie es in Betracht ziehen, stattdessen eine gute alte `for`-Schleife zu verwenden.

6.2.1 Übung

1. Schreiben Sie zwei äquivalente List Comprehensions, die die beiden Dakota-Strings („North Dakota“ und „South Dakota“) aus der Liste `staaten` zurückgeben: eine mit `in` (▶ Abschnitt 2.5), um auf das Vorhandensein der Zeichenkette „Dakota“ zu testen, und eine, die auf die Länge `2` der Liste testet, die man durch eine geeignete Aufspaltung des jeweiligen Elements mit `split()` erhält.

6.3 Dictionary Comprehensions

Unser nächstes Beispiel für funktionale Programmierung verwendet *Dictionary Comprehensions*, die uns funktionale Fähigkeiten auf Augenhöhe mit dem großen Lexikographen Dr. Samuel Johnson verleihen (▶ Abbildung 6.4[65]). Diese Technik ist im Großen und Ganzen äquivalent zur Methode `reduce` in JavaScript und `inject` in Ruby. Leser, die mit einer oder beiden dieser Methoden in JavaScript und Ruby schon gearbeitet haben, werden vielleicht zu schätzen lernen, wie viel einfacher Dictionary Comprehensions sein können. (Python 2 enthält tatsächlich eine Methode `reduce()`, die aber aus der Standardversion von Python 3 wieder entfernt wurde. Sie ist jedoch weiterhin über das Modul `functools` verfügbar.)

Abbildung 6.4: Dr. Samuel Johnson, der Meister der Dictionary Comprehensions.

65 Bild mit freundlicher Genehmigung der Rosenwald Collection.

Unser Beispiel baut auf den List Comprehensions aus ▶ Abschnitt 6.1 und ▶ Abschnitt 6.2 auf, die die Namen einiger US-Bundesstaaten betreffen. Insbesondere werden wir ein Dictionary erstellen, das die Namen der einzelnen Bundesstaaten mit der Länge ihrer Namen verknüpft, sodass das Ergebnis wie folgt aussieht:[66]

```
{
    "Kansas": 6,
    "Nebraska": 8,
    "North Dakota": 12,
    "South Dakota": 12
}
```

Wir können dies durch imperative Programmierung erreichen, indem wir zunächst ein leeres Dictionary-Objekt namens `laengen` erzeugen und dann durch die Staaten iterieren und dabei für jeden Staat `laengen[staat]` gleich der Länge seines Namens setzen:

```
laengen[staat] = len(staat)
```

Das vollständige Beispiel finden Sie in ▶ Listing 6.6.

Listing 6.6: *functional.py* Eine imperative Lösung für die Erstellung des Dictionary mit den Staat-Namenslänge-Paaren.

```
.
.
.
# laengen: Imperative Version
def imperative_laengen(staaten):
    laengen = {}
    for staat in staaten:
        laengen[staat] = len(staat)
    return laengen

print(imperative_laengen(staaten))
```

Wenn wir das Programm in der Kommandozeile ausführen, erscheint das gewünschte Dictionary als letzter Teil der Ausgabe:

```
(venv) $ python3 functional.py
.
.
.
{'Kansas': 6, 'Nebraska': 8, 'North Dakota': 12, 'South Dakota': 12}
```

Die funktionale Version ist fast schon absurd einfach. Wie bei den List Comprehensions verwenden wir `for`, um für jedes Element in der Liste ein Element in der Comprehension zu erstellen. Für Dictionary Comprehensions verwenden wir einfach geschweifte Klammern anstelle von eckigen Klammern und ein Schlüssel-Wert-Paar anstelle eines einzelnen Elements. Im vorliegenden Fall sieht es in der REPL so aus:

```
>>> {staat: len(staat) for staat in staaten}
{'Kansas': 6, 'Nebraska': 8, 'North Dakota': 12, 'South Dakota': 12}
```

Wenn wir dies in unsere Datei einfügen, erhalten wir ▶ Listing 6.7.

66 Beachten Sie, dass die Konventionen für die Formatierung von Dictionaries sehr unterschiedlich sind, und es ist eine gute Idee, sich für eine zu entscheiden und sich generell daran zu halten.

Listing 6.7: *functional.py* **Hinzufügen der funktionalen Lösung für die Erstellung des Dictionary mit den Staat-Namenslänge-Paaren.**

```
.
.
.
# laengen: Imperative Version
def imperative_laengen(staaten):
    laengen = {}
    for staat in staaten:
        laengen[staat] = len(staat)
    return laengen

print(imperative_laengen(staaten))

# laengen: Funktionale Version
def funktionale_laengen(staaten):
    return {staat: len(staat) for staat in staaten}

print(funktionale_laengen(staaten))
```

Wenn Sie diesen Code in der Kommandozeile ausführen, erhalten Sie das erwartete Ergebnis:

```
(venv) $ python3 functional.py
.
.
.
{'Kansas': 6, 'Nebraska': 8, 'North Dakota': 12, 'South Dakota': 12}
{'Kansas': 6, 'Nebraska': 8, 'North Dakota': 12, 'South Dakota': 12}
```

Wie bei den Beispielen in ▶ Abschnitt 6.1 und ▶ Abschnitt 6.2 kann auch hier die Funktionalität der imperativen Version in der funktionalen Version auf eine einzige Zeile komprimiert werden. Das ist zwar nicht *immer* der Fall, aber solche großen Komprimierungen sind ein typisches Merkmal der funktionalen Programmierung. (Dies ist nur einer von vielen Gründen, warum die Anzahl der Programmzeilen (engl.: *lines of code*, LOC) ein zweifelhafter Maßstab für die Programmgröße oder die Produktivität von Programmierern ist).

6.3.1 Übung

1. Schreiben Sie unter Verwendung einer Dictionary Comprehension eine Funktion, die jedes Element in `staaten` mit seiner URL-kompatiblen Version verknüpft. *Tipp*: Verwenden Sie die Funktion `urlify()`, die wir in ▶ Listing 6.3 definiert haben.

6.4 Generator und Set Comprehensions

In diesem Abschnitt werden wir das Ergebnis aus ▶ Abschnitt 5.3.1 mithilfe von Comprehensions replizieren, zunächst mit einer List Comprehension und dann mit einer *Generator Comprehension*. Wir werden auch ein kurzes Beispiel für *Set Comprehensions* betrachten.

6.4.1 Generator Comprehensions

Erinnern Sie sich an ▶ Abschnitt 5.3.1, in dem wir eine Funktion definiert haben, die die erste Zahl mit allen zehn Ziffern von 0 bis 9 in einer Liste findet, wie in ▶ Listing 6.8 dargestellt.

Listing 6.8: Suche nach der ersten Zahl mit allen zehn Ziffern in einer Liste.

```
>>> def hat_alle_ziffern(zahlen):
...     for n in zahlen:
...         if set(str(n)) == set("0123456789"):
...             return n
...     return None
```

In ▶ Listing 5.20 haben wir eine imperative Lösung verwendet, um eine Liste *perfekter Quadrate* zu erstellen, haben aber aufgegeben, weil es zu lange dauerte. Mit den Techniken aus ▶ Abschnitt 6.1 sind wir nun in der Lage, dieselbe Liste mithilfe einer List Comprehension zu erzeugen:

```
>>> quadrate_list_comp = [n**2 for n in range(10**8 + 1)]
```

Leider muss dieser Code, obwohl er syntaktisch schöner ist, immer noch über den gesamten Bereich iterieren und die gesamte Liste im Speicher erstellen. Wie in ▶ Abschnitt 5.3.1 verlor ich die Geduld und drückte `Ctrl-C`, um die Ausführung zu unterbrechen, bevor sie beendet war.

Nun zum Analogon von ▶ Listing 5.21, das durch die Verwendung von `yield` jede Quadratzahl der Reihe nach erst auf Anfrage zurückgibt und keine Liste der Quadratzahlen im Speicher erstellt. Wir können dieses Verhalten noch bequemer mit einer Generator Comprehension erzeugen, die genauso aussieht wie eine List Comprehension, nur mit runden anstelle von eckigen Klammern:

```
>>> quadrate_gen_comp = (n**2 for n in range(10**8 + 1))
```

Wie der Generator in ▶ Listing 5.21 liefert auch diese Generator Comprehension die nächste Quadratzahl nur bei Bedarf, d. h. wir können das erste perfekte Quadrat mit allen zehn Ziffern durch Übergabe der Generator Comprehension `quadrate_gen_comp` an die Funktion `hat_alle_ziffern()` finden, wie wir es mit dem Generator `quadrate` auch in ▶ Abschnitt 5.3.1 getan haben:

```
>>> hat_alle_ziffern(quadrate_gen_comp)
1026753849
```

Dies ist die gleiche Antwort, nämlich $1\,026\,753\,849 = 32043^2$, die wir in ▶ Abschnitt 5.3.1 erhalten haben – aber mit *viel* weniger Code.

6.4.2 Set Comprehensions

Wenn die Regeln dafür auf einfache Weise angegeben werden können, kann man mit Set Comprehensions schnell Sets erzeugen. Die Syntax sowohl ohne als auch mit Bedingungen ist dabei fast identisch mit der Syntax für List Comprehensions in ▶ Abschnitt 6.1 und ▶ Abschnitt 6.2, nur mit geschweiften anstelle von eckigen Klammern.

Ein Set mit allen ganzen Zahlen von 5 bis 20 können wir beispielsweise folgendermaßen erstellen:

```
>>> {n for n in range(5, 21)}
{5, 6, 7, 8, 9, 10, 11, 12, 13, 14, 15, 16, 17, 18, 19, 20}
```

Und wir können ein Set mit den geraden Zahlen, die größer als null und kleiner als 10 sind, zum Beispiel auf den beiden folgenden Wegen erzeugen:

```
>>> {n for n in range(1, 10) if n % 2 == 0}
{8, 2, 4, 6}
>>> {n for n in range(10) if n % 2 == 0 and n > 0}
{8, 2, 4, 6}
```

Set-Operatoren wie der Schnittmengenoperator (&) funktionieren wie gewohnt:

```
>>> {n for n in range(5, 21)} & {n for n in range(10) if n % 2 == 0}
{8, 6}
```

6.4.3 Übung

1. Schreiben Sie eine Generator Comprehension, die die ersten 50 geraden, positiven (größer als null), ganzen Zahlen zurückgibt.

6.5 Andere funktionale Techniken

Obwohl Comprehensions zu den gängigsten und leistungsfähigsten funktionalen Techniken in Python gehören, bietet die Sprache auch viele andere Techniken. Ein Beispiel ist die Addition der Elemente in einer Liste (oder einem Bereich), die wir mit dem Code in ▶ Listing 6.9 iterativ durchführen können. Beachten Sie das bekannte Muster, bei dem zunächst eine Variable (hier `total`) initialisiert und diese Variable dann in einer `for`-Schleife schrittweise verändert wird (in diesem Fall durch Addition einer Zahl).[67]

Listing 6.9: *functional.py* Eine imperative Lösung für die Addition der ganzen Zahlen von 1 bis 100.

```
.
.
.
zahlen = range(1, 101)      # 1 bis 100

# summe: Imperative Lösung
def imperative_summe(zahlen):
    total = 0
    for n in zahlen:
      total += n
    return total

print(imperative_summe(zahlen))
```

67 Da es üblich ist, von der Addition der (ganzen) Zahlen von 1 bis 100 zu sprechen – und nicht von den Zahlen von 0 bis 100 –, verwendet Listing 6.9 `range(1, 101)` um den Zahlenbereich von 1 bis 100 zu erzeugen, aber natürlich wäre die Antwort die gleiche, wenn wir `range(101)` verwenden würden, da die Addition von 0 die Summe nicht verändert.

Das Ergebnis lautet wie erwartet 5050:

```
(venv) $ python3 functional.py
.
.
.
5050
```

Die funktionale (und sehr pythonische) Lösung ist die Verwendung der in Python integrierten Funktion `sum()`:

```
>>> sum(range(1, 101))
5050
```

Wenn wir diese Lösung in unserer Datei `functional.py` verwenden wollen, müssen wir nur eine einzige zusätzliche Zeile hinzufügen (▶ Listing 6.10).

Listing 6.10: *`functional.py`* Hinzufügen einer vollständig pythonischen Lösung für die Addition ganzer Zahlen.

```
.
.
.
zahlen = range(1, 11)  # 1 bis 10

# summe: Imperative Lösung
def imperative_summe(zahlen):
    total = 0
    for n in zahlen:
      total += n
    return total

print(imperative_summe(zahlen))
print(sum(zahlen))
```

Wir können in der Kommandozeile bestätigen, dass die Ergebnisse übereinstimmen:

```
(venv) $ python3 functional.py
.
.
.
5050
5050
```

Eine ähnliche Möglichkeit bietet die Funktion `prod()` im `math`-Modul, die das Produkt der Listenelemente zurückgibt. Das Modul `itertools` enthält eine große Anzahl ähnlicher Werkzeuge.

6.5.1 Funktionale Programmierung und TDD

In vielen Fällen bietet der imperative Ansatz die einfachste Lösung für ein Problem, sodass imperative Lösungen ein guter Ausgangspunkt sein können, auch wenn sie in der Regel länger sind als ihre funktionalen Gegenstücke. Es kann sogar sein, dass wir gar nicht wissen, dass es letztere gibt. Eine häufige Situation ist, dass wir eine imperative Lösung für eine bestimmte Aufgabe schreiben, wie z. B. die in ▶ Listing 6.9 gezeigte Addition, nur um später festzustellen, dass es eine funktionale Lösung dafür gibt (in diesem Fall mit der in Python integrierten Funktion `sum()`). Aber Änderungen an funktionierendem Code können riskant sein, sodass wir in einem solchen Fall verständlicherweise zögern, zur funktionalen Version zu wechseln.

Meine Lieblingstechnik zur Bewältigung dieser Herausforderung ist die *testgetriebene Entwicklung* (engl.: *test-driven development*, TDD), bei der ein *automatisierter Test* geschrieben wird, der das gewünschte Verhalten im Code festhält. Das Entscheidende bei der TDD ist, dass dieser Test *vor* dem entsprechenden Code geschrieben und daher zunächst *nicht* bestanden wird, weil der Code, der das gewünschte Verhalten bewirkt, noch gar nicht existiert. Anschließend können wir für jede beliebige, nach dem Test geschriebene Methode prüfen, ob sie den Test besteht – auch für eine unschöne, aber leicht verständliche imperative Methode. Wenn sie den Test besteht, können wir den Code *refaktorieren*, d. h. seine Form, aber nicht seine Funktion ändern, um eine prägnantere funktionale Lösung zu verwenden. Solange der Test bestanden wird, können wir sicher sein, dass der Code noch funktioniert.

In ▶ Kapitel 8 werden wir genau diese Technik auf das in ▶ Kapitel 7 entwickelte Hauptobjekt anwenden. Insbesondere werden wir die TDD verwenden, um eine elegante Erweiterung der Funktion `ispalindrom()` (▶ Abschnitt 5.3) zu implementieren. Diese erweiterte Funktion erkennt dann auch so komplizierte Palindrome wie „A man, a plan, a canal—Panama!" (▶ Abbildung 6.5[68]).

Abbildung 6.5: Teddy Roosevelt war ein Mann mit einem Plan.

6.5.2 Übung

1 Verwenden Sie `math.prod()`, um das Produkt der Zahlen im Bereich von 1 bis 10 zu bestimmen. Wie verhält sich dies im Vergleich zu `math.factorial(10)`?

68 Bild mit freundlicher Genehmigung von Everett Collection Historical/Alamy Stock Photo.

Objekte und Klassen

7

Bislang sind wir in diesem Buch bereits vielen Beispielen für Python-Objekte begegnet. In diesem Kapitel lernen wir, wie wir in Python mithilfe von *Klassen* eigene Objekte erzeugen können, die sowohl über Daten (Attribute) als auch über Funktionen (Methoden) verfügen. Wir werden uns auch damit beschäftigen, wie wir einen eigenen Iterator für unsere Klasse definieren können. Und schließlich lernen wir, wie wir Funktionen mithilfe von *Vererbung* wiederverwenden können.

7.1 Definieren von Klassen

Klassen bieten eine Möglichkeit, Daten und Funktionen in einem einzigen praktischen Objekt zu organisieren. In Python können wir mit zwei grundlegenden Elementen eine eigene Klasse erzeugen:

1. Verwendung des Schlüsselworts `class`, um die Klasse zu definieren.
2. Verwendung der speziellen Methode `__init__` (oft als *Initialisierungsfunktion* bezeichnet), um festzulegen, wie eine Klasse initialisiert werden soll.

Unser konkretes Beispiel ist eine Klasse namens `Phrase` mit einem Attribut namens `inhalt`, die wir in unsere Datei `palindrome.py` (zuletzt gesehen in ▶ Abschnitt 5.3) einfügen. Bauen wir sie Schritt für Schritt auf (der Einfachheit halber lassen wir die Funktionen `reverse()` und `ispalindrom()` für den Moment weg). Zuerst wird die Klasse mit `class` definiert (▶ Listing 7.1).

Listing 7.1: *`palindrome.py`* Definieren einer Klasse namens `Phrase`.

```
class Phrase:
    """Eine Klasse, die Phrasen repräsentiert."""

if __name__ == "__main__":
    phrase = Phrase()
    print(phrase)
```

In ▶ Listing 7.1 haben wir mit

```
phrase = Phrase()
```

eine *Instanz* (ein bestimmtes Objekt) der Klasse `Phrase` erzeugt, wobei im Hintergrund automatisch auch die Methode `__init__` aufgerufen wird. Die syntaktisch seltsam anmutende Zeile

```
if __name__ == "__main__":
```

sorgt dafür, dass der nachfolgende Code ausgeführt wird, wenn die *Datei* in der Kommandozeile ausgeführt wird, aber *nicht*, wenn die *Klasse* in andere Dateien geladen wird. Diese Konvention ist sehr pythonisch, kann aber etwas undurchsichtig erscheinen. Die meisten Python-Entwickler lernen diesen Trick einfach durch Beispiele, aber sehen Sie sich die offizielle Dokumentation (https://docs.python.org/3/library/__main__.html) an, wenn Sie an einer Erklärung interessiert sind.

In der Zwischenzeit gibt uns die abschließende `print()`-Anweisung in ▶ Listing 7.1 in der Kommandozeile ein konkretes (wenn auch nicht besonders lehrreiches) Ergebnis aus:

```
$ source venv/bin/activate
(venv) $ python3 palindrome.py
<__main__.Phrase object at 0x10267afa0>
```

Dies zeigt die abstrakte interne Darstellung von Python für eine bloße Instanz der Klasse `Phrase`. (Sollte Ihr Ergebnis exakt genauso aussehen?) Das Ergebnis zeigt auch, woher der Wert `"__main__"` in `if __name__ == "__main__"` stammt – er repräsentiert die oberste Ebene (*top-level environment*), das heißt die Umgebung (mit Klassen, Funktionen, Variablen, etc.), in der Shell-Skripte in Python ausgeführt werden.

Wir werden gleich damit beginnen, ▶ Listing 7.1 mit Inhalt zu füllen, aber bevor wir fortfahren, sollten wir noch beachten, dass zur Benennung von Klassen in Python im Gegensatz zu Variablen und Methoden die sogenannte *CamelCase-Konvention* (mit einem führenden Großbuchstaben) anstelle der snake_case-Konvention (▶ Abschnitt 2.2) verwendet wird. Die Bezeichnung CamelCase bezieht sich auf die Ähnlichkeit der Großbuchstaben in einem aus zwei Worten bestehenden Namen im CamelCase mit den Höckern eines Kamels (▶ Abbildung 7.1[69]), da die Trennung von Worten in einem CamelCase-Namen durch Großbuchstaben innerhalb des Namens und nicht durch Unterstriche oder gar Leerzeichen erfolgt. Bei unserem Klassennamen `Phrase` ist diese Ähnlichkeit nicht zu erkennen, weil er nur aus einem einzigen Wort besteht, aber Sie werden das Prinzip am Namen der Klasse `TranslatedPhrase` in ▶ Abschnitt 7.3 deutlicher erkennen können.

Abbildung 7.1: Der Ursprung der CamelCase-Konvention.

69 Bild mit freundlicher Genehmigung von Utsav Academy and Art Studio. Pearson India Education Services Pvt. Ltd.

Letztlich werden wir die Klasse Phrase verwenden, um einen Satz wie „Madam, I'm Adam." zu repräsentieren, der bei Nichtberücksichtigung von Groß- und Kleinschreibung sowie von Satz- und Leerzeichen als Palindrom betrachtet werden kann. Zunächst definieren wir jedoch nur eine Funktion zur Initialisierung der Klasse Phrase, die ein Argument entgegennimmt (den inhalt) und einem *Datenattribut* namens inhalt den Wert des Arguments inhalt zuweist.[70] Wie wir sehen werden, können wir auf die Attribute eines Objekts mit der gleichen Punktnotation zugreifen, die auch für Methoden verwendet wird.

Um das Attribut hinzuzufügen, müssen wir zunächst die Methode __init__ definieren, die aufgerufen wird, wenn wir ein Objekt mit Phrase() initialisieren (▶ Listing 7.2). Die Verwendung von doppelten Unterstrichen ist eine Konvention in Python, um „magische" Methoden zu kennzeichnen, die intern zur Definition des Verhaltens von Objekten verwendet werden. Wir werden in ▶ Abschnitt 7.2 einige weitere Beispiele für solche magischen oder „dunder"-Methoden (**d**ouble-**under**score) kennenlernen. (Unterstriche, sowohl doppelte als auch einfache, haben eine besondere Bedeutung für Attribute und Methoden in Python – siehe ▶ Abschnitt 7.4.1 für weitere Informationen).

Listing 7.2: *palindrome.py* Definieren von __init__.

```
class Phrase:
    """Eine Klasse, die Phrasen repräsentiert."""

    def __init__(self, inhalt):
        self.inhalt = inhalt

if __name__ == "__main__":
    phrase = Phrase("Madam, I'm Adam.")
    print(phrase.inhalt)
```

In ▶ Listing 7.2 wird ein Datenattribut namens inhalt initialisiert, das sich dadurch auszeichnet, dass es an das self-Objekt angehängt ist und innerhalb der Klasse das Objekt selbst darstellt.[71] Beachten Sie, dass wir nur einer Konvention in Python folgen, wenn wir sowohl das an die Funktion __init__ übergebene Argument als auch das Datenattribut inhalt nennen. Wir hätten auch Folgendes schreiben können:

```
def __init__(self, foo):
    self.bar = foo
```

Das wäre für den menschlichen Leser wahrscheinlich verwirrend, würde aber Python nicht im Geringsten stören.

70 Die Datenattribute in Python entsprechen den *Instanzvariablen* in Ruby und den *Eigenschaften* in JavaScript. In Ruby wird das Symbol @, in JavaScript das Schlüsselwort this (gefolgt von einem Punkt) und in Python das Schlüsselwort self (gefolgt von einem Punkt) verwendet, um auf die Attribute eines Objekts zu verweisen.

71 Wenn Sie jemals Klassen mit einer großen Anzahl von Attributen schreiben müssen, werfen Sie einen Blick auf das Modul dataclasses. Dieses Modul verwendet einen speziellen *Auszeichner* namens @dataclass, um Methoden wie __init__ automatisch zu erstellen. Das erspart Ihnen die Mühe, eine große Zahl von Initialisierungen der Form self.<something> = <something> eintippen zu müssen.

Mit der Definition in ▶ Listing 7.2 haben wir nun ein funktionierendes Beispiel:

```
(venv) $ python3 palindrome.py
Madam, I'm Adam.
```

Mithilfe der Punktnotation können wir dem Datenattribut `inhalt` nun auch direkt einen Wert zuweisen, wie in ▶ Listing 7.3 zu sehen ist.

Listing 7.3: *palindrome.py* Einem Objektattribut mithilfe der Punktnotation direkt einen Wert zuweisen.

```
class Phrase:
    """Eine Klasse, die Phrasen repräsentiert."""

    def __init__(self, inhalt):
        self.inhalt = inhalt


if __name__ == "__main__":
    phrase = Phrase("Madam, I'm Adam.")
    print(phrase.inhalt)

    phrase.inhalt = "Able was I, ere I saw Elba."
    print(phrase.inhalt)
```

Wie Sie wahrscheinlich erraten können, erhalten Sie das folgende Ergebnis:

```
(venv) $ python3 palindrome.py
Madam, I'm Adam.
Able was I, ere I saw Elba.
```

An diesem Punkt sind wir bereit, die Funktionen `reverse()` und `ispalindrom()` zu unserer ursprünglichen Definition der Klasse `Phrase` wieder hinzuzufügen (▶ Listing 7.4). Dabei haben wir auch die vorher zu Demonstrationszwecken verwendeten `print()`-Anweisungen und die damit verbundenen Zeilen wieder entfernt. Sie können diese aber auch gerne beibehalten. Denken Sie aber daran, dass sie wegen der `if __name__ == "__main__"`-Bedingung nur ausgeführt werden, wenn die Datei als Skript ausgeführt wird.

Listing 7.4: *palindrome.py* Unsere anfängliche Definition der Klasse `Phrase`.

```
class Phrase:
    """Eine Klasse, die Phrasen repräsentiert."""

    def __init__(self, inhalt):
        self.inhalt = inhalt


def reverse(string):
    """Kehre den String string um."""
    return "".join(reversed(string))


def ispalindrom(string):
    """Gib True zurück, wenn string ein Palindrom ist, ansonsten ↵
False."""
    kleinbuchstaben_string = string.lower()
    return kleinbuchstaben_string == reverse(kleinbuchstaben_string)
```

Zur Kontrolle sollten Sie die Datei in der REPL ausführen, um eventuelle Syntaxfehler usw. zu erkennen:

```
(venv) $ source venv/bin/activate
(venv) $ python3

>>> import palindrome
>>> phrase = palindrome.Phrase("Regallager")
>>> phrase.inhalt
'Regallager'
>>> palindrome.ispalindrom(phrase.inhalt)
True
```

In einem nächsten Schritt verschieben wir die Funktion `ispalindrom()` in das Objekt `Phrase` selbst und fügen sie als Methode hinzu. (Da die Funktion `reverse()` von potenziell allgemeinem Nutzen ist, belassen wir sie außerhalb der Klasse. Beachten Sie, dass sie innerhalb der Klasse verfügbar ist, auch wenn sie im Code nach der Klassendefinition platziert wird.) Jetzt müssen wir nur noch die Methode `ispalindrom()` so verändern, dass sie kein Argument mehr erwartet, und anstelle der Variablen `string` das Datenattribut `inhalt` der Klasse `Phrase` verwendet. Das Ergebnis dieser Änderungen finden Sie in ▶ Listing 7.5.

Listing 7.5: *palindrome.py* Verschieben der Funktion `ispalindrom()` in die Klasse `Phrase`.

```
class Phrase:
    """Eine Klasse, die Phrasen repräsentiert."""

    def __init__(self, inhalt):
        self.inhalt = inhalt

    def ispalindrom(self):
        """Gib True zurück, wenn inhalt ein Palindrom ist, ansonsten ↵
False."""
        kleinbuchstaben_string = self.inhalt.lower()
        return kleinbuchstaben_string == reverse(kleinbuchstaben_string)

def reverse(string):
    """Kehre den String string um."""
    return "".join(reversed(string))
```

Wie bei der Zuweisung in ▶ Listing 7.2, zeigt ▶ Listing 7.5, dass wir auch innerhalb der Methode `ispalindrom()` mit `self` auf den Wert von `inhalt` zugreifen können.

Durch die in ▶ Listing 7.5 eingeführten Änderungen können wir `ispalindrom()` jetzt direkt auf einer Instanz der Klasse Phrase aufrufen. Nach dem Neuladen des Moduls `palindrome` wie in ▶ Abschnitt 5.3 können wir das in der REPL bestätigen:

```
>>> from importlib import reload
>>> reload(palindrome)
>>> phrase = palindrome.Phrase("Regallager")
>>> phrase.ispalindrom()
True
```

Es hat funktioniert!

Die mit dem String `"Regallager"` initialisierte Instanz `phrase` der Klasse `Phrase` weiß, dass es sich bei „Regallager" um ein Palindrom handelt (▶ Abbildung 7.2[72]).

Abbildung 7.2: Auch mit dem englischen Wort „Racecar" hätten wir das gleiche Ergebnis erhalten.

Der Palindrom-Detektor in ▶ Listing 7.5 ist noch ziemlich rudimentär, aber wir haben jetzt eine gute Grundlage für den Aufbau (und das Testen) eines anspruchsvolleren Palindrom-Detektors in ▶ Kapitel 8.

7.1.1 Übungen

1. Vervollständigen Sie die Methode `grossbuchstaben` in ▶ Listing 7.6, indem Sie den Kommentar `# BITTE ERSETZEN...` durch geeigneten Code ersetzen, sodass die Methode eine Version von `inhalt` zurückgibt, die nur Großbuchstaben enthält. Bestätigen Sie in der REPL, dass Sie mit dem Code aus ▶ Listing 7.7 das gleiche Ergebnis erzeugen. *Tipp*: Verwenden Sie die passende String-Methode aus ▶ Abschnitt 2.5.
2. Fügen Sie den `if __name__ == "__main__"`-Abschnitt aus ▶ Listing 7.3 wieder ein und bestätigen Sie, dass dieser *nicht* ausgeführt wird, wenn Sie `palindrome.py` importieren.

Listing 7.6: *palindrome.py* Den Inhalt in Großbuchstaben umwandeln.

```
class Phrase:
    """Eine Klasse, die Phrasen repräsentiert."""

    def __init__(self, inhalt):
        self.inhalt = inhalt
```

72 Bild mit freundlicher Genehmigung von Msyaraafiq/Shutterstock.

```
    def ispalindrom(self):
        """Gib True zurück, wenn inhalt ein Palindrom ist, ansonsten ↵
False."""
        kleinbuchstaben_string = self.inhalt.lower()
        return kleinbuchstaben_string == reverse(kleinbuchstaben_string)

    def grossbuchstaben(self):
      """Wandle inhalt in Großbuchstaben um."""
      # BITTE ERSETZEN...

def reverse(string):
    """Kehre den String string um."""
    return "".join(reversed(string))
```

Listing 7.7: Verwendung von `grossbuchstaben()` in der REPL.

```
>>> reload(palindrome)
>>> p = palindrome.Phrase("Hey Adrian!")
>>> p.grossbuchstaben()
'HEY ADRIAN!'
```

7.2 Eigene Iteratoren

Wir haben in diesem Buch an früheren Stellen bereits gesehen, wie man durch unterschiedliche Python-Objekte iteriert, darunter Strings (▶ Abschnitt 2.6), Listen (▶ Abschnitt 3.5) und Dictionaries (▶ Abschnitt 4.4.1). In ▶ Abschnitt 5.3 haben wir uns auch direkt mit Iteratoren beschäftigt. In diesem Abschnitt lernen wir, wie wir einer eigenen Klasse ebenfalls einen Iterator hinzufügen können.

Im Fall der in ▶ Listing 7.5 definierten Klasse können wir direkt durch den Inhalt iterieren (da es sich nur um einen String handelt, der dem Datenattribut `inhalt` zugewiesen ist):

```
>>> phrase = palindrome.Phrase("Regallager")
>>> for c in phrase.inhalt:

...     print(c)
...
R
e
g
a
l
l
a
g
e
r
```

Dies ist in etwa vergleichbar mit der Iteration durch die Schlüssel eines Wörterbuchs auf die folgende Art und Weise:

```
for key in dictionary.keys():    # Nicht pythonisch
    print(key)
```

Erinnern Sie sich aber aus ▶ Abschnitt 4.4.1 daran, dass dies auch ohne den Aufruf der Methode `keys()` funktioniert:

```
for key in dictionary:          # Pythonisch
    print(key)
```

Es wäre schön, wenn wir das Gleiche mit einer Instanz der Klasse `Phrase` tun könnten, also etwa so:

```
phrase = palindrome.Phrase("Regallager")
for c in phrase:
    print(c)
```

Wir können dies mit einem eigenen Iterator bewerkstelligen. Es gibt zwei allgemeine Anforderungen, die ein Iterator erfüllen muss:

1. Er muss über eine `__iter__`-Methode verfügen, die alle notwendigen Einstellungen vornimmt und dann `self` zurückgibt.
2. Er benötigt eine `__next__`-Methode, die jeweils das nächste Element in der Sequenz zurückgibt.

Beachten Sie, dass bei der Benennung der Methoden zur Durchführung der Iteration wie bei der `__init__`-Methode die Doppel-Unterstrich-Konvention verwendet wird. Dadurch soll darauf hingewiesen werden, dass es sich dabei um magische (dunder) Methoden handelt, die zur Definition des Verhaltens von Python-Objekten genutzt werden.

In unserem speziellen Fall benötigen wir darüber hinaus die Funktion `iter()`, die ein gewöhnliches Objekt in einen Iterator verwandelt. Schauen wir uns an, wie das mit einem String in der REPL funktioniert:

```
>>> phrase_iterator = iter("foo")    # Erzeugt einen String-Iterator
>>> type(phrase_iterator)            # Stellt mit type() den ↩
Iteratortyp fest
<class 'str_iterator'>
>>> next(phrase_iterator)
'f'
>>> next(phrase_iterator)
'o'
>>> next(phrase_iterator)
'o'
>>> next(phrase_iterator)
Traceback (most recent call last):
  File "<stdin>", line 1, in <module>
StopIteration
```

Wir sehen am Rückgabewert der Funktion `type()`, dass die Funktion `iter()` einen String als Argument annimmt und einen String-Iterator zurückgibt. Der Aufruf von `next()` auf den Iterator liefert das nächste Element der Sequenz, bis deren Ende erreicht ist, was durch die spezielle Ausnahme `StopIteration` angezeigt wird.

Unsere Strategie zum Hinzufügen eines Iterators zur Klasse `Phrase` sieht wie folgt aus:

1. In der Funktion `__iter__` erstellen wir mittels Anwendung der Funktion `iter()` auf das Attribut `inhalt` einen Iterator namens `phrase_iterator` für die Klasse Phrase und geben dann, wie es die Funktionsweise von Iteratoren in Python erfordert, `self` zurück.
2. In der Funktion `__next__` wenden wir die Funktion `next()` auf den Iterator `phrase_iterator` an und geben das Ergebnis zurück.

Wenn wir diese Schritte in unseren Code einfügen, erhalten wir das Ergebnis in ▶ Listing 7.8.

Listing 7.8: *palindrome.py* Hinzufügen eines Iterators zur Klasse `Phrase`.

```
class Phrase:
    """Eine Klasse, die Phrasen repräsentiert."""

    def __init__(self, inhalt):
        self.inhalt = inhalt

    def ispalindrom(self):
        """Gib True zurück, wenn inhalt ein Palindrom ist, ansonsten ↵
False."""
        kleinbuchstaben_string = self.inhalt.lower()
        return kleinbuchstaben_string == reverse(kleinbuchstaben_string)

    def __iter__(self):
        self.phrase_iterator = iter(self.inhalt)
        return self

    def __next__(self):
        return next(self.phrase_iterator)

def reverse(string):
    """Kehre den String string um."""
    return "".join(reversed(string))
```

Mit dem Code in ▶ Listing 7.8 können wir das Modul `palindrome` nun neu laden, um zu sehen, ob es funktioniert:

```
>>> reload(palindrome)
>>> phrase = palindrome.Phrase("Regallager")
>>> for c in phrase:
...     print(c)
R
e
g
a
l
l
a
g
e
r
```

Yup! Wir können jetzt durch ein Objekt der Klasse `Phrase` iterieren, ohne das Attribut `inhalt` explizit anzugeben.

7.2.1 Übung

1. Stellen Sie in der REPL fest, ob die direkte Anwendung der Funktion `list()` auf ein Objekt der Klasse `Phrase` mit dem Befehl `list(phrase)` funktioniert, nachdem der eigene Iterator wie in ▶ Listing 7.8 definiert worden ist. Prüfen Sie außerdem, ob das Zusammenfügen der einzelnen Zeichen des Strings `inhalt` mit dem Leerstring als Separator mithilfe des Befehls `"".join(phrase)` funktioniert.

7.3 Vererbung

Wenn Sie sich mit Python-Klassen beschäftigen, kann es hilfreich sein, die *Klassenhierarchie* mithilfe der Attribute `__class__` und `__mro__` zu untersuchen. Dabei steht `__mro__` für die *Reihenfolge der Methodenauflösung* (engl.: *method resolution order*, MRO), die genau die Hierarchie ausgibt, für die wir uns interessieren.

Schauen wir uns als Beispiel an, was dies im Falle eines bekannten Objekttyps, nämlich eines Strings, ergibt:

```
>>> s = "foobar"
>>> type(s)          # Eine Möglichkeit, die Klasse abzufragen
<class 'str'>
>>> s.__class__      # Eine andere Möglichkeit, die Klasse abzufragen
<class 'str'>
>>> s.__class__.__mro__
(<class 'str'>, <class 'object'>)
```

Dem Ergebnis können wir entnehmen, dass ein String ein Objekt der Klasse `str` repräsentiert, also vom Typ `str` ist, während `str` wiederum vom Typ `object` ist. Die Klasse `object` wird als *Superklasse* oder auch *Oberklasse* bezeichnet, weil sie in der Klassenhierarchie in der Regel „über" der Klasse `str` steht.

Ein Diagramm der resultierenden Klassenhierarchie finden Sie in ▶ Abbildung 7.3. Wir sehen hier, dass `object` die Superklasse von `str` ist, und dass die Hierarchie damit endet. Dieses Muster gilt für jedes Python-Objekt: Verfolgen Sie die Klassenhierarchie nur weit genug zurück und Sie werden immer bei der Klasse `object` landen, die selbst keine Superklasse mehr hat.

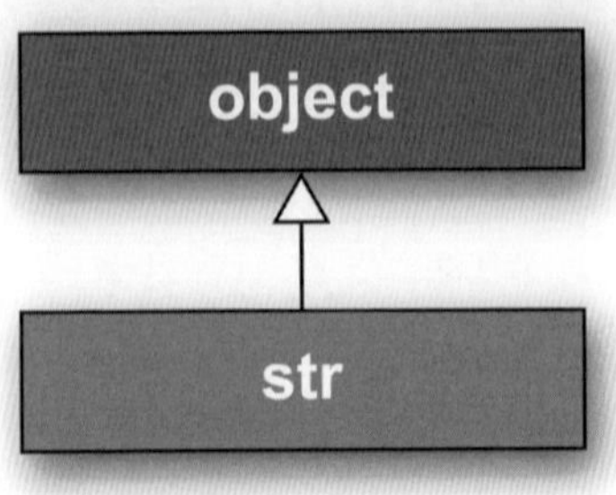

Abbildung 7.3: Die Vererbungshierarchie für die Klasse `str`.

Die Klassenhierarchie von Python funktioniert so, dass jede Klasse die Attribute und Methoden von Klassen *erbt*, die in der Hierarchie weiter oben stehen. Wir haben zum Beispiel gerade gesehen, wie man die Klasse eines Objekts vom Typ `str` feststellen kann:

```
>>> "Honigdachs".__class__
<class 'str'>
```

Aber woher kommt das Attribut `__class__` eigentlich? Die Antwort lautet, dass `str` das Attribut `__class__` von der Klasse `object` selbst erbt:

```
>>> object().__class__
<class 'object'>
```

Die Klasse eines jeden Objekts mit `object` als Superklasse speichert ihren Klassennamen im Attribut `__class__`.

Kehren wir nun zur Klasse `Phrase` zurück, die wir in ▶ Abschnitt 7.1 definiert haben. Wie derzeit definiert, besitzt (*has a*) die Klasse `Phrase` ein Attribut namens `inhalt`, was in der Terminologie der objektorientierten Programmierung als *has-a-Beziehung* bezeichnet wird. Ein solches Design ist als *Komposition* bekannt, bei der eine Klasse wie `Phrase` aus einem Attribut wie`inhalt` und möglicherweise weiteren Dingen besteht. Man kann die Situation auch anders betrachten und sagen, dass die Klasse `Phrase` ein String *ist*, was dann als *is-a-Beziehung* bekannt ist. In diesem Fall könnten wir dafür sorgen, dass die Klasse `Phrase` von Pythons nativer String-Klasse `str` erbt, indem wir die Klasse `str` bei der Definition der Klasse `Phrase` wie in ▶ Listing 7.9 an diese übergeben.[73] Eine grafische Darstellung der entsprechenden Klassenhierarchien finden Sie in ▶ Abbildung 7.4 und ▶ Abbildung 7.5 (der Kürze wegen mit Phrase anstelle von `palindrome.Phrase`).

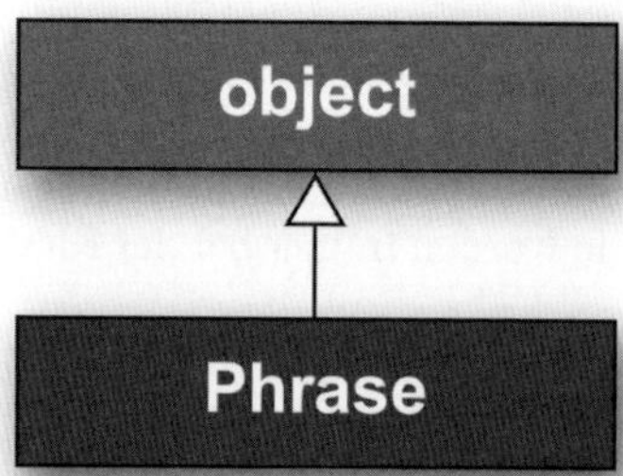

Abbildung 7.4: Die Klassenhierarchie für die Klasse `Phrase` mit Komposition.

73 Wie wir in Abschnitt 7.4 sehen werden, besteht der Weg zur Implementierung von Vererbung in Python einfach darin, die Superklasse bei der Definition einer Klasse als Argument zu übergeben (in diesem Fall, `str`).

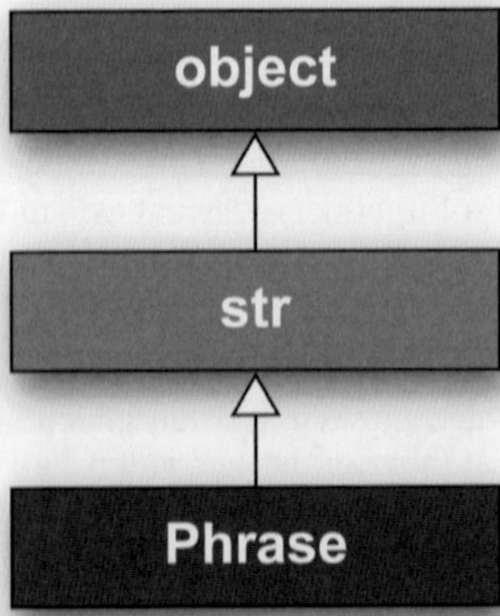

Abbildung 7.5: Die Klassenhierarchie für die Klasse `Phrase` mit Vererbung von `str`.

Listing 7.9: *palindrome.rb* Vererbung von `str`.

```
class Phrase(str):
    """Eine Klasse, die Phrasen repräsentiert."""
    .
    .
    .
```

Welches Design wir wählen, hängt von unseren Vorlieben als Programmierer und den allgemeinen Praktiken der entsprechenden Programmiergemeinschaft ab. Insbesondere unterscheiden sich die verschiedenen Sprachgemeinschaften in ihrer Begeisterung für die Vererbung von spracheigenen Objekten wie `str`. In der Ruby-Gemeinschaft ist eine solche Praxis beispielsweise weit verbreitet und geht sogar so weit, dass Methoden zur Basisklasse `String`[74] selbst hinzugefügt werden.

Im Gegensatz dazu ziehen es viele Mitglieder der Python-Gemeinschaft vor, in diesem Fall Komposition zu verwenden. In meiner Umfrage unter Pythonisten hielten einige die Vererbung von `str` für in Ordnung, aber die Mehrheit hielt es für unpythonisch. Einer meinte sogar, es wirke wie ein „Ruby-Entwickler, der Python schreibt". Vielleicht ergab sich der beste Hinweis auf diese Vorlieben, als ich sie bei der Vorbereitung dieses Kapitels tatsächlich implementiert habe: Die Vererbung von `str` an `Phrase` war noch ziemlich einfach, aber die Vererbung von `Phrase` an `TranslatedPhrase` (▶ Abschnitt 7.4) war *extrem* knifflig (während die Ruby- und sogar die JavaScript-Version viel einfacher waren). Um diese Komplexität zu vermeiden und in Übereinstimmung mit meiner Wahrnehmung der allgemein bevorzugten Python-Praktiken, verwende ich im weiteren Verlauf dieses Kapitels Komposition anstelle von Vererbung.

7.3.1 Übung

1 Wie lauten die Klassenhierarchien für Listen und Dictionaries?

74 `String` ist das Ruby-Pendant zu Pythons Klasse `str`.

7.4 Abgeleitete Klassen

Lassen Sie uns auf den Techniken aus ▶ Abschnitt 7.3 aufbauen, um eine Klasse namens `TranslatedPhrase` zu erstellen, die von unserer Klasse `Phrase` erbt. Der Zweck dieser sogenannten *abgeleiteten Klasse* oder *Unterklasse* ist die Wiederverwendung von so viel Funktionalität ihrer Superklasse `Phrase` wie möglich, während gleichzeitig genügend Flexibilität erhalten bleibt, um zum Beispiel zu testen, ob eine *Übersetzung* ein Palindrom ist.

Wir beginnen mit der Überführung von `kleinbuchstaben_string` in eine separate Methode, wie in ▶ Listing 7.10 gezeigt. Wir werden gleich sehen, warum dies auch im aktuellen Kontext nützlich ist, aber es ist auf jeden Fall eine schöne Verfeinerung. Beachten Sie, dass in ▶ Listing 7.10 auch der eigene Iterator aus ▶ Abschnitt 7.2 der Kürze halber weggelassen wurde, obwohl Sie ihn gerne beibehalten können.

Listing 7.10: *palindrome.py* Faktorisierung von `kleinbuchstaben_string` in eine Methode.

```
class Phrase:
    """Eine Klasse, die Phrasen repräsentiert."""

    def __init__(self, inhalt):
        self.inhalt = inhalt

    def ispalindrom(self):
         """Gib True zurück, wenn inhalt ein Palindrom ist, ansonsten ↵
False."""
         return self.kleinbuchstaben_string() == reverse(self. ↵
kleinbuchstaben_string())

    def kleinbuchstaben_string(self):
        """Bereite inhalt für den Test auf ein Palindrom vor."""
        return self.inhalt.lower()

def reverse(string):
    """Kehre den String string um."""
    return "".join(reversed(string))
```

Jetzt sind wir bereit für die Vererbung von `Phrase`. Wir beginnen damit, den Namen der Superklasse als Argument an die *abgeleitete* Klasse zu übergeben:

```
class TranslatedPhrase(Phrase):
    """Eine Klasse, die Phrasen mit Übersetzung repräsentiert."""
    pass
```

Unser Plan besteht darin, die Klasse `TranslatedPhrase` auf folgende Weise zu verwenden:

```
TranslatedPhrase("shelf storage", "Regallager")
```

Dabei entspricht das erste Argument dem Attribut `inhalt` der Klasse `Phrase` und das zweite Argument der Übersetzung dieses Attributs. Infolgedessen benötigt eine Instanz der Klasse `TranslatedPhrase` ein Attribut `uebersetzung`, das wir wie im Fall von `inhalt` in ▶ Listing 7.2 mithilfe von `__init__` erzeugen:

```
class TranslatedPhrase(Phrase):
    """Eine Klasse, die Phrasen mit Übersetzung repräsentiert."""

    def __init__(self, inhalt, uebersetzung):
        # Verarbeite inhalt hier.
        self.uebersetzung = uebersetzung
```

Beachten Sie, dass der Funktion `__init__` *zwei* Argumente übergeben werden müssen, `inhalt` und `uebersetzung`. Wir haben `uebersetzung` wie ein normales Attribut behandelt, aber was tun wir mit `inhalt`? Die Antwort ist eine spezielle Python-Funktion namens `super()`:

```
class TranslatedPhrase(Phrase):
    """Eine Klasse, die Phrasen mit Übersetzung repräsentiert."""

    def __init__(self, inhalt, uebersetzung):
        super().__init__(inhalt)
        self.uebersetzung = uebersetzung
```

Die Funktion `super()` ruft die Methode `__init__` für die Superklasse auf – in diesem Fall also für die Klasse `Phrase`. Als Resultat wird das Attribut `inhalt` wie in ▶ Listing 7.10 erstellt.

Wenn man alles zusammenfügt, erhält man die in ▶ Listing 7.11 gezeigte Klasse TranslatedPhrase.

Listing 7.11: *palindrome.py* **Definieren der Klasse** `TranslatedPhrase`**.**

```
class Phrase:
    """Eine Klasse, die Phrasen repräsentiert."""

    def __init__(self, inhalt):
        self.inhalt = inhalt

    def ispalindrom(self):
        """Gib True zurück, wenn inhalt ein Palindrom ist, ansonsten ↵
False."""
        return self.kleinbuchstaben_string() == reverse(self. ↵
kleinbuchstaben_string())

    def kleinbuchstaben_string(self):
        return self.inhalt.lower()

class TranslatedPhrase(Phrase):
    """Eine Klasse, die Phrasen mit Übersetzung repräsentiert."""

    def __init__(self, inhalt, uebersetzung):
        super().__init__(inhalt)
        self.uebersetzung = uebersetzung

def reverse(string):
    """Kehre den String string um."""
    return "".join(reversed(string))
```

Da die Klasse TranslatedPhrase von dem Phrase-Objekt erbt, verfügt eine Instanz von TranslatedPhrase automatisch über alle Methoden einer Phrase-Instanz, einschließlich ispalindrom(). Lassen Sie uns eine Variable namens frase (ausgesprochen „FRAH-seh“, spanisch für „Phrase“) erzeugen, um zu sehen, wie das funktioniert (▶ Listing 7.12).

Listing 7.12: Definieren einer TranslatedPhrase.

```
>>> reload(palindrome)
>>> frase = palindrome.TranslatedPhrase("shelf storage", "Regallager")
>>> frase.ispalindrom()
False
```

Wir stellen fest, dass frase wie erwartet über eine Methode ispalindrom() verfügt, und dass diese False zurückgibt, weil „shelf storage“ kein Palindrom ist.

Aber was wäre, wenn wir statt des Inhalts (inhalt) die *Übersetzung* (uebersetzung) darauf überprüfen wollten, ob es sich um ein Palindom handelt oder nicht? Da wir kleinbuchstaben_string() in eine separate Methode überführt haben (▶ Listing 7.10), können wir dies durch das *Überschreiben* (engl.: *overriding*) der Methode kleinbuchstaben_string() in der Klasse TranslatedPhrase erreichen, wie Sie in ▶ Listing 7.13 nachvollziehen können.

Listing 7.13: *palindrome.py* Überschreiben der Methode kleinbuchstaben_string() in der Klasse TranslatedPhrase.

```
class Phrase:
    """Eine Klasse, die Phrasen repräsentiert."""

    def __init__(self, inhalt):
        self.inhalt = inhalt

    def kleinbuchstaben_string(self):
        """Bereite inhalt für den Test auf ein Palindrom vor."""
        return self.inhalt.lower()

    def ispalindrom(self):
        """Gib True zurück, wenn inhalt ein Palindrom ist, ansonsten ↵
False."""
        return self.kleinbuchstaben_string() == reverse(self. ↵
kleinbuchstaben_string())

class TranslatedPhrase(Phrase):
    """Eine Klasse, die Phrasen mit Übersetzung repräsentiert."""

    def __init__(self, inhalt, uebersetzung):
        super().__init__(inhalt)
        self.uebersetzung = uebersetzung

    def kleinbuchstaben_string(self):
        """Überschreibe die Methode aus der Superklasse, um die ↵
Übersetzung auf ein Palindrom zu prüfen."""
        return self.uebersetzung.lower()

def reverse(string):
    """Kehre den String string um."""
    return "".join(reversed(string))
```

Der entscheidende Punkt in ▶ Listing 7.13 ist, dass wir in der Klasse `TranslatedPhrase` die Methode `kleinbuchstaben_string()` nochmals definieren, sodass Python weiß, dass es diese Version anstelle der Version in der Klasse `Phrase` verwenden soll. Diesmal wandeln wir in dieser Methode aber `self.uebersetzung` anstelle von `self.inhalt` in einen Kleinbuchstaben-String um und geben diesen dann zurück, damit die *Übersetzung* auf ein Palindrom geprüft wird. Da die Übersetzung „Regallager" ein Palindrom *ist*, erhalten wir ein anderes Ergebnis als in ▶ Listing 7.12, wie Sie in ▶ Listing 7.14 sehen können.

Listing 7.14: Aufrufen von `ispalindrom()` nach dem Überschreiben von `kleinbuchstaben_string()`.

```
>>> reload(palindrome)
>>> frase = palindrome.TranslatedPhrase("shelf storage", "Regallager")
>>> frase.ispalindrom()
True
```

Die resultierende Vererbungshierarchie ist in ▶ Abbildung 7.6 dargestellt.

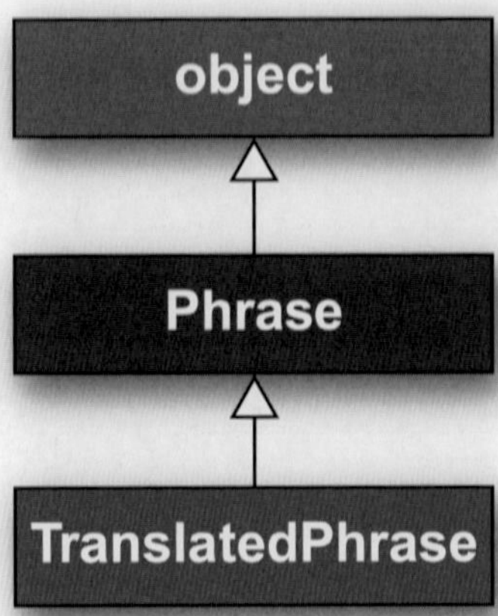

Abbildung 7.6: Die Vererbungshierarchie für die Klasse `TranslatedPhrase`.

Diese Praxis des Überschreibens gibt uns große Flexibilität. Wir können die Ausführung von `frase.ispalindrom()` für die beiden verschiedenen Fälle verfolgen:

Fall 1: ▶ Listing 7.11 und ▶ Listing 7.12

1. `frase.ispalindrom()` ruft die Methode `ispalindrom()` der Instanz `frase` auf, die ein `TranslatedPhrase`-Objekt repräsentiert. Da es keine Methode `ispalindrom()` in dem `TranslatedPhrase`-Objekt gibt, verwendet Python die entsprechende Methode aus der Superklasse `Phrase`.
2. Die Methode `ispalindrom()` in der Klasse `Phrase` ruft die Methode `kleinbuchstaben_string()` auf. Da es auch diese Methode in dem `TranslatedPhrase`-Objekt nicht gibt, verwendet Python wieder die entsprechende Methode aus der Superklasse `Phrase`.
3. Als Ergebnis wird die in Kleinbuchstaben umgewandelte Version der `TranslatedPhrase`-Instanz (des Attributs `self.inhalt`) mit ihrer eigenen Umkehrung verglichen. Da „shelf storage" kein Palindrom ist, lautet das Ergebnis `False`.

Fall 2: ▶ Listing 7.13 und ▶ Listing 7.14

1. `frase.ispalindrom()` ruft die Methode `ispalindrom()` der Instanz `frase` auf, die ein `TranslatedPhrase`-Objekt repräsentiert. Wie in Fall 1 gibt es keine Methode `ispalindrom()` in dem `TranslatedPhrase`-Objekt, also verwendet Python wieder die entsprechende Methode aus der Superklasse `Phrase`.
2. Die Methode `ispalindrom()` in der Klasse `Phrase` ruft die Methode `kleinbuchstaben_string()` auf. Da es jetzt eine Methode `kleinbuchstaben_string()` in dem `TranslatedPhrase`-Objekt *gibt*, verwendet Python nun im Gegensatz zu Fall 1 die Methode aus der Klasse `TranslatedPhrase` anstelle der Methode aus der Superklasse `Phrase`.
3. Infolgedessen wird in diesem Fall die in Kleinbuchstaben umgewandelte Version des Attributs `self.uebersetzung` anstelle des Attributs `self.inhalt` mit ihrer eigenen Umkehrung verglichen. Da „Regallager" tatsächlich ein Palindrom *ist*, lautet das Ergebnis nun `True`.

¿Puedes «reconocer» un palíndromo en español? (Können Sie ein spanisches Palindrom „reconocer" [erkennen]?) (Siehe ▶ Abbildung 7.7.[75])

Abbildung 7.7: Narciso se reconoce. (Narziss erkennt sich selbst.)

75 John William Waterhouse, „Echo und Narziss", 1903 (Detail). Bild mit freundlicher Genehmigung von Archivart/Alamy Stock Photo.

7.4.1 Übungen

1. Sie haben vielleicht bemerkt, dass die Methode `kleinbuchstaben_string()` nur innerhalb der Klassen verwendet wird. Viele objektorientierte Sprachen bieten eine Möglichkeit, solche Methoden als *privat* zu kennzeichnen – eine Praxis, die als *Kapselung* bekannt ist. In Python gibt es keine wirklich privaten Methoden, aber es gibt eine Konvention, nach der solche Methoden durch einen führenden Unterstrich gekennzeichnet werden. Bestätigen Sie, dass die Klassen auch nach der Änderung des Methodennamens von `kleinbuchstaben_string()` in `_kleinbuchstaben_string()`, wie in ▶ Listing 7.15 gezeigt, noch funktionieren.

Listing 7.15: *palindrome.py* Verwendung einer Namenskonvention für private Methoden.

```
class Phrase:
    """Eine Klasse, die Phrasen repräsentiert."""

    def __init__(self, inhalt):
        self.inhalt = inhalt

    def _kleinbuchstaben_string(self):
        """Bereite inhalt für den Test auf ein Palindrom vor."""
        return self.inhalt.lower()

    def ispalindrom(self):
        """Gib True zurück, wenn inhalt ein Palindrom ist, ansonsten ↵
False."""
        return self._kleinbuchstaben_string() == reverse(self. ↵
_kleinbuchstaben_string())

class TranslatedPhrase(Phrase):
    """Eine Klasse, die Phrasen mit Übersetzung repräsentiert."""

    def __init__(self, inhalt, uebersetzung):
        super().__init__(inhalt)
        self.uebersetzung = uebersetzung

    def _kleinbuchstaben_string(self):
        """Überschreibe die Methode aus der Superklasse, um die ↵
Übersetzung auf ein Palindrom zu prüfen."""
        return self.uebersetzung.lower()

def reverse(string):
    """Kehre den String string um."""
    return "".join(reversed(string))
```

Hinweis: Python verfügt über eine zweite Namenskonvention, die als *name mangling* bekannt ist und *zwei* führende Unterstriche verwendet. Diese Konvention kann auf die Namen von Attributen und Methoden in Klassen angewendet werden und führt dazu, dass Python den Namen des Attributs bzw. der Methode automatisch auf eine standardmäßige Art und Weise verändert, sodass das Attribut bzw. die Methode nicht mehr einfach über eine Objektinstanz zugänglich ist.

2 Es kann sinnvoll sein, bei der Iteration über ein `TranslatedPhrase`-Objekt die Übersetzung anstelle des unübersetzten Inhalts zu verwenden. Sorgen Sie für dieses Verhalten durch Überschreiben der Methode `__iter__` in der abgeleiteten Klasse (indem Sie `BITTE_ERSETZEN` in ▶ Listing 7.16 durch geeigneten Code ersetzen). Bestätigen Sie mit dem Python-Interpreter, dass der aktualisierte Iterator wie erwartet funktioniert. (Beachten Sie, dass in ▶ Listing 7.16 die Konvention für private Methoden aus der vorherigen Übung befolgt wird.)

Listing 7.16: *palindrome.py* Überschreiben der Methode `__iter__`.

```
class Phrase:
    """Eine Klasse, die Phrasen repräsentiert."""
    .
    .
    .
    def __iter__(self):
        self.phrase_iterator = iter(self.inhalt)
        return self

    def __next__(self):
        return next(self.phrase_iterator)

class TranslatedPhrase(Phrase):
    """Eine Klasse, die Phrasen mit Übersetzung repräsentiert."""

    def __init__(self, inhalt, uebersetzung):
        super().__init__(inhalt)
        self.uebersetzung = uebersetzung

    def _kleinbuchstaben_string(self):
        """Überschreibe die Methode aus der Superklasse, um die ↩
Übersetzung auf ein Palindrom zu prüfen."""
        return self.uebersetzung.lower()

    def __iter__(self):
        self.phrase_iterator = BITTE_ERSETZEN
        return self

def reverse(string):
    """Kehre den String string um."""
    return "".join(reversed(string))
```

Testen und testgetriebene Entwicklung

8

Obwohl es in einführenden Programmiertutorien nur selten behandelt wird, ist *automatisiertes Testen* eines der wichtigsten Themen in der modernen Softwareentwicklung. Daher enthält dieses Kapitel eine Einführung in das Testen in Python, einschließlich eines ersten Blicks auf die *testgetriebene Entwicklung* (engl.: *test-driven development*, TDD).

Die testgetriebene Entwicklung wurde in ▶ Abschnitt 6.5.1 bereits kurz erwähnt. Dort wurde versprochen, dass wir die Testtechniken nutzen werden, um eine wichtige Fähigkeit zum Auffinden von Palindromen hinzuzufügen, nämlich die Fähigkeit, komplizierte Palindrome wie „A man, a plan, a canal—Panama!“ (▶ Abbildung 6.5) oder „Madam, I'm Adam.“ (▶ Abbildung 8.1[76]) zu erkennen. Dieses Kapitel löst dieses Versprechen ein.

Abbildung 8.1: Der Garten Eden hatte alles – sogar Palindrome.

Wenn wir lernen, wie man Tests in Python schreibt, können wir auf diesem Weg gleich auch lernen, wie man in Python ein *Paket* (engl.: *package*) erstellt (und veröffentlicht!). Dies ist eine weitere äußerst nützliche Fähigkeit, die selten in einführenden Tutorien behandelt wird.

Unsere Strategie, um den aktuellen Palindrom-Code zu testen und ihn auf kompliziertere Phrasen zu erweitern, umfasst die folgenden Schritte:

1. Einrichten (engl.: *setup*) unseres ersten Pakets (▶ Abschnitt 8.1).
2. Schreiben automatisierter Tests für die bereits existierende `ispalindrom()`-Funktionalität (▶ Abschnitt 8.2).
3. Schreiben eines Tests für den erweiterten Palindrom-Detektor, der *nicht bestanden* wird (ROT) (▶ Abschnitt 8.3).
4. Schreiben von (möglicherweise unschönem) Code, der den Test *erfolgreich besteht* (GRÜN) (▶ Abschnitt 8.4).
5. *Refaktorieren* des Codes, um ihn schöner zu gestalten, und dabei sicherstellen, dass seine Funktionalität nicht verändert wird und die Testsuite den Status GRÜN beibehält (▶ Abschnitt 8.5).

76 „Die Versuchung des Adam“ von Tintoretto. Bild mit freundlicher Genehmigung von Album/Alamy Stock Photo.

PYTHON MIT BISS

Testen

Das automatische Testen von Software wurde früher oftmals vernachlässigt, da man den Sinn dahinter nicht gesehen hat. Schließlich ist es mit einigem Aufwand verbunden, all die Tests zu schreiben und zu unterhalten.

Die allgemeine Meinung dazu hat sich in den letzten Jahrzehnten jedoch stark verändert. Viele Softwareentwickler verwenden einen großen Teil ihrer Arbeitszeit darauf, Code zu verstehen oder existierenden Code zu verändern. Sie sind dann nur einen kleinen Teil ihrer Arbeitszeit damit beschäftigt, *neuen* Code zu schreiben! Und dasselbe gilt auch für Tests.

Daher hat sich das Schreiben der Tests in der Regel bereits gelohnt, wenn die Tests dabei helfen, dass die Entwickler den Code etwas schneller verstehen oder etwas weniger Zeit brauchen, um existierenden Code zu verändern. Zudem haben Tests auch einen technischen Vorteil: Wenn man leicht Tests schreiben kann, so kann dies als Zeichen dafür gewertet werden, dass der darunterliegende Code gut geschrieben ist. Falls das Schreiben von Tests schwerfällt, sollte eine Umstrukturierung des Codes in Betracht gezogen werden.

8.1 Einrichtung des Pakets (package setup)

Wir haben bereits in ▶ Abschnitt 1.5 gesehen, dass das Python-Ökosystem eine große Anzahl von in sich geschlossenen Softwarepaketen umfasst. In diesem Abschnitt werden wir ein Paket erstellen, das auf dem in ▶ Kapitel 7 entwickelten Palindrom-Detektor basiert. In diesem Zusammenhang werden wir die Anfänge einer *Testsuite* zum Testen unseres Codes einrichten.

Python-Pakete besitzen eine Standardstruktur, die wie in ▶ Listing 8.1 dargestellt werden kann (sie enthält sowohl generische Elemente wie `pyproject.toml` als auch nicht-generische Elemente wie `palindrome_DEIN_NUTZERNAME_HIER`). Die Struktur umfasst einige Konfigurationsdateien (die wir gleich besprechen werden) und zwei Verzeichnisse: ein Quellverzeichnis namens `src` und ein Testverzeichnis namens `tests`. Das Verzeichnis `src`enthält wiederum ein Verzeichnis für das Palindrom-Paket, das eine spezielle erforderliche Datei namens `__init__.py` sowie das Modul `palindrome_DEIN_NUTZERNAME_HIER` selbst umfasst.[77] (Es ist zwar möglich, die Verzeichnisstruktur zu vereinfachen, indem man die Ebene des Paketverzeichnisses weglässt. Die Struktur in ▶ Listing 8.1 ist aber ein anerkannter Standard und soll die offizielle Dokumentation zum Verpacken von Python-Projekten widerspiegeln). Als Ergebnis der Struktur in ▶ Listing 8.1 haben wir die Möglichkeit, die in ▶ Kapitel 7 entwickelte Klasse `Phrase` mit dem folgenden Code zu importieren:

```
from palindrome_mhartl.phrase import Phrase
```

77 Aus technischer Sicht gibt es in Python mehrere Unterschiede zwischen *Paketen* und *Modulen*, die jedoch kaum von Bedeutung sind. In dem Stack-Overflow-Kommentar unter https://stackoverflow.com/questions/7948494/whats-the-difference-between-a-python-module-and-a-python-package/49420164#49420164 finden Sie einige Detailinformationen zu diesem Thema.

Listing 8.1: Beispiel für die Datei- und Verzeichnisstruktur eines Python-Pakets.

```
python_package_tutorial/
├── LICENSE
├── pyproject.toml
├── README.md
├── src/
│   └── palindrome_DEIN_NUTZERNAME_HIER/
│       ├── __init__.py
│       └── phrase.py
└── tests/
    └── test_phrase.py
```

Wir können die Struktur in ▶ Listing 8.1, wie in ▶ Listing 8.2 gezeigt, mithilfe einer Kombination aus `mkdir` und `touch` von Hand erstellen.

Listing 8.2: Einrichten eines Python-Pakets.

```
$ cd ~/repos      # Nutze ~/environment/repos auf Cloud9
$ mkdir python_package_tutorial
$ cd python_package_tutorial
$ touch LICENSE pyproject.toml README.md
$ mkdir -p src/palindrome_DEIN_NUTZERNAME_HIER
$ touch src/palindrome_DEIN_NUTZERNAME_HIER/__init__.py
$ touch src/palindrome_DEIN_NUTZERNAME_HIER/phrase.py
$ mkdir tests
$ touch tests/test_phrase.py
```

An dieser Stelle werden wir einige der Dateien mit weiteren Informationen füllen, darunter die Projektkonfigurationsdatei `pyproject.toml` (▶ Listing 8.3), eine README-Datei namens `README.md` (▶ Listing 8.4) und eine Lizenzdatei namens `LICENSE` (▶ Listing 8.5).[78] Einige dieser Dateien sind nur Vorlagen, daher sollten Sie Phrasen wie `DEIN_NUTZERNAME_HIER` in `pyproject.toml` durch Ihren eigenen Benutzernamen, die URLs unter `project.urls` durch die geplanten URLs für Ihr Projekt usw. ersetzen. Ein konkretes Beispiel für die Dateien in diesem Abschnitt finden Sie im GitHub Repository für meine Version dieses Pakets unter https://github.com/mhartl/python_package_tutorial.

Listing 8.3: *~/python_package_tutorial/pyproject.toml* Die Projektkonfiguration für ein Python-Paket.

```
[build-system]
requires = ["hatchling"]
build-backend = "hatchling.build"

[project]
name = "example_package_DEIN_NUTZERNAME_HIER"
version = "0.0.1"
authors = [
  { name="Autor des Beispiels", email="autor@beispiel.com" },
]
```

78 Kümmern Sie sich nicht um die Details von Dateien wie `pyproject.toml`; ich verstehe sie auch nicht. Ich habe sie einfach aus der Dokumentation kopiert (Exkurs 1.2).

```
description = "Ein kleines Beispielpaket"
readme = "README.md"
requires-python = ">=3.7"
classifiers = [
    "Programming Language :: Python :: 3",
    "License :: OSI Approved :: MIT License",
    "Operating System :: OS Independent",
]

[project.urls]
"Homepage" = "https://github.com/pypa/sampleproject"
"Bug Tracker" = "https://github.com/pypa/sampleproject/issues"
```

Listing 8.4: `~/python_package_tutorial/README.md` **Eine README-Datei für das Paket.**

```
# Palindrom-Paket

Dies ist ein Python-Beispiel-Paket für
[*Python mit Biss*, *Learn Enough Python to Be Dangerous*] ↩
(https://www.learnenough.com/python)
von [Michael Hartl](https://www.michaelhartl.com/).
```

Listing 8.5: `~/python_package_tutorial/LICENSE` **Beispiel für eine Lizenz für ein Python-Paket. Sie müssen die Sprache und den Inhalt gegebenenfalls auf Ihr Paket anpassen.**

```
Copyright (c) YYYY Your Name

Permission is hereby granted, free of charge, to any person obtaining ↩
a copy of this software and associated documentation files (the ↩
"Software"), to deal in the Software without restriction, including ↩
without limitation the rights to use, copy, modify, merge, publish, ↩
distribute, sublicense, and/or sell copies of the Software, and to ↩
permit persons to whom the Software is furnished to do so, subject to ↩
the following conditions:

The above copyright notice and this permission notice shall be included ↩
in all copies or substantial portions of the Software.

THE SOFTWARE IS PROVIDED "AS IS", WITHOUT WARRANTY OF ANY KIND, ↩
EXPRESS OR IMPLIED, INCLUDING BUT NOT LIMITED TO THE WARRANTIES OF ↩
MERCHANTABILITY, FITNESS FOR A PARTICULAR PURPOSE AND NONINFRINGEMENT. ↩
IN NO EVENT SHALL THE AUTHORS OR COPYRIGHT HOLDERS BE LIABLE FOR ANY ↩
CLAIM, DAMAGES OR OTHER LIABILITY, WHETHER IN AN ACTION OF CONTRACT, ↩
TORT OR OTHERWISE, ARISING FROM, OUT OF OR IN CONNECTION WITH THE ↩
SOFTWARE OR THE USE OR OTHER DEALINGS IN THE SOFTWARE.
```

Nachdem diese Konfiguration des Projekts abgeschlossen ist, können wir nun die Umgebung für die Entwicklung und das Testen konfigurieren. Wie in ▶ Abschnitt 1.3 verwenden wir `venv` für die virtuelle Umgebung. Zum Testen verwenden wir außerdem `pytest`, das wir mithilfe von `pip` installieren können. Die entsprechenden Befehle sind in ▶ Listing 8.6 aufgeführt.

Listing 8.6: Einrichten der Entwicklungs- und Testumgebung für unser Paket.

```
$ deactivate    # Nur für den Fall, dass bereits eine virtuelle ↩
Umgebung aktiv ist.
$ python3 -m venv venv
$ source venv/bin/activate
(venv) $ pip install --upgrade pip
(venv) $ pip install pytest==7.1.3
```

Wie in ▶ Abschnitt 1.5.1 empfiehlt es sich auch an dieser Stelle, eine `.gitignore`-Datei (▶ Listing 8.7) zu erstellen, das Projekt mit Git unter Versionskontrolle zu stellen (▶ Listing 8.8) und ein GitHub Repository anzulegen (▶ Abbildung 8.2). Durch diesen letzten Schritt erhalten Sie auch URLs für die Konfigurationsdatei in ▶ Listing 8.3.

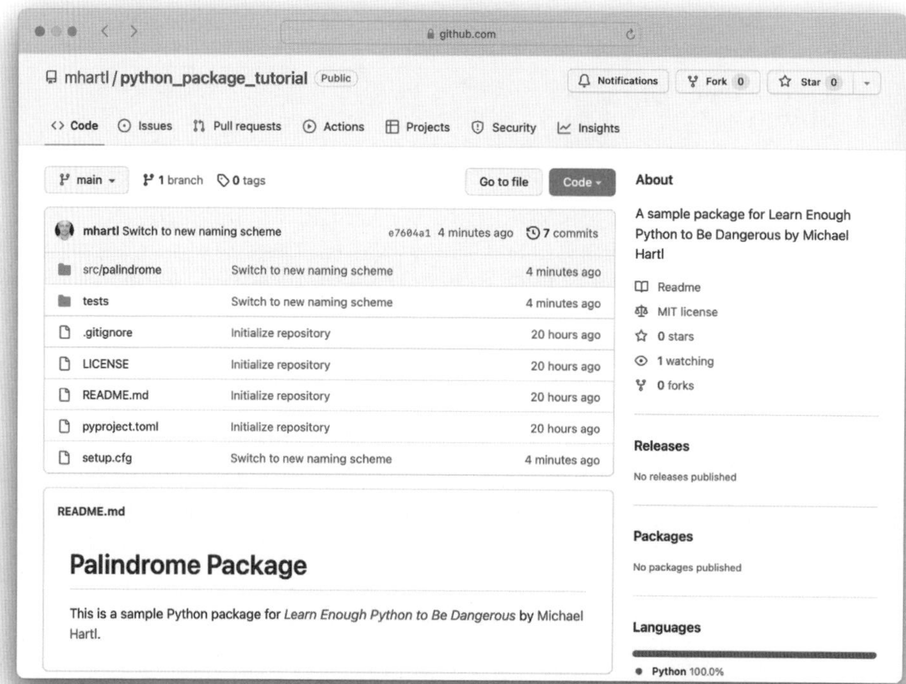

Abbildung 8.2: Das Repository und die README-Datei des Pakets bei GitHub.

Listing 8.7: *.gitignore* Bestimmte Dateien und Verzeichnisse, die ignoriert werden sollen.

```
venv/

*.pyc
__pycache__/

instance/

.pytest_cache/
.coverage
htmlcov/

dist/
build/
*.egg-info/

.DS_Store
```

Listing 8.8: Initialisierung des GitHub Repository unseres Pakets.

```
$ git init
$ git add -A
$ git commit -m "Initialize repository"
```

8.1.1 Übung

1. Wenn Sie es noch nicht getan haben, aktualisieren Sie ▶ Listing 8.3 mit dem richtigen Namen Ihres Pakets und füllen Sie die Felder `Homepage` und `Bug Tracker` mit den entsprechenden GitHub-URLs (die Tracker-URL ist einfach die Basis-Homepage-URL plus `/issues`). Aktualisieren Sie auch die Lizenzvorlage in ▶ Listing 8.5 mit Ihrem Namen und dem aktuellen Jahr. Führen Sie einen Commit durch und veröffentlichen Sie Ihre Änderungen bei GitHub.

8.2 Erste Testabdeckung

Nachdem wir nun unsere grundlegende Paketstruktur eingerichtet haben, können wir mit dem Testen beginnen. Da wir das dafür erforderliche Paket `pytest` bereits installiert haben (▶ Listing 8.6), können wir die (noch nicht vorhandenen) Tests sofort ausführen:

```
(venv) $ pytest
========================= test session starts ==========================
platform darwin -- Python 3.10.6, pytest-7.1.3, pluggy-1.0.0
rootdir: /Users/mhartl/repos/python_package_tutorial
collected 0 items

======================== no tests ran in 0.00s =========================
```

Die genauen Details werden sich bei Ihnen von den obigen unterscheiden (und werden aus diesem Grund in zukünftigen Beispielen weggelassen), aber Ihre Ergebnisse sollten ähnlich sein.

Lassen Sie uns nun einen minimalen Test schreiben, der *nicht* bestanden wird, und anschließend daran arbeiten, dass er bestanden wird. Da wir bereits ein Verzeichnis namens `tests` und eine darin befindliche Testdatei `test_phrase.py` erzeugt haben (▶ Listing 8.2), können wir damit beginnen, den in ▶ Listing 8.9 gezeigten Code zu der Datei hinzuzufügen.

Listing 8.9: *test/test_phrase.py* Die anfängliche Testsuite. ROT

```
def test_erstes_beispiel():
    assert False
```

▶ Listing 8.9 definiert eine Funktion, die eine *Behauptung* (engl.: *assertion*) enthält. Diese besagt, dass etwas den Booleschen Wert `True` aufweist. Wenn dies tatsächlich der Fall ist, gilt die Behauptung als erfüllt, andernfalls als nicht erfüllt. In ▶ Listing 8.9 wird mit `assert False` also explizit behauptet, dass `False` den Booleschen Wert `True` ergibt. Da dies natürlich nicht zutrifft, wird der Test quasi per Design nie bestanden:

Listing 8.10: ROT

```
(venv) $ pytest
========================= test session starts ==========================
collected 1 item

tests/palindrome_test.py F                                          [100%]

=============================== FAILURES ===============================
_________________________ test_kein_palindrom __________________________

    def test_kein_palindrom():
>       assert False
E       assert False

tests/palindrome_test.py:4: AssertionError
======================= short test summary info ========================
FAILED tests/palindrome_test.py::test_kein_palindrom - assert False
========================== 1 failed in 0.01s ===========================
```

Dieser Test ist für sich allein nicht von Nutzen, aber er demonstriert das Konzept, und wir werden gleich einen nützlichen Test hinzufügen.

Viele Systeme, so auch meines, zeigen nicht bestandene Tests mit der Farbe Rot an, wie in ▶ Abbildung 8.3 zu sehen ist. Aus diesem Grund wird ein nicht bestandener Test (oder eine Sammlung von Tests, eine sogenannte *Testsuite*) oft als ROT bezeichnet. Damit wir den Überblick behalten, sind die Überschriften der Codelistings, die einer nicht bestandenen Testsuite entsprechen, mit dem Wort ROT markiert, wie in ▶ Listing 8.9 und ▶ Listing 8.10 zu sehen ist.

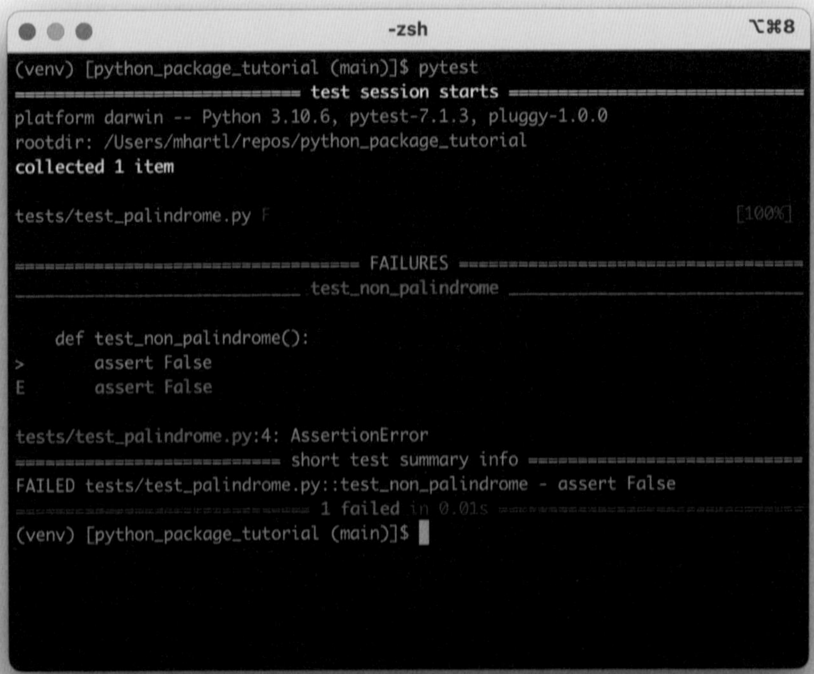

Abbildung 8.3: Der ROT-Status der anfänglichen Testsuite.

Um von einem nicht bestandenen zu einem bestandenen Zustand zu gelangen, können wir in ▶ Listing 8.9`False` in `True` ändern, was zu dem Code in ▶ Listing 8.11 führt.

Listing 8.11: *test/test_phrase.py* Eine Testsuite, die immer bestanden wird. GRÜN

```
def test_erstes_beispiel():
    assert True
```

Wie erwartet, wird dieser Test bestanden:

Listing 8.12: GRÜN

```
(venv) $ pytest
========================== test session starts ============================
collected 1 item

tests/test_phrase.py .                                              [100%]

=========================== 1 passed in 0.00s ============================
```

Da viele Systeme bestandene Tests mit der Farbe Grün anzeigen (▶ Abbildung 8.4), wird eine bestandene Testsuite oft als GRÜN bezeichnet. Analog zu den nicht bestandenen Testsuiten werden die Überschriften der Codelistings, die bestandenen Tests entsprechen, daher mit dem Wort GRÜN markiert (wie im Fall von ▶ Listing 8.11 und ▶ Listing 8.12).

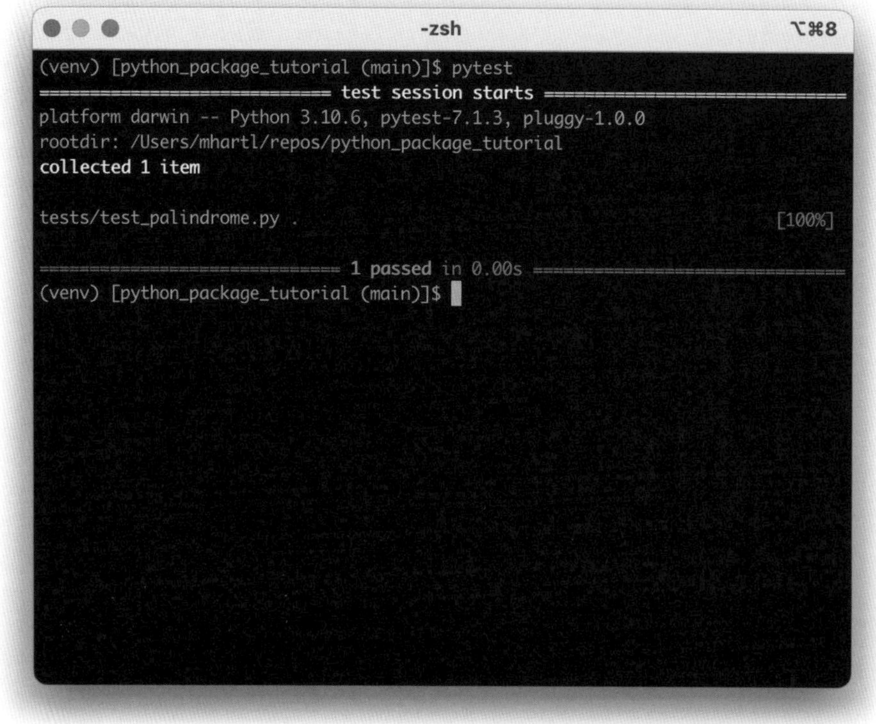

Abbildung 8.4: Eine GRÜNE Testsuite.

Um eine wahre Behauptung zu erhalten, kann man nicht nur behaupten, dass tatsächlich wahre Dinge `True` sind, sondern stattdessen auch, dass tatsächlich wahre Dinge *nicht* `False` sind. Im Code können wir das, wie in ▶ Listing 8.13 gezeigt, mithilfe des Booleschen Operators `not` (▶ Abschnitt 2.4.1) umsetzen.

Listing 8.13: *`test/test_phrase.py`* Eine andere Art, einen Test zu formulieren, der immer bestanden wird. GRÜN

```
def test_erstes_beispiel():
    assert not False
```

Wie zuvor ist dieser Test `GRÜN`:

Listing 8.14: GRÜN

```
(venv) $ pytest
========================== test session starts ===========================
collected 1 item

tests/test_phrase.py .                                               [100%]

=========================== 1 passed in 0.00s ============================
```

8.2.1 Ein nützlicher bestandener Test

Nachdem wir die grundlegenden Mechanismen von bestandenen (GRÜN) und nicht bestandenen (ROT) Tests gelernt haben, können wir unseren ersten nützlichen Test schreiben. Da wir hauptsächlich die Klasse `Phrase` testen wollen, besteht der erste Schritt im Füllen der bereits erzeugten Datei `phrase.py` mit dem Quellcode für die Definition von Phrasen. Wir beginnen einfach mit der Klasse `Phrase` selbst (ohne `TranslatedPhrase`), wie in ▶ Listing 8.15 gezeigt. Beachten Sie, dass wir der Kürze wegen auch den Iterator-Code aus ▶ Abschnitt 5.3 weggelassen haben.

Listing 8.15: *~/src/palindrome/phrase.py* Definieren der Klasse `Phrase` in einem Paket.

```
class Phrase:
    """Eine Klasse, die Phrasen repräsentiert."""

    def __init__(self, inhalt):
        self.inhalt = inhalt

    def kleinbuchstaben_string(self):
        """Bereite inhalt für den Test auf ein Palindrom vor."""
        return self.inhalt.lower()

    def ispalindrom(self):
        """Gib True zurück, wenn inhalt ein Palindrom ist, ansonsten ↵
False."""
        return self.kleinbuchstaben_string() == reverse(self. ↵
kleinbuchstaben_string())

def reverse(string):
    """Kehre den String string um."""
    return "".join(reversed(string))
```

Nun können wir versuchen, die Klasse `Phrase`ein unsere Testdatei zu importieren. Mit der Paketstruktur wie in ▶ Listing 8.1 sollte die Klasse `Phrase`aus der Datei `phrase.py`, die sich im Verzeichnis `palindrom_DEIN_NUTZERNAME_HIER`befindet, importiert werden können. Im Code erreichen wir die Datei `phrase.py`also durch `palindrome_DEIN_NUTZERNAME_HIER.phrase`.[79]Das Ergebnis sehen Sie in ▶ Listing 8.16, das den neuen Code in der Testdatei `test_phrase.py`zeigt, die somit auch den Beispieltest aus ▶ Listing 8.13 nicht mehr enthält.

Listing 8.16: *test/test_phrase.py* Importieren der Klasse Phrase aus dem `palindrome`-Paket in der Testdatei. ROT

```
from palindrome_mhartl.phrase import Phrase
```

79 Sie hätten dies nicht unbedingt erraten können; es ist einfach die Art und Weise, wie Python-Pakete auf der Grundlage der in Listing 8.1 gezeigten Verzeichnisstruktur funktionieren (d. h. die `phrase.py` Datei befindet sich in einem Verzeichnis namens `palindrome_DEIN_NUTZERNAME_HIER`).

Leider wird diese Testsuite nicht bestanden, obwohl es nicht einmal mehr einen Test gibt, der nicht bestanden werden könnte:

Listing 8.17: ROT

```
(venv) $ pytest
========================== test session starts ===========================
collected 0 items / 1 error

================================= ERRORS =================================
________________ ERROR collecting tests/test_phrase.py __________________
ImportError while importing test module
'/Users/mhartl/repos/python_package_tutorial/tests/test_phrase.py'.
Hint: make sure your test modules/packages have valid Python names.
Traceback:
lib/python3.10/importlib/__init__.py:126: in import_module
    return _bootstrap._gcd_import(name[level:], package, level)
tests/test_phrase.py:1: in <module>
    from palindrome_mhartl.phrase import Phrase
E   ImportError: cannot import name 'Phrase' from 'palindrome.palindrome'
(/Users/mhartl/repos/python_package_tutorial/src/palindrome/phrase.py)
======================== short test summary info =========================
ERROR tests/test_phrase.py
!!!!!!!!!!!!!!!!! Interrupted: 1 error during collection !!!!!!!!!!!!!!!!!
=========================== 1 error in 0.03s =============================
```

Das Problem besteht darin, dass unser Paket in der lokalen Umgebung installiert sein muss, um die `import`-Anweisung in ▶ Listing 8.16 ausführen zu können. Da es noch nicht installiert wurde, befindet sich die Testsuite in einem Fehlerzustand. Obwohl dies technisch gesehen nicht dasselbe ist wie ein nicht bestandener Test, wird auch ein solcher Fehlerzustand oft als ROT bezeichnet.

Um den Fehler zu beheben, müssen wir das `palindrome`-Paket lokal installieren. Das geschieht mit dem in ▶ Listing 8.18 gezeigten Befehl.

Listing 8.18: Lokale Installation eines bearbeitbaren Pakets.

```
(venv) $ pip install -e .
```

Wie Sie in der über `pip install --help` anzeigbaren Hilfe (oder durch einen Blick in die `pytest`-Dokumentation) erfahren können, bewirkt die Option `-e` die Installation des Pakets im **e**ditierbaren oder bearbeitbaren Modus. Als Folge wird es automatisch aktualisiert, wenn wir die Dateien bearbeiten. Der Installationsort befindet sich im aktuellen Verzeichnis, wie durch den Punkt (`.`) angezeigt wird.

Nun sollte die Testsuite vielleicht noch kein vollständig GRÜNES, aber zumindest auch kein ROTES Ergebnis mehr liefern:

```
(venv) $ pytest
========================== test session starts ==========================
collected 0 items

========================= no tests ran in 0.00s =========================
```

Jetzt können wir einige Tests durchführen, um zu überprüfen, ob der Code in ▶ Listing 8.15 tatsächlich funktioniert. Wir beginnen mit einem negativen Fall und überprüfen, ob ein Nicht-Palindrom korrekt als solches erkannt wird (wir bleiben zunächst bei der Kleinschreibung der Testbegriffe; am Ende des nächsten Abschnitts werden Sie den Grund dafür sehen):

```
def test_kein_palindrom():
    assert not Phrase("apfel").ispalindrom()
```

Hier behaupten wir mit `assert`, dass `"apfel"` *kein* Palindrom sein sollte (▶ Abbildung 8.5[80]).

Abbildung 8.5: Das Wort „apfel" ist kein Palindrom.

Auf ähnliche Weise können wir mit einer anderen Behauptung (`assert`) testen, ob ein echtes literales Palindrom auch als solches erkannt wird:

```
def test_literales_palindrom():
    assert Phrase("regallager").ispalindrom()
```

Wenn wir den Code der beiden obigen Funktionen in unsere Testdatei `test_phrase.py` einfügen, erhalten wir das in ▶ Listing 8.19 gezeigte Ergebnis.

Listing 8.19: *test/test_phrase.py* Eine tatsächlich nützliche Testsuite.

```
from palindrome_mhartl.phrase import Phrase


def test_kein_palindrom():
    assert not Phrase("apfel").ispalindrom()

def test_literales_palindrom():
    assert Phrase("regallager").ispalindrom()
```

80 Bild mit freundlicher Genehmigung von Glayan/Shutterstock.

Nun zur Durchführung des eigentlichen Tests:

Listing 8.20: GRÜN

```
(venv) $ pytest
========================= test session starts ==========================
platform darwin -- Python 3.10.6, pytest-7.1.3, pluggy-1.0.0
rootdir: /Users/mhartl/repos/python_package_tutorial
collected 2 items

tests/test_phrase.py ..                                          [100%]

========================== 2 passed in 0.00s ===========================
```

Die Tests sind jetzt GRÜN. Das heißt, unser Code in der Klasse `Phrase` in der Datei `phrase.py` besteht diese beiden Tests. Das bedeutet, dass unser Code funktioniert! (Dies gilt zumindest im Rahmen der in den beiden Tests gestellten Anforderungen.)

8.2.2 Ausstehende Tests

Bevor wir fortfahren, fügen wir ein paar *ausstehende* Tests hinzu, die als Platzhalter/Erinnerungen für Tests dienen, die wir noch schreiben wollen. Um einen ausstehenden Test zu schreiben, verwenden wir die Funktion `skip()`, die wir direkt aus dem `pytest`-Paket einbinden können, wie in ▶ Listing 8.21 gezeigt.

Listing 8.21: *test/test_phrase.py* Hinzufügen von zwei ausstehenden Tests. GELB

```
from pytest import skip

from palindrome_mhartl.phrase import Phrase


def test_kein_palindrom():
    assert not Phrase("apfel").ispalindrom()

def test_literales_palindrom():
    assert Phrase("regallager").ispalindrom()

def test_gross_klein_palindrom():
    skip()

def test_palindrom_mit_satzzeichen():
    skip()
```

Wir können das Ergebnis von ▶ Listing 8.21 anschauen, indem wir die Testsuite erneut ausführen:

Listing 8.22: GELB

```
(venv) $ pytest
========================= test session starts ==========================
collected 4 items

tests/test_phrase.py ..ss                                        [100%]

==================== 2 passed, 2 skipped in 0.00s ======================
```

Beachten Sie, wie im Ergebnis der Testausführung der Buchstabe `s` für jeden der beiden „Übersprünge“ (*skips*) angezeigt wird. Manchmal wird eine Testsuite mit ausstehenden Tests in Anlehnung an das Rot-Gelb-Grün-Farbschema von Verkehrsampeln als GELB bezeichnet (▶ Abbildung 8.6), obwohl es auch durchaus üblich ist, jede nicht ROTE Testsuite als GRÜN zu betrachten.

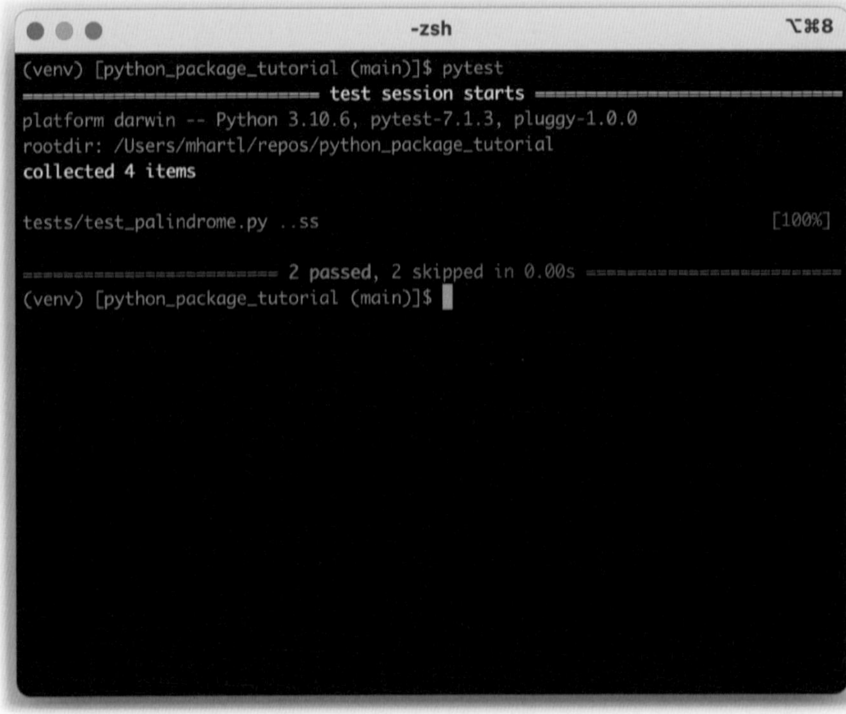

Abbildung 8.6: Eine Testsuite mit GELBEN (ausstehenden, *skipped*) Tests.

Das Schreiben eines funktionsfähigen Codes für den Test der Prüfung auf ein Palindrom bei Phrasen mit gemischter Groß- und Kleinschreibung in der Funktion `test_gross_klein_palindrom()` verbleibt als erste Aufgabe in den folgenden Übungen (mit einer Lösung in ▶ Listing 8.25), während der Code für den Test der Prüfung auf ein Palindrom mit Satzzeichen in der Funktion `test_palindrom_mit_satzzeichen` und das Bestehen dieses Tests das Thema von ▶ Abschnitt 8.3 und ▶ Abschnitt 8.4 ist.

8.2.3 Übungen

1. Ersetzen Sie den Kommentar `# BITTE ERSETZEN...` in ▶ Listing 8.23 durch funktionsfähigen Code für den Test der Prüfung auf ein Palindrom bei Phrasen mit gemischter Groß- und Kleinschreibung wie „RegalLager“. Ist die Testsuite immer noch GRÜN (oder GELB)?
2. Um hundertprozentig sicher sein zu können, dass unsere Tests das testen, wovon wir *glauben*, dass sie es testen, ist es eine gute Praxis, einen nicht bestandenen (ROTEN) Zustand absichtlich zu *erzwingen* und anschließend wieder einen GRÜNEN Zustand zu erreichen. Ändern Sie den Anwendungscode aus ▶ Listing 8.15 so, dass

die vorhandenen Tests einer nach dem anderen nicht bestanden werden, und bestätigen Sie dann, dass sie wieder GRÜN sind, sobald der ursprüngliche Code wiederhergestellt wurde. Ein Beispiel für Code, der den Test in der vorherigen Übungsaufgabe nicht besteht (die anderen Tests aber schon), finden Sie in ▶ Listing 8.24. (Wenn Sie *zuerst* die Tests und dann den zu testenden Anwendungscode schreiben, ergibt sich dieser ROT-GRÜN-Zyklus vorteilhafterweise automatisch.)

Listing 8.23: `test/test_phrase.py` Hinzufügen eines Tests der Prüfung auf ein Palindrom mit gemischter Groß- und Kleinschreibung.

```
from pytest import skip

from palindrome_mhartl.phrase import Phrase


def test_kein_palindrom():
    assert not Phrase("apfel").ispalindrom()

def test_literales_palindrom():
    assert Phrase("regallager").ispalindrom()

def test_gross_klein_palindrom():
    # BITTE ERSETZEN...

def test_palindrom_mit_satzzeichen():
    skip()
```

Listing 8.24: `src/palindrome/phrase.py` Einen Test absichtlich nicht bestehen. ROT

```
class Phrase:
    """Eine Klasse, die Phrasen repräsentiert."""

    def __init__(self, inhalt):
        self.inhalt = inhalt

    def kleinbuchstaben_string(self):
        """Bereite inhalt für den Test auf ein Palindrom vor."""
        return self.inhalt#.lower()

    def ispalindrom(self):
        """Gib True zurück, wenn inhalt ein Palindrom ist, ansonsten ↩
False."""
        return self.kleinbuchstaben_string() == reverse(self. ↩
kleinbuchstaben_string())

def reverse(string):
    """Kehre den String string um."""
    return "".join(reversed(string))
```

8.3 Rot

In diesem Abschnitt machen wir den ersten wichtigen Schritt, um komplexere Palindrome wie „Madam, I'm Adam." und „A man, a plan, a canal—Panama!" erkennen zu können. Im Gegensatz zu den vorangegangenen Zeichenfolgen, denen wir begegnet sind, handelt es sich bei diesen Sätzen, die sowohl Leerzeichen als auch Satzzeichen enthalten, nicht um Palindrome im eigentlichen Sinne, selbst wenn wir die Großschreibung ignorieren. Wir müssen also einen Weg finden, nur die Buchstaben in den zu testenden Zeichenfolgen auszuwählen und dann zu prüfen, ob die jeweils resultierende *Buchstaben*folge (abgesehen von der Groß-/Kleinschreibung) ein echtes Palindrom darstellt, das heißt vorwärts und rückwärts gelesen exakt das Gleiche ist.

Der Code dafür ist schon etwas komplizierter, aber die Tests dafür sind einfach. Dies ist eine der Situationen, für die sich die testgetriebene Entwicklung besonders gut eignet (▶ Exkurs 8.1). Wir können zunächst unsere einfachen Tests schreiben und damit einen ROTEN Zustand erreichen, um dann den Anwendungscode im Prinzip auf beliebige Weise so zu entwickeln, bis er in der Testsuite einen GRÜNEN Zustand erlangt und somit offensichtlich auf die gewünschte Art funktioniert (▶ Abschnitt 8.4). An diesem Punkt, an dem uns die Tests vor unentdeckten Fehlern schützen, können wir den Anwendungscode getrost verändern (▶ Abschnitt 8.5).

■ Exkurs 8.1: Wann wird getestet?

Bei der Entscheidung, wann und wie getestet werden soll, ist es hilfreich zu verstehen, *warum* getestet werden soll. Meiner Meinung nach hat das Schreiben automatisierter Tests drei Hauptvorteile:

1. Tests schützen vor *Rückschritten*, bei denen eine zuvor funktionierende Funktion aus irgendeinem Grund nicht mehr funktioniert.
2. Durch Tests kann Code mit größerer Sicherheit *refaktoriert* werden (d. h., seine Form kann gefahrloser verändert werden, ohne dass seine Funktion dabei verändert wird).
3. Tests fungieren als *Client* für den Anwendungscode und helfen so bei der Festlegung seines Designs und seiner Schnittstelle zu anderen Teilen des Systems.

Obwohl es für keinen der oben genannten Vorteile *erforderlich* ist, dass zuerst Tests geschrieben werden, gibt es viele Umstände, unter denen die testgetriebene Entwicklung (TDD) ein wertvolles Werkzeug darstellt, das Sie in Ihrer programmiertechnischen Ausrüstung haben sollten. Die Entscheidung, wann und wie Sie testen, hängt zum Teil davon ab, wie gut Sie sich mit dem Schreiben von Tests auskennen. Viele Entwickler stellen fest, dass Ihre Neigung, zuerst Tests zu schreiben, mit Ihren Fähigkeiten im Schreiben von Tests anwächst. Die Entscheidung hängt auch davon ab, wie schwierig der Test im Verhältnis zum Anwendungscode ist, wie genau die gewünschten Funktionalitäten des Codes bekannt sind und für wie wahrscheinlich das zukünftige Auftreten von Fehlern gehalten wird.

In diesem Zusammenhang ist es hilfreich, wenn für die Entscheidung, wann zuerst (oder ob überhaupt) getestet werden sollte, eine Reihe von Richtlinien zur Verfügung steht. Hier sind einige Vorschläge, die auf meinen eigenen Erfahrungen beruhen:

- Wenn ein Test im Vergleich zu dem zu testenden Anwendungscode besonders kurz oder einfach ist, sollten Sie den Test zuerst schreiben.
- Wenn das gewünschte Verhalten noch nicht ganz klar ist, sollten Sie zuerst den Anwendungscode schreiben und dann einen Test, um das Ergebnis zu prüfen.
- Wenn ein Fehler gefunden wird, schreiben Sie einen Test, um ihn zu reproduzieren und vor Rückschritten zu schützen. Schreiben Sie dann den Anwendungscode, um ihn zu beheben.
- Schreiben Sie Tests, bevor Sie den Code refaktorieren (überarbeiten), und konzentrieren Sie sich dabei vor allem auf das Testen von fehleranfälligem Code, bei dem die Wahrscheinlichkeit eines Fehlers *besonders* hoch ist.

Wir beginnen mit einem Test der Prüfung auf ein Palindrom mit Satzzeichen, der analog zu den bereits in ▶ Listing 8.19 formulierten Tests aufgebaut ist:

```
def test_palindrom_mit_satzzeichen():
    assert palindrome.ispalindrom("Madam, I'm Adam.")
```

Die aktualisierte Testsuite finden Sie in ▶ Listing 8.25, das auch eine Lösung für die Übung in ▶ Listing 8.23 enthält (▶ Abbildung 8.7[81]).

Abbildung 8.7: „RaceCar" ist wie auch „RegalLager" immer noch ein Palindrom (wenn die Groß-/Kleinschreibung ignoriert wird).

Listing 8.25: *test/test_phrase.py* Hinzufügen eines Tests für die Prüfung auf ein Palindrom mit Satzzeichen. ROT

```
from pytest import skip

from palindrome_mhartl.phrase import Phrase


def test_kein_palindrom():
    assert not Phrase("apfel").ispalindrom()

def test_literales_palindrom():
    assert Phrase("regallager").ispalindrom()

def test_gross_klein_palindrom():
    assert Phrase("RegalLager").ispalindrom()

def test_palindrom_mit_satzzeichen():
    assert Phrase("Madam, I'm Adam.").ispalindrom()
```

Wie gewünscht ist die Testsuite nun zunächst ROT (die Ausgabe wurde etwas gestrafft):

81 Bild mit freundlicher Genehmigung von Msyaraafiq/Shutterstock.

Listing 8.26: ROT

```
(venv) $ pytest
========================= test session starts ==========================
collected 4 items

tests/test_phrase.py ...F                                        [100%]

=============================== FAILURES ===============================
_____________________ test_palindrom_mit_satzzeichen ___________________

    def test_palindrom_mit_satzzeichen():
>       assert Phrase("Madam, I'm Adam.").ispalindrom()
E       assert False

tests/test_phrase.py:14: AssertionError
======================= short test summary info ========================
FAILED tests/test_phrase.py::test_palindrom_mit_satzzeichen - assert ↩
False
===================== 1 failed, 3 passed in 0.01s ======================
```

An diesem Punkt können wir anfangen, darüber nachzudenken, wie wir den Anwendungscode für die Prüfung auf ein Palindrom mit Satzzeichen (sodass diese nicht beachtet werden) schreiben und so wieder zu einem GRÜNEN Zustand der Testsuite gelangen. Unsere Strategie besteht im Schreiben einer Methode namens `buchstaben()`, die nur die Buchstaben ohne jedes Leer- und Satzzeichen aus dem String `inhalt` zurückgibt. Mit anderen Worten, der Code

```
Phrase("Madam, I'm Adam.").buchstaben()
```

sollte das folgende Ergebnis liefern:

```
"MadamImAdam"
```

Wenn wir diese Methode zur Verfügung haben, können wir unseren aktuellen Palindrom-Detektor auch für kompliziertere Palindrome mit Leer- und Satzzeichen verwenden.

Nachdem wir diese Spezifikation für das Verhalten der Methode `buchstaben()` festgelegt haben, können wir nun einen einfachen Test für `buchstaben()` schreiben, indem wir behaupten, dass das Ergebnis von `buchstaben()` gleich dem gewünschten Ergebnis ist:

```
assert Phrase("Madam, I'm Adam.").buchstaben() == "MadamImAdam"
```

Der neue Test erscheint zusammen mit den anderen in ▶ Listing 8.27.

Listing 8.27: *test/test_phrase.py* Hinzufügen eines Tests für die Methode `buchstaben()`. ROT

```
from pytest import skip

from palindrome_mhartl.phrase import Phrase


def test_kein_palindrom():
    assert not Phrase("apfel").ispalindrom()
```

```
def test_literales_palindrom():
    assert Phrase("regallager").ispalindrom()

def test_gross_klein_palindrom():
    assert Phrase("RegalLager").ispalindrom()

def test_palindrom_mit_satzzeichen():
    assert Phrase("Madam, I'm Adam.").ispalindrom()

def test_buchstaben():
    assert Phrase("Madam, I'm Adam.").buchstaben() == "MadamImAdam"
```

Wir sind im Moment zwar noch nicht bereit, eine funktionierende Methode `buchstaben()` zu definieren, aber wir können einen *Methodenstumpf* (engl.: *stub*) hinzufügen: eine Methode, die nicht funktioniert, aber zumindest existiert. Der Einfachheit halber werden wir einfach nichts zurückgeben (mit dem speziellen Schlüsselwort `pass`), wie in ▶ Listing 8.28 gezeigt.

Listing 8.28: *src/palindrome/phrase.py* Ein Stumpf (*stub*) für die Methode `buchstaben()` wird hinzugefügt. ROT

```
class Phrase:
    """Eine Klasse, die Phrasen repräsentiert."""

    def __init__ (self, inhalt):
        self.inhalt = inhalt

    def ispalindrom(self):
        """Gib True zurück, wenn inhalt ein Palindrom ist, ansonsten ↵
False."""
        return self.kleinbuchstaben_string() == reverse(self. ↵
kleinbuchstaben_string())

    def kleinbuchstaben_string(self):
        """Bereite inhalt für den Test auf ein Palindrom vor."""
        return self.inhalt.lower()

    def buchstaben(self):
        """Gib nur die Buchstaben aus inhalt zurück."""
        pass

def reverse(string):
    """Kehre den String string um."""
    return "".join(reversed(string))
```

Der neue Test für die Methode `buchstaben()` ist wie erwartet zunächst ROT. Das nachfolgende Ergebnis der aktuellen Testsuite zeigt auch, dass durch die `pass`-Anweisung in ▶ Listing 8.28 einfach der Wert `None` zurückgegeben wird:

Listing 8.29: ROT

```
(venv) $ pytest
========================= test session starts ==========================
collected 5 items

tests/test_phrase.py ...FF                                        [100%]
```

```
================================== FAILURES ==================================
_________________________ test_palindrom_mit_satzzeichen _________________________

    def test_palindrom_mit_satzzeichen():
>       assert Phrase("Madam, I'm Adam.").ispalindrom()
E       assert False

tests/test_phrase.py:14: AssertionError
_________________________________ test_buchstaben _________________________________

    def test_buchstaben():
>       assert Phrase("Madam, I'm Adam.").buchstaben() == "MadamImAdam"
E       assert None == 'MadamImAdam'
tests/test_phrase.py:17: AssertionError
======================== short test summary info ========================
FAILED tests/test_phrase.py::test_palindrom_mit_satzzeichen - assert ↩
False
FAILED tests/test_phrase.py::test_buchstaben - assert None == ↩
'MadamImAdam'
====================== 2 failed, 3 passed in 0.01s ======================
```

Nachdem wir die beiden zunächst ROTEN Tests, die das gewünschte Verhalten prüfen, etabliert haben, können wir im Folgenden den zugehörigen Anwendungscode entwickeln und dabei versuchen, die Testsuite wieder in den GRÜNEN Zustand zu bringen.

8.3.1 Übung

1. Bestätigen Sie, dass das Auskommentieren des `buchstaben()`-Methodenstumpfes in ▶ Listing 8.28 zu einem nicht bestandenen (ROTEN) Zustand und nicht zu einem Fehlerzustand der Testsuite führt. (Dieses Verhalten ist relativ ungewöhnlich, denn viele andere Sprachen unterscheiden zwischen einer nicht funktionierenden Methode und einer Methode, die ganz fehlt. In Python ist das Ergebnis jedoch in beiden Fällen derselbe nicht bestandene Zustand).

8.4 Grün

Durch die zusätzlichen beiden Tests für die geplanten erweiterten Funktionen unseres Palindrom-Detektors ist unsere Testsuite im Moment ROT. Nun ist es an der Zeit, die zusätzlichen Funktionen in unseren Anwendungscode einzubauen und die Testsuite wieder in einen GRÜNEN Zustand zu versetzen. Ein Teil der TDD-Philosophie besteht darin, die Tests zum Bestehen zu bringen, ohne sich zunächst zu viele Gedanken über die Qualität der Implementierung der getesteten Funktionalitäten im Anwendungscode zu machen. Sobald die Testsuite GRÜN ist, können wir den Code refaktorieren, ohne durch neue unbemerkte Fehler Rückschritte zu riskieren (▶ Exkurs 8.1).

Die größte Herausforderung bei dieser Aufgabe ist die Entwicklung der Funktion `buchstaben()`, die einen String zurückgibt, der nur aus den Buchstaben (aber keinen anderen Zeichen) des an die Methode übergebenen String-Attributs `inhalt` der Klasse `Phrase` besteht. Mit anderen Worten, wir müssen aus dem Ausgangsstring nur die Zeichen auswählen, die einem bestimmten Muster entsprechen. Das klingt nach einer Aufgabe für reguläre Ausdrücke (▶ Abschnitt 4.3).

In solchen Fällen ist die Nutzung einer Webanwendung wie regex101 (https://regex101.com) zum Testen und Erstellen von regulären Ausdrücken mit einer Regex-Referenz (▶ Abbildung 4.5) eine ausgezeichnete Idee. Manchmal wird die Erstellung des gewünschten regulären Ausdrucks dadurch sogar fast etwas *zu* einfach, z. B. wenn die Referenz genau den regulären Ausdruck enthält, den Sie brauchen (▶ Abbildung 8.8).

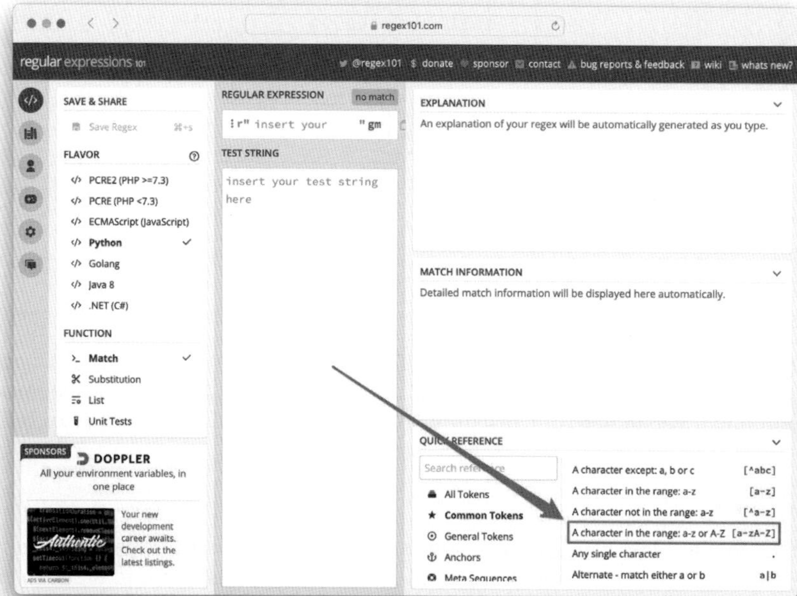

Abbildung 8.8: Bei regex101 finden wir genau den regulären Ausdruck, den wir brauchen.

Lassen Sie uns den regulären Ausdruck zunächst in der Kommandozeile ausprobieren, um sicherzustellen, dass er unsere Kriterien erfüllt (mit der `re.search()`Methode, die in ▶ Abschnitt 4.3 vorgestellt wurde):[82]

```
$ source venv/bin/activate
(venv) $ python3
>>> import re
>>> re.search(r"[a-zA-Z]", "M")
<re.Match object; span=(0, 1), match='M'>
>>> bool(re.search(r"[a-zA-Z]", "M"))
True
>>> bool(re.search(r"[a-zA-Z]", "d"))
True
>>> bool(re.search(r"[a-zA-Z]", ","))
False
```

Sieht gut aus!

82 Beachten Sie, dass dies bei Nicht-ASCII-Zeichen nicht funktioniert. Wenn Sie Strings verarbeiten möchten, die solche Zeichen enthalten, könnte eine Google-Suche nach „python unicode buchstaben reguläre ausdrücke" oder „python unicode letter regular expression" hilfreich sein. Vielen Dank an den Leser Paul Gemperle für den Hinweis auf dieses Problem.

Wir sind nun in der Lage, eine Liste von Zeichen zu erstellen, die (nur) alle Groß- und Kleinbuchstaben des String-Attributs `inhalt` enthält. Am einfachsten können wir dies mithilfe einer `for`-Schleife bewerkstelligen, wie wir es bereits in ▶ Abschnitt 2.6 kennengelernt haben. Wir beginnen mit der Definition einer zunächst leeren Liste für die Buchstaben, iterieren dann durch die Zeichen von `inhalt` und schieben jedes Zeichen, auf das die Buchstaben-Regex zutrifft, in die Liste (▶ Abschnitt 3.4.3):

```
# Funktioniert, ist aber nicht pythonisch.
die_buchstaben = []
for zeichen in self.inhalt:
    if re.search(r"[a-zA-Z]", zeichen):
        die_buchstaben.append(zeichen)
```

An diesem Punkt ist `die_buchstaben` eine Liste mit Buchstaben, die mithilfe von `join` wieder zu einem String zusammengefügt werden können, der nur die Buchstaben des ursprünglichen Strings `inhalt` (in der ursprünglichen Reihenfolge) enthält:

```
"".join(die_buchstaben)
```

Wenn man alles miteinander kombiniert, erhält man die Methode `buchstaben()` in ▶ Listing 8.30.

Listing 8.30: *src/palindrome/phrase.py* Hinzufügen einer funktionierenden Methode `buchstaben()`. Die vollständige Testsuite ist aber noch ROT.

```
import re

class Phrase:
    """Eine Klasse, die Phrasen repräsentiert."""

    def __init__(self, inhalt):
        self.inhalt = inhalt

    def ispalindrom(self):
        """Gib True zurück, wenn inhalt ein Palindrom ist, ansonsten ↩
False."""
        return self.kleinbuchstaben_string() == reverse(self. ↩
kleinbuchstaben_string())

    def kleinbuchstaben_string(self):
        """Bereite inhalt für den Test auf ein Palindrom vor."""
        return self.inhalt.lower()

    def buchstaben(self):
        """Gib nur die Buchstaben aus inhalt zurück."""
        die_buchstaben = []
        for zeichen in self.inhalt:
            if re.search(r"[a-zA-Z]", zeichen):
                die_buchstaben.append(zeichen)
        return "".join(die_buchstaben)

def reverse(string):
    """Kehre den String string um."""
    return "".join(reversed(string))
```

Obwohl die vollständige Testsuite immer noch ROT ist, sollte unser Test der Methode `buchstaben()` jetzt GRÜN sein. Und tatsächlich ist die Anzahl der nicht bestandenen Tests nun von zwei auf eins gesunken:

Listing 8.31: ROT

```
(venv) $ pytest
========================= test session starts ==========================
platform darwin -- Python 3.10.6, pytest-7.1.3, pluggy-1.0.0
rootdir: /Users/mhartl/repos/python_package_tutorial
collected 5 items

tests/test_phrase.py ...F.                                        [100%]

============================== FAILURES ================================

_____________________ test_palindrom_mit_satzzeichen ___________________
    def test_palindrom_mit_satzzeichen():

>       assert Phrase("Madam, I'm Adam.").ispalindrom()
E       assert False

tests/test_phrase.py:14: AssertionError
======================== short test summary info =======================
FAILED tests/test_phrase.py::test_palindrom_mit_satzzeichen - assert ↵
False
===================== 1 failed, 4 passed in 0.01s ======================
```

Der letzte ROTE Test wird immer noch nicht bestanden, weil der eigentliche Test auf ein Palindrom immer noch mit dem String-Attribut `inhalt` selbst und nicht mit dem Rückgabewert der Methode `buchstaben()` durchgeführt wird. Wir können auch diesen letzten Test und damit die gesamte Testsuite in den GRÜNEN Zustand überführen, indem wir `self.inhalt` in der Funktion `kleinbuchstaben_string()` durch `self.buchstaben()` ersetzen. Daraus resultiert schließlich der Code in ▶ Listing 8.32.

Listing 8.32: *src/palindrome/phrase.py* Eine funktionierende `ispalindrom()`-Methode. GRÜN

```
import re


class Phrase:
    """Eine Klasse, die Phrasen repräsentiert."""

    def __init__(self, inhalt):
        self.inhalt = inhalt

    def ispalindrom(self):
        """Gib True zurück, wenn inhalt ein Palindrom ist, ansonsten ↵
False."""
        return self.kleinbuchstaben_string() == reverse(self. ↵
kleinbuchstaben_string())

    def kleinbuchstaben_string(self):
        """Bereite inhalt für den Test auf ein Palindrom vor."""
        return self.buchstaben().lower()
```

```
    def buchstaben(self):
        """Gib nur die Buchstaben aus inhalt zurück."""
        die_buchstaben = []
        for zeichen in self.inhalt:
            if re.search(r"[a-zA-Z]", zeichen):
                die_buchstaben.append(zeichen)
        return "".join(die_buchstaben)

def reverse(string):
    """Kehre den String string um."""
    return "".join(reversed(string))
```

Als Ergebnis von ▶ Listing 8.32 ist nun die vollständige Testsuite GRÜN (▶ Abbildung 8.9[83]):

Listing 8.33: GRÜN

```
(venv) $ pytest
========================= test session starts ==========================
collected 5 items

tests/test_phrase.py .....                                        [100%]

========================== 5 passed in 0.00s ===========================
```

Abbildung 8.9: Unser Detektor versteht endlich die palindromische Natur von Adam.

Es mag nicht der schönste Code der Welt sein, aber diese GRÜNE Testsuite bedeutet, dass unser Code funktioniert!

83 Bild mit freundlicher Genehmigung von Album/Alamy Stock Photo.

8.4.1 Übung

Importieren Sie unter Verwendung des gleichen Codes wie in ▶ Listing 8.16 die Klasse `Phrase` in die Python-REPL und bestätigen Sie direkt, dass die Funktion `ispalindrom()` Palindrome der Form „Madam, I'm Adam." erfolgreich als solche erkennt.

8.5 Refaktorieren

Auch wenn der Code in ▶ Listing 8.32 jetzt funktioniert, wie unsere GRÜNE Testsuite beweist, beruht er auf einer ziemlich umständlichen `for`-Schleife, in der die einzelnen Buchstaben nacheinander an eine Liste angehängt werden, statt die ganze Liste in einem Schritt zu erzeugen. In diesem Abschnitt werden wir unseren Code *refaktorieren*. Das heißt, wir ändern die Form des Codes, ohne seine Funktion zu verändern.

Indem wir unsere Testsuite nach jeder größeren Änderung ausführen, können wir eventuelle Rückschritte in der Funktionalität unseres Codes schnell erkennen und haben so die Gewissheit, dass die endgültige Form des umstrukturierten Codes immer noch die gewünschten Ergebnisse liefert. Ich schlage vor, die Änderungen in diesem Abschnitt schrittweise vorzunehmen und die Testsuite nach jeder Änderung auszuführen, um sicherzustellen, dass die Suite immer noch GRÜN ist.

Wie in ▶ Kapitel 6 beschrieben, können Sie eine Liste wie in ▶ Listing 8.32 in Python auf einfachere Weise mithilfe einer List Comprehension erstellen. Insbesondere die Schleife in ▶ Listing 8.32 hat große Ähnlichkeit mit der Funktion `imperative_singles()` aus ▶ Listing 6.4:

```
staaten = ["Kansas", "Nebraska", "North Dakota", "South Dakota"]
.
.
.
# singles: Imperative Version
def imperative_singles(staaten):
    singles = []
    for staat in staaten:
        if len(staat.split()) == 1:
            singles.append(staat)
    return singles
```

Wie wir in ▶ Listing 6.5 gesehen haben, kann dies durch die Verwendung einer List Comprehension mit einer Bedingung ersetzt werden:

```
# singles: Funktionale Version
def funktionale_singles(staaten):
    return [staat for staat in staaten if len(staat.split()) == 1]
```

Lassen Sie uns in der REPL ausprobieren, wie wir unser Palindrom auf analoge Weise verarbeiten können:

```
>>> inhalt = "Madam, I'm Adam."
>>> [z for z in inhalt]
['M', 'a', 'd', 'a', 'm', ',', ' ', 'I', "'", 'm', ' ', 'A', 'd', 'a', ↵
'm', '.']
```

```
>>> [z for z in inhalt if re.search(r"[a-zA-Z]", z)]
['M', 'a', 'd', 'a', 'm', 'I', 'm', 'A', 'd', 'a', 'm']
>>> "".join([z for z in inhalt if re.search(r"[a-zA-Z]", z)])
'MadamImAdam'
```

Sie sehen hier, wie wir mithilfe einer Kombination aus einer List Comprehension mit einer Bedingung und der Methode `join()` die aktuelle Funktionalität der Methode `buchstaben()` replizieren können. Tatsächlich können wir die eckigen Klammern, die das Argument von `join()` umschließen, auch weglassen und dadurch statt der List Comprehension eine Generator Comprehension (▶ Abschnitt 6.4) verwenden:

```
>>> "".join(z for z in inhalt if re.search(r"[a-zA-Z]", z))
'MadamImAdam'
```

Dies führt zu der in ▶ Listing 8.34 gezeigten aktualisierten Methode. Wie so oft bei funktionalen Lösungen mit Comprehensions konnten wir die zuvor imperative Version auch hier auf eine einzige Zeile reduzieren.

Listing 8.34: *src/palindrome/phrase.py* **Zusammenfassen der Funktionalität von** `buchstaben()` **in einer einzigen Zeile. GRÜN**

```
import re


class Phrase:
    """Eine Klasse, die Phrasen repräsentiert."""

    def __init__(self, inhalt):
        self.inhalt = inhalt

    def ispalindrom(self):
        """Gib True zurück, wenn inhalt ein Palindrom ist, ansonsten ↵
False."""
        return self.kleinbuchstaben_string() == reverse(self. ↵
kleinbuchstaben_string())

    def kleinbuchstaben_string(self):
        """Bereite inhalt für den Test auf ein Palindrom vor."""
        return self.buchstaben().lower()

    def buchstaben(self):
        """Gib nur die Buchstaben aus inhalt zurück."""
        return "".join(z for z in self.inhalt if re.search(r" ↵
[a-zA-Z]", z))

def reverse(string):
    """Kehre den String string um."""
    return "".join(reversed(string))
```

Wie in ▶ Kapitel 6 erwähnt, ist es schwieriger, funktionale Programme inkrementell zu entwickeln. Das ist ein Grund, warum die Verfügbarkeit einer Testsuite zur Überprüfung, ob unsere schrittweisen Änderungen die beabsichtigten (also *keine*) Auswirkungen auf die Funktionalität unseres Codes haben, so vorteilhaft ist:

Listing 8.35: GRÜN

```
(venv) $ pytest
========================== test session starts ===========================
collected 5 items

tests/test_phrase.py .....                                          [100%]

=========================== 5 passed in 0.01s ============================
```

Hurra! Unsere Testsuite wird immer noch bestanden. Unsere neue einzeilige `buchstaben()`-Methode funktioniert also.

Das ist bereits eine große Verbesserung, aber es drängt sich tatsächlich noch eine weitere Refaktorierung auf, die ein großartiges Beispiel für die Leistungsfähigkeit von Python darstellt. Sie erinnern sich aus ▶ Abschnitt 4.3, dass reguläre Ausdrücke über eine Methode namens `findall()` verfügen, mit der die zu einem regulären Ausdruck passenden Zeichen aus einem String direkt extrahiert werden können:

```
>>> re.findall(r"[a-zA-Z]", inhalt)
['M', 'a', 'd', 'a', 'm', 'I', 'm', 'A', 'd', 'a', 'm']
>>> "".join(re.findall(r"[a-zA-Z]", inhalt))
'MadamImAdam'
```

Durch die Verwendung der Methode `findall()` mit dem gleichen regulären Ausdruck wie zuvor und das anschließende Zusammenfügen der Elemente der resultierenden Liste mithilfe von `join()` und dem Leerstring als Separator können wir unseren Anwendungscode durch den Ersatz der Generator Comprehension noch weiter vereinfachen (▶ Listing 8.36).

Listing 8.36: *src/palindrome/phrase.py* Verwendung von `re.findall`. GRÜN

```
import re


class Phrase:
    """Eine Klasse, die Phrasen repräsentiert."""

    def __init__(self, inhalt):
        self.inhalt = inhalt

    def ispalindrom(self):
        """Gib True zurück, wenn inhalt ein Palindrom ist, ansonsten ↵
False."""
        return self.kleinbuchstaben_string() == reverse(self. ↵
kleinbuchstaben_string())

    def kleinbuchstaben_string(self):
        """Bereite inhalt für den Test auf ein Palindrom vor."""
        return self.buchstaben().lower()

    def buchstaben(self):
        """Gib nur die Buchstaben aus inhalt zurück."""
        return "".join(re.findall(r"[a-zA-Z]", self.inhalt))
```

```
def reverse(string):
    """Kehre den String string um."""
    return "".join(reversed(string))
```

Ein weiterer Durchlauf der Testsuite bestätigt, dass alles noch wie gewünscht funktioniert (▶ Abbildung 8.10[84]):

Listing 8.37: GRÜN

```
(venv) $ pytest
========================= test session starts =========================
collected 5 items

tests/test_phrase.py .....                                       [100%]

========================== 5 passed in 0.01s ==========================
```

Abbildung 8.10: Nach all unserer Arbeit immer noch ein Palindrom.

8.5.1 Veröffentlichen des Python-Pakets

Als abschließenden Schritt und im Einklang mit unserer Philosophie der Auslieferung (▶ Exkurs 1.5) veröffentlichen wir in diesem letzten Abschnitt unser `palindrome`-Paket im *Python Package Index*, auch bekannt als *PyPI* (https://pypi.org/).

Python unterscheidet sich von anderen Programmiersprachen durch einen eigenen Testpaket-Index namens TestPyPI (https://test.pypi.org/). Das bedeutet, dass wir unser Testpaket veröffentlichen (und verwenden) können, ohne es in einen echten Paketindex hochzuladen. Bevor Sie fortfahren, müssen Sie ein Konto bei TestPyPI einrichten und Ihre E-Mail-Adresse verifizieren.

84 Bild mit freundlicher Genehmigung von Album/Alamy Stock Photo.

Sobald Sie Ihr Konto eingerichtet haben, können Sie Ihr Paket erstellen und veröffentlichen. Hierfür verwenden wir die Pakete `build` und `twine`, die Sie jetzt installieren sollten:

```
(venv) $ pip install build==0.8.0
(venv) $ pip install twine==4.0.1
```

Der erste Schritt besteht darin, das Paket wie folgt zu erstellen:

```
(venv) $ python3 -m build
```

Dabei werden die Informationen aus der Datei `pyproject.toml` (▶ Listing 8.3) zur Erstellung eines Verzeichnisses namens `dist` (*distribution*) verwendet, in dem Dateien angelegt werden, deren Namen auf dem Namen und der Versionsnummer Ihres Pakets basieren. Auf meinem System sieht das `dist`-Verzeichnis zum Beispiel folgendermaßen aus:

```
(venv) $ ls dist
palindrome\_mhartl-0.0.1.tar.gz
palindrome_mhartl-0.0.1-py3-none-any.whl
```

Bei den Dateien im `dist`-Verzeichnis handelt es sich um eine Tarball- (tar) und eine Wheel-Datei (whl), aber in Wahrheit brauchen Sie nichts über diese Dateien zu wissen. Sie müssen nur wissen, dass der `build`-Schritt notwendig ist, um ein Paket auf TestPyPI veröffentlichen zu können.

Um das Paket tatsächlich zu veröffentlichen, verwenden Sie den folgenden `twine`-Befehl (der einfach aus der TestPyPI-Dokumentation kopiert wurde):[85]

```
(venv) $ twine upload --repository testpypi dist/*
```

(Für zukünftige Uploads müssen Sie möglicherweise ältere Versionen Ihres Pakets mit `rm` wieder entfernen, da TestPyPI die Wiederverwendung von Dateinamen nicht zulässt.)

Nun ist Ihr Paket veröffentlicht und Sie können es testen, indem Sie es auf Ihrem lokalen System installieren. Da wir bereits eine bearbeitbare und testbare Version des Pakets in unserer virtuellen Hauptumgebung (venv, *virtual environment*) vorliegen haben (▶ Listing 8.18), ist es eine gute Idee, eine neue virtuelle Umgebung (venv) in einem temporären Verzeichnis (tmp) zu erstellen:

```
$ cd
$ mkdir -p tmp/test_palindrome
$ cd tmp/test_palindrome
$ python3 -m venv venv
$ source venv/bin/activate
(venv) $
```

Jetzt können Sie Ihr Paket mithilfe von `pip` installieren, wobei Sie `pip` mit der Option `--index-url` anweisen, den Testindex anstelle des echten Index zu verwenden:

```
(venv) $ pip install <package> --index-url https://test.pypi.org/simple/
```

85 An dieser Stelle werden Sie entweder nach einem Benutzernamen und einem Passwort oder nach einem API-Schlüssel gefragt. Weitere Informationen zu letzterem finden Sie auf der TestPyPI-Seite.

Ich kann zum Beispiel meine Version des Testpakets mit dem Namen `palindrome_mhartl` wie folgt installieren:[86]

```
(venv) $ pip install palindrome_mhartl --index-url https://test.pypi. ↩
org/simple/
```

Um die Installation zu testen, können Sie das Paket in der REPL laden:

```
(venv) $ python3
>>> from palindrome_mhartl.phrase import Phrase
>>> Phrase("Madam, I'm Adam.").ispalindrom()
True
```

Es funktioniert! (Wenn es bei Ihnen nicht funktioniert – was durchaus möglich ist, da so viele Dinge schief gehen können – bleibt Ihnen nur die Möglichkeit, das Problem mit Hilfe Ihrer in ▶ Exkurs 1.2 beschriebenen technischen Raffinesse zu beheben).

Bei einem allgemeinen Python-Paket können Sie weiterhin Funktionen hinzufügen und neue Versionen (Releases) erstellen. Dazu müssen Sie lediglich die Versionsnummer in der Datei `pyproject.toml` erhöhen, um die von Ihnen vorgenommenen Änderungen widerzuspiegeln. Wenn Sie wissen möchten, auf welche Weise Sie die Versionsnummer erhöhen sollten, empfehle ich Ihnen, sich mit den Regeln der sogenannten *semantischen Versionierung* oder *Semver* (▶ Exkurs 8.2) vertraut zu machen.

■ Exkurs 8.2: Semantische Versionierung – SemVer

Sie haben in diesem Abschnitt vielleicht bemerkt, dass wir für unser neues Paket die Versionsnummer 0.1.0 verwendet haben. Die führende Null zeigt an, dass sich unser Paket in einem frühen Stadium befindet, das oft als „beta" bezeichnet wird (oder sogar als „alpha" für Projekte in einem sehr frühen Stadium).

Wir können Updates anzeigen, indem wir die mittlere Zahl in der Versionsnummer erhöhen, z. B. von 0.1.0 auf 0.2.0. Bei bloßen Fehlerkorrekturen oder sehr kleinen Änderungen wird nur die rechte Zahl erhöht, wie z. B. von 0.2.1 auf 0.2.2. Die erste ausgereifte Version (die für die Verwendung durch andere Nutzer geeignet und möglicherweise nicht abwärtskompatibel mit früheren Versionen ist) wird durch die Version 1.0.0 angezeigt.

Nach Erreichen der Version 1.0.0 erfolgen weitere Änderungen der Versionsnummer nach demselben allgemeinen Muster: unmittelbar ausgehend von der Versionsnummer 1.0.0 steht 1.0.1 für kleinere Änderungen bzw. Fehlerkorrekturen (ein *Patch Release*), 1.1.0 für neue (aber abwärtskompatible) Funktionen (ein *Minor Release*) und 2.0.0 für größere oder nicht abwärtskompatible Änderungen (ein *Major Release*).

Diese Nummerierungskonventionen sind als *semantische Versionierung* oder kurz *SemVer* bekannt. Weitere Informationen finden Sie unter https://semver.org/lang/de/.

86 Der Teil `_mhartl` im Namen meines Pakets kommt von der Festlegung des Namens `name` in der Datei `pyproject.toml`, der im Fall meines Pakets `palindrome_mhartl` lautet. Wenn Sie meine Version des Pakets installieren, werden Sie feststellen, dass die Versionsnummer höher ist als 0.0.1, was auf das bereits erwähnte Problem der Wiederverwendung von Paketnamen zurückzuführen ist. Da ich im Laufe der Entwicklung dieses Buches eine ganze Reihe von Änderungen vorgenommen habe, habe ich die Versionsnummer (`version` in `pyproject.toml`) mehrere Male erhöht.

Sollten Sie jemals ein Paket entwickeln, das nicht nur ein Test wie das in diesem Kapitel ist, können Sie es im echten *Python Package Index* (PyPI) veröffentlichen. Es gibt zwar eine ausführliche PyPI-Dokumentation, aber es besteht kaum ein Zweifel daran, dass Sie in einem solchen Fall auch reichlich Gelegenheit haben werden, Ihre technische Raffinesse anzuwenden.

8.5.2 Übungen

1. Wir möchten die Funktionalität unseres Palindrom-Detektors noch um die Fähigkeit zur Erkennung ganzzahliger Palindrome wie 12321 erweitern. Schreiben Sie Tests für die Prüfung auf ganzzahlige Nicht-Palindrome und Palindrome, indem Sie `BITTE_ERSETZEN` an den beiden entsprechenden Stellen in ▶ Listing 8.38 durch geeigneten Code ersetzen. Bringen Sie beide Tests mithilfe des Codes in ▶ Listing 8.39 in einen GRÜNEN Zustand. In ▶ Listing 8.39 wurde ein Aufruf von `str` sowie `\d` im regulären Ausdruck hinzufügt, um sicherzustellen, dass `inhalt` ein String ist und der reguläre Ausdruck auch die Ziffern von 0 bis 9 einschließt. (Beachten Sie, dass wir die Methode `buchstaben()` dementsprechend in `buchstaben_und_ziffern()` umbenannt haben.)
2. Erhöhen Sie die Versionsnummer in `pyproject.toml`, führen Sie einen GIT-Commit durch und laden Sie die Änderungen Ihres Projekts bei GitHub hoch. Erstellen Sie Ihr Paket mit `build` und laden Sie es mit `twine` bei PyPI bzw. TestPyPI hoch. Aktualisieren Sie Ihr Paket in Ihrem tmp-Verzeichnis mit dem Befehl in ▶ Listing 8.40 und bestätigen Sie in der REPL, dass die Ganzzahl-Palindrom-Erkennung funktioniert. *Hinweis*: Der Backslash \ in ▶ Listing 8.40 ist ein *Fortsetzungszeichen* und sollte tatsächlich eingegeben werden, aber die schließende spitze Klammer > sollte von Ihrem Shell-Programm automatisch hinzugefügt und somit nicht eingegeben werden.

Listing 8.38: *tests/test_phrase.py* Hinzufügen der Tests für die Prüfungen auf ganzzahlige Nicht-Palindrome und Palindrome. ROT

```
from pytest import skip

from palindrome_mhartl.phrase import Phrase


def test_kein_palindrom():
    assert not Phrase("apfel").ispalindrom()

def test_literales_palindrom():
    assert Phrase("regallager").ispalindrom()

def test_gross_klein_palindrom():
    assert Phrase("RegalLager").ispalindrom()

def test_palindrom_mit_satzzeichen():
    assert Phrase("Madam, I'm Adam.").ispalindrom()

def test_buchstaben_und_ziffern():
    assert Phrase("Madam, I'm Adam.12345").buchstaben_und_ziffern() ↵
== "MadamImAdam12345"
```

```
def test_ganzzahl_kein_palindrom():
    BITTE_ERSETZEN Phrase(12345).ispalindrom()

def test_ganzzahl_palindrom():
    BITTE_ERSETZEN Phrase(12321).ispalindrom()
```

Listing 8.39: *src/palindrome/phrase.py* Hinzufügen der Erkennung von ganzzahligen Palindromen. GRÜN

```
import re


class Phrase:
    """Eine Klasse, die Phrasen repräsentiert."""

    def __init__(self, inhalt):
        self.inhalt = str(inhalt)

    def ispalindrom(self):
        """Gib True zurück, wenn inhalt ein Palindrom ist, ansonsten ↩
False."""
        return self.kleinbuchstaben_string() == reverse(self. ↩
kleinbuchstaben_string())

    def kleinbuchstaben_string(self):
        """Bereite inhalt für den Test auf ein Palindrom vor."""
        return self.buchstaben_und_ziffern().lower()

    def buchstaben_und_ziffern(self):
        """Gib nur die Buchstaben und Ziffern aus inhalt zurück."""
        return "".join(re.findall(r"[a-zA-Z\d]", self.inhalt))

def reverse(string):
    """Kehre den String string um."""
    return "".join(reversed(string))
```

Listing 8.40: Aktualisieren (*upgrading*) des Testpakets.

```
(venv) $ pip install --upgrade your-package \
> --index-url https://test.pypi.org/simple/
```

Shell-Skripte

9

In diesem Kapitel bauen wir auf dem in ▶ Abschnitt 1.4 gelegten Fundament auf und schreiben drei *Shell-Skripte* von zunehmender Komplexität. In den ersten beiden Programmen (▶ Abschnitt 9.1 und ▶ Abschnitt 9.2) nehmen wir das in ▶ Kapitel 8 entwickelte Python-Paket und setzen es ein, um Palindrome aus zwei verschiedenen Quellen zu erkennen: einer lokalen Datei und dem Internet. Dabei werden wir lernen, wie man mit Python lokale Dateien ausliest und schreibt und wie man Dateien direkt aus einer Live-URL im Internet liest. In ▶ Abschnitt 9.3 schreiben wir schließlich ein reales Hilfsprogramm auf der Grundlage eines Programms, das ich einmal für mich selbst geschrieben habe. Es enthält eine Einführung in die Manipulation des *Document Object Model* (oder kurz *DOM*) in einem Kontext außerhalb eines Webbrowsers.[87]

PYTHON MIT BISS

Shell-Skripte

Die Shell ist ein ausgesprochen wichtiges Werkzeug in der Softwareentwicklung. Sie bildet das Bindeglied zwischen der unterschiedlichen Software, die in der Entwicklung verwendet wird. Die Shell erlaubt es, mit ein paar Skripten ganze Produktionsprozesse zu automatisieren. Dies ist heutzutage von höchster Bedeutung, da schließlich alle Firmen möglichst kurze Feedback-Zyklen in der Entwicklung haben wollen. Vorbei sind die Zeiten, in denen der Chefentwickler einmal im Jahr von Hand das ganze Projekt kompiliert und zusammengefügt hat. Dieser Prozess wird heutzutage mit Hilfe der Shell automatisch ausgeführt. Jeden Tag.

9.1 Dateien auslesen

Unsere erste Aufgabe besteht darin, den Inhalt einer Datei zu lesen und zu verarbeiten. Das Beispiel ist von vornherein einfach gehalten, aber es demonstriert die notwendigen Prinzipien und vermittelt Ihnen das nötige Hintergrundwissen, um fortgeschrittenere Dokumentationen zu lesen.

Wir beginnen damit, mithilfe von `curl` eine Datei mit einfachen Phrasen herunterzuladen. (Beachten Sie, dass sich diese Datei in dem Verzeichnis namens `python_tutorial` befinden sollte, das wir vor ▶ Kapitel 8 verwendet haben, nicht im Verzeichnis des Palindrom-Pakets):

```
$ cd ~/repos/python_tutorial/
$ curl -OL https://cdn.learnenough.com/phrases.txt
```

Wie Sie durch Ausführen von `less phrases.txt` in der Kommandozeile bestätigen können, enthält diese Datei eine große Anzahl von englischsprachigen Phrasen (jede in einer neuen Zeile), von denen einige (welch Überraschung!) zufällig Palindrome sind.

Unsere Aufgabe besteht darin, einen Palindrom-Detektor zu schreiben, der jede Zeile und damit jede Phrase in dieser Datei nacheinander durchläuft und alle Phrasen ausgibt, bei denen es sich um ein Palindrom handelt (während andere ignoriert werden).

87 Das Document Object Model (DOM) beschreibt eine Schnittstelle, mit deren Hilfe die Objekte, welche die Struktur und den Inhalt von HTML- und XML-Dokumenten bilden, in einer Baumstruktur gegliedert und dargestellt werden.

Zu diesem Zweck müssen wir die Datei öffnen und ihren Inhalt auslesen. Anschließend verwenden wir das in ▶ Kapitel 8 entwickelte Paket, um festzustellen, welche der Phrasen Palindrome sind.

In Python stehen zur Verarbeitung von Dateien die nativen Funktionen `open()` zum Öffnen einer Datei, `read()` zum Lesen der geöffneten Datei und `close()` zum Schließen der geöffneten Datei wie in ▶ Listing 9.1 gezeigt zur Verfügung.[88]

Listing 9.1: Öffnen einer Datei in der REPL.

```
$ source venv/bin/activate
(venv) $ python3
>>> file = open("phrases.txt")     # Nicht ganz pythonisch
>>> text = file.read()
>>> file.close()
```

Damit wird der Inhalt der Datei `phrases.txt` gelesen und der Variable `text` zugewiesen.

Mithilfe der Methode `splitlines()`, die in ▶ Abschnitt 3.1 (▶ Listing 3.2) eingeführt wurde, können wir bestätigen, dass die Zuweisung des Dateiinhalts an die Variable `text` funktioniert hat:

```
>>> len(text)
1373
>>> text.splitlines()[0]     # Aufspalten an Zeilenumbrüchen und Zugriff ↩
auf die erste Phrase.
'A butt tuba'
```

Der zweite Befehl spaltet den Text am Zeilenumbruchzeichen `\n` auf und wählt das Element mit dem Index 0 aus der resultierenden Liste aus, sodass die rätselhafte erste Zeile der Datei – „A butt tuba“ – angezeigt wird.

Wie in ▶ Listing 9.1 erwähnt, ist das Öffnen einer Datei auf die hier gezeigte Weise nicht ganz pythonisch. Der Grund dafür ist, dass wir jedes Mal, wenn wir eine Datei öffnen, daran denken müssen, sie auch wieder zu schließen. Wenn wir das Schließen der Datei vergessen, kann dies zu einem unvorhersehbaren Verhalten führen. Wir können solche Probleme vermeiden, indem wir das spezielle Schlüsselwort `with` zusammen mit `as` und dem gewünschten Dateinamen verwenden:

```
>>> with open("phrases.txt") as file:     # Pythonisch
...     text = file.read()
...
>>> len(text)
1373
```

Dieser Code sorgt dafür, dass die Datei am Ende der `with`-Anweisung automatisch wieder geschlossen wird, und führt dabei zum gleichen Ergebnis wie der vorhergehende Code ohne `with`-Anweisung.

88 Lesen Sie den Artikel „Reading and Writing Files in Python“ (https://realpython.com/read-write-files-python/), um mehr über dieses nützliche Thema zu erfahren.

Nehmen wir die Ideen aus dem Python-Interpreter und packen sie in ein Skript zur Erkennung der Palindrome in der Datei `phrases.txt`:

```
(venv) $ touch palindrome_file
(venv) $ chmod +x palindrome_file
```

Dann fügen wir die notwendige Shebang-Zeile ein (▶ Abschnitt 1.4) und importieren das Palindrom-Paket, wie in ▶ Listing 9.2 gezeigt. Sie sollten nach Möglichkeit Ihr eigenes Paket verwenden, aber Sie können auch das Paket `palindrome-mhartl` nutzen, wenn Sie Ihr eigenes in ▶ Abschnitt 8.5.1 nicht veröffentlicht haben:

```
(venv) $ pip install palindrome_mhartl --index-url https://test. ↵
pypi.org/simple/
```

Listing 9.2: *palindrome_file* Einfügen der Shebang-Zeile und Importieren des Palindrom-Pakets.

```
#!/usr/bin/env python3
from palindrome_mhartl.phrase import Phrase


print("Hello, world!")
```

Die letzte Zeile in ▶ Listing 9.2 ist eine Angewohnheit von mir, um mich immer zu vergewissern, dass sich ein Skript in einem funktionierenden Zustand befindet, bevor ich weiteren Code hinzufüge:

```
(venv) $ ./palindrome_file
Hello, world!
```

In früheren Versionen dieses Tutoriums schlug dieser Befehl tatsächlich fehl, was mich zu Änderungen veranlasste, die sofort zu einem funktionierenden Code führten. Das ist das Tolle an `print("Hello, world!")` – der Code ist so einfach, dass man im Falle eines Fehlschlagens gleich weiß, dass etwas anderes falsch gelaufen sein muss.

Das Skript zum Lesen des Inhalts und Erkennen von Palindromen in der Datei `phrases.txt` ist ziemlich einfach: Wir öffnen die Datei, spalten den Inhalt an Zeilenumbrüchen auf und iterieren durch die resultierende Liste, wobei wir jede Zeile (Phrase) ausgeben, die ein Palindrom darstellt. Das Ergebnis, das Sie in diesem Stadium relativ leicht nachvollziehen können sollten, sehen Sie in ▶ Listing 9.3.

Listing 9.3: *palindrome_file* Lesen und Verarbeiten des Inhalts einer Datei.

```
#!/usr/bin/env python3
from palindrome_mhartl.phrase import Phrase


with open("phrases.txt") as file:
    text = file.read()
    for zeile in text.splitlines():    # Eher nicht pythonisch
        if Phrase(zeile).ispalindrom():
            print(f"Palindrom gefunden: {zeile}")
```

Wenn Sie das Skript in der Kommandozeile ausführen, werden Sie feststellen, dass die Datei eine ganze Reihe von Palindromen enthält:

```
(venv) $ ./palindrome_file
.
.
.
Palindrom gefunden: Dennis sinned.
Palindrom gefunden: Dennis and Edna sinned.
Palindrom gefunden: Dennis, Nell, Edna, Leon, Nedra, Anita, Rolf, Nora,
Alice, Carol, Leo, Jane, Reed, Dena, Dale, Basil, Rae, Penny, Lana, Dave,
Denny, Lena, Ida, Bernadette, Ben, Ray, Lila, Nina, Jo, Ira, Mara, Sara,
Mario, Jan, Ina, Lily, Arne, Bette, Dan, Reba, Diane, Lynn, Ed, Eva, Dana,
Lynne, Pearl, Isabel, Ada, Ned, Dee, Rena, Joel, Lora, Cecil, Aaron,
Flora, Tina, Arden, Noel, and Ellen sinned.
Palindrom gefunden: Go hang a salami, I'm a lasagna hog.
Palindrom gefunden: level
Palindrom gefunden: Madam, I'm Adam.
Palindrom gefunden: No "x" in "Nixon"
Palindrom gefunden: No devil lived on
Palindrom gefunden: Race fast, safe car
Palindrom gefunden: racecar
Palindrom gefunden: radar
Palindrom gefunden: Was it a bar or a bat I saw?
Palindrom gefunden: Was it a car or a cat I saw?
Palindrom gefunden: Was it a cat I saw?
Palindrom gefunden: Yo, banana boy!
Palindrom gefunden:
```

Unter anderem sehen wir eine recht aufwendige Erweiterung des einfachen Palindroms „Dennis sinned." (▶ Abbildung 9.1[89])!

Abbildung 9.1: Dennis, Nell, Edna, Leon, Nedra und viele andere haben gesündigt (engl.: *sinned*).

89 Bild mit freundlicher Genehmigung von Historical Images Archive/Alamy Stock Photo.

Das ist ein guter Anfang, aber in der Tat verfügen Dateien (files) über eine Methode `readlines()`, die standardmäßig alle Zeilen nacheinander liest, ohne dass wir zunächst den Inhalt der Datei mit `read()` auslesen und dann die Methode `splitlines()` auf das Ergebnis anwenden müssen. Wenn Sie dies in ▶ Listing 9.3 einarbeiten, erhalten Sie ▶ Listing 9.4.

Listing 9.4: *palindrome_file* Wechsel von `read()` und `splitlines()` zu `readlines()`.

```
#!/usr/bin/env python3
from palindrome_mhartl.phrase import Phrase


with open("phrases.txt") as file:
    for zeile in file.readlines():    # Pythonisch
        if Phrase(zeile).ispalindrom():
            print(f"Palindrom gefunden: {zeile}")
```

Sie sollten in der Kommandozeile bestätigen, dass das Ergebnis fast dasselbe ist:

```
(venv) $ ./palindrome_file
.
.
.
Palindrom gefunden: Was it a bar or a bat I saw?

Palindrom gefunden: Was it a car or a cat I saw?

Palindrom gefunden: Was it a cat I saw?

Palindrom gefunden: Yo, banana boy!
```

Es gibt jetzt zusätzliche Leerzeilen zwischen den Palindromzeilen, was darauf zurückzuführen ist, dass jedes Element in `open(...).readlines()` tatsächlich das Zeilenumbruchzeichen am Ende *enthält*, sodass in Kombination mit dem `print()`-Befehl zwei Zeilenumbrüche nach jeder Palindromzeile resultieren.

Um die Ausgabe von ▶ Listing 9.3 zu replizieren, können wir die gängige und nützliche Technik des *Strippens* oder *Trimmens* auf jeden `zeile`-String anwenden. Dabei werden mithilfe der Methode `strip()` einfach alle Leerraumzeichen am Anfang und Ende des jeweiligen Strings entfernt, wie wir an folgendem Beispiel sehen können:

```
>>> gruss = "    Hello, world!    \n"
>>> gruss.strip()
'Hello, world!'
```

Wenn wir diese Technik in den Code in ▶ Listing 9.4 einarbeiten, erhalten wir ▶ Listing 9.5.[90] (Die Version mit `readlines()` ist wahrscheinlich die pythonischste Lösung, aber sie hat den Preis eines Aufrufs von `strip()`, sodass die `splitlines()`-Version in ▶ Listing 9.3 ebenfalls vertretbar ist.)

90 Die Verwendung des Arguments `end=""` im `print()`-Befehl würde ebenfalls funktionieren (Abschnitt 2.3).

Listing 9.5: *palindrome_file* Entfernen eines Zeilenumbruchs mithilfe der Methode `strip()`.

```
#!/usr/bin/env python3
from palindrome_mhartl.phrase import Phrase


with open("phrases.txt") as file:
    for zeile in file.readlines():
        if Phrase(zeile).ispalindrom():
            print(f"Palindrom gefunden: {zeile.strip()}")
```

An diesem Punkt sollte die Ausgabe von `palindrome_file` nur noch die Palindromzeilen zeigen, ohne zusätzliche Zeilenumbrüche (Leerzeilen) und ohne leeres Palindrom am Ende:

```
(venv) $ ./palindrome_file
.
.
.
Palindrom gefunden: Was it a bar or a bat I saw?
Palindrom gefunden: Was it a car or a cat I saw?
Palindrom gefunden: Was it a cat I saw?
Palindrom gefunden: Yo, banana boy!
```

Nachdem wir jetzt wissen, wie man Dateien öffnet und ausliest, lassen Sie uns nun schauen, wie man Dateien in Python *schreibt* und *speichert*. Es könnte kaum einfacher sein. Die Vorlage sieht wie folgt aus:

```
file.write(inhalt_string)
```

Wir können einen String aus den in der Datei `phrases.txt` vorhandenen Palindromen erzeugen, indem wir zunächst die Ausgabe von `readlines()` einer gesonderten Variablen (namens `zeilen`) zuweisen und aus der Variablen dann mithilfe einer List Comprehension mit einer Bedingung (▶ Abschnitt 6.2) eine Liste mit den Palindromen erstellen:

```
with open("phrases.txt") as file:
    zeilen = file.readlines()
    for zeile in zeilen:
        if Phrase(zeile).ispalindrom():
            print(f"Palindrom gefunden: {zeile.strip()}")

palindrome = [zeile for zeile in zeilen if Phrase(zeile).ispalindrom()]
```

Anschließend müssen wir noch die Elemente der Liste `palindrome` mithilfe von `join()` mit dem Leerstring als Separator zum gewünschten String zusammenfügen. Für das Schreiben des resultierenden Strings in eine Datei namens `palindrome_file.txt` sind dann nur noch zwei Codezeilen erforderlich, wie in ▶ Listing 9.6 zu sehen ist.

Listing 9.6: *palindrome_file* Schreiben der Palindrome in eine Datei.

```
#!/usr/bin/env python3
from palindrome_mhartl.phrase import Phrase


with open("phrases.txt") as file:
    zeilen = file.readlines()
```

```
    for zeile in zeilen:
        if Phrase(zeile).ispalindrom():
            print(f"Palindrom gefunden: {zeile.strip()}")

palindrome = [zeile for zeile in zeilen if Phrase(zeile).ispalindrom()]
with open("palindrome_file.txt", "w") as file:
    file.write("".join(palindrome))
```

Wenn Sie das Skript ausführen, wird als Nebeneffekt auch der Inhalt der Datei ausgegeben:

```
(venv) $ ./palindrome_file
.
.
.
Palindrom gefunden: Madam, I'm Adam.
Palindrom gefunden: No "x" in "Nixon"
Palindrom gefunden: No devil lived on
Palindrom gefunden: Race fast, safe car
Palindrom gefunden: racecar
Palindrom gefunden: radar
Palindrom gefunden: Was it a bar or a bat I saw?
Palindrom gefunden: Was it a car or a cat I saw?
Palindrom gefunden: Was it a cat I saw?
Palindrom gefunden: Yo, banana boy!
(venv) $ tail palindrome_file.txt
.
.
.
Madam, I'm Adam.
No "x" in "Nixon"
No devil lived on
Race fast, safe car
racecar
radar
Was it a bar or a bat I saw?
Was it a car or a cat I saw?
Was it a cat I saw?
Yo, banana boy!
```

9.1.1 Übungen

1. Vielleicht ist Ihnen in ▶ Listing 9.6 eine Redundanz aufgefallen: Wir ermitteln in der `for`-Schleife zunächst alle Palindrome und geben sie nacheinander aus. Dann verwenden wir eine List Comprehension, um *wieder* alle Palindrome zu finden und in eine Liste zu schreiben. Zeigen Sie, dass wir diese Redundanz eliminieren können, indem wir den gesamten Code in ▶ Listing 9.6 durch den kompakteren Code in ▶ Listing 9.7 ersetzen. (Da der String `palindrome_inhalt` selbst bereits mit einem Zeilenumbruch endet, wird der `print()`-Befehl in ▶ Listing 9.7 mit dem in ▶ Abschnitt 2.3 eingeführten Argument `end=""` aufgerufen, um einen doppelten Zeilenumbruch am Ende zu verhindern.)

2. Vermutlich haben Sie bemerkt, dass durch den `print()`-Befehl in ▶ Listing 9.7 *nicht* mehr jedem Palindrom der Hinweis „Palindrom gefunden: " vorangestellt wird. Recherchieren Sie im Internet und finden Sie zwei Methoden – einmal mit und einmal ohne reguläre Ausdrücke –, um das Argument `palindrome_inhalt` jeweils mithilfe einer einzigen Methode so zu verändern, dass der Hinweis wieder jedem Palindrom vorangestellt wird.
3. Ein gängiges Muster in Python-Shell-Skripten besteht darin, die wichtigsten Schritte in eine separate Funktion (oft mit dem Namen `main()`) zu verschieben und diese Funktion nur dann aufzurufen, wenn die Datei selbst als Shell-Skript aufgerufen wird. (Mehr dazu in diesem Video: https://youtu.be/g_wlZ9IhbTs) Zeigen Sie unter Verwendung der in ▶ Abschnitt 7.1 eingeführten speziellen Syntax, dass das Shell-Skript aus ▶ Listing 9.7 entsprechend ▶ Listing 9.8 umgeschrieben werden kann. Erzielt es noch dasselbe Ergebnis, wenn es in der Kommandozeile ausgeführt wird?
4. Einige Python-Programmierer ziehen es sogar vor, den Inhalt des Skripts in eine eigene Funktion zu packen und diese dann in der Funktion `main()` aufzurufen, wie in ▶ Listing 9.9 zu sehen ist. Zeigen Sie, dass dieser Code immer noch die gleiche Ausgabe erzeugt wie zuvor.

Listing 9.7: *palindrome_file* Schreiben der Palindrome in eine Datei ohne Redundanz im Code.

```
#!/usr/bin/env python3
from palindrome_mhartl.phrase import Phrase


with open("phrases.txt") as file:
    palindrome = [zeile for zeile in file.readlines() if Phrase(zeile). ↵
ispalindrom()]

palindrome_inhalt = "".join(palindrome)
print(palindrome_inhalt, end="")

with open("palindrome_file.txt", "w") as file:
    file.write(palindrome_inhalt)
```

Listing 9.8: *palindrome_file* Aufruf von `main()` nur in der Kommandozeile.

```
#!/usr/bin/env python3
from palindrome_mhartl.phrase import Phrase


def main():
    with open("phrases.txt") as file:
        palindrome = [zeile for zeile in file.readlines() if ↵
Phrase(zeile).ispalindrom()]

    palindrome_inhalt = "".join(palindrome)
    print(palindrome_inhalt, end="")

    with open("palindrome_file.txt", "w") as file:
        file.write(palindrome_inhalt)

if __name__ == "__main__":
    main()
```

Listing 9.9: `palindrome_file` Hinzufügen einer weiteren Ebene zwischen dem Skript und `main()`.

```
#!/usr/bin/env python3
from palindrome_mhartl.phrase import Phrase

def main():
    erkenne_palindrome()

def erkenne_palindrome():
    with open("phrases.txt") as file:
        palindrome = [zeile for zeile in file.readlines() if ↩
Phrase(zeile).ispalindrom()]

    palindrome_inhalt = "".join(palindrome)
    print(palindrome_inhalt, end="")

    with open("palindrome_file.txt", "w") as file:
        file.write(palindrome_inhalt)

if __name__ == "__main__":
    main()
```

9.2 Dateien direkt von einer URL auslesen

In diesem Abschnitt schreiben wir ein Skript, dessen Effekt mit dem des Skripts in ▶ Abschnitt 9.1 identisch ist, allerdings wird die Datei `phrases.txt` diesmal direkt von ihrer öffentlichen URL gelesen und nicht erst heruntergeladen. Das Programm an sich macht nichts Besonderes, aber Sie werden sehen, was für ein Wunder es bewirkt: Die zugrundeliegenden Ideen sind nicht spezifisch für die URL, auf die wir zugreifen. Das bedeutet, dass Sie nach diesem Abschnitt in der Lage sein werden, Programme zu schreiben, die auf praktisch jede Website im Web zugreifen und diese verarbeiten können. (Diese Praxis, die manchmal als „Web Scraping" bezeichnet wird, sollte mit Bedacht und Vorsicht angewandt werden.)

Der wichtigste Trick besteht dabei in der Verwendung des Pakets `requests`, das wir mithilfe von `pip` installieren können:[91]

```
(venv) $ pip install requests==2.28.1
```

Wie in der Dokumentation erwähnt, enthält `requests` eine Methode namens `get()`, die einfach nur, nun ja, den Inhalt einer URI (auch URL genannt; der Unterschied spielt selten eine Rolle) *abrufen* kann:

```
>>> import requests
>>> url = "https://cdn.learnenough.com/phrases.txt"
>>> response = requests.get(url)
>>> response.text
'A butt tuba\nA bad penny always turns up.\n...Yo, banana boy!\n'
```

91 Älterer Python-Code verwendet oft das Modul `urllib.request` aus dem Paket `urllib`, aber das ist nicht so benutzerfreundlich wie das `requests`-Paket, und tatsächlich empfiehlt die `urllib.request`-Dokumentation selbst ausdrücklich das `requests`-Paket („Für eine übergeordnete HTTP-Client-Schnittstelle wird das Paket `requests` empfohlen.").

Wir sehen hier, dass das response-Objekt über ein Attribut namens text verfügt, das den von requests.get() zurückgegebenen Text enthält. Durch Kombination mit der Methode splitlines() aus ▶ Listing 9.3 können wir die einzelnen Zeilen aus dem Text extrahieren.[92]

Wir können unser Skript analog zu ▶ Abschnitt 9.1 erstellen:

```
$ touch palindrome_url
$ chmod +x palindrome_url
```

Die Implementierung entspricht dann im Großen und Ganzen dem Code in ▶ Listing 9.3, nur ohne den Aufruf von with, wie in ▶ Listing 9.10 gezeigt.

Listing 9.10: *palindrome_url* **Lesen von einer URL.**

```
#!/usr/bin/env python3
import requests

from palindrome_mhartl.phrase import Phrase

URL = "https://cdn.learnenough.com/phrases.txt"


for zeile in requests.get(URL).text.splitlines():
    if Phrase(zeile).ispalindrom():
        print(f"Palindrom gefunden: {zeile}")
```

Jetzt sind wir bereit, das Skript in der Kommandozeile auszuprobieren:

```
$ ./palindrome_url
.
.
.
Palindrom gefunden: Madam, I'm Adam.
Palindrom gefunden: No "x" in "Nixon"
Palindrom gefunden: No devil lived on
Palindrom gefunden: Race fast, safe car
Palindrom gefunden: racecar
Palindrom gefunden: radar
Palindrom gefunden: Was it a bar or a bat I saw?
Palindrom gefunden: Was it a car or a cat I saw?
Palindrom gefunden: Was it a cat I saw?
Palindrom gefunden: Yo, banana boy!
```

Erstaunlich! Das Ergebnis ist fast genau so, wie wir es in ▶ Abschnitt 9.1 gesehen haben, aber dieses Mal haben wir die Daten direkt aus dem Internet abgefragt.

92 Das response-Objekt verfügt auch über eine Methode namens iter_lines(), die einen Iterator zurückgibt, der über die Zeilen iteriert. Das scheint auf den ersten Blick praktisch der Lösung mit readlines() aus Listing 9.5 zu entsprechen. Wie sich jedoch herausstellt, werden die resultierenden Elemente in diesem Fall als rohe Bytes zurückgegeben und müssen erst decodiert werden, bevor sie verwendet werden können. Infolgedessen ist die splitlines()-Lösung hier sogar etwas einfacher.

Es gibt nur noch ein kleines Detail zu klären, nämlich dass der lange Gedankenstrich (—, Geviertstrich, *em dash*) in „A man, a plan, a canal—Panama!" nicht korrekt angezeigt wird (▶ Abbildung 9.2). Dies deutet auf ein Problem mit der Zeichencodierung hin, und eine kleine Recherche zeigt, dass die Methode `requests.get()` für den Zugriff auf den Inhalt der Ziel-URL auch mit dem Attribut `content` verwendet werden kann, das wiederum über die Methode `decode()` zur Decodierung des Inhalts verfügt (▶ Listing 9.11), sodass auch Zeichen wie der Geviertstrich korrekt erkannt und angezeigt werden können. Wir können insbesondere explizit angeben, dass die Zeichen des Inhalts UTF-8-codiert sind, indem wir die Codierungsinformation als Argument an die `decode()`-Methode übergeben, wie in ▶ Listing 9.11 gezeigt. (Wir werden der UTF-8-Codierung in ▶ Kapitel 10 wieder begegnen, wo wir sie als Standardelement in die HTML-Webseite einbinden werden.)

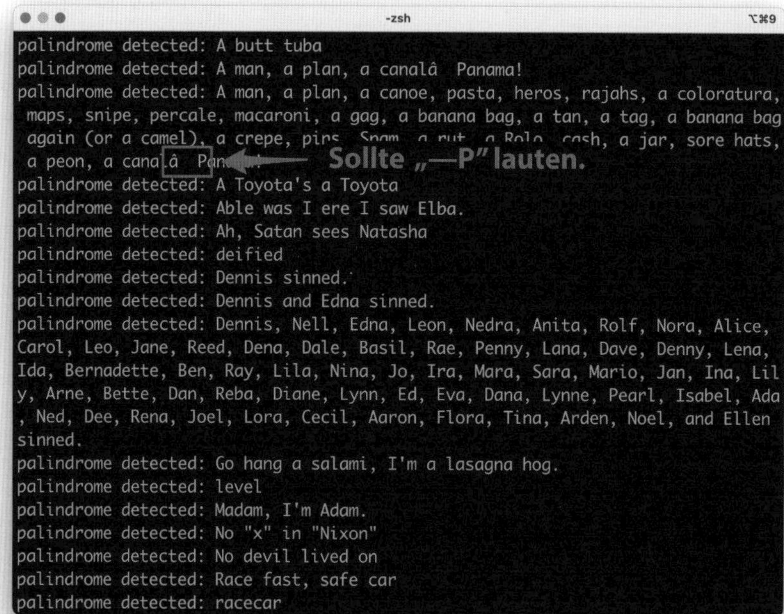

Abbildung 9.2: Infolge eines Problems mit der Codierung wird ein falsches Zeichen ausgegeben.

Listing 9.11: *palindrome_url* Decodierung des Inhalts mit `content.decode()`.

```
#!/usr/bin/env python3
import requests

from palindrome_mhartl.phrase import Phrase

URL = "https://cdn.learnenough.com/phrases.txt"

for zeile in requests.get(URL).content.decode("utf-8").splitlines():
    if Phrase(zeile).ispalindrom():
        print(f"Palindrom gefunden: {zeile}")
```

Als Ergebnis der Decodierung wird in der Ausgabe der korrekte Geviertstrich angezeigt:

```
$ ./palindrome_url
.
.
.
Palindrom gefunden: A man, a plan, a canal—Panama!
.
.
.
```

Übrigens, wenn Sie die URL https://cdn.learnenough.com/phrases.txt tatsächlich in Ihrem Browser besuchen, werden Sie feststellen, dass sie (unter Verwendung einer 301 redirect) zu einer Seite auf Amazons Simple Storage Service (S3) *weitergeleitet* werden, wie in ▶ Abbildung 9.3 zu sehen ist. Glücklicherweise folgt die Methode `requests.get()`, die wir in ▶ Listing 9.10 verwendet haben, solchen Weiterleitungen automatisch, sodass das Skript wie erwartet funktionierte. Dieses Verhalten zeigen aber längst nicht alle URL-Bibliotheken. Je nachdem, welche Bibliothek Sie genau verwenden, müssen Sie die Anfrage (den Request) möglicherweise manuell so konfigurieren, dass sie Weiterleitungen folgt.

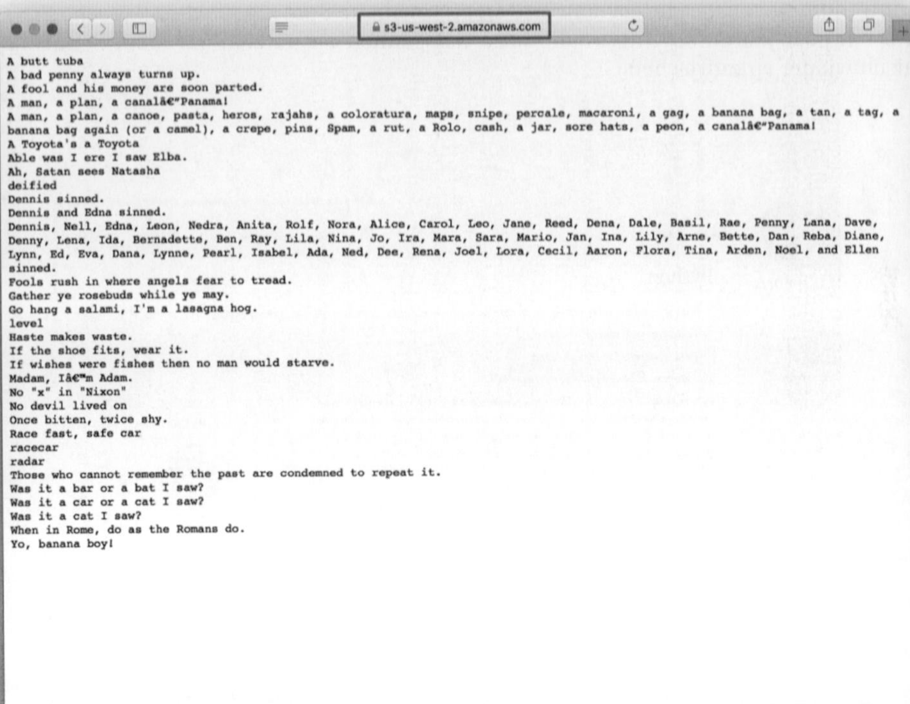

Abbildung 9.3: Besuch der Phrase-URL in einem Browser.

9.2.1 Übungen

1. Fügen Sie in Analogie zu ▶ Listing 9.6 Code zu ▶ Listing 9.10 hinzu, der eine Datei namens `palindrome_url.txt` mit den gefundenen Palindromen schreibt und speichert. Bestätigen Sie mit Hilfe des Dienstprogramms `diff` (https://www.learnenough.com/command-line-tutorial/manipulating_files#sec-redirecting_and_appending), dass der Inhalt der Datei `palindrome_url.txt` mit dem der Datei `palindrome_file.txt` aus ▶ Abschnitt 9.1 übereinstimmt.
2. Ändern Sie ▶ Listing 9.10 so ab, dass der kompaktere Programmierstil aus ▶ Listing 9.7 verwendet wird (einschließlich des Schritts zum Schreiben der Datei).

9.3 DOM-Manipulation in der Kommandozeile

In diesem letzten Abschnitt werden wir die Tricks zum Lesen von URLs, die wir in ▶ Abschnitt 9.2 gelernt haben, zum Schreiben einer Version eines tatsächlichen Hilfsskripts anwenden, das ich einmal für mich selbst geschrieben habe. Zunächst beschreibe ich Ihnen den Kontext, in dem das Skript entstanden ist, und das Problem, das es löst.

In den letzten Jahren hat sich das Angebot an Ressourcen zum Erlernen von Fremdsprachen explosionsartig vergrößert. Dazu gehören Plattformen wie Duolingo und Google Translate sowie die betriebssystemeigene Unterstützung für die mehrsprachige Umwandlung von geschriebenem Text in gesprochene Sprache (*Text-to-Speech*, TTS). Vor ein paar Jahren beschloss ich, diese Gelegenheit zu nutzen, um mein Schulspanisch wieder aufzufrischen.

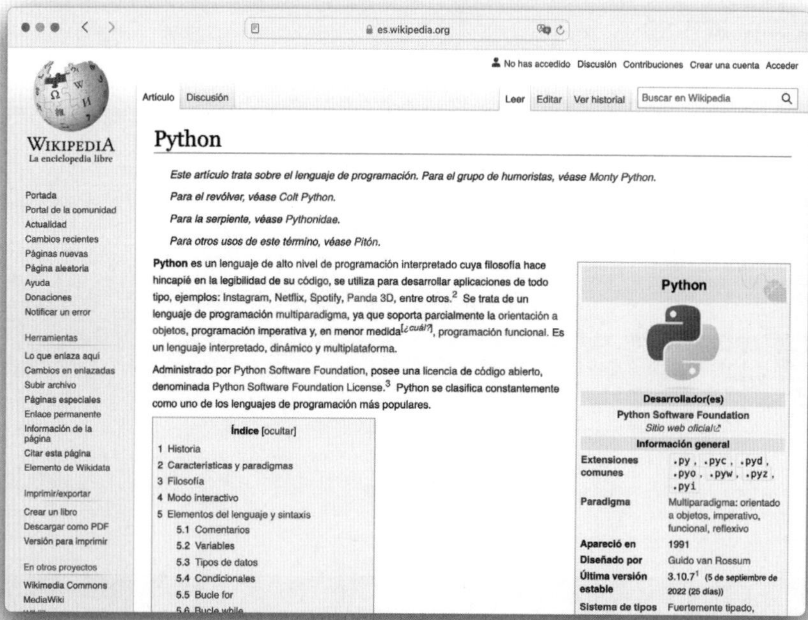

Abbildung 9.4: Un artículo sobre Python.

Eine der Ressourcen, auf die ich dabei zurückgriff, war Wikipedia mit seiner großen Anzahl von Artikeln in anderen Sprachen als Englisch. Insbesondere entdeckte ich einen großen Nutzen darin, einen Text aus dem spanischsprachigen Wikipedia (▶ Abbildung 9.4) zu kopieren und ihn in Google Translate (▶ Abbildung 9.5) einzugeben. Dann konnte ich die Text-to-Speech-Funktion von Google Translate (das rote Quadrat in ▶ Abbildung 9.5) oder macOS nutzen, um den Text entweder in der Quellsprache Spanisch oder der Zielsprache der Übersetzung (hier Englisch) anzuhören. Es muy útil.

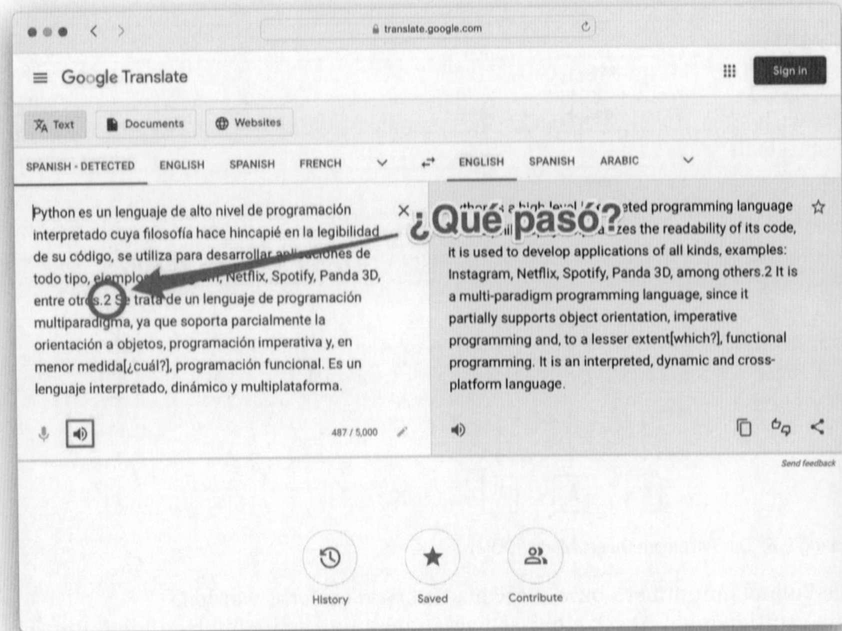

Abbildung 9.5: Ein spanischer Artikel über Python, der in Google Translate eingegeben wurde.

Nach einer Weile bemerkte ich zwei wiederkehrende Schwierigkeiten:

1. Das Kopieren einer großen Anzahl von Absätzen per Hand war mühsam.
2. Beim Kopieren des Textes von Hand wurden oft Dinge mit selektiert, die ich eigentlich nicht auswählen wollte. Dazu gehörten beispielsweise *Fußnotennummern*, die das TTS-System dann ordnungsgemäß aussprach, was dazu führte, dass unverständliche, scheinbar zufällige Zahlen gesprochen wurden (z. B. „entre otros.2[dos] Se trata de un lenguaje“ → „unter anderem.2 Es wird als eine Sprache behandelt“. ¿Qué pasó?).

Schwierigkeiten wie diese haben mich zum Schreiben eines Hilfsskripts angeregt und so wurde `wikp` (von „Wikipedia paragraphs“, „Wikipedia-Absätze“) geboren. Dieses Programm lädt den HTML-Quelltext eines Wikipedia-Artikels herunter, extrahiert die Absätze, entfernt die Fußnotennummern und gibt die Ergebnisse auf dem Bildschirm aus.

Das ursprüngliche `wikp`-Programm wurde in Ruby geschrieben. Hier erscheint eine leicht vereinfachte Version. Lassen Sie uns darüber nachdenken, wie es funktionieren wird.

Aus ▶ Listing 9.10 wissen wir bereits, wie man die Quelle einer URL herunterlädt. Die verbleibenden Aufgaben sind dann:

1. In der Kommandozeile muss ein beliebiges URL-Argument angenommen werden können.
2. Das heruntergeladene HTML muss mithilfe des DOM auf die gewünschte Weise verändert (manipuliert) werden (▶ Abbildung 9.6).

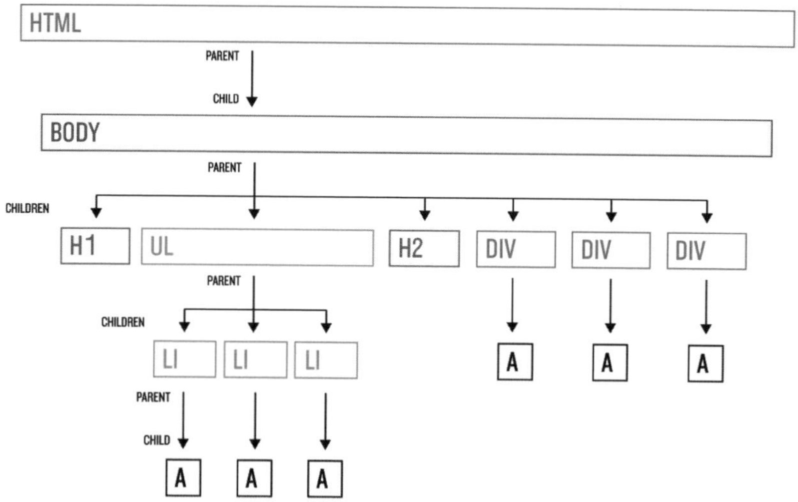

Abbildung 9.6: Das Document Object Model (DOM).

3. Die Fußnotennummern bzw. -verweise müssen entfernt werden.
4. Die resultierenden Absätze müssen gesammelt und schließlich auf dem Bildschirm ausgegeben werden.

Lassen Sie uns mit der Erstellung des initialen Skripts beginnen:

```
$ touch wikp
$ chmod +x wikp
```

Jetzt können wir mit dem Hauptprogramm loslegen. Für jede der obigen Aufgaben gebe ich die Art von Google-Suche an, die Sie verwenden könnten, um herauszufinden, wie sie zu lösen ist.

Es gibt mehrere Optionen für die Verarbeitung von HTML in Python. Eine der leistungsfähigsten und angesehensten ist die Programmbibliothek mit dem eher skurrilen Namen *Beautiful Soup* (eine Anspielung auf ein Lied aus Kapitel 9 von *Alice im Wunderland*)[93], mit deren Hilfe *Web Scraping* betrieben und DOM-Manipulationen durchgeführt werden können. Wir werden die Version 4 verwenden, die mit Python 3 kompatibel ist:

```
(venv) $ pip install beautifulsoup4==4.11.1
```

93 Was dieses Lied mit der HTML-Verarbeitung zu tun hat, kann man nur vermuten.

Das Beautiful-Soup-Paket (`beautifulsoup`) selbst ist unter dem abgekürzten Namen `bs4` verfügbar.

Unsere Hauptaufgabe besteht im sogenannten *HTML-Parsing* und Beautiful Soup beinhaltet einen leistungsstarken HTML-Parser. Auf der offiziellen Beautiful-Soup-Website finden Sie eine Reihe nützlicher Anleitungen. Die für unsere Zwecke wichtigste Methode finden Sie in ▶ Listing 9.12.

Listing 9.12: Parsen von HTML.

```
>>> from bs4 import BeautifulSoup
>>> html = '<p>lorem<sup class="reference">1</sup></p><p>ipsum</p>'
>>> doc = BeautifulSoup(html)
```

Die resultierende Variable `doc` ist ein Beautiful-Soup-Dokument, in diesem Fall mit zwei Absätzen (engl.: *paragraphs*, <p>...</p>), von denen einer ein `sup`-Tag (hochgestellt) mit der CSS-Klasse `reference` enthält.

Beautiful-Soup-Dokumente können auf verschiedene Weise verarbeitet werden. Meine Lieblingsmethode zur Auswahl von Elementen heißt `find_all()`. Mithilfe dieser Methode können HTML-Tags mit einer intuitiven Syntax ausgewählt werden (Beautiful Soup selektiert HTML-Tags). Ein Beispiel:

```
>>> doc.find_all("p")
[<p>lorem<sup class="reference">1</sup></p>, <p>ipsum</p>]
```

Diese Operation wird so häufig benötigt, dass sie auch dann standardmäßig durchgeführt wird, wenn wir ein Argument *direkt* an ein Dokumentobjekt übergeben:

```
>>> doc("p")
[<p>lorem<sup class="reference">1</sup></p>, <p>ipsum</p>]
>>> len(doc("p"))
2
>>> doc("p")[0].text
'lorem1'
```

In der letzten Zeile sehen wir, dass wir den Text, der von den HTML-Tags eines bestimmten Ergebnisses umschlossen wird, über die `text`-Eigenschaft abrufen können. Im vorliegenden Fall enthält der Text auch noch die Referenz- bzw. Fußnotennummer 1. Diese befindet sich innerhalb von `sup`-Tags mit der CSS-Klasse `"reference"`. Elemente mit einer bestimmten CSS-Klasse wie `"reference"` (in diesem Fall nur eines) können mithilfe der Option `class_` extrahiert werden:[94]

```
>>> doc("sup", class_="reference")
[<sup class="reference">1</sup>]
>>> len(doc("sup", class_="reference"))
1
```

94 Der zusätzliche Unterstrich in `class_` ist erforderlich, weil das Schlüsselwort `class` (ohne Unterstrich) für die Definition von Python-Klassen reserviert ist (Kapitel 7). Durch `doc.select(".reference")` werden übrigens *alle* Elemente (nicht nur `sup`-Tags) mit der CSS-Klasse `"reference"` ausgewählt, wobei die gleiche „Punkt"-Notation wie in CSS selbst verwendet wird.

Vielleicht sehen Sie jetzt bereits, worauf das hinausläuft. Wir sind jetzt in der Lage, ein HTML-Dokument zu analysieren (zu parsen) und alle Absätze und alle Fußnotenverweise (vorausgesetzt natürlich, sie haben die CSS-Klasse `reference`) auszuwählen. Jetzt brauchen wir nur noch eine Möglichkeit, die Fußnotenverweise aus dem Dokument zu *entfernen*. Zufälligerweise ist das mit der Beautiful-Soup-Methode `decompose()` gar nicht so schwierig, wie in ▶ Listing 9.13 zu sehen ist.

Listing 9.13: Entfernen von DOM-Elementen mit der Beautiful-Soup-Methode `decompose()`.

```
>>> for reference in doc("sup", class_="reference"):
...     reference.decompose()
...
>>> doc
<html><body><p>lorem</p><p>ipsum</p></body></html>
```

Jetzt können wir alle Absatzinhalte ohne die Fußnotenverweise mithilfe von `doc("p")` extrahieren und jeden Absatz auf dem Bildschirm ausgeben (▶ Listing 9.14).

Listing 9.14: Ausgabe der Absatzinhalte – nun ohne die Fußnotenverweise.

```
>>> for paragraph_tag in doc("p"):
...     print(paragraph_tag.text)
...
lorem
ipsum
```

Schließlich können wir das Skript selbst zusammenstellen. Wir beginnen damit, die URL als Argument von der Kommandozeile zu übernehmen (*python script command line argument*), und nutzen dafür die Systembibliothek `sys` (▶ Listing 9.15). Beachten Sie, dass wir vorübergehend eine `print`-Zeile eingefügt haben, um prüfen und sicherstellen zu können, dass das Argument korrekt akzeptiert wird. Darüber hinaus haben wir `url` mit Kleinbuchstaben geschrieben, da es sich im Gegensatz zu ▶ Abschnitt 9.2 jetzt um eine Variable und nicht um eine Konstante handelt. (Es würde sowohl `URL` als auch `url` funktionieren. Die Wahl der Groß- und Kleinschreibung ist nur eine Konvention.)

Listing 9.15: *wikp* Übergabe eines Kommandozeilenarguments.

```
#!/usr/bin/env python3
import sys

import requests
from bs4 import BeautifulSoup


# Gib die Absätze von einem Wikipedia-Link ohne die Fußnotennummern ↵
zurück.
# Besonders nützlich für die Sprachausgabe von Text (Text-to-Speech,
# sowohl mutter- als auch fremdsprachlich).

# Frage die URL von der Kommandozeile ab.
url = sys.argv[1]
print(url)
```

Wir können folgendermaßen bestätigen, dass ▶ Listing 9.15 wie angekündigt funktioniert:

```
$ ./wikp https://es.wikipedia.org/wiki/Python
https://es.wikipedia.org/wiki/Python
```

Als Nächstes müssen wir die URL öffnen und ihren Inhalt lesen. Das ist, wie wir in ▶ Abschnitt 9.2 (▶ Listing 9.11) gelernt haben, mit folgendem Code möglich:

```
requests.get(url).content.decode("utf-8")
```

Wenn wir außerdem noch den auf diese Weise von der URL abgefragten Inhalt an `BeautifulSoup()` übergeben, erhalten wir ▶ Listing 9.16. Beachten Sie, dass wir explizit einen *HTML*-Parser spezifiziert haben. Dies stellt zwar die Standardeinstellung dar, aber ohne die explizite Angabe kann es zu Warnmeldungen kommen.

Listing 9.16: *wikp* Parsen der Live-URL mit Beautiful Soup.

```
#!/usr/bin/env python3
import sys

import requests
from bs4 import BeautifulSoup


# Gib die Absätze von einem Wikipedia-Link ohne die Fußnotennummern ↩
zurück.
# Besonders nützlich für die Sprachausgabe von Text (Text-to-Speech,
# sowohl mutter- als auch fremdsprachlich).

# Frage die URL von der Kommandozeile ab.
url = sys.argv[1]
# Erzeuge ein Beautiful-Soup-Dokument von der Live-URL.
content = requests.get(url).content.decode("utf-8")
doc = BeautifulSoup(content, features="html.parser")
```

Nun müssen wir den Code zum Entfernen der Fußnotenverweise und zum Extrahieren der Absatzinhalte aus ▶ Listing 9.13 und ▶ Listing 9.14 hinzufügen. Wie oben angedeutet, besitzen Fußnotenverweise (Referenzen) bei Wikipedia die CSS-Klasse `.reference`, was wir mit einem Web Inspector bestätigen können (▶ Abbildung 9.7). Dies legt den in ▶ Listing 9.17 gezeigten Code zum Entfernen der Fußnotenverweise nahe.

Listing 9.17: *wikp* Entfernen der Fußnotenverweise.

```
#!/usr/bin/env python3
import sys

import requests
from bs4 import BeautifulSoup


# Gib die Absätze von einem Wikipedia-Link ohne die Fußnotennummern ↩
zurück.
# Besonders nützlich für die Sprachausgabe von Text (Text-to-Speech,
# sowohl mutter- als auch fremdsprachlich).
```

```
# Frage die URL von der Kommandozeile ab.
url = sys.argv[1]
# Erzeuge ein Beautiful-Soup-Dokument von der Live-URL.
content = requests.get(url).content.decode("utf-8")
doc = BeautifulSoup(content, features="html.parser")
# Entferne die Fußnotenverweise.
for reference in doc("sup", class_="reference"):
    reference.decompose()
```

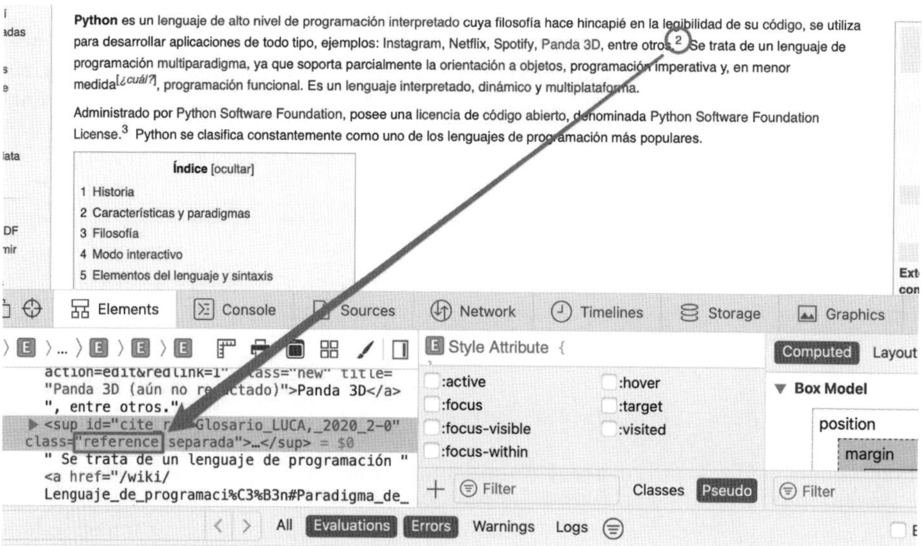

Abbildung 9.7: In einem Web Inspector finden wir die CSS-Klasse `reference` für einen Fußnotenverweis bei Wikipedia.

Zum Abschluss müssen wir nur noch die Absatzinhalte extrahieren und auf dem Bildschirm ausgeben (▶ Listing 9.18).

Listing 9.18: *wikp* Extraktion der Absatzinhalte und deren Ausgabe auf dem Bildschirm.

```
#!/usr/bin/env python3
import sys

import requests
from bs4 import BeautifulSoup


# Gib die Absätze von einem Wikipedia-Link ohne die Fußnotennummern ↵
zurück.
# Besonders nützlich für die Sprachausgabe von Text (Text-to-Speech,
# sowohl mutter- als auch fremdsprachlich).

# Frage die URL von der Kommandozeile ab.
url = sys.argv[1]
# Erzeuge ein Beautiful-Soup-Dokument von der Live-URL.
content = requests.get(url).content.decode("utf-8")
```

```
doc = BeautifulSoup(content, features="html.parser")
# Entferne die Fußnotenverweise.
for reference in doc("sup", class_="reference"):
    reference.decompose()
# Gib die Absatzinhalte (nun ohne Fußnotenverweise) auf dem Bildschirm ↩
aus.
for paragraph_tag in doc("p"):
    print(paragraph_tag.text)
```

Schauen wir uns an, wie es gelaufen ist:

```
$ ./wikp https://es.wikipedia.org/wiki/Python
Python es un lenguaje de alto nivel de programación interpretado cuya ↩
filosofía hace hincapié en la legibilidad de su código, se utiliza para ↩
desarrollar aplicaciones de todo tipo, ejemplos: Instagram, Netflix, ↩
Spotify, Panda 3D, entre otros. Se trata de un lenguaje de programación ↩
multiparadigma, ya que soporta parcialmente la orientación a objetos, ↩
programación imperativa y, en menor medida[?`cuál?], programación ↩
funcional. Es un lenguaje interpretado, dinámico y multiplataforma.
.
.
.
Existen diversas implementaciones del lenguaje:

A lo largo de su historia, Python ha presentado una serie de ↩
incidencias, de las cuales las más importantes han sido las siguientes:
```

Erfolgreich! Wenn wir in unserem Terminal nach oben scrollen, können wir nun den gesamten Text auswählen und ihn nach Google Translate oder in einen Texteditor unserer Wahl übertragen. Unter macOS können wir das sogar noch besser machen, indem wir die Ergebnisse per *Piping* an **pbcopy** weiterleiten, das die Ergebnisse automatisch in die macOS-Zwischenablage (auch *pasteboard oder clipboard* genannt) kopiert:

```
$ ./wikp https://es.wikipedia.org/wiki/Python | pbcopy
```

Anschließend können Sie den gesamten Text (ohne vorheriges Markieren und Kopieren) direkt bei Google Translate (oder irgendwo anders) einfügen.

Bedenken Sie, was für eine bemerkenswerte Leistung das Ganze ist. Das Skript in ▶ Listing 9.18 ist ein wenig knifflig – und um so etwas ganz allein zum Laufen zu bringen, müssen Sie vielleicht ein bisschen googeln und mehr als ein paar `print`-Anweisungen eintippen, aber es sind wirklich nur zehn Zeilen Code: nicht gerade Raketenwissenschaft. Und doch ist das Skript wirklich nützlich – ein Skript, das Sie (wenn Sie aktiv Fremdsprachen lernen) vielleicht häufig nutzen werden. Darüber hinaus eröffnen die in dieses Skript eingeflossenen grundlegenden Fähigkeiten – nicht nur das Programmieren selbst, sondern auch die technischen Fähigkeiten (<hüstel>Googeln</hüstel>) – eine riesige Anzahl von Anwendungsmöglichkeiten.

9.4 Übungen

1. Fügen Sie das `wikp`-Skript zu Ihrer PATH-Umgebungsvariable hinzu, indem Sie die Datei verschieben oder die Konfiguration Ihres Systems ändern. (Möglicherweise müssen Sie eine Internetrecherche durchführen, um festzustellen, wie das funktioniert.) Bestätigen Sie, dass Sie das Skript anschließend ausführen können, ohne dem Befehlsnamen (`wikp`) `./` voranzustellen.
2. Was passiert, wenn Sie `wikp` ohne Argument ausführen? Fügen Sie Ihrem Skript einen geeigneten Code hinzu, der das Fehlen eines Kommandozeilenarguments erkennt und einen entsprechenden Anwendungshinweis für das `wikp`-Skript ausgibt. *Hinweis*: Nachdem Sie den Anwendungshinweis ausgegeben haben, müssen Sie das Skript *beenden*. Wie das geht, können Sie mit einer Google-Suche nach „python how to exit script" in Erfahrung bringen.
3. Das oben erwähnte Weiterleiten des Textes an `pbcopy` per *Piping* funktioniert nur unter macOS, aber jedes Unix-kompatible System kann die Ausgabe in eine Datei umleiten. Wie lautet der Befehl zum Umleiten der Ausgabe von `wikp` in eine Datei namens `article.txt`? (Sie könnten dann diese Datei öffnen, alles auswählen und den Inhalt kopieren, was im Grunde zum selben Ergebnis führt wie das Piping an `pbcopy`.)

Eine Live-Webanwendung

10

In diesem Kapitel wird eine dynamische Webanwendung in Python entwickelt, für die dasselbe Flask-Framework verwendet wird, das in ▶ Abschnitt 1.5 vorgestellt und in ▶ Abschnitt 5.2 näher erläutert wurde. Obwohl Flask einfach ist, ist es kein Spielzeug – es ist ein produktionsreifes Web-Framework, das von Unternehmen wie Netflix, Lyft und reddit verwendet wird. Flask eignet sich auch hervorragend als leichtgewichtige Vorbereitung auf ein komplexeres Framework wie Django. Am Ende dieses Kapitels werden Sie im Wesentlichen verstehen, wie Webanwendungen funktionieren, einschließlich Layouts (▶ Abschnitt 10.3), Templates (Vorlagen, ▶ Abschnitt 10.4), Tests und Bereitstellung.[95]

PYTHON MIT BISS

Flask vs. Django

Falls man mit Python eine Webanwendung entwickeln möchte, so stellt sich zu Beginn die Frage, ob man Flask oder Django verwenden sollte. Die Antwort ist relativ einfach: Falls Sie mit Nutzer-Authentifizierung zu tun haben, sollten Sie Django benutzen. Falls nicht, ist Flask die bessere (einfachere) Wahl.

In unserer Beispiel-Webanwendung wird das in ▶ Kapitel 8 entwickelte benutzerdefinierte Python-Paket bei der Entwicklung eines webbasierten *Palindrom-Detektors* zum Einsatz kommen. Ganz nebenbei werden wir lernen, wie man mit *Python-Templates* (Vorlagen) dynamische Inhalte erstellt.

Unser webbasierter Palindrom-Detektor erfordert eine Backend-Webanwendung, die die *Übermittlung von Formularen* ermöglicht – eine Aufgabe, die Flask hervorragend beherrscht. Darüber hinaus wird unsere Palindrom-App zwei weitere Seiten enthalten – *Home* und *About* –, mit deren Hilfe wir lernen werden, wie man ein auf Flask basierendes Site-Layout verwendet. In diesem Zusammenhang werden wir auch die Erkenntnisse aus ▶ Kapitel 8 anwenden und erweitern, um automatisierte Tests für unsere App zu schreiben.

Schließlich werden wir, wie in ▶ Abschnitt 1.5, unsere vollständige Palindrom-App im Web bereitstellen. Wir schließen mit Hinweisen auf weitere Ressourcen für Python, Flask und andere Themen wie JavaScript und Django ab.

10.1 Einrichtung (Setup)

Unser erster Schritt besteht darin, unsere App als Proof-of-Concept einzurichten und sie im Produktionsmodus bereitzustellen. Wir beginnen mit der Erstellung eines Verzeichnisses für die App:

```
$ cd ~/repos                  # cd ~/environments/repos in der Cloud IDE
$ mkdir palindrome_app
$ cd palindrome_app/
```

95 Das wichtigste zusätzliche Thema, das Sie lernen müssen, ist das Speichern und Abrufen von Informationen in einer Datenbank. Mit Datenbanken haben wir uns bis zu dieser Stelle des Buches zwar noch nicht beschäftigt, aber es handelt sich dabei um eine Technologie, die keine grundlegend neuen Prinzipien umfasst. Sie können Datenbanken sowohl mit Flask als auch mit einem umfangreicheren Framework wie Django verwenden.

Als nächstes konfigurieren wir unser System für die Entwicklung mit Flask und erstellen ein Unterverzeichnis für den Palindrom-Detektor selbst:

```
$ python3 -m venv venv
$ source venv/bin/activate
(venv) $ pip install --upgrade pip
(venv) $ pip install Flask==2.2.2
(venv) $ mkdir palindrome_detector
(venv) $ touch palindrome_detector/__init__.py
(venv) $ touch setup.py
(venv) $ touch MANIFEST.in
```

Diese Verzeichnisstruktur folgt im Großen und Ganzen dem offiziellen Flask-Tutorium und ermöglicht ausgefeiltere Designpraktiken (wie Templates und Tests) als die „hello, world"-App aus ▶ Abschnitt 1.5, die nur eine einzige Datei in einem Verzeichnis umfasste, das auch noch für andere Dinge verwendet wurde.

Im Rahmen der Einrichtung der App müssen wir auch ein paar Setup-Dateien füllen. Beachten Sie insbesondere, dass die Flask-Dokumentation zum Zeitpunkt der Erstellung dieses Buches die Dateien `setup.py` und `MANIFEST.in` mit einschloss (▶ Listing 10.1 und ▶ Listing 10.2), anstatt der „besten Praxis" zu folgen und die Konfigurationseinstellungen in `pyproject.toml` anzupassen (wie wir es in ▶ Kapitel 8 getan haben). Die praktische Erfahrung zeigt, dass ein Abweichen von der offiziellen Dokumentation vor allem bei der Bereitstellung von Anwendungen äußerst unklug ist, aber denken Sie daran, dass sich die Konvention von Flask seit der Erstellung dieses Buches geändert haben könnte. Machen Sie sich auch keine Sorgen, wenn Sie es nicht verstehen, denn ich verstehe es auch nicht. Auch beim Lesen der Dokumentation gehört selektive Ignoranz definitiv zu der in ▶ Exkurs 1.2 beschriebenen technischen Raffinesse.

Listing 10.1: *setup.py* Eine Setup-Datei.

```
from setuptools import find_packages, setup

setup(
    name='palindrome_detector',
    version='1.0.0',
    packages=find_packages(),
    include_package_data=True,
    zip_safe=False,
    install_requires=[
        'flask',
    ],
)
```

Listing 10.2: *MANIFEST.in* Eine Manifest-Datei.

```
graft palindrome_detector/static
graft palindrome_detector/templates
global-exclude *.pyc
```

Um mit der App selbst zu beginnen, schreiben wir zunächst „hello, world!“, wie in ▶ Listing 10.3 gezeigt.[96] Der größte Teil von ▶ Listing 10.3 besteht aus Flask-Vorlagen, die wiederum größtenteils aus der offiziellen Dokumentation stammen – machen Sie sich also keine Gedanken über die Details. Die Zeile `@app.route("/")` direkt vor der Definition einer Funktion ist übrigens ein sogenannter *Dekorator*, der in Python neben der Definition von Flask-Routen viele weitere Verwendungsmöglichkeiten hat.

Listing 10.3: Schreiben von „hello, world!“ in Flask.

```
import os

from flask import Flask


def create_app(test_config=None):
    """Erzeuge und konfiguriere die App."""
    app = Flask(__name__, instance_relative_config=True)

    if test_config is None:
        # Lade die Instanzkonfiguration, falls vorhanden, wenn nicht ↩
getestet wird.
        app.config.from_pyfile("config.py", silent=True)
    else:
        # Lade die Testkonfiguration, wenn sie übergeben wird.
        app.config.from_mapping(test_config)

    # Stelle sicher, dass das Instanzverzeichnis existiert.
    try:
        os.makedirs(app.instance_path)
    except OSError:
        pass

    @app.route("/")
    def index():
        return "hello, world!"

    return app

app = create_app()
```

Führen Sie die Anwendung anschließend mit dem Befehl `flask` aus (▶ Listing 10.4).

Listing 10.4: Ausführen der Flask-Anwendung.

```
(venv) $ flask --app palindrome_detector --debug run
* Running on http://127.0.0.1:5000/
```

Das Ergebnis des Besuchs von http://127.0.0.1:5000/ sehen Sie in ▶ Abbildung 10.1.

96 Das zu Beginn des Listings importierte Paket `os` enthält Dienstprogramme für den Umgang mit dem zugrunde liegenden Betriebssystem (engl.: *operating system*, OS).

Abbildung 10.1: Unsere anfängliche App.

Unserer Praxis der frühzeitigen und häufigen Bereitstellung folgend stellen wir unser Projekt als Vorbereitung der Bereitstellung auf Fly.io schließlich mit Git unter Versionskontrolle. Wie in ▶ Abschnitt 1.5.1 benötigen wir dabei eine `.gitignore`-Datei, in der wir Git mitteilen, welche Dateien und Verzeichnisse ignoriert werden sollen (▶ Listing 10.5).

PYTHON MIT BISS

.gitignore

Jedes etwas größere Projekt benötigt eine .gitignore-Datei. Am einfachsten googlen Sie nach einer .gitignore-Datei für Ihren Projekttyp und passen sie, falls nötig, etwas an.

Listing 10.5: *.gitignore* Ignorieren bestimmter Dateien und Verzeichnisse bei der Versionskontrolle mit Git.

```
venv/

*.pyc
__pycache__/

instance/

.pytest_cache/
.coverage
```

```
htmlcov/

dist/
build/
*.egg-info/

.DS_Store
```

Als nächstes werden wir das Repository initialisieren:

```
(venv) $ git init
(venv) $ git add -A
(venv) $ git commit -m "Initialize repository"
```

Ich empfehle, zu diesem Zeitpunkt auch ein neues Repository bei GitHub einzurichten.

Ebenfalls wie in ▶ Abschnitt 1.5.1 installieren wir den Gunicorn-Server:

```
(venv) $ pip install gunicorn==20.1.0
```

Dann erstellen wir die Datei `requirements.txt` für Fly.io (▶ Listing 10.6).

PYTHON MIT BISS

requirements.txt

Manchmal befinden Sie sich mitten in einem Projekt und stellen fest, dass Sie noch keine `requirements.txt`-Datei haben. Aber keine Sorge, diese Datei lässt sich ganz einfach erzeugen. Mit dem Shell-Kommando

```
$ python -m pip freeze
```

werden Ihnen alle installierten `pip`-Pakete angezeigt. Und sofern Sie sich in einer `venv` befinden, sind dies vermutlich auch genau diejenigen, welche Sie in die `requirements.txt`-Datei schreiben sollten.

Listing 10.6: *requirements.txt* Festlegen der Voraussetzungen für unsere App.

```
click==8.1.3
Flask==2.2.2
gunicorn==20.1.0
itsdangerous==2.1.2
Jinja2==3.1.2
MarkupSafe==2.1.1
Werkzeug==2.2.2
```

Melden Sie sich nun bei Fly.io an (▶ Listing 10.7) und „starten“ (engl.: *launch*) Sie die App, um die Produktionskonfiguration zu erstellen (▶ Listing 10.8). Bearbeiten Sie die dabei generierte Datei `Procfile`, um den Namen der Palindrom-App zu verwenden (▶ Listing 10.9).

Listing 10.7: Anmeldung bei Fly.io.

```
(venv) $ flyctl auth login --interactive
```

Listing 10.8: „Starten“ (engl.: *launch*) der App (was nur eine lokale Konfiguration ist).

```
(venv) $ flyctl launch
```

Listing 10.9:

```
web: gunicorn palindrome_detector:app
```

An diesem Punkt sind wir fast so weit, die App im Produktionsmodus bereitstellen zu können. Das einzige Problem ist, dass Sie beim Durcharbeiten von ▶ Abschnitt 1.5.1 wahrscheinlich bereits eine App bei Fly.io definiert haben und dass Fly.io derzeit nur eine App zulässt, wenn Sie das kostenlose Angebot nutzen. Daher müssen Sie wahrscheinlich die alte App löschen, die Sie in Ihrem Fly.io-Dashboard finden (▶ Abbildung 10.2): Klicken Sie auf App-Name > Settings > Delete App. (Den Builder können Sie wiederverwenden, sodass Sie ihn nicht löschen müssen).

Abbildung 10.2: Löschen einer App bei Fly.io.

Ich empfehle Ihnen, die Konfigurationsänderungen nach Git zu übertragen (und im Laufe dieses Kapitels weitere Commits und Pushs vorzunehmen):

```
(venv) $ git add -A
(venv) $ git commit -m "Add configuration"
```

Jetzt sind wir für die eigentliche Bereitstellung bereit:

```
(venv) $ flyctl deploy
(venv) $ flyctl open     # Funktioniert nicht in der Cloud-IDE. ↵
Verwende daher die angezeigte URL.
```

Das Ergebnis ist eine funktionierende Anwendung in der Produktion, wie in ▶ Abbildung 10.3 zu sehen ist. Aus Gründen der Kürze verzichte ich bis zum ▶ Abschnitt 10.5.1 auf weitere Bereitstellungen. Ich empfehle Ihnen jedoch, beim Durcharbeiten des Kapitels regelmäßig Bereitstellungen vorzunehmen, um eventuelle Produktionsprobleme so früh wie möglich zu erkennen und beheben zu können.

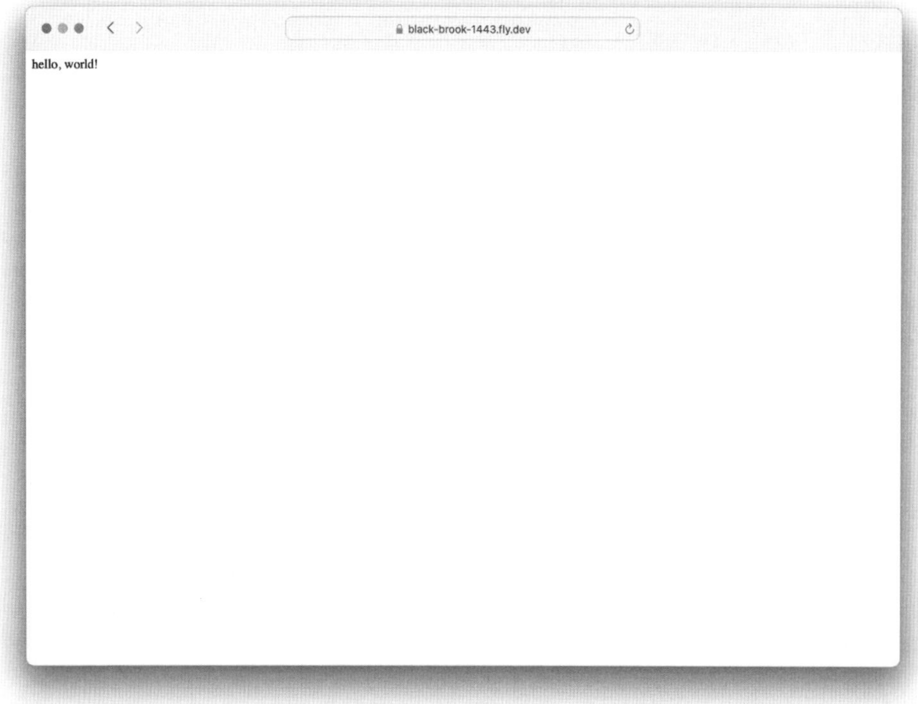

Abbildung 10.3: Unsere anfängliche App in der Produktion.

10.1.1 Übung

1. Es gibt einen netten Trick, bei dem alle Voraussetzungen für eine App aus einer zuvor erstellten `requirements.txt`-Datei mit `pip -r` installiert werden. Bestätigen Sie, dass die in ▶ Listing 10.10 gezeigte Befehlsfolge zu einer wiederhergestellten und funktionierenden App führt.

Listing 10.10: Entfernen und Wiederherstellen der App-Umgebung.

```
(venv) $ deactivate
$ rm -rf venv/
$ python3 -m venv venv
$ source venv/bin/activate
(venv) $ pip install -r requirements.txt
(venv) $ flask --app palindrome_detector --debug run
* Running on http://127.0.0.1:5000/
```

10.2 Seiten der Website

Nachdem wir den ganzen Aufwand der Einrichtung und Bereitstellung der Palindrom-App erledigt haben, können wir nun schnelle Fortschritte auf dem Weg zu unserer endgültigen Webanwendung machen. Wir beginnen mit der Erstellung von drei Seiten für unsere Website: *Home* (index.html), *About* (about.html) und *Palindrome Detector* (palindrome.html). Im Gegensatz zu unseren früheren Flask-Apps, die als Antwort auf `GET`-Anfragen einfach Strings zurückgegeben haben, werden wir für unsere vollständige App in diesem Kapitel eine leistungsfähigere Technik, die sogenannten *Templates*, verwenden. Zunächst werden diese Templates (Vorlagen) aus statischem HTML bestehen, aber wir werden in ▶ Abschnitt 10.3 Code hinzufügen, um Doppelungen zu vermeiden, und dann ab ▶ Abschnitt 10.4 dynamische Inhalte hinzufügen.

Als Vorbereitung für das Füllen der Seiten mit Inhalten erstellen wir in der Kommandozeile vorab die (zunächst leeren) Template-Dateien, die sich in einem Verzeichnis namens `templates` innerhalb des App-Verzeichnisses `palindrome_detector` befinden sollen:

```
(venv) $ mkdir palindrome_detector/templates
(venv) $ cd palindrome_detector/templates
(venv) $ touch index.html about.html palindrome.html
(venv) $ cd -
```

(Der Befehl `cd -` bewirkt einen Wechsel in das vorhergehende Verzeichnis, welches auch immer das war – *nicht* unbedingt eine Ebene höher in der Verzeichnisstruktur. Im vorliegenden Fall war dies das Verzeichnis `palindrome_app`, d. h. das Basisverzeichnis unserer Webanwendung, in das wir zu Beginn dieses Abschnitts gewechselt haben.)

Anfänglich werden die Vorlagen in den Template-Dateien nur statisches HTML umfassen, aber wir werden ab ▶ Abschnitt 10.4 sehen, wie sie zur dynamischen Erzeugung von HTML verwendet werden können. Das Rendern (die Verarbeitung und Anzeige) eines Templates innerhalb einer Flask-Anwendung erfolgt mit der Funktion `render_template`. Um zum Beispiel die Startseite (index.html) zu rendern, wenn die Root-URL (hier http://127.0.0.1:5000) aufgerufen wird, können wir folgenden Code schreiben:

```
@app.route("/")
def index():
    return render_template("index.html")
```

Dieser Code veranlasst Flask, nach der Datei `index.html` im Verzeichnis `templates` zu suchen.

Da der Code zum Rendern für alle drei Templates im Grunde derselbe ist, fügen wir sie alle gleichzeitig hinzu, wie in ▶ Listing 10.11 gezeigt. Beachten Sie, dass wir zusätzlich zur Klasse `Flask` selbst auch `render_template` aus dem `flask`-Paket importieren.

Listing 10.11: *palindrome_app/palindrome_detector/__init__.py* Rendern von drei Templates.

```
import os

from flask import Flask, render_template

def create_app(test_config=None):
    """Erzeuge und konfiguriere die App."""
    app = Flask(__name__, instance_relative_config=True)
    .
    .
    .
```

```
    @app.route("/")
    def index():
        return render_template("index.html")

    @app.route("/about")
    def about():
        return render_template("about.html")

    @app.route("/palindrome")
    def palindrome():
        return render_template("palindrome.html")

    return app

app = create_app()
```

Die Datei in ▶ Listing 10.11 ist praktisch ein *Controller*, der die Koordination zwischen den verschiedenen Teilen der Anwendung übernimmt, die von der Anwendung unterstützten URLs (oder *Routen*) definiert, auf Anfragen reagiert usw. Die Templates werden hingegen manchmal als *Views* (Ansichten) bezeichnet und bestimmen den HTML-Code, der tatsächlich an den Browser zurückgegeben wird. Zusammen bilden die Views und Controller zwei Drittel der *Model-View-Controller*-Architektur (*MVC*, https://www.railstutorial.org/book/beginning#sec-mvc) für die Entwicklung von Webanwendungen.

Der nächste Schritt besteht darin, die drei Template-Dateien mit HTML-Code zu füllen. Das ist einfach, aber mühsam. Daher empfehle ich Ihnen, ▶ Listing 10.12, ▶ Listing 10.13 und ▶ Listing 10.14 zu kopieren und einzufügen. Falls Sie dies nicht online lesen, denken Sie daran, dass Sie diese und alle anderen Listings auf der Referenzseite finden, die in ▶ Kapitel 1 bereits kurz erwähnt wurde: https://github.com/learnenough/learn_enough_python_code_listings. Übrigens, die Einrückung der Zeilen innerhalb der `body`-Tags weist *nicht* durchgehend die korrekte Tiefe auf, aber wir werden in ▶ Abschnitt 10.3 sehen, warum das so ist. Beachten Sie auch, dass wir zwei Leerzeichen pro Einrückungsebene verwenden, was in HTML-Markup üblich ist, und nicht die vier Leerzeichen, die traditionell in Python-Code verwendet werden.

Es ist außerdem erwähnenswert, dass die hyperlink-reference-URLs (`href`-URLs) hart codiert sind, z. B. folgendermaßen:

```
<link rel="stylesheet" type="text/css" href="/static/stylesheets/main.
css">
```

Für kleine Anwendungen wie die in diesem Kapitel ist das in Ordnung, aber wenn Sie einen leistungsfähigeren (aber auch komplexeren) Ansatz verfolgen, lesen Sie die Flask-Dokumentation zu `url_for` unter https://flask.palletsprojects.com/en/3.0.x/api/#flask.Flask.url_for und den hilfreichen Stack-Overflow-Kommentar unter https://stackoverflow.com/questions/7478366/create-dynamic-urls-in-flask-with-url-for/35936261#35936261 zu diesem Thema.

Listing 10.12: *palindrome_detector/templates/index.html* Das anfängliche Template für die Seite *Home*.

```
<!DOCTYPE html>
<html>
  <head>
    <meta charset="utf-8">
    <title>Learn Enough Python Sample App</title>
    <link rel="stylesheet" type="text/css" href="/static/stylesheets/ ↩
main.css">
    <link href="https://fonts.googleapis.com/css?family=Open+Sans:300,400"
          rel="stylesheet">
  </head>
  <body>
    <a href="/" class="header-logo">
      <img src="/static/images/logo_b.png" alt="Learn Enough logo">
    </a>
    <div class="container">
      <div class="content">

  <h1>Sample Flask App</h1>

  <p>
    This is the sample Flask app for
    <a href="https://www.learnenough.com/python-tutorial"><em>Learn ↩
Enough Python
    to Be Dangerous</em></a>. Learn more on the <a href="/about">About ↩
</a> page.
    </p>

  <p>
    Click the <a href="https://en.wikipedia.org/wiki/Sator_Square">Sator
    Square</a> below to run the custom <a href="/palindrome">Palindrome
    Detector</a>.
    </p>

  <a class="sator-square" href="/palindrome">
    <img src="/static/images/sator_square.jpg" alt="Sator Square">
  </a>
      </div>
    </div>
  </body>
</html>
```

Listing 10.13: *palindrome_detector/templates/about.html* Das anfängliche Template für die Seite *About*.

```
<!DOCTYPE html>
<html>
  <head>
    <meta charset="utf-8">
    <title>Learn Enough Python Sample App</title>
    <link rel="stylesheet" type="text/css" href="/static/stylesheets/ ↩
main.css">
    <link href="https://fonts.googleapis.com/css?family=Open+Sans:300,400"
          rel="stylesheet">
  </head>
```

```
  <body>
    <a href="/" class="header-logo">
      <img src="/static/images/logo_b.png" alt="Learn Enough logo">
    </a>
    <div class="container">
      <div class="content">

  <h1>About</h1>

  <p>
    This site is the final application in
    <a href="https://www.learnenough.com/python-tutorial"><em>Learn ↩
Enough Python
    to Be Dangerous</em></a>
    by <a href="https://www.michaelhartl.com/">Michael Hartl</a>,
    a tutorial introduction to the
    <a href="https://www.python.org/">Python programming language</a> ↩
that
    is part of
    <a href="https://www.learnenough.com/">LearnEnough.com</a>.
  </p>
      </div>
    </div>
  </body>
</html>
```

Listing 10.14: *palindrome_detector/templates/palindrome.html* Das anfängliche Template für die Seite *Palindrome Detector.*

```
<!DOCTYPE html>
<html>
  <head>
    <meta charset="utf-8">
    <title>Learn Enough Python Sample App</title>
    <link rel="stylesheet" type="text/css" href="/static/stylesheets/ ↩
main.css">
    <link href="https://fonts.googleapis.com/css?family=Open+Sans:300,400"
          rel="stylesheet">
  </head>
  <body>
    <a href="/" class="header-logo">
      <img src="/static/images/logo_b.png" alt="Learn Enough logo">
    </a>
    <div class="container">
      <div class="content">

  <h1>Palindrome Detector</h1>

  <p>This will be the palindrome detector.</p>

      </div>
    </div>
  </body>
</html>
```

Wenn Sie die URL http://127.0.0.1:5000 im Browser besuchen, ruft Flask die Startseite *Home* (index.html) auf, wie in ▶ Abbildung 10.4 gezeigt. Um zur Seite *About* zu gelangen, geben Sie http://127.0.0.1:5000/about in die Adresszeile des Browsers ein, wie in ▶ Abbildung 10.5 zu sehen ist.

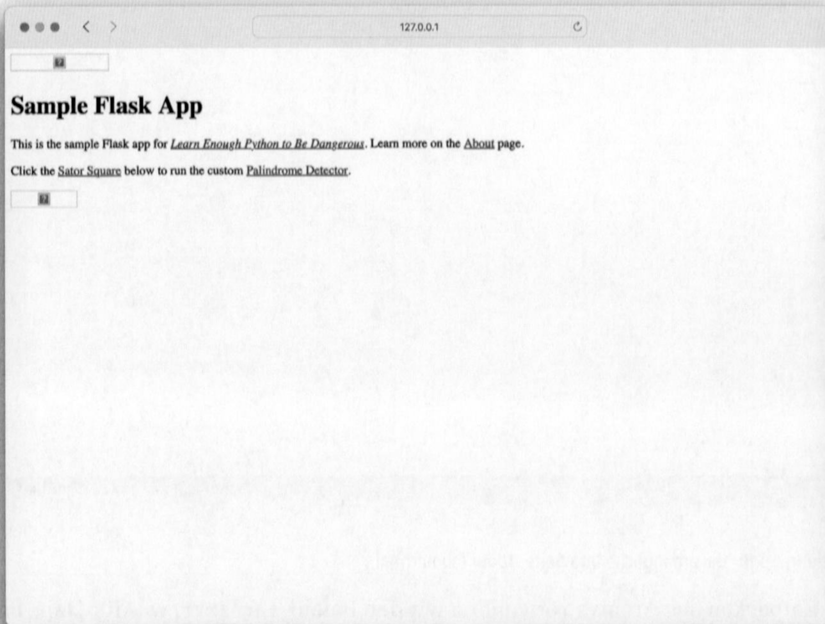

Abbildung 10.4: Die anfängliche Startseite *Home* (index.html).

▶ Abbildung 10.4 und ▶ Abbildung 10.5 zeigen, dass die Seiten grundsätzlich funktionieren, aber ▶ Listing 10.12 und die nachfolgenden Listings enthalten sowohl Verweise auf Bilddateien als auch auf eine CSS-Datei, die derzeit nicht auf dem lokalen System vorhanden sind. Wir können diese Situation ändern, indem wir die benötigten Dateien vom *Learn Enough CDN* herunterladen und sie im Verzeichnis `static` ablegen, das standardmäßig für solche statischen Ressourcen verwendet wird.

Zu diesem Zweck nutzen wir `curl`, um ein *Tar-Archiv* (im Englischen auch *Tarball* genannt) herunterzuladen, das einer ZIP-Datei ähnelt und auf Unix-kompatiblen Systemen üblich ist:

```
(venv) $ curl -OL https://cdn.learnenough.com/le_python_palindrome_ ↩
static.tar.gz
```

Die Erzeugung eines solchen Archivs erfolgt mit `tar` (für „tape archive", also „Band-Archiv"), dessen Name noch auf eine Zeit zurückgeht, in der externe Magnetbänder routinemäßig für große Backups verwendet wurden. Inzwischen verweist die zusätzliche Erweiterung `gz` auf die wichtige *gzip-Methode* zur Komprimierung von Dateien.

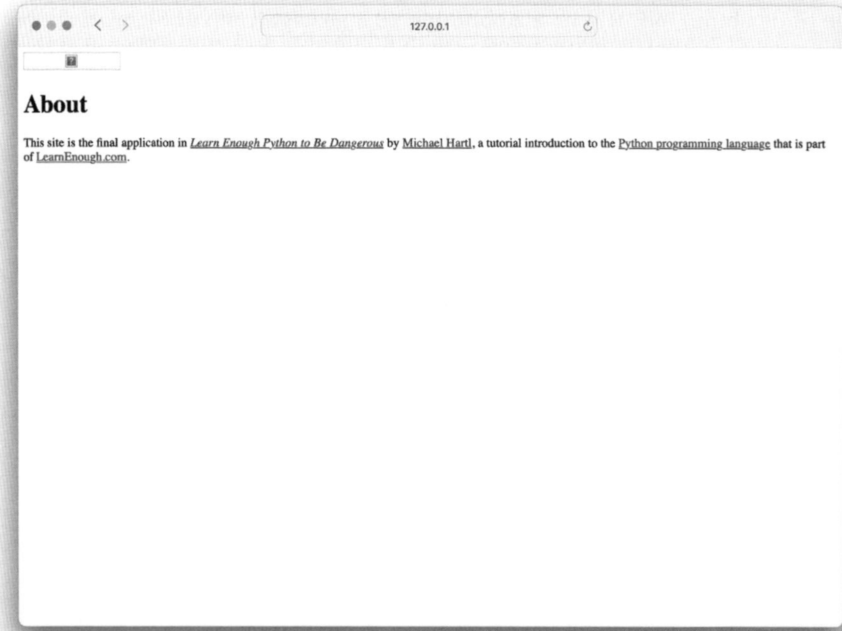

Abbildung 10.5: Die anfängliche Info-Seite *About* (about.html).

Zum Entpacken des Archivs verwenden wir den Befehl `tar zxvf`, was für „**t**ape **ar**chive g**z**ip e**x**tract **v**erbose **f**ile" steht (wie in ▶ Abschnitt 8.5.2 kurz erwähnt, dient der Backslash \ als *Fortsetzungszeichen* und sollte tatsächlich eingetippt werden, wohingegen die rechte spitze Klammer > von Ihrem Shell-Programm automatisch hinzugefügt wird und daher nicht eingegeben werden sollte.):[97]

```
(venv) $ tar zxvf le_python_palindrome_static.tar.gz \
> --directory palindrome_detector/
x static/
x static/images/
x static/stylesheets/
x static/stylesheets/main.css
x static/images/sator_square.jpg
x static/images/logo_b.png
(venv) $ rm -f le_python_palindrome_static.tar.gz
```

97 Ich habe diesen Tarball mit dem Befehl tar zcf <filename>.tar.gz erzeugt, wobei das c für create steht.

Mit zunehmender Erfahrung werden Sie es vielleicht vorziehen, die `v`-Flag wegzulassen, aber ich schlage vor, anfangs die ausführliche (engl: *verbose*) Ausgabe zu verwenden, damit Sie sehen können, was während des Entpackungsvorgangs geschieht. Beachten Sie, dass die Flags des Befehls `tar` einfach nur Buchstaben sind, ohne vorangestellte Bindestriche wie bei den meisten anderen Unix-Befehlen. Auf vielen Systemen können Sie in der Tat auch Bindestriche verwenden, wie in `tar -z -x -v -f <filename>`, aber aus mir unbekannten Gründen besteht die übliche Konvention beim Befehl `tar` darin, diese wegzulassen.

Wie Sie der ausführlichen Ausgabe oben entnehmen können, ist beim Entpacken des Archivs ein Verzeichnis namens `static` erstellt worden:

```
(venv) $ ls palindrome_detector/static
images       stylesheets
```

Wenn Sie die Info-Seite *About* nun im Browser aktualisieren, werden Sie feststellen, dass das Logobild jetzt gefunden und angezeigt wird sowie dass das CSS, welches das Design der Seite definiert, jetzt funktioniert (▶ Abbildung 10.6). Die Verbesserungen auf der Startseite *Home* sind sogar noch deutlicher, wie Sie in ▶ Abbildung 10.7 sehen können.

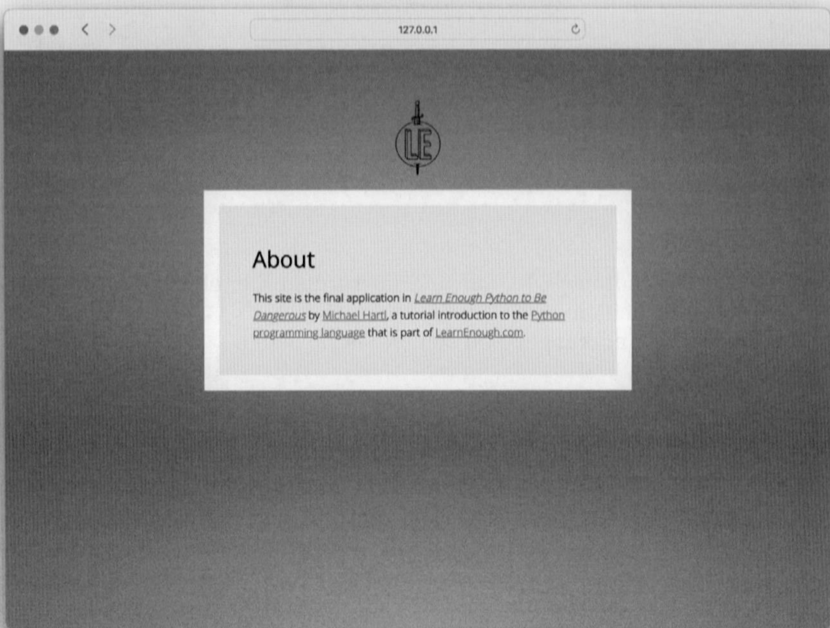

Abbildung 10.6: Mit funktionierendem CSS und Logobild erscheint die Info-Seite *About* in einem schöneren Design.

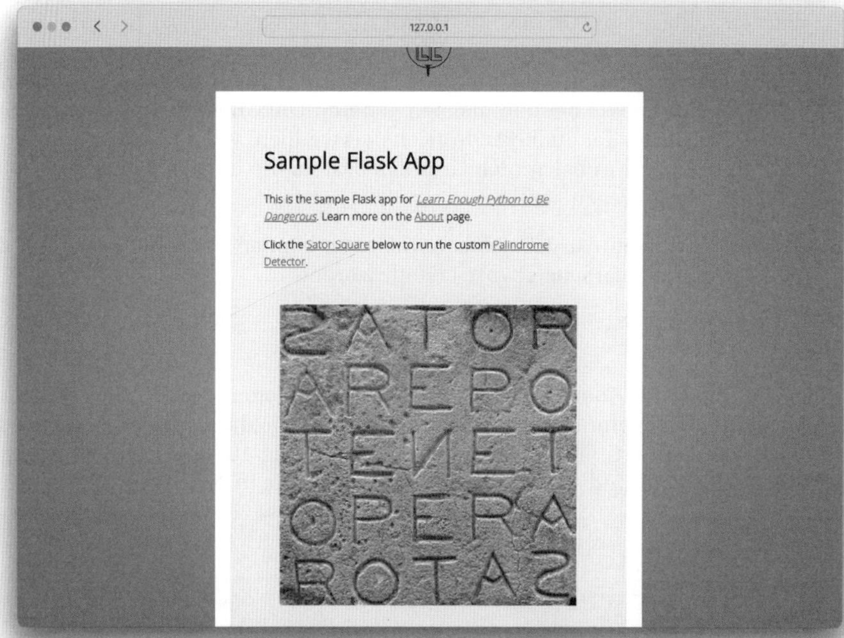

Abbildung 10.7: Bei der Startseite *Home* machen sich die Verbesserungen durch das funktionierende CSS und die Bilder sogar noch deutlicher bemerkbar.

10.2.1 Übungen

1. Rufen Sie die /palindrome-URL auf und überprüfen Sie, ob das CSS funktioniert und die Bilder erscheinen.
2. Übertragen Sie die Änderungen und stellen Sie sie bereit.

10.3 Layouts

Zum jetzigen Zeitpunkt sieht unsere App schon ziemlich gut aus, aber es gibt noch zwei große Schönheitsfehler: Der HTML-Code für die drei Seiten ist sehr repetitiv und die manuelle Navigation von Seite zu Seite ist ziemlich umständlich. Den ersten Makel werden wir in diesem Abschnitt beheben, den zweiten in ▶ Abschnitt 10.4. (Und natürlich erkennt unsere App noch keine Palindrome, was Gegenstand von ▶ Abschnitt 10.5 ist).

Wenn Sie sich schon einmal mit *Cascading Style Sheets* (CSS) beschäftigt haben, werden Sie wissen, dass sich der Begriff *Layout* im Titel dieses Abschnitts auf das Seitenlayout im Allgemeinen bezieht – das heißt auf die Verwendung von CSS, um projektweit auf die gleiche Weise Elemente auf der jeweiligen Seite zu verschieben, sie auf geeignete Weise anzuordnen, Farben und Schriftarten zuzuweisen und vieles mehr. Damit das richtig funktioniert, werden wir *Layoutvorlagen* (engl.: *layout templates*) definieren, die wiederkehrende Layout-Muster zusammenfassen und Duplikate vermeiden.

Im vorliegenden Fall hat jede der Seiten unserer Website die gleiche, in ▶ Listing 10.15 gezeigte Grundstruktur.

Listing 10.15: Die HTML-Struktur der Seiten unserer Website.

```
<!DOCTYPE html>
<html>
  <head>
    <meta charset="utf-8">
    <title>Learn Enough Python Sample App</title>
    <link rel="stylesheet" type="text/css" href="/static/stylesheets/ ↵
main.css">
    <link href="https://fonts.googleapis.com/css?family=Open+Sans:300,400"
          rel="stylesheet">
  </head>
  <body>
    <a href="/" class="header-logo">
      <img src="/static/images/logo_b.png" alt="Learn Enough logo">
    </a>
    <div class="container">
      <div class="content">
        <!-- seitenspezifischer Inhalt -->
      </div>
    </div>
  </body>
</html>
```

Der HTML-Code der verschiedenen Seiten unterscheidet sich *nur* durch den jeweiligen seitenspezifischen Inhalt, dessen Position in ▶ Listing 10.15 durch den entsprechenden Kommentar auf farbigem Hintergrund gekennzeichnet ist. Der restliche HTML-Code ist für alle Seiten identisch. In diesem Tutorium werden wir die Standard-Templating-Engine für Flask namens *Jinja templating engine* verwenden, um diese Redundanzen zu eliminieren.

Im Moment funktioniert unsere Website, wobei jede Seite in diesem Stadium der Entwicklung den richtigen, gewünschten Inhalt hat. Wir möchten nun Änderungen durchführen, bei denen wir eine Menge von HTML-Code verschieben und löschen müssen, *ohne* die Website zu zerstören. Klingt das wie etwas, dem wir schon einmal begegnet sind?

Das tut es in der Tat. Das ist genau die Art von Problem, mit dem wir in ▶ Kapitel 8 konfrontiert waren, als wir das Palindrom-Paket entwickelt und dann überarbeitet haben. Dort haben wir automatisierte Tests geschrieben, um eventuelle Rückschritte abzufangen, und in diesem Fall werden wir dasselbe tun. (Ich habe mit der Erstellung von Websites begonnen, lange bevor automatisierte Tests von Webanwendungen möglich waren oder gar zur Norm wurden – und glauben Sie mir, automatisierte Tests sind eine *große* Verbesserung gegenüber dem Testen von Webanwendungen von Hand).

Um loszulegen, fügen wir `pytest` hinzu, wie wir es in ▶ Abschnitt 8.1 getan haben:

```
(venv) $ pip install pytest==7.1.3
```

(Wir werden unsere Tests so einfach wie möglich gestalten. Für anspruchsvollere Tests schauen Sie sich das Projekt pytest-flask unter https://pytest-flask.readthedocs.io/en/latest/index.html an.)

Damit unsere Tests funktionieren, müssen wir unsere App lokal als editierbares Python-Paket installieren. Ohne diese Installation werden Sie wahrscheinlich eine Fehlermeldung wie die folgende erhalten:

```
E     ModuleNotFoundError: No module named 'palindrome_detector'
```

Um dies zu verhindern, führen Sie denselben Befehl wie in ▶ Listing 8.18 aus, der in ▶ Listing 10.16 nochmals gezeigt wird.

Listing 10.16: Installieren der App als editierbares Paket.

```
$ pip install -e .
```

Die Tests selbst legen wir in ein Verzeichnis namens `tests`, mit einer Testdatei für den Start:

```
(venv) $ mkdir tests
(venv) $ touch tests/test_site_pages.py
```

Eine zweite Testdatei werden wir in ▶ Abschnitt 10.5.1 hinzufügen.

Unser wichtigstes Werkzeug beim Schreiben von Tests für unsere Webanwendung ist das `client`-Objekt, das über eine `get()`-Methode verfügt, die eine `GET`-Anfrage an eine URL stellt und damit den Besuch der entsprechenden Seite in einem Webbrowser simuliert. Das Ergebnis einer solchen Anfrage ist ein `response`-Objekt, das eine Reihe von nützlichen Attributen besitzt, darunter `status_code` (das den von der Anfrage zurückgegebenen HTTP-Antwortcode angibt) und `text` (das den Text des von unserer Anwendung zurückgegebenen HTML enthält). Wir können ein solches `client`-Objekt in der Standardkonfigurationsdatei `conftest.py` definieren:

```
(venv) $ touch tests/conftest.py
```

Der Code in der Datei `conftest.py` ist in ▶ Listing 10.17 zu sehen. (Wie auch der restliche Konfigurationscode in diesem Kapitel wurde ▶ Listing 10.17 einfach aus der Flask-Dokumentation übernommen).

PYTHON MIT BISS

Automatische Tests

Automatische Tests mögen auf den ersten Blick etwas merkwürdig erscheinen, schließlich kann man auch mit `print`-Anweisungen prüfen, ob ein Stück Code korrekt ist. Diese Aussage stimmt zwar, sie deckt aber bei weitem nicht das ganze Problem ab: Code verändert sich mit der Zeit, z. B. weil es eine neue Bibliothek gibt, die Funktionalität sollte sich jedoch nicht verändern. Und genau hier kommen automatische Tests ins Spiel: Sie stellen sicher, dass die Funktionalität immer genau gleich bleibt. Und in den wenigen Fällen, in denen sich die Funktionalität ändern *soll*, muss halt der Test ebenfalls angepasst werden.

Listing 10.17: `tests/conftest.py` Erzeugen des `client`-Objekts in der Konfigurationsdatei `conftest.py`.

```
import pytest

from palindrome_detector import create_app


@pytest.fixture
def app():
    return create_app()

@pytest.fixture
def client(app):
    return app.test_client()
```

Wir beginnen mit ganz einfachen Tests, um zunächst sicherzustellen, dass die App überhaupt *etwas* liefert, was durch den Antwortcode `200 (OK)` angezeigt wird. Einen solchen einfachen Test können wir wie folgt formulieren:

```
def test_index(client):
    response = client.get("/")
    assert response.status_code == 200
```

In diesem Test verwenden wir die `get()`-Methode, um eine `GET`-Anfrage an die Root-URL (/) zu senden und dann mit Hilfe der in ▶ Kapitel 8 vorgestellten Funktion `assert` zu prüfen, ob der Code korrekt funktioniert.

Wenn wir die obige Testfunktion sowie analoge Funktionen für die Seiten *About* und *Palindrome Detector* in unsere Testdatei einfügen, erhalten wir den in ▶ Listing 10.18 gezeigten Code unserer anfänglichen Testsuite.

Listing 10.18: `tests/test_site_pages.py` Unsere anfängliche Testsuite. GRÜN

```
def test_index(client):
    response = client.get("/")
    assert response.status_code == 200

def test_about(client):
    response = client.get("/about")
    assert response.status_code == 200

def test_palindrome(client):
    response = client.get("/palindrome")
    assert response.status_code == 200
```

Da mit den Tests in ▶ Listing 10.18 Code geprüft wird, der bereits funktioniert, sollte die Testsuite GRÜN sein:

Listing 10.19: GRÜN

```
(venv) $ pytest
========================== test session starts ===========================
collected 3 items

tests/test_site_pages.py ...                                        [100%]

=========================== 3 passed in 0.01s ============================
```

Die Tests in ▶ Listing 10.18 sind ein guter Anfang, aber sie prüfen wirklich nur, ob die Seiten überhaupt vorhanden sind. Es wäre schön, den HTML-Inhalt etwas strenger zu prüfen, allerdings nicht *zu* streng – wir wollen nicht, dass unsere Tests spätere Änderungen erschweren. Als Mittelweg prüfen wir, ob jede Seite der Website einen `title`-Tag und einen `h1`-Tag irgendwo im Dokument enthält.

Obwohl natürlich auch anspruchsvollere Techniken möglich sind,[98] nehmen wir den einfachsten funktionierenden Ansatz und wenden den `in`-Operator, der in ▶ Abschnitt 2.5 eingeführt wurde, auf das Attribut `response.text` an. Nach einem `<title>`-Tag können wir also zum Beispiel wie folgt suchen:[99]

```
assert "<title>" in response.text
```

Das Hinzufügen eines solchen Codes sowohl für `title`- als auch für `h1`-Tags in den Test für jede Seite unserer Website ergibt die in ▶ Listing 10.20 gezeigte aktualisierte Testsuite.

Listing 10.20: *tests/test_site_pages.py* **Hinzufügen von Behauptungen (`assert`), dass bestimmte HTML-Tags vorhanden sind. GRÜN**

```
def test_index(client):
    response = client.get("/")
    assert response.status_code == 200
    assert "<title>" in response.text
    assert "<h1>" in response.text

def test_about(client):
    response = client.get("/about")
    assert response.status_code == 200
    assert "<title>" in response.text
    assert "<h1>" in response.text

def test_palindrome(client):
    response = client.get("/palindrome")
    assert response.status_code == 200
    assert "<title>" in response.text
    assert "<h1>" in response.text
```

Manche Programmierer folgen übrigens der Konvention, nur eine Behauptung (engl.: *assertion*) pro Test einzufügen – in ▶ Listing 10.20 sind es dagegen drei. Meiner Erfahrung nach ist diese Konvention wegen des Aufwands, der mit dem Einrichten des richtigen Zustands verbunden ist (z. B. das Duplizieren der Aufrufe an `get()`), unpraktisch und ich hatte noch nie Probleme, wenn ich mehrere Behauptungen in einen Test aufgenommen habe.

98 Wir könnten zum Beispiel das Paket Beautiful Soup aus Abschnitt 9.3 verwenden, um den HTML-Code zu parsen und ein `doc`-Objekt für die Verwendung in den Tests zu erzeugen.

99 Diese Behauptung (`assert`) würde den Test auch dann bestehen, wenn ein `<Title>`-Tag an einer zufälligen Stelle auf der Seite und nicht als echter Titel erscheinen würde. Das ist aber so unwahrscheinlich, dass die derzeitige Technik ausreicht, um die wichtigsten Prinzipien zu demonstrieren. Wie bereits erwähnt, ist ein ausgefeilterer Ansatz unter Verwendung eines geeigneten HTML-Parsers ebenfalls möglich und wäre eine gute Idee für fortgeschrittenere Anwendungen.

Die Tests in ▶ Listing 10.20 sollten nun wie erwartet GRÜN sein:

Listing 10.21: GRÜN

```
(venv) $ pytest
======================= test session starts ========================
collected 3 items

tests/test_site_pages.py ...                                  [100%]

======================== 3 passed in 0.01s =========================
```

An diesem Punkt sind wir bereit, ein Jinja-Template zu verwenden, um die Redundanzen im HTML-Code der verschiedenen Seiten zu eliminieren. Unser erster Schritt besteht darin, eine Layoutvorlage für den sich wiederholenden Code zu definieren:

```
(venv) $ touch palindrome_detector/templates/layout.html
```

Der Inhalt der Datei `layout.html` entspricht der in ▶ Listing 10.15 identifizierten allgemeinen HTML-Struktur in Kombination mit der speziellen Funktion `block`, die vom Jinja-Template bereitgestellt wird. Dabei wird der HTML-Kommentar

```
<!-- seitenspezifischer Inhalt -->
```

in ▶ Listing 10.15 durch den folgenden Jinja-Code ersetzt:

```
{% block content %}{% endblock %}
```

Die `{% ... %}`-Syntax wird von Jinja verwendet, um Code innerhalb eines HTML-Dokuments zu kennzeichnen.[100] Durch diesen speziellen Code wird Text aus einer Variablen namens `content` (die wir gleich für jede Seite definieren werden) in die Seite eingefügt. Das resultierende Template finden Sie in ▶ Listing 10.22.

Listing 10.22: *palindrome_detector/templates/layout.html* Ein Layout-Template für die gemeinsame HTML-Struktur.

```
<!DOCTYPE html>
<html>
  <head>
    <meta charset="utf-8">
    <title>Learn Enough Python Sample App</title>
    <link rel="stylesheet" type="text/css" href="/static/stylesheets/ ↵
main.css">
    <link href="https://fonts.googleapis.com/css?family=Open+Sans:300,400"
          rel="stylesheet">
  </head>
  <body>
    <a href="/" class="header-logo">
      <img src="/static/images/logo_b.png" alt="Learn Enough logo">
    </a>
```

100 Diese Syntax wird häufig auch von anderen Template-Sprachen wie zum Beispiel *Liquid* verwendet.

```
    <div class="container">
      <div class="content">
        {% block content %}{% endblock %}
      </div>
    </div>
  </body>
</html>
```

Nun können wir den in die Datei `layout.html` ausgelagerten HTML-Code, der allen drei Seiten gemeinsam ist, aus den HTML-Dateien der drei Seiten entfernen, sodass jeweils nur noch der spezifische Inhalt der jeweiligen Seite übrig bleibt, wie in ▶ Listing 10.23, ▶ Listing 10.24 und ▶ Listing 10.25 gezeigt. (Aus diesem Grund wurde der Code innerhalb des `<div class="content">`-Tags in ▶ Listing 10.12 und den anderen Templates in ▶ Abschnitt 10.2 nicht vollständig eingerückt). In ▶ Listing 10.23 und den nachfolgenden Listings dient die Jinja-Funktion `extends` dazu, dem System mitzuteilen, dass es das Template `layout.html` verwenden soll, und `{% block content %}...{% endblock %}` definiert den Inhalt, der an der entsprechenden Position in `layout.html` (▶ Listing 10.22) eingefügt werden soll.

Listing 10.23: *palindrome_detector/templates/index.html* Die auf den spezifischen Inhalt reduzierte HTML-Datei der Seite *Home*.

```
{% extends "layout.html" %}

{% block content %}
  <h1>Sample Flask App</h1>

  <p>
    This is the sample Flask app for
    <a href="https://www.learnenough.com/python-tutorial"><em>Learn ↩
Enough Python
    to Be Dangerous</em></a>. Learn more on the <a href="/about">About ↩
</a> page.
  </p>

  <p>
    Click the <a href="https://en.wikipedia.org/wiki/Sator_Square">Sator
    Square</a> below to run the custom <a href="/palindrome">Palindrome
    Detector</a>.
  </p>

  <a class="sator-square" href="/palindrome">
    <img src="/static/images/sator_square.jpg" alt="Sator Square">
  </a>
{% endblock %}
```

Listing 10.24: *palindrome_detector/templates/about.html* Die auf den spezifischen Inhalt reduzierte HTML-Datei der Seite *About*.

```
{% extends "layout.html" %}

{% block content %}
  <h1>About</h1>
```

```
  <p>
    This site is the final application in
    <a href="https://www.learnenough.com/python-tutorial"><em>Learn ↵
Enough Python
    to Be Dangerous</em></a>
    by <a href="https://www.michaelhartl.com/">Michael Hartl</a>,
    a tutorial introduction to the
    <a href="https://www.python.org/">Python programming language</a> ↵
that
    is part of
    <a href="https://www.learnenough.com/">LearnEnough.com</a>.
  </p>
{% endblock %}
```

Listing 10.25: *palindrome_detector/templates/palindrome.html* **Die auf den spezifischen Inhalt reduzierte HTML-Datei der Seite *Palindrome Detector*.**

```
{% extends "layout.html" %}

{% block content %}
  <h1>Palindrome Detector</h1>

  <p>This will be the palindrome detector.</p>
{% endblock %}
```

Wenn wir bei den obigen Schritten alles richtig gemacht haben, sollte unsere Testsuite immer noch GRÜN sein:

Listing 10.26: GRÜN

```
(venv) $ pytest
========================= test session starts ==========================
collected 3 items

tests/test_site_pages.py ...                                      [100%]

========================== 3 passed in 0.01s ===========================
```

Ein kurzer Blick in den Browser bestätigt, dass die Dinge wie erwartet funktionieren (▶ Abbildung 10.8).

Natürlich hätte bei der Refaktorierung des Codes, die wir gerade durchgeführt haben, vieles schief gehen können, aber unsere Testsuite hätte das Problem sofort erkannt. Außerdem würde sie sogar Fehler auf Seiten finden, die wir nicht noch einmal extra im Browser angesehen haben. ▶ Abbildung 10.8 zeigt beispielsweise die Startseite *Home*, aber woher wissen wir, dass die Info-Seite *About* auch funktioniert? Die Antwort lautet, dass wir das nicht direkt wissen, aber die Testsuite uns die Mühe erspart, jede Seite der Website separat im Browser überprüfen zu müssen. Wie Sie sich vielleicht denken können, wird diese Vorgehensweise mit zunehmender Komplexität einer Website immer wertvoller.

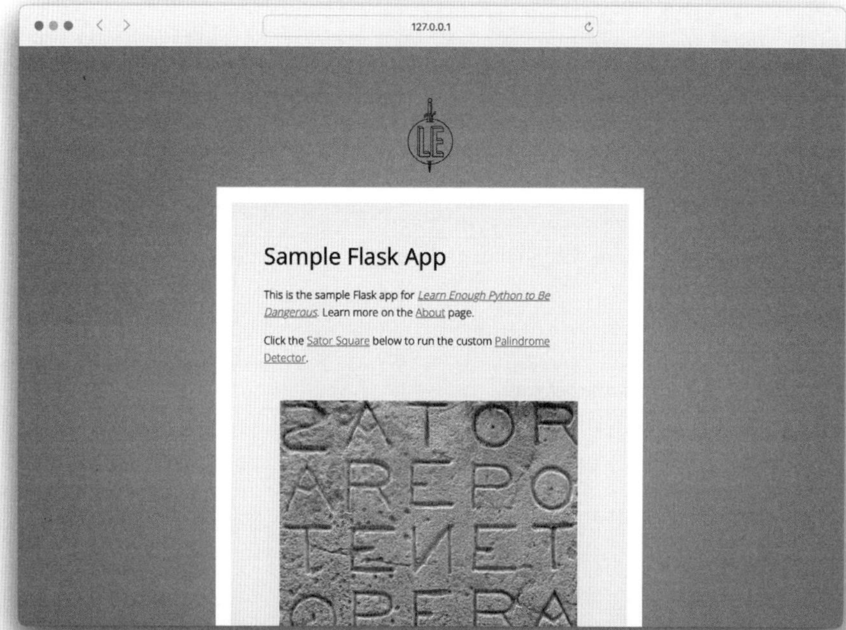

Abbildung 10.8: Unsere Startseite, die jetzt mithilfe eines Layout-Templates erstellt wurde.

10.3.1 Übungen

1. Wie Sie bestätigen können, wenn Sie den Quelltext einer der Seite durch einen HTML-Validator laufen lassen, enthalten die aktuellen Seiten gültiges HTML, aber es gibt eine Warnung mit dem Vorschlag, ein Sprache-Attribut namens `lang` (für *language*) zum `html`-Tag hinzuzufügen. Fügen Sie das Attribut `lang="en"` (für „Englisch“) zum `html`-Tag in ▶ Listing 10.22 hinzu und bestätigen Sie mit einem Web Inspector, dass es in allen drei Seiten korrekt erscheint.
2. Übertragen Sie die Änderungen und stellen Sie sie bereit.

10.4 Template-Engine

Nachdem wir nun ein ordentliches Layout definiert haben, werden wir in diesem Abschnitt die Jinja-Template-Sprache (zuerst gesehen in ▶ Listing 10.22) verwenden, um unserer Website ein paar nette Raffinessen hinzuzufügen: *variable Titel* und eine *Navigation*. Variable Titel sind die Inhalte der HTML-`title`-Tags, die von Seite zu Seite variieren und jeder Seite einen schönen individuellen Schliff geben. Durch die Navigation müssen wir nicht mehr jede URL von Hand eintippen, um eine der Seiten im Browser aufzurufen – was sicher nicht die Art von Benutzererfahrung wäre, die wir schaffen wollen.

10.4.1 Variable Titel

Unsere variablen Titel kombinieren einen *Basistitel*, der auf jeder Seite derselbe ist, mit einem Teil, der je nach Seitenname variiert. Für unsere Seiten *Home*, *About* und *Palindrome Detector* sollen die Titel ungefähr so aussehen:

```
<title>Learn Enough Python Sample App | Home</title>
```

```
<title>Learn Enough Python Sample App | About</title>
```

```
<title>Learn Enough Python Sample App | Palindrome Detector</title>
```

Unsere Strategie besteht aus drei Schritten:

1. Schreiben von GRÜNEN Tests für den aktuellen Seitentitel.
2. Schreiben von zunächst ROTEN Tests für die variablen Titel.
3. Die Tests für die variablen Titel durch das Hinzufügen des variablen Anteils des Titels in einen GRÜNEN Zustand überführen.

Beachten Sie, dass die Schritte 2 und 3 eine testgetriebene Entwicklung (TDD) darstellen. Tatsächlich ist es einfacher, die Tests für die variablen Titel zu schreiben, als sie in einen GRÜNEN (bestandenen) Zustand zu überführen, was einer der in ▶ Exkurs 8.1 beschriebenen Fälle ist, in denen eine TDD als sinnvoll betrachtet wird.

Um mit Schritt 1 zu beginnen, modifizieren wir die `title`-Behauptungen (*assertions*) aus ▶ Listing 10.20 so, dass sie neben dem bloßen `<title>`-Tag auch den aktuellen Basistitel und den schließenden `</title>`-Tag enthalten. Der Einfachheit halber definieren zunächst eine Variable namens `base_title` und verwenden die Interpolation zur Bildung des Titels in der Variablen `title` mithilfe des folgenden Codes:

```
base_title = "Learn Enough Python Sample App"
title = f"<title>{base_title}</title>"
```

Anschließend behaupten wir, dass der Titel (`title`) im Antworttext `response.text` vorkommt. Den resultierenden Code der Tests für alle drei Seiten finden Sie in ▶ Listing 10.27.

Listing 10.27: *tests/test_site_pages.py* Modifikation der Behauptungen, sodass sie zusätzlich den Basistitel enthalten. GRÜN

```
def test_index(client):
    response = client.get("/")
    assert response.status_code == 200
    base_title = "Learn Enough Python Sample App"
    title = f"<title>{base_title}</title>"
    assert title in response.text
    assert "<h1>" in response.text

def test_about(client):
    response = client.get("/about")
    assert response.status_code == 200
    base_title = "Learn Enough Python Sample App"
    title = f"<title>{base_title}</title>"
    assert title in response.text
    assert "<h1>" in response.text
```

```
def test_palindrome(client):
    response = client.get("/palindrome")
    assert response.status_code == 200
    base_title = "Learn Enough Python Sample App"
    title = f"<title>{base_title}</title>"
    assert title in response.text
    assert "<h1>" in response.text
```

Beachten Sie, dass es in ▶Listing 10.27 eine Menge Wiederholungen gibt. Ein Teil dieser Wiederholungen wird verschwinden, wenn wir die variable Komponente zu den Titeln hinzufügen. Die Beseitigung der restlichen Wiederholungen verbleibt als Übungsaufgabe in ▶Abschnitt 10.4.3.

Wie für das Testen von funktionierendem Code erwartet, ist die Testsuite derzeit GRÜN:

Listing 10.28: GRÜN

```
(venv) $ pytest
========================== test session starts ===========================
collected 3 items

tests/test_site_pages.py ...                                        [100%]

=========================== 3 passed in 0.01s ============================
```

Jetzt sind wir bereit für die Umsetzung von Schritt 2. Zu diesem Zweck müssen wir nur den senkrechten Strich | und die seitenspezifischen Titel zu den `title`-Variablen hinzufügen, wie in ▶Listing 10.29 gezeigt.

Listing 10.29: *tests/test_site_pages.py* Hinzufügen der variablen Titelanteile zu den Behauptungen. ROT

```
def test_index(client):
    response = client.get("/")
    assert response.status_code == 200
    base_title = "Learn Enough Python Sample App"
    title = f"<title>{base_title} | Home</title>"
    assert title in response.text
    assert "<h1>" in response.text

def test_about(client):
    response = client.get("/about")
    assert response.status_code == 200
    base_title = "Learn Enough Python Sample App"
    title = f"<title>{base_title} | About</title>"
    assert title in response.text
    assert "<h1>" in response.text

def test_palindrome(client):
    response = client.get("/palindrome")
    assert response.status_code == 200
    base_title = "Learn Enough Python Sample App"
    title = f"<title>{base_title} | Palindrome Detector</title>"
    assert title in response.text
    assert "<h1>" in response.text
```

Da wir den Anwendungscode noch nicht entsprechend aktualisiert haben, sind die Tests jetzt ROT:

Listing 10.30: ROT

```
(venv) $ pytest
========================= test session starts =========================
collected 3 items

tests/test_site_pages.py FFF                                     [100%]

============================== FAILURES ===============================
______________________________ test_index _____________________________
.
.
.
======================= short test summary info =======================
FAILED tests/test_site_pages.py::test_index - assert '<title>Learn ↵
Enough Pyt...
FAILED tests/test_site_pages.py::test_about - assert '<title>Learn ↵
Enough Pyt...
FAILED tests/test_site_pages.py::test_palindrome - assert '<title> ↵
Learn Enoug...
========================= 3 failed in 0.03s ==========================
```

Nun zu Schritt 3. Der Trick besteht darin, in jeder `render_template`-Funktion unserer App eine andere, seitenspezifische `page_title`-Option zu übergeben und das Ergebnis dann in unser Seitenlayout zu übertragen. Jinja-Templates funktionieren so, dass wir ein Schlüsselwortargument (▶ Abschnitt 5.1.2) mit

```
render_template("index.html", page_title="Home")
```

an das Template übergeben können und damit automatisch Zugriff auf eine Variable namens `page_title` (in diesem Fall mit dem Wert `Home`) in dem Template erhalten. Der resultierende Code für unsere gewünschten variablen Titel ist in ▶ Listing 10.31 wiedergegeben.

Listing 31: *palindrome_app/palindrome_detector/__init__.py* Hinzufügen der Variablen `page_title` zu jeder Seite. GRÜN

```
import os

from flask import Flask, render_template


def create_app(test_config=None):
    """Erzeuge und konfiguriere die App."""
    app = Flask(__name__, instance_relative_config=True)

    if test_config is None:
        # Lade die Instanzkonfiguration, falls vorhanden, wenn nicht ↵
getestet wird.
        app.config.from_pyfile("config.py", silent=True)
    else:
        # Lade die Testkonfiguration, wenn sie übergeben wird.
        app.config.from_mapping(test_config)
```

```
    # Stelle sicher, dass das Instanzverzeichnis existiert.
    try:
        os.makedirs(app.instance_path)
    except OSError:
        pass

    @app.route("/")
    def index():
        return render_template("index.html", page_title="Home")

    @app.route("/about")
    def about():
        return render_template("about.html", page_title="About")

    @app.route("/palindrome")
    def palindrome():
        return render_template("palindrome.html",
                               page_title="Palindrome Detector")

    return app

app = create_app()
```

Sobald wir mit dem Code in ▶ Listing 10.31 eine Variable an ein Template übergeben haben, können wir sie mit der speziellen Jinja-Template-Syntax `{{ ... }}` einfügen:[101]

```
{{ page_title }}
```

Damit wird Jinja angewiesen, den Inhalt der Variablen `page_title` an dieser Stelle in das HTML-Template einzusetzen. Wir können die variable Komponente des Titels also auf die in ▶ Listing 10.32 gezeigte Weise in unseren HTML-Code einfügen.

Listing 10.32: *palindrome_detector/templates/layout.html* **Hinzufügen einer variablen Komponente zum Titel. ROT**

```
<!DOCTYPE html>
<html>
  <head>
    <meta charset="utf-8">
    <title>Learn Enough Python Sample App | {{ page_title }}</title>
    .
    .
    .
```

Wenn die Variable `page_title` den Wert `Home` aufweist, ergibt sich somit der folgende Titel des Layout-Templates:

```
<title>Learn Enough Python Sample App | Home</title>
```

Für die anderen Seiten erhalten wir die analogen spezifischen Titel.

101 Wie im Fall von `{% ... %}` wird die `{{ ... }}`-Syntax auch in anderen Template-Sprachen wie *Liquid* und *Mustache* häufig verwendet.

Da die variablen Titel in ▶ Listing 10.31 mit den Titeln im Test aus ▶ Listing 10.29 übereinstimmen, sollte unsere Testsuite nun GRÜN sein:

Listing 10.33: GRÜN

```
(venv) $ pytest
========================= test session starts ==========================
collected 3 items

tests/test_site_pages.py ...                                      [100%]

========================== 3 passed in 0.01s ===========================
```

Erfolgreich! Wir haben es geschafft, unserer Anwendung mithilfe von TDD variable Titel hinzuzufügen, und wir haben bestätigt, dass sie funktionieren, ohne einen Browser zu benutzen.

Natürlich ist es wahrscheinlich eine gute Idee, das Ganze noch einmal im Browser zu überprüfen – nur um sicherzugehen (▶ Abbildung 10.9).

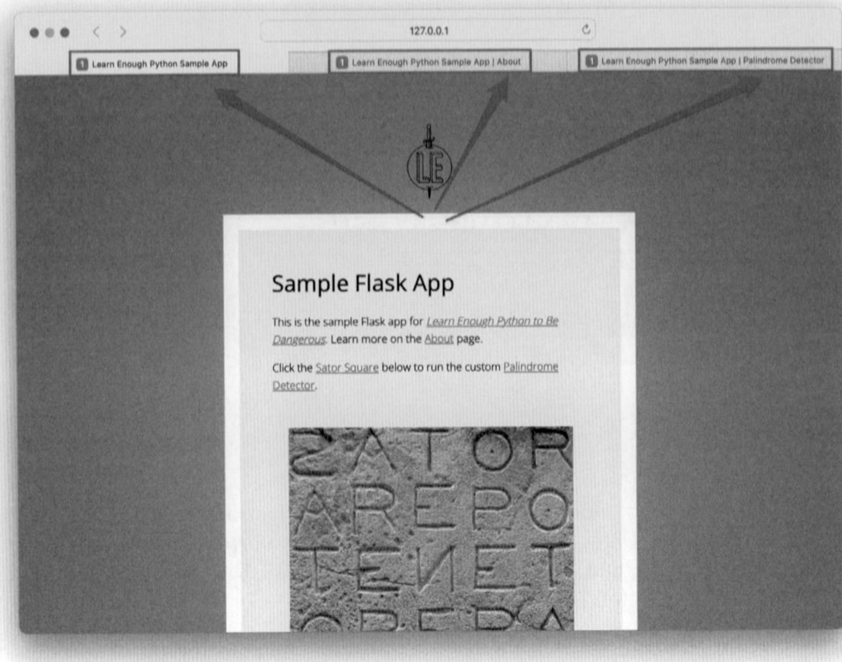

Abbildung 10.9: Bestätigung der korrekten variablen Titel im Browser.

10.4.2 Website-Navigation

Mit dem im letzten Abschnitt erstellten Layout-Template können wir nun auf einfache Weise jeder Seite eine Website-Navigation hinzufügen. Dazu fügen wir den Code für die Navigation, wie in ▶ Listing 10.34 gezeigt, in das Layout-Template ein. Das Ergebnis sehen Sie in ▶ Abbildung 10.10.

Listing 10.34: *palindrome_detector/templates/layout.html* Hinzufügen der Website-Navigation.

```
<!DOCTYPE html>
<html>
  <head>
    <meta charset="utf-8">
    <title>Learn Enough Python Sample App | {{ page_title }}</title>
    <link rel="stylesheet" type="text/css" href="/static/stylesheets/ ↵
main.css">
    <link href="https://fonts.googleapis.com/css?family=Open+Sans:300,400"
          rel="stylesheet">
  </head>
  <body>
    <a href="/" class="header-logo">
      <img src="/static/images/logo_b.png" alt="Learn Enough logo">
    </a>
    <div class="container">
      <header class="header">
        <nav>
          <ul class="header-nav">
            <li><a href="/">HOME</a></li>
            <li><a href="/palindrome">IS IT A PALINDROME?</a></li>
            <li><a href="/about">ABOUT</a></li>
          </ul>
        </nav>
      </header>
      <div class="content">
        {% block content %}{% endblock %}
      </div>
    </div>
  </body>
</html>
```

Zum Abschluss (aber jetzt noch nicht) fügen wir die Navigation aus ▶ Listing 10.34 in eine separate Template-Datei ein, die manchmal auch als *partielles Template* bezeichnet wird, weil sie nur einen Teil einer Seite repräsentiert. Dies führt zu einer schön sauberen und aufgeräumten Layoutseite.

Da es sich beim Hinzufügen der Navigation um eine Refaktorierung des Codes der Website handelt, fügen wir einen einfachen Test hinzu (siehe ▶ Exkurs 8.1), um mögliche Rückschritte abzufangen. Da die Navigation im Layout-Template der Website eingebettet ist, können wir jede beliebige Seite der Website verwenden, um die Existenz der Navigation zu testen. Der Einfachheit halber verwenden wir die Startseite *Home*. Wie in ▶ Listing 10.35 gezeigt, müssen wir im Test nur die Existenz eines `nav`-Tags behaupten.

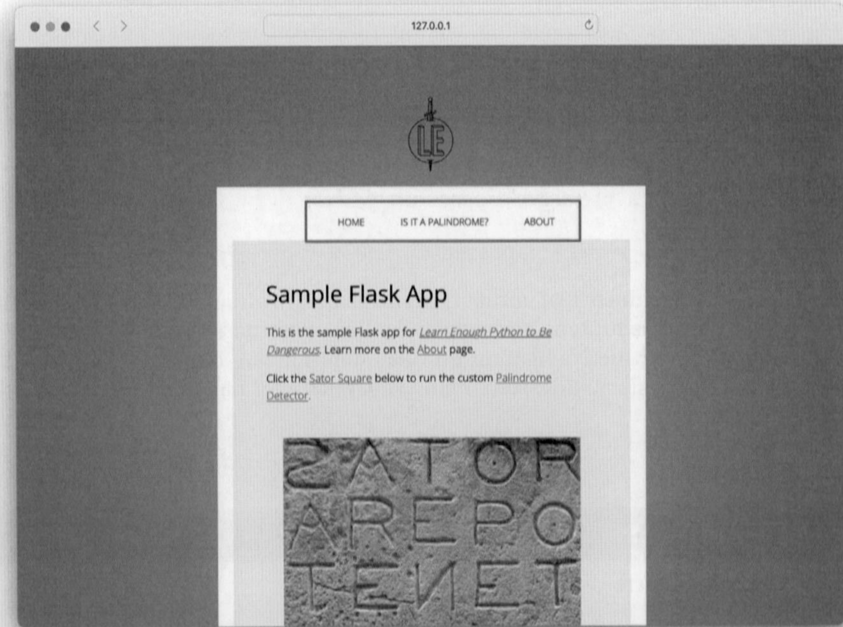

Abbildung 10.10: Die Website-Navigation.

Listing 10.35: *tests/test_site_pages.py* Testen der Navigation. GRÜN

```
def test_index(client):
    response = client.get("/")
    assert response.status_code == 200
    base_title = "Learn Enough Python Sample App"
    title = f"<title>{base_title} | Home</title>"
    assert title in response.text
    assert "<h1>" in response.text
    assert "<nav>" in response.text

def test_about(client):
    response = client.get("/about")
    assert response.status_code == 200
    base_title = "Learn Enough Python Sample App"
    title = f"<title>{base_title} | About</title>"
    assert title in response.text
    assert "<h1>" in response.text

def test_palindrome(client):
    response = client.get("/palindrome")
    assert response.status_code == 200
    base_title = "Learn Enough Python Sample App"
    title = f"<title>{base_title} | Palindrome Detector</title>"
    assert title in response.text
    assert "<h1>" in response.text
```

Da die Navigation bereits hinzugefügt wurde, sollten die Tests GRÜN sein:

Listing 10.36: GRÜN

```
(venv) $ pytest
========================= test session starts ==========================
collected 3 items

tests/test_site_pages.py ...                                      [100%]

========================== 3 passed in 0.01s ===========================
```

Es ist eine gute Praxis, einen Test vorübergehend gezielt in einen ROTEN (nicht bestandenen) Zustand zu überführen, um sicherzustellen, dass das Richtige getestet wird. Deshalb schneiden wir die Navigation nun aus dem Layout-Template (`layout.html`) wieder aus und fügen sie stattdessen in eine separate Datei namens `navigation.html` ein (▶ Listing 10.38):

```
(venv) $ touch palindrome_detector/templates/navigation.html
```

PYTHON MIT BISS

Nicht fehlschlagende Tests

Es gibt kaum etwas Schlimmeres als Tests, welche nicht fehlschlagen, obwohl sie es sollten. Dies kann zu enormer Verwirrung führen. Die beste Art, dieses Problem zu umgehen, ist die testgetriebene Entwicklung (TDD, siehe ▶ Abschnitt 6.5.1 und ▶ Kapitel 8). Bei der TDD wird zuerst der Test und dann der zugehörige, zu testende Code geschrieben. Bevor der zu testende Code geschrieben wird, schlägt der Test daher fehl. Hat man einen Test geschrieben, welcher unerwarteterweise nicht fehlschlägt, muss man zuerst herausfinden, warum dies der Fall ist.

Listing 10.37: *palindrome_detector/templates/layout.html* Ausschneiden der Navigation aus dem Layout-Template. ROT

```
<!DOCTYPE html>
<html>
  <head>
    <meta charset="utf-8">
    <title>Learn Enough Python Sample App | {{ page_title }}</title>
    <link rel="stylesheet" type="text/css" href="/static/stylesheets/ ↩
main.css">
    <link href="https://fonts.googleapis.com/css?family=Open+Sans:300,400"
          rel="stylesheet">
  </head>
  <body>
    <a href="/" class="header-logo">
      <img src="/static/images/logo_b.png" alt="Learn Enough logo">
    </a>
    <div class="container">

      <div class="content">
        {% block content %}{% endblock %}
      </div>
    </div>
  </body>
</html>
```

Listing 10.38: *palindrome_detector/templates/navigation.html* Einfügen der Navigation in das partielle Navigation-Template. ROT

```
<header class="header">
  <nav>
    <ul class="header-nav">
      <li><a href="/">HOME</a></li>
      <li><a href="/palindrome">IS IT A PALINDROME?</a></li>
      <li><a href="/about">ABOUT</a></li>
    </ul>
  </nav>
</header>
```

Da wir das ausgelagerte partielle Navigation-Template noch nicht in unsere Website eingebunden haben, sollte die Testsuite jetzt wieder ROT sein:

Listing 10.39: ROT

```
(venv) $ pytest
========================== test session starts ==========================
collected 3 items

tests/test_site_pages.py F..                                      [100%]

================================ FAILURES ================================
_______________________________ test_index _______________________________
.
.
.
======================== short test summary info ========================
FAILED tests/test_site_pages.py::test_index - assert '<nav>' in ' ↩
<!DOCTYPE ht...
====================== 1 failed, 2 passed in 0.03s ======================
```

Um die Navigation wiederherzustellen, können wir die Template-Sprache von Jinja verwenden und das partielle Navigation-Template mit `include` in das Layout-Template einfügen:

Dieser Code führt zu einer automatischen Suche nach der Datei `navigation.html` im Verzeichnis `palindrome_detector/templates/` und zur Auswertung des Ergebnisses sowie schließlich zum Einfügen des Rückgabewerts (des Inhalts der Datei) an der Position, von der aus der Aufruf erfolgt ist.

Wenn Sie diesen Code in das Layout-Template einfügen, erhalten Sie ▶ Listing 10.40.

Listing 10.40: *palindrome_detector/templates/layout.html* Einfügen des partiellen Navigation-Templates in das Layout-Template. GRÜN

```
<!DOCTYPE html>
<html>
  <head>
    <meta charset="utf-8">
    <title>Learn Enough Python Sample App | {{ page_title }}</title>
    <link rel="stylesheet" type="text/css" href="/static/stylesheets/ ↩
main.css">
    <link href="https://fonts.googleapis.com/css?family=Open+Sans:300,400"
          rel="stylesheet">
  </head>
```

```
  <body>
    <a href="/" class="header-logo">
      <img src="/static/images/logo_b.png" alt="Learn Enough logo">
    </a>
    <div class="container">
      {% include "navigation.html" %}
      <div class="content">
        {% block content %}{% endblock %}
      </div>
    </div>
  </body>
</html>
```

Mit dem Code in ▶ Listing 10.40 ist unsere Testsuite wieder einmal GRÜN:

Listing 10.41: GRÜN

```
(venv) $ pytest
========================== test session starts ===========================
collected 3 items

tests/test_site_pages.py ...                                       [100%]

=========================== 3 passed in 0.01s ============================
```

Ein kurzer Klick auf die Seite *About* im Browser bestätigt, dass die Navigation funktioniert (▶ Abbildung 10.11). Klasse!

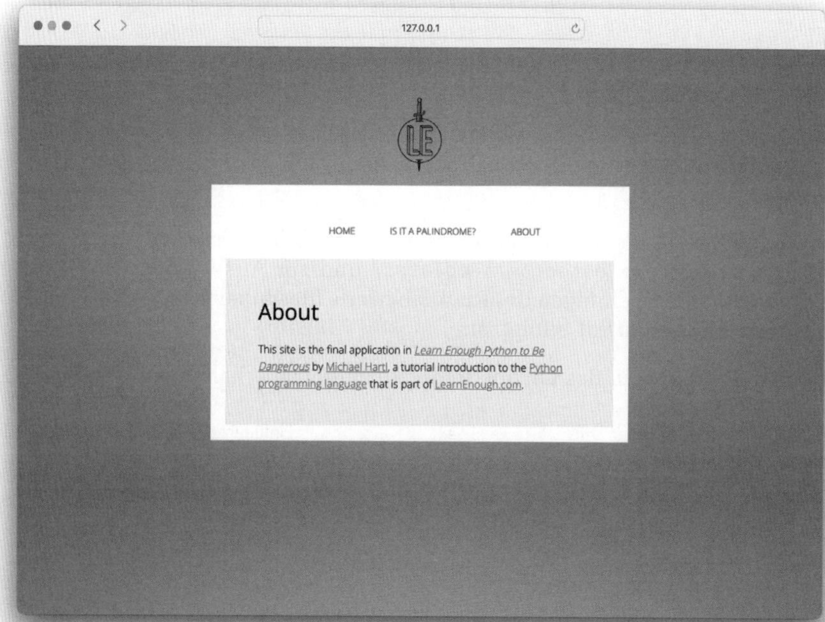

Abbildung 10.11: Die Seite *About* mit Navigationsmenü.

10.4.3 Übungen

1. Wir können einige weitere Redundanzen in ▶ Listing 10.29 beseitigen, indem wir eine Funktion erstellen, die den spezifischen Teil des Titels der jeweiligen Seite als Argument entgegennimmt und den zugehörigen vollständigen Titel der Seite zurückgibt, wie in ▶ Listing 10.42 gezeigt. Bestätigen Sie, dass unsere Testsuite mit diesem Code immer noch GRÜN ist.
2. Übertragen Sie die Änderungen und stellen Sie sie bereit.

Listing 10.42: *tests/test_site_pages.py* **Hinzufügen einer Funktion namens `full_title`, um weitere Redundanzen aus dem Code zu entfernen. GRÜN**

```
def test_index(client):
    response = client.get("/")
    assert response.status_code == 200
    assert full_title("Home") in response.text
    assert "<h1>" in response.text
    assert "<nav>" in response.text

def test_about(client):
    response = client.get("/about")
    assert response.status_code == 200
    assert full_title("About") in response.text
    assert "<h1>" in response.text

def test_palindrome(client):
    response = client.get("/palindrome")
    assert response.status_code == 200
    assert full_title("Palindrome Detector") in response.text
    assert "<h1>" in response.text

def full_title(variable_title):
    """Gib den vollständigen Titel zurück."""
    base_title = "Learn Enough Python Sample App"
    return f"<title>{base_title} | {variable_title}</title>"
```

10.5 Palindrom-Detektor

In diesem Abschnitt vervollständigen wir unsere Flask-Beispielanwendung, indem wir einen funktionierenden Palindrom-Detektor hinzufügen. Dazu setzen wir das in ▶ Kapitel 8 entwickelte Python-Paket ein. Darüber hinaus werden wir ein funktionsfähiges HTML-Formular in die Website einbauen, über das der Nutzer eine Phrase eingeben kann, die auf ein Palindrom getestet werden soll.

Unser erster Schritt besteht darin, ein Palindrom-Paket hinzuzufügen, damit wir Palindrome erkennen können. Ich empfehle die Verwendung des Pakets, das Sie in ▶ Kapitel 8 erstellt und veröffentlicht haben:

```
(venv) $ pip install palindrome_DEIN_NUTZERNAME_HIER \
> --index-url https://test.pypi.org/simple/
```

Wenn Sie diesen Schritt in ▶ Kapitel 8 aus irgendeinem Grund nicht ausgeführt haben, können Sie stattdessen mein Paket verwenden:

```
(venv) $ pip install palindrome_mhartl --index-url https://test. ↩
pypi.org/simple/
```

Jetzt können wir das Palindrom-Paket in unsere App einbinden (▶ Listing 10.43).

Listing 10.43: `palindrome_app/palindrome_detector/__init__.py` Hinzufügen von `request` und `Phrase` zu der App.

```
import os

from flask import Flask, render_template, request

from palindrome_mhartl.phrase import Phrase

.
.
.
```

Beachten Sie, dass wir zusätzlich das `request`-Modul aus dem `flask`-Paket importiert haben, das wir in diesem Abschnitt für die Übertragung der Daten aus dem Formular verwenden werden.

Da wir die App im Produktionsmodus bereitstellen werden, sollten wir auch den Palindrom-Detektor zu den App-Voraussetzungen hinzufügen. Das Ergebnis für eine Version meines Detektors ist eine Erweiterung von ▶ Listing 1.15 und in ▶ Listing 10.44 dargestellt, aber Sie können auch gerne Ihre eigene Version des Palindrom-Detektors verwenden. Beachten Sie auch, dass ▶ Listing 10.44 eine zusätzliche Zeile enthält, damit Fly.io weiß, dass es nicht nur im regulären *Python Package Index* (PyPI), sondern auch im *Test Python Package Index* (TestPyPI) nach Paketen suchen soll.

Listing 10.44: `requirements.txt` Hinzufügen einer Such-URL für den *Test Python Package Index* und des Palindrom-Detektors zu den App-Voraussetzungen.

```
--extra-index-url https://testpypi.python.org/pypi
palindrome_mhartl==0.0.12
click==8.1.3
Flask==2.2.2
.
.
.
```

Nach diesen Vorbereitungen können wir nun ein Formular zu unserer bisher nur mit provisorischem Inhalt gefüllten Seite *Palindrome Detector* hinzufügen (▶ Abbildung 10.12). Das Formular besteht aus drei Hauptbestandteilen: einem `form`-Tag, um das Formular zu definieren, einem `textarea`-Tag, durch den ein Textfeld für die Eingabe einer Phrase durch den Nutzer eingefügt wird, und einem `button`-Tag für eine Schaltfläche zur Übermittlung der Phrase an den Server.

Lassen Sie uns innen beginnen und dann nach außen voranschreiten. Der `button`-Tag besitzt zwei Attribute – eine CSS-Klasse für das Design der Schaltfläche und ein `type`-Attribut mit dem Wert `submit`, der bedeutet, dass die Schaltfläche die Übermittlung von Informationen bewirken soll:

```
<button class="form-submit" type="submit">IS IT A PALINDROME?</button>
```

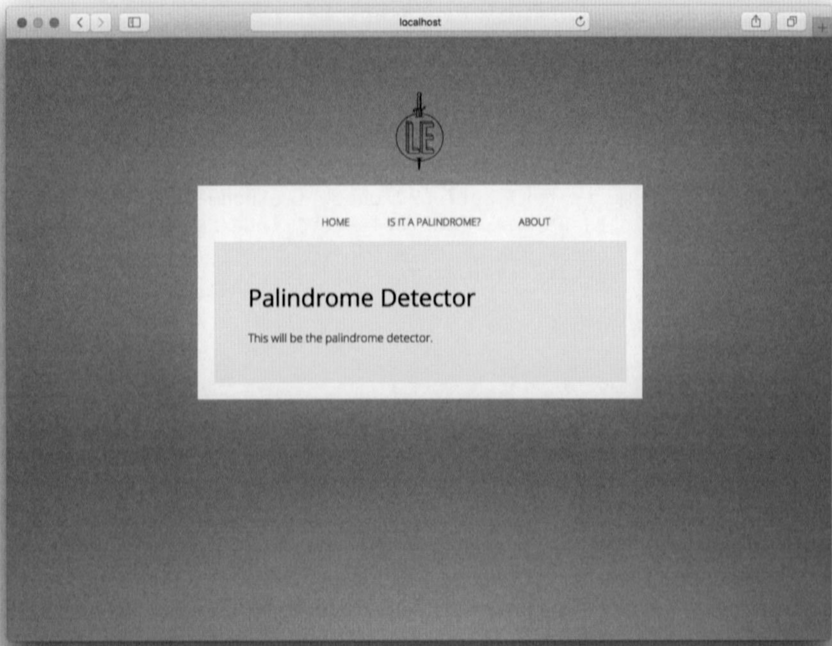

Abbildung 10.12: Der aktuelle Zustand der Seite *Palindrome Detector*.

Der `textarea`-Tag verfügt über drei Attribute – ein `name`-Attribut, mit dem, wie wir gleich noch sehen werden, wichtige Informationen zum Server gesendet werden, sowie die beiden Attribute `rows` und `cols`, welche die Größe des Textfeldes definieren:

```
<textarea name="phrase" rows="10" cols="60"></textarea>
```

Der Inhalt, der zwischen dem öffnenden und dem schließenden `textarea`-Tag steht, wird beim Aufruf der Seite im Browser als Starttext in dem Textfeld angezeigt. Im vorliegenden Fall steht nichts zwischen den Tags, sodass das Textfeld am Anfang einfach leer ist.

Schließlich besitzt der `form`-Tag selbst drei Attribute – eine CSS-`id`, die hier nicht verwendet, aber üblicherweise angegeben wird, ein `action`-Tag, der die Aktion festlegt, die beim Absenden des Formulars ausgeführt werden soll, und ein `method`-Tag, der die zu verwendende HTTP-Request-Methode angibt (in diesem Fall `POST`):

```
<form id="palindrome_tester" action="/check" method="post">
```

Wenn wir die Ergebnisse der obigen Diskussion zusammenfassen und den resultierenden Code für das Formular (sowie einen zusätzlichen `br`-Tag für einen Zeilenumbruch) in unsere HTML-Datei für die Seite *Palindrome Detector* einfügen, ergibt sich daraus ▶ Listing 10.45. In ▶ Abbildung 10.13 sehen Sie die anschließend aktualisierte Seite im Browser.

Listing 10.45: `palindrome_detector/templates/palindrome.html` Hinzufügen eines Formulars zur Seite *Palindrome Detector*.

```
{% extends "layout.html" %}

{% block content %}
  <h1>Palindrome Detector</h1>

  <form id="palindrome_tester" action="/check" method="post">
    <textarea name="phrase" rows="10" cols="60"></textarea>
    <br>
    <button class="form-submit" type="submit">IS IT A PALINDROME? ↩
</button>
  </form>
{% endblock %}
```

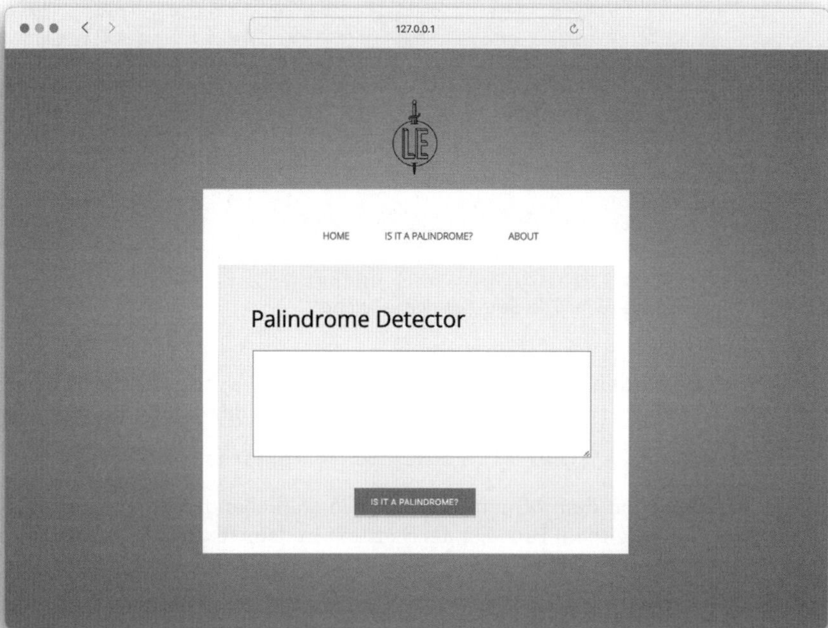

Abbildung 10.13: Die aktualisierte Seite *Palindrome Detector* mit Formular.

Das Formular in ▶ Listing 10.45 ist, abgesehen von kosmetischen Details, identisch mit dem nachfolgenden analogen Formular, das ich bereits für ein JavaScript-Tutorium entwickelt habe:

```
<form id="palindromeTester">
  <textarea name="phrase" rows="10" cols="30"></textarea>
  <br>
  <button type="submit">Is it a palindrome?</button>
</form>
```

In dem JavaScript-Tutorium haben wir jedoch etwas „gemogelt", indem wir einen JavaScript-Event-Listener verwendet haben, um die *Submit Request* (Anfrage zur Datenübertragung) des Formulars an den Server *abzufangen*. Daher wurden dort nie tatsächlich Informationen vom Client (Browser) an den Server gesendet. (Es ist wichtig zu wissen, dass sich der Client und der Server bei der *Entwicklung* von Webanwendungen auf einem lokalen Computer auf demselben physischen Rechner befinden, was bei Webanwendungen im Produktionsmodus normalerweise nicht mehr der Fall ist).

Dieses Mal werden wir nicht schummeln: Die Anfrage wird wirklich den ganzen Weg zum Server zurücklegen. Das bedeutet, dass wir die `POST`-Anfrage im Backend verarbeiten müssen. Standardmäßig antwortet eine Flask-Funktion auf `GET`-Anfragen, aber wir können es so einrichten, dass sie stattdessen auf `POST`-Anfragen antwortet. Dazu verwenden wir das Schlüsselwortargument `method`, dem als Wert ein Tupel mit allen Methoden zugewiesen wird, auf die reagiert werden soll. Da es in diesem Fall nur eine Methode gibt (nämlich `POST`), müssen wir die in ▶ Abschnitt 3.6 erwähnte Syntax mit nachgestelltem Komma für ein Tupel mit nur einem Element verwenden:

```
@app.route("/check", methods=("POST",))
def check():
    # Verarbeite die übertragenen Daten.
```

Hier entspricht der Name `/check` des URL-Pfads dem Wert des Attributs `action` des `form`-Tags im Formular (▶ Listing 10.45).

Wie sich herausstellt, verfügt das in ▶ Listing 10.43 importierte `request`-Modul über ein Attribut namens `form`, das nützliche Informationen enthält. Also lassen Sie uns dieses Attribut, wie in ▶ Listing 10.46 gezeigt, mit `return` zurückgeben und senden Sie das Formular ab, um zu sehen, was passiert (▶ Abbildung 10.14).

Listing 10.46: *palindrome_app/palindrome_detector/__init__.py* Untersuchung des Effekts der Übermittlung von Formulardaten durch Rückgabe des Attributs `request.form`.

```
import os

from flask import Flask, render_template, request

from palindrome_mhartl.phrase import Phrase


def create_app(test_config=None):
    .
    .
    .
    @app.route("/")
    def index():
        return render_template("index.html", page_title="Home")

    @app.route("/about")
    def about():
        return render_template("about.html", page_title="About")

    @app.route("/palindrome")
    def palindrome():
        return render_template("palindrome.html",
                               page_title="Palindrome Detector")
```

```
    @app.route("/check", methods=("POST",))
    def check():
            return request.form

    return app

app = create_app()
```

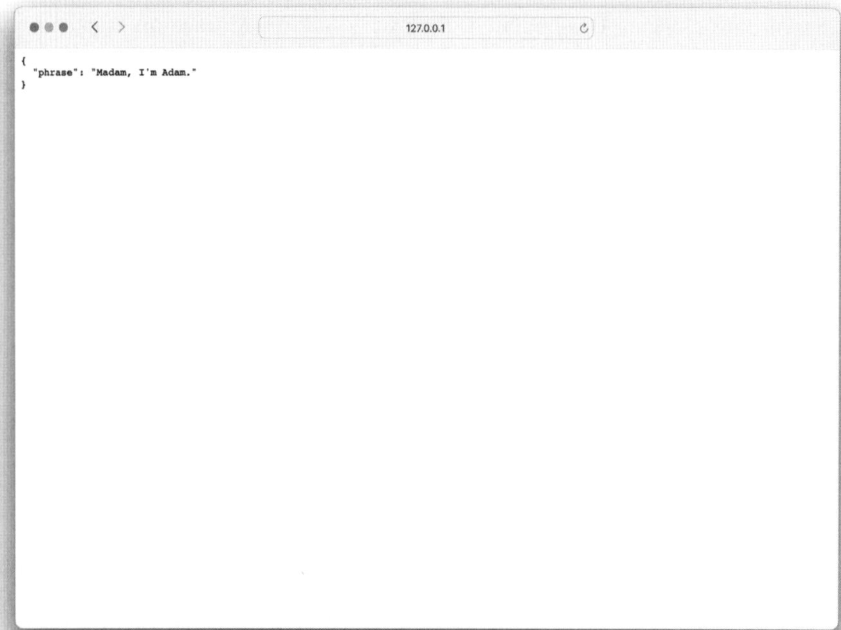

Abbildung 10.14: Das Ergebnis der Rückgabe des Attributs `request.form` nach dem Absenden des Formulars.

Wie in ▶ Abbildung 10.14 zu sehen ist, entspricht der Wert des Attributs `request.form` einem Dictionary (▶ Abschnitt 4.4) mit einem Eintrag mit dem Schlüssel `"phrase"` und dem Wert `"Madam, I'm Adam."`:

```
{
  "phrase": "Madam, I'm Adam."
}
```

Dieses Dictionary wird von Flask automatisch anhand der Schlüssel-Wert-Paare im Formular (▶ Listing 10.45) erstellt. In diesem Fall haben wir nur ein solches Paar, dessen Schlüssel durch das `name`-Attribut (`"phrase"`) des `textarea`-Tags und dessen Wert durch die vom Nutzer im Textfeld eingegebene Phrase gegeben ist. Das bedeutet, dass wir den Code

```
phrase = request.form["phrase"]
```

verwenden können, um den Wert der Phrase abzufragen.

Da wir nun über die Existenz und den Inhalt von `request.form` Bescheid wissen, können wir unsere Funktion `ispalindrom()` verwenden, um Palindrome wie in den vorherigen Kapiteln zu erkennen. In einfachem Python würde dies etwa wie in ▶ Listing 10.47 aussehen.

Listing 10.47: Möglicher einfacher Python-Code zur Evaluierung potenzieller Palindrome und zur Anzeige der Ergebnisse.

```
if Phrase(phrase).ispalindrom():
    print(f'"{phrase}" is a palindrome!')
else:
    print(f'"{phrase}" isn\'t a palindrome.')
```

Wir können dasselbe in unserer Webanwendung mithilfe der Jinja-Template-Sprache erreichen, indem wir einfach nur die `{{ ... }}`-Syntax anstelle der Interpolation verwenden und jeden anderen Code mit `{% ... %}`-Tags umschließen, wie in ▶ Listing 10.48 schematisch dargestellt.

Listing 10.48: Schematischer Code für die Prüfung auf Palindrome und die Anzeige des Ergebnisses in unserer Webanwendung.

```
{% if Phrase(phrase).ispalindrom() %}
   "{{ phrase }}" is a palindrome!
{% else %}
   "{{ phrase }}" isn't a palindrome.
{% endif %}
```

Lassen Sie uns eine Template-Datei namens `result.html` erzeugen, um unsere Ergebnisse anzuzeigen:

```
(venv) $ touch palindrome_detector/templates/result.html
```

Der Code in dieser Template-Datei ist eine erweiterte Version von ▶ Listing 10.48 mit ein paar mehr HTML-Tags für ein besseres Design, wie in ▶ Listing 10.49 gezeigt.

Listing 10.49: *palindrome_detector/templates/result.html* Code für die Prüfung auf Palindrome und die Anzeige des Ergebnisses mit Jinja.

```
{% extends "layout.html" %}

{% block content %}
  <h1>Palindrome Result</h1>

  {% if Phrase(phrase).ispalindrom() %}
    <div class="result result-success">
      <p>"{{ phrase }}" is a palindrome!</p>
    </div>
  {% else %}
    <div class="result result-fail">
      <p>"{{ phrase }}" isn't a palindrome.</p>
    </div>
  {% endif %}
{% endblock %}
```

Jetzt müssen wir nur noch die vom Formular übermittelten Daten verarbeiten und dazu den Wert von `request.form` einer Variablen `phrase` zuweisen, die dann an unser Ergebnis-Template (`result.html`) übergeben werden muss. Außerdem müssen wir die Klasse `Phrase` an unser Ergebnis-Template übergeben, damit die Funktion `ispalindrom()` dort ausgeführt werden kann. Die Variable `phrase` kann mit demselben Schlüsselwort-Trick wie die Variable `page_title` in ▶ Listing 10.31 direkt als Argument in der Funktion `render_template()` erzeugt und an `result.html` übergeben werden – die Klasse `Phrase` kann ebenfalls direkt als Argument dieser Funktion an `result.html` übergeben werden. Somit kann das Template `result.html`, wie in ▶ Listing 10.50 veranschaulicht, mithilfe der Funktion `render_template()` angezeigt werden.

Listing 10.50: *palindrome_app/palindrome_detector/__init__.py* Verarbeitung der Daten, die von einem Formular zur Palindromerkennung übermittelt wurden.

```
import os

from flask import Flask, render_template, request

from palindrome_mhartl.phrase import Phrase


def create_app(test_config=None):
    """Erzeuge und konfiguriere die App."""
    app = Flask(__name__, instance_relative_config=True)

    if test_config is None:
        # Lade die Instanzkonfiguration, falls vorhanden, wenn nicht ↵
getestet wird.
        app.config.from_pyfile("config.py", silent=True)
    else:
        # Lade die Testkonfiguration, wenn sie übergeben wird.
        app.config.from_mapping(test_config)

    # Stelle sicher, dass das Instanzverzeichnis existiert.
    try:
        os.makedirs(app.instance_path)
    except OSError:
        pass

    @app.route("/")
    def index():
        return render_template("index.html", page_title="Home")

    @app.route("/about")
    def about():
        return render_template("about.html", page_title="About")

    @app.route("/palindrome")
    def palindrome():
        return render_template("palindrome.html",
                               page_title="Palindrome Detector")

    @app.route("/check", methods=("POST",))
    def check():
        return render_template("result.html",
```

```
                                   Phrase=Phrase,
                                   phrase=request.form["phrase"])

    return app

app = create_app()
```

Der Code in ▶ Listing 10.49 ist die einfachste Übersetzung des Python-Codes aus ▶ Listing 10.47 in ein Jinja-Template, aber er erfordert in ▶ Listing 10.50 die Übergabe der vollständigen Klasse `Phrase` an das Ergebnis-Template. Viele Entwickler ziehen es vor, nur Variablen an Templates zu übergeben, und wir werden den Code in ▶ Abschnitt 10.5.1 refaktorieren, um dieser Konvention zu folgen.

Zu diesem Zeitpunkt sollte unser Palindrom-Detektor funktionieren! Das Ergebnis der Übermittlung eines Nicht-Palindroms sehen Sie in ▶ Abbildung 10.15.

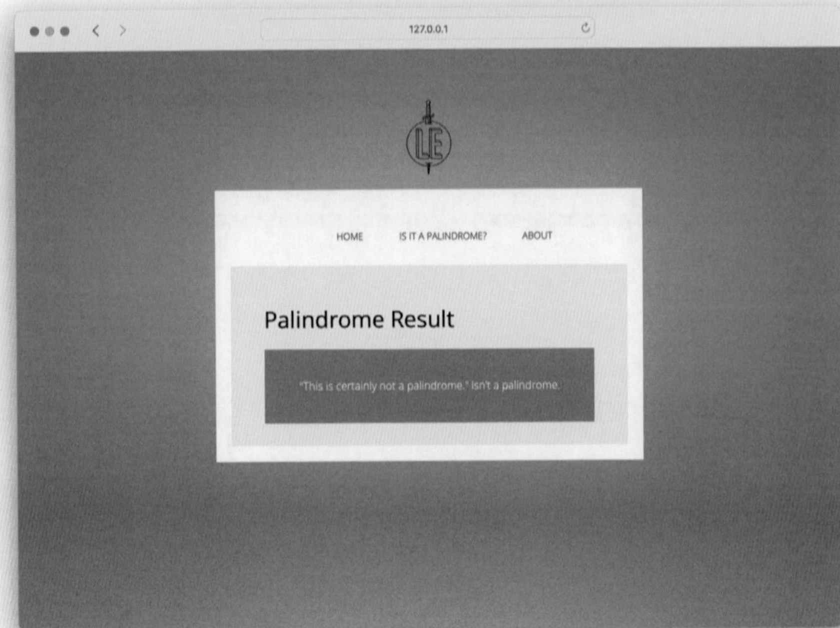

Abbildung 15 . Das Ergebnis für ein Nicht-Palindrom.

Lassen Sie uns nun sehen, ob unser Detektor eines der ältesten bekannten Palindrome, das sogenannte Sator-Quadrat, das erstmals in den Ruinen von Pompeji gefunden wurde, korrekt identifizieren kann (▶ Abbildung 10.16[102]). (Über die genaue Bedeutung der lateinischen Worte in dem Quadrat sind sich die Experten uneinig, aber eine der wahrscheinlichsten Übersetzungen lautet: „Der Sämann [Bauer] Arepo hält mit Mühe die Räder.")

102 Bild mit freundlicher Genehmigung von CPA Media Pte Ltd/Alamy Stock Photo.

Abbildung 10.16: Ein lateinisches Palindrom aus der verlorenen Stadt Pompeji.

Wenn Sie nun den Text „SATOR AREPO TENET OPERA ROTAS“ (▶ Abbildung 10.17) eingeben und absenden, erhalten Sie das in ▶ Abbildung 10.18 gezeigte Ergebnis. Es funktioniert!

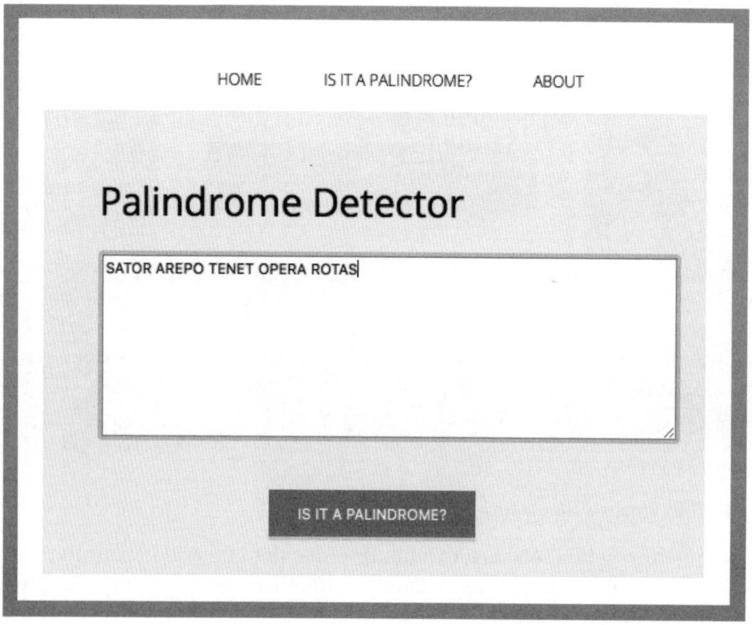

Abbildung 10.17: Ein lateinisches Palindrom?

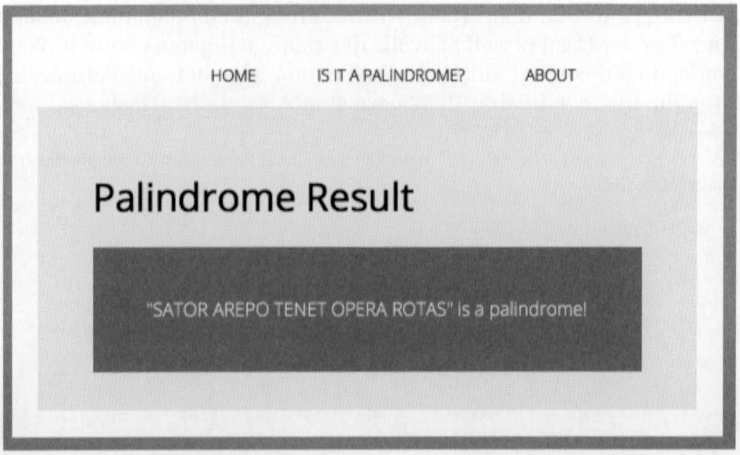

Abbildung 10.18: Ein lateinisches Palindrom!

10.5.1 Formular-Tests

Unsere Anwendung funktioniert jetzt, aber beachten Sie, dass zum Testen eines *weiteren* Palindroms dessen Eingabe in das Formular und die Betätigung der Schaltfläche „IS IT A PALINDROME?" erforderlich ist. Dazu müsste der Nutzer die Formularseite aber erst wieder aufrufen. Es wäre daher bequemer, wenn wir das gleiche Formular auch auf der Ergebnisseite einfügen würden.

Dazu schreiben wir zunächst einen einfachen Test auf die Existenz eines `form`-Tags auf der Seite *Palindrome Detector*. Da die Tests, die wir hinzufügen werden, spezifisch für diese Seite sind, erstellen wir dafür eine neue Testdatei:

```
(venv) $ touch tests/test_palindrome.py
```

Der Test selbst ist, wie Sie in ▶ Listing 10.51 sehen können, weitgehend analog zu den Tests auf die Existenz von `h1`- und `title`-Tags in ▶ Listing 10.20. Beachten Sie, dass wir eine Hilfsfunktion namens `form_tag()` definiert haben, die wir anschließend auch für den Test auf die Existenz des `form`-Tags auf der Ergebnisseite verwenden können (vergleichen Sie diese mit der Hilfsfunktion `full_title()` in ▶ Listing 10.42).

Listing 10.51: *tests/test_palindrome.py* Testen auf die Existenz eines Formular-Tags. GRÜN

```
def test_palindrome_page(client):
    response = client.get("/palindrome")
    assert form_tag() in response.text

def form_tag():
    return '<form id="palindrome_tester" action="/check" method="post">'
```

Jetzt fügen wir Tests für die vorhandene Formularübermittlung für Nicht-Palindrome und Palindrome hinzu. Genau wie `get()` in Tests eine `GET`-Anfrage simuliert, simuliert `post()` in Tests eine `POST`-Anfrage. Das erste Argument von `post()` ist die URL, und das zweite ist der `data`-Hash (mit dem Inhalt von `response.form`):

```
client.post("/check", data={"phrase": "Not a palindrome"})
```

Um die Antwort zu testen, überprüfen wir mit einer entsprechenden Behauptung, ob der Text im p-Tag der Ergebnisseite jeweils das richtige Ergebnis enthält. Wenn Sie die obigen Überlegungen sowohl auf Nicht-Palindrome als auch auf Palindrome anwenden, erhalten Sie die in ▶ Listing 10.52 gezeigten zusätzlichen Tests.

Listing 10.52: *tests/test_palindrome.py* Hinzufügen von Tests für die korrekte Übermittlung und Verarbeitung der Formulardaten. GRÜN

```
def test_palindrome_page(client):
    response = client.get("/palindrome")
    assert form_tag() in response.text

def test_non_palindrome_submission(client):
    phrase = "Not a palindrome."
    response = client.post("/check", data={"phrase": phrase})
    assert f'<p>"{phrase}" isn\'t a palindrome.</p>' in response.text

def test_palindrome_submission(client):
    phrase = "Sator Arepo tenet opera rotas."
    response = client.post("/check", data={"phrase": phrase})
    assert f'<p>"{phrase}" is a palindrome!</p>' in response.text

def form_tag():
    return '<form id="palindrome_tester" action="/check" method="post">'
```

(Seien Sie vorsichtig, wenn Sie Beispielphrasen verwenden, die nicht-alphanumerische Zeichen wie Anführungszeichen oder Apostrophe enthalten. Jinja ersetzt solche Zeichen standardmäßig durch Escape-Zeichenfolgen. Dadurch wird es sehr schwierig, solche Phrasen zu testen. Deswegen wird in ▶ Listing 10.52 das Sator-Quadrat-Palindrom anstelle von zum Beispiel `Madam, I'm Adam` für den Test verwendet. Um zu sehen, wie die erwähnte Escape-Zeichenfolge im letzteren Fall aussieht, können Sie der Variable `phrase` statt des Sator-Quadrat-Palindroms vorübergehend den Wert `Madam, I'm Adam` zuweisen und dann `print(response.text)` in den Test einfügen, um das Ergebnis auszugeben.)

Da wir hier eine zuvor schon bestehende Funktionalität testen, sollten die Tests in ▶ Listing 10.52 bereits GRÜN sein:

Listing 10.53: GRÜN

```
(venv) $ pytest
========================= test session starts ==========================
collected 6 items

tests/test_palindrome.py ...                                      [ 50%]
tests/test_site_pages.py ...                                      [100%]

========================== 6 passed in 0.03s ===========================
```

Als krönenden Abschluss unserer Entwicklung fügen wir das Formular nun auch auf der Ergebnisseite hinzu und folgen dabei dem typischen Zyklus der testgetriebenen Entwicklung (TDD) aus Test schreiben, ROTER Zustand, Code schreiben, GRÜNER Zustand. Da es nur *eine* Ergebnisseite gibt, spielt es keine Rolle, ob wir den Test auf die Existenz eines `form`-Tags zum Palindrom- oder zum Nicht-Palindrom-Test hinzufügen. Wir entscheiden uns für den Letzteren und müssen einfach nur analog zu ▶ Listing 10.51 eine Behauptung für die Existenz des `form`-Tags hinzufügen, wie in ▶ Listing 10.54 gezeigt.

Listing 10.54: *tests/test_palindrome.py* Hinzufügen eines Tests für die Existenz eines Formulars auf der Ergebnisseite. ROT

```
def test_palindrome_page(client):
    response = client.get("/palindrome")
    assert form_tag() in response.text

def test_non_palindrom_submission(client):
    phrase = "Not a palindrome."
    response = client.post("/check", data={"phrase": phrase})
    assert f'<p>"{phrase}" isn\'t a palindrome.</p>' in response.text
    assert form_tag() in response.text

def test_palindrome_submission(client):
    phrase = "Sator Arepo tenet opera rotas."
    response = client.post("/check", data={"phrase": phrase})
    assert f'<p>"{phrase}" is a palindrome!</p>' in response.text

def form_tag():
    return '<form id="palindrome_tester" action="/check" method="post">'
```

Wie erwartet und gewünscht, ist die Testsuite jetzt ROT:

Listing 10.55: ROT

```
(venv) $ pytest
========================= test session starts ==========================
collected 6 items

tests/test_palindrome.py .FF                                     [ 50%]
tests/test_site_pages.py ...                                     [100%]

=============================== FAILURES ===============================
_____________________ test_kein_palindrom_submission ___________________
.
.
.
======================= short test summary info ========================
FAILED tests/test_palindrome.py::test_kein_palindrom_submission - ↩
assert '<fo...
FAILED tests/test_palindrome.py::test_palindrome_submission - ↩
assert '<form i...
====================== 2 failed, 4 passed in 0.04s =====================
```

PYTHON MIT BISS

Ausführungsdauer von Unit-Tests

Unit-Tests (auch Komponententests genannt) sind Tests, bei denen die kleinsten prüfbaren Einheiten einer Software getestet werden. Unit-Tests müssen zwei zentrale Kriterien erfüllen:

1. Das Resultat muss eindeutig sein (Rot/Grün).
2. Unit-Tests müssen schnell sein. Unit-Tests sollten so oft wie möglich ausgeführt werden. Und das werden sie nur, wenn alle Unit-Tests zusammen nur wenige Sekunden brauchen. Da Sie voraussichtlich mehrere Tausend Unit-Tests haben werden, darf jeder einzelne Test nur wenige Millisekunden dauern. Tests, welche länger dauern, haben bei den Unit-Tests nichts zu suchen.

Wir können die Tests wieder in den GRÜNEN Zustand überführen, indem wir das Formular aus `palindrome.html` kopieren und in `result.html` einfügen, wie in ▶ Listing 10.56 gezeigt.

Listing 10.56: *palindrome_detector/templates/result.html* Hinzufügen des Formulars zur Ergebnisseite. GRÜN

```
{% extends "layout.html" %}

{% block content %}
  <h1>Palindrome Result</h1>

  {% if Phrase(phrase).ispalindrom() %}
    <div class="result result-success">
      <p>"{{ phrase }}" is a palindrome!</p>
    </div>
  {% else %}
    <div class="result result-fail">
      <p>"{{ phrase }}" isn't a palindrome.</p>
    </div>
  {% endif %}

  <form id="palindrome_tester" action="/check" method="post">
    <textarea name="phrase" rows="10" cols="60"></textarea>
    <br>
    <button class="form-submit" type="submit">IS IT A PALINDROME? ↩
</button>
  </form>
{% endblock %}
```

Dadurch werden unsere Tests wieder GRÜN:

Listing 10.57: GRÜN

```
(venv) $ pytest
========================== test session starts ============================
collected 6 items

tests/test_palindrome.py ...                                        [ 50%]
tests/test_site_pages.py ...                                        [100%]

=========================== 6 passed in 0.03s ============================
```

PYTHON MIT BISS

DRY

DRY (*Dont Repeat Yourself*) ist ein enorm wichtiges Prinzip in der Softwareentwicklung. Sie sollten Codeduplikationen grundsätzlich vermeiden. Lassen Sie die Finger von Copy&Paste Code.

Das Problem an Codeduplikationen ist, dass Sie Code in Zukunft immer an mehreren Stellen gleichzeitig aktualisieren müssen. Und oftmals werden Sie mindestens eine Stelle vergessen, was zu Fehlern führen kann.

Das Vermeiden von Codeduplikationen ist schon so schwer genug, also lassen Sie bitte die Finger weg von Strg-C und Strg-V.

Dieses Kopieren und Einfügen sollte Ihren Entwicklergeist geweckt haben: Es ist eine Wiederholung! Das Einfügen von Inhalten ist ein klarer Verstoß gegen das Prinzip *Don't Repeat Yourself* (DRY).

Glücklicherweise haben wir im Fall der Website-Navigation bereits gelernt, wie man eine solche Redundanz durch die Auslagerung des entsprechenden Code-Abschnitts in ein *partielles Template* vermeiden kann (▶ Listing 10.40), was auch im vorliegenden Fall möglich ist. Wie bei der Navigation erzeugen wir zunächst eine separate Datei für das HTML-Formular:

```
(venv) $ touch palindrome_detector/templates/palindrome_form.html
```

Anschließend können wir die Datei mit dem HTML-Code für das Formular füllen (▶ Listing 10.58) und dann ein Jinja-Template verwenden, um das Formular aus der Formulardatei `palindrome_form.html` mithilfe von `include` sowohl in die Ergebnisseite (▶ Listing 10.59) als auch in die Seite *Palindrome Detector* selbst (▶ Listing 10.60) einzubinden.

Listing 10.58: *palindrome_detector/templates/palindrome_form.html* Der ausgelagerte Code-Abschnitt für das Formular. GRÜN

```
<form id="palindrome_tester" action="/check" method="post">
  <textarea name="phrase" rows="10" cols="60"></textarea>
  <br>
  <button class="form-submit" type="submit">IS IT A PALINDROME?</button>
</form>
```

Listing 10.59: *palindrome_detector/templates/result.html* Einfügen des Formulars in die Ergebnisseite. GRÜN

```
{% extends "layout.html" %}

{% block content %}
  <h1>Palindrome Result</h1>

  {% if Phrase(phrase).ispalindrom() %}
    <div class="result result-success">
      <p>"{{ phrase }}" is a palindrome!</p>
    </div>
  {% else %}
    <div class="result result-fail">
      <p>"{{ phrase }}" isn't a palindrome.</p>
    </div>
  {% endif %}

  <h2>Try another one!</h2>
  {% include "palindrome_form.html" %}
{% endblock %}
```

Listing 10.60: *palindrome_detector/templates/palindrome.html* Einfügen des Formulars in die Seite Palindrome Detector. GRÜN

```
{% extends "layout.html" %}

{% block content %}
  <h1>Palindrome Detector</h1>

  {% include "palindrome_form.html" %}
{% endblock %}
```

Als letzte Refaktorierung werden wir der Konvention folgen, nur Variablen (und nicht etwa Klassen) an Jinja-Templates zu übergeben, wie unmittelbar nach ▶ Listing 10.50 erwähnt wurde. Zu diesem Zweck definieren wir neben der Variablen `phrase` zunächst wie folgt zusätzlich eine Variable namens `is_palindrome`:

```
phrase = request.form["phrase"]
is_palindrome = Phrase(phrase).ispalindrom()
```

Anschließend übergeben wir diese Variablen in der Funktion `render_template()` an das Ergebnis-Template (▶ Listing 10.61), wo wir dann die folgende vereinfachte `if`-Anweisung verwenden können (▶ Listing 10.62):

```
{% if is_palindrome %}
```

Listing 10.61: *palindrome_app/palindrome_detector/__init__.py* Übergabe des Ergebnisses des Palindromtests an das Ergebnis-Template als *Variable*. GRÜN

```
import os

from flask import Flask, render_template, request

from palindrome_mhartl.phrase import Phrase


def create_app(test_config=None):
    """Erzeuge und konfiguriere die App."""
    app = Flask(__name__, instance_relative_config=True)

    if test_config is None:
        # Lade die Instanzkonfiguration, falls vorhanden, wenn nicht ⮐
getestet wird.
        app.config.from_pyfile("config.py", silent=True)
    else:
        # Lade die Testkonfiguration, wenn sie übergeben wird.
        app.config.from_mapping(test_config)

    # Stelle sicher, dass das Instanzverzeichnis existiert.
    try:
        os.makedirs(app.instance_path)
    except OSError:
        pass

    @app.route("/")
    def index():
        return render_template("index.html", page_title="Home")

    @app.route("/about")
    def about():
        return render_template("about.html", page_title="About")

    @app.route("/palindrome")
    def palindrome():
        return render_template("palindrome.html",
                               page_title="Palindrome Detector")
```

```
    @app.route("/check", methods=("POST",))
    def check():
        phrase = request.form["phrase"]
        is_palindrome = Phrase(phrase).ispalindrom()
        return render_template("result.html",
                               phrase=phrase,
                               is_palindrome=is_palindrome)

    return app

app = create_app()
```

Listing 10.62: *palindrome_detector/templates/result.html* **Verwendung der Booleschen Variable** `is_palindrome` **im Ergebnis-Template. GRÜN**

```
{% extends "layout.html" %}

{% block content %}
  <h1>Palindrome Result</h1>

  {% if is_palindrome %}
    <div class="result result-success">
      <p>"{{ phrase }}" is a palindrome!</p>
    </div>
  {% else %}
    <div class="result result-fail">
      <p>"{{ phrase }}" isn't a palindrome.</p>
    </div>
  {% endif %}

  <h2>Try another one!</h2>

  {% include "palindrome_form.html" %}
{% endblock %}
```

Wie für ein erfolgreiches Refaktorieren gefordert, ist die Testsuite immer noch GRÜN:

Listing 10.63: GRÜN

```
(venv) $ pytest
=========================== test session starts ============================
collected 6 items

tests/test_palindrome.py ...                                          [ 50%]
tests/test_site_pages.py ...                                          [100%]

============================ 6 passed in 0.03s =============================
```

Wenn Sie das Sator-Quadrat-Palindrom absenden, wird das Formular auf der Ergebnisseite korrekt wiedergegeben, wie in ▶ Abbildung 10.19 zu sehen ist.

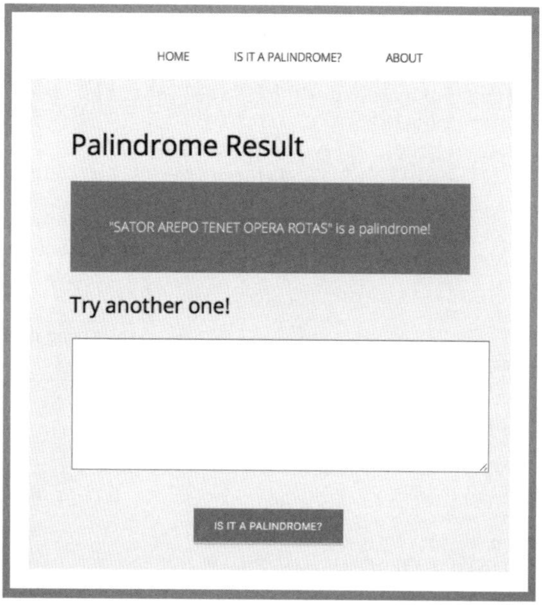

Abbildung 10.19: Das Formular auf der Ergebnisseite.

Wenn Sie in das Textfeld eines meiner favorisierten sehr langen Palindrome eingeben (▶ Abbildung 10.20), erhalten Sie das in ▶ Abbildung 10.21 gezeigte Ergebnis.[103]

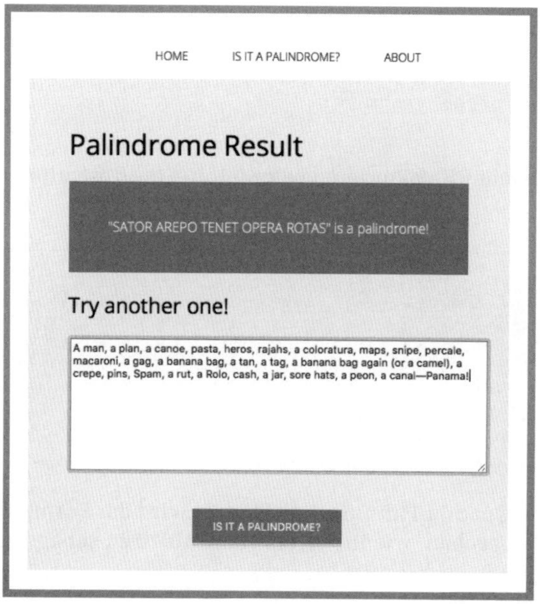

Abbildung 10.20: Eingabe einer sehr langen Phrase in das Textfeld des Formulars.

103 Das erstaunlich lange Palindrom in Abbildung 10.20 wurde 1983 von dem Pionier der Computerwissenschaft Guy Steele mit Hilfe eines speziellen Programms erstellt.

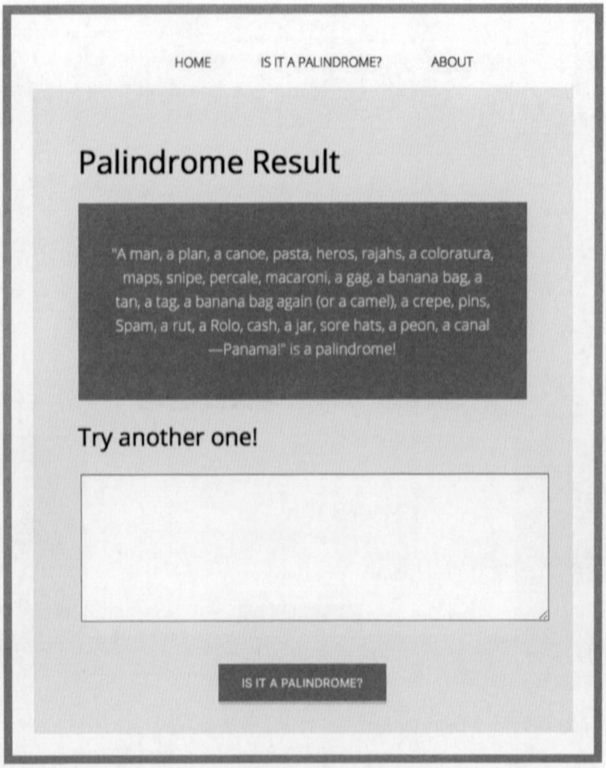

Abbildung 10.21: Diese sehr lange Phrase ist tatsächlich ein Palindrom!

Und damit – „A man, a plan, a canoe, pasta, heros, rajahs, a coloratura, maps, snipe, percale, macaroni, a gag, a banana bag, a tan, a tag, a banana bag again (or a camel), a crepe, pins, Spam, a rut, a Rolo, cash, a jar, sore hats, a peon, a canal—Panama!“ – sind wir mit unserer Palindrom-Detektor-Webanwendung fertig. Uff!

Jetzt müssen wir die Änderungen nur noch übertragen und bereitstellen:

```
(venv) $ git add -A
(venv) $ git commit -am "Finish working palindrome detector"
(venv) $ flyctl deploy
```

Das Ergebnis ist eine Palindrom-Detektor-Webanwendung, die im Produktionsmodus funktioniert (▶ Abbildung 10.22)![104]

104 Wie Sie eine Fly.io-Website mit einer benutzerdefinierten Domain hosten können, erfahren Sie in dem Artikel über benutzerdefinierte Domains mit Fly unter https://fly.io/docs/app-guides/custom-domains-with-fly/.

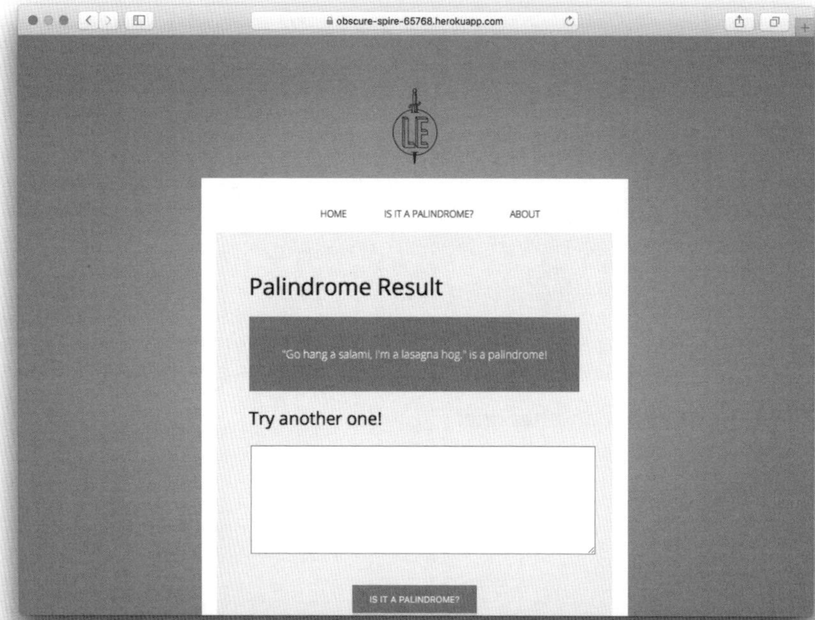

Abbildung 10.22: Unser Palindrom-Detektor funktioniert im Live-Web.

10.5.2 Übungen

1. Bestätigen Sie durch Absenden eines leeren Textfeldes (auch kein Leerzeichen), dass der Palindrom-Detektor derzeit `True` für den Leerstring zurückgibt, was ein Fehler im Palindrom-Paket selbst ist. Was passiert, wenn Sie eine Reihe von Leerzeichen eingeben und absenden?
2. Schreiben Sie im Palindrom-Paket Tests, die behaupten, dass der Leerstring und ein String aus mehreren Leerzeichen *keine* Palindrome sind (ROT). Schreiben Sie dann den Anwendungscode, der für die Überführung der Tests in den GRÜNEN Zustand erforderlich ist. (Es ist erwähnenswert, dass in der Funktion `kleinbuchstaben_string()` zur Vorbereitung für die Prüfung auf ein Palindrom Leerzeichen bereits entfernt werden, sodass Sie im Anwendungscode nur noch den Fall des Leerstrings berücksichtigen müssen, dessen Boolescher Wert `False` ist (▶ Abschnitt 2.4.2).) Aktualisieren Sie anschließend die Versionsnummer und veröffentlichen Sie Ihr Paket wie in ▶ Abschnitt 8.5.1 beschrieben. (Sie können auf meine Version unter https://github.com/mhartl/python_package_tutorial zurückgreifen, wenn Sie Hilfe benötigen.)
3. Aktualisieren Sie das Testpaket in Ihrem Web-App-Verzeichnis unter Verwendung des Codes in ▶ Listing 10.64 als Vorlage und bestätigen Sie, dass es funktioniert, indem Sie den Leerstring und Leerzeichenfolgen zur Überprüfung absenden. (Erinnern Sie sich daran, dass Sie das Fortsetzungszeichen \ in ▶ Listing 10.64 tatsächlich eingeben müssen, die rechte spitze Klammer > aber *nicht* eintippen sollten, da letztere von Ihrem Shell-Programm automatisch eingefügt wird.)
4. Übertragen Sie die Änderungen und stellen Sie sie bereit. Bestätigen Sie das korrekte Verhalten in der Live-Anwendung.

Listing 10.64: Aktualisieren des Testpakets.

```
(venv) $ pip install --upgrade palindrome_DEIN_NUTZERNAME_HIER \
> --index-url https://test.pypi.org/simple/
```

10.6 Weiterführende Ressourcen

Herzlichen Glückwunsch! Sie beherrschen Python jetzt mit genug Biss, um sich schwierigeren Aufgaben widmen zu können

Es gibt noch eine weitere Herausforderung, falls Sie diese annehmen wollen: ▶ Kapitel 11 über Datenwissenschaft. Dieses Kapitel ist ein wenig spezialisiert und kann strenggenommen als optional betrachtet werden. Es führt jedoch einige wertvolle Techniken ein und vertieft andere Teile des Buches, sodass ich Ihnen empfehle, es auszuprobieren.

Wenn Sie mehr über Python (und Programmierung im Allgemeinen) erfahren möchten, empfehle ich Ihnen diese hervorragenden Ressourcen:

- Replits *100 days of Code*: Dies ist eine geführte Einführung in die Python-Programmierung unter Verwendung der erstaunlichen kollaborativen browserbasierten IDE von Replit.
- *Practical Python Programming* von Dave Beazley: Ich bin seit langem ein großer Fan von Beazelys *Python Essential Reference* und kann seinen (kostenlosen) Online-Kurs sehr empfehlen.
- *Learn Python the Hard Way* von Zed Shaw: Dieser übungs- und syntaxlastige Ansatz ist eine hervorragende Ergänzung zu dem umfassenden, erzählerischen Ansatz dieses Tutoriums. *Spaßfakt*: Die Marke „Learn Code the Hard Way“ von Zed Shaw war eine direkte Inspiration für „Learn Enough to Be Dangerous“ (https://www.learnenough.com/).
- *Python Crash Course* und *Automate the Boring Stuff with Python* von No Starch Press: Beide Bücher sind gute Nachfolger von *Learn Enough Python to Be Dangerous*. Ersteres (von Eric Matthes) behandelt die Python-Syntax ausführlicher, während letzteres (von Al Sweigart) zahlreiche Anwendungen der Python-Programmierung für alltägliche Computeraufgaben enthält.
- *Captain Code* von Ben Forta und Shmuel Forta: Obwohl sich dieses Buch in erster Linie an Kinder richtet, haben viele erwachsene Leser berichtet, dass es ihnen ebenfalls gefallen hat.
- Für alle, die eine möglichst solide technische Grundlage wünschen, ist *Learn Enough All Access* (https://www.learnenough.com/all-access) ein Abonnement-Service, der spezielle Online-Versionen aller Learn-Enough-Bücher und über 40 Stunden Streaming-Video-Tutorials bietet, darunter *Learn Enough Python to Be Dangerous* (amerikanischer Originaltitel von *Python mit Biss*), *Learn Enough Ruby to Be Dangerous* und das komplette *Ruby on Rails Tutorial* (https://www.railstutorial.org/). Wir hoffen, dass Sie es sich ansehen werden!

Das Material in diesem Kapitel ist auch eine hervorragende Vorbereitung, um mehr über Flask zu erfahren, wofür die Flask-Dokumentation eine gute Quelle ist, und um die Webentwicklung mit Django zu erlernen. Wenn Sie die Django-Route einschlagen möchten, ist die Django-Dokumentation ein hervorragender Startpunkt. Wenn Sie mehr über Webentwicklung im Allgemeinen lernen möchten, empfehle ich Ihnen auch *Learn Enough JavaScript to Be Dangerous*, da JavaScript die einzige Sprache ist, die in Webbrowsern ausgeführt werden kann. Darüber hinaus ist das vorliegende Buch *Python mit Biss* (englischer Originaltitel: *Learn Enough Python to Be Dangerous*) eine hervorragende Vorbereitung für *Learn Enough Ruby to Be Dangerous*, das (wie *Learn Enough JavaScript to Be Dangerous*) im Großen und Ganzen dem gleichen Aufbau folgt wie dieses Tutorium und auch eine gute Vorbereitung für das *Ruby on Rails Tutorial* ist.

Datenwissenschaft

11

Die *Datenwissenschaft* (auch im deutschen Sprachgebrauch häufig mit dem englischen Begriff *Data Science* bezeichnet) ist ein sich schnell entwickelndes Fachgebiet, das Werkzeuge aus der Informatik und der Statistik kombiniert, um aus *Daten* Erkenntnisse zu gewinnen und Schlussfolgerungen zu ziehen. Diese Beschreibung mag etwas vage klingen und in der Tat gibt es keine allgemein akzeptierte Definition des Fachgebiets. So halten manche Leute „Datenwissenschaft" nur für einen schicken Begriff als Ersatz für „Statistik", während andere meinen, die Statistik sei nur der *unwichtigste* Teilbereich der Datenwissenschaft.

Glücklicherweise herrscht weitgehend Einigkeit darüber, dass Python ein hervorragendes Werkzeug für die Datenwissenschaft ist, was auch immer das genau ist.[105] Es besteht auch ein allgemeiner Konsens darüber, welche spezifischen Python-Werkzeuge für dieses Thema am nützlichsten sind. Der Zweck dieses Kapitels besteht darin, einige dieser Werkzeuge einzuführen und mit ihnen einige Aspekte der Datenwissenschaft zu untersuchen, für die Python besonders gut geeignet ist.

Zu diesen Themen gehören *Jupyter-Notebooks* für interaktive Berechnungen (▶ Abschnitt 11.1), *NumPy* für numerische Berechnungen (▶ Abschnitt 11.2), *Matplotlib* für die Visualisierung von Daten (▶ Abschnitt 11.3), *pandas* für die Datenanalyse (▶ Abschnitt 11.4, ▶ Abschnitt 11.5 und ▶ Abschnitt 11.6) und *scikit-learn* für maschinelles Lernen (▶ Abschnitt 11.7).[106] Fast alle anderen datenwissenschaftlichen Python-Werkzeuge (wie *PySpark*, *Databricks* und andere) bauen ebenfalls auf den Bibliotheken in diesem Kapitel auf.

Die Datenwissenschaft ist viel zu umfangreich, als dass sie in diesem Kapitel auch nur ansatzweise vollständig behandelt werden könnte. Dennoch wird hier eine hervorragende Grundlage geschaffen, wenn Sie sich mehr mit diesem Thema beschäftigen möchten. In ▶ Abschnitt 11.8 finden Sie einige Anregungen und weitere Ressourcen, falls Sie sich entscheiden, Ihre Kenntnisse in der Datenwissenschaft weiter zu vertiefen.

11.1 Einrichtung (Setup) der benötigten Pakete

Der erste Schritt besteht darin, unsere Umgebung für datenwissenschaftliche Untersuchungen einzurichten. Hier finden Sie einen Überblick über einige der wichtigsten Werkzeuge für die Datenwissenschaft in Python:

- IPython und Jupyter: Pakete, die die Rechenumgebung bereitstellen, in der viele Datenwissenschaftler, die Python verwenden, arbeiten.
- NumPy: Eine Bibliothek, die eine Vielzahl von mathematischen und statistischen Operationen erleichtert. NumPy bildet auch die Grundlage für viele Funktionen der pandas-Bibliothek.
- Matplotlib: Eine Bibliothek zur Visualisierung von Daten, mit der schnell und einfach Grafiken und Diagramme aus Daten erstellt werden können.

105 Der wichtigste Open-Source-Konkurrent von Python in diesem Bereich ist R, das ursprünglich von Statistikern entwickelt wurde. Python hat den Vorteil, auch eine Allzweckprogrammiersprache zu sein. Das ist einer der Gründe, warum viele Datenwissenschaftler Python bevorzugen. Nichtsdestotrotz ist R unbestreitbar leistungsfähig und es gibt viele Ressourcen zum Erlernen der Datenwissenschaft, die Python und R gleichzeitig abdecken. Ich empfehle Ihnen, eine dieser Ressourcen zu nutzen, wenn es für Sie aus irgendeinem Grund wichtig ist, R zu kennen.

106 Bei all diesen Ressourcen handelt es sich um Open-Source-Software.

- pandas: Eine Python-Bibliothek, die speziell entwickelt wurde, um die Arbeit mit Daten zu erleichtern. Sie ist das A und O vieler datenwissenschaftlicher Arbeiten in Python.
- scikit-learn: Wahrscheinlich die beliebteste Bibliothek für maschinelles Lernen in Python.

Da die Verwendung von IPython und Jupyter technisch gesehen optional ist, beginnen wir mit der Installation der (unabhängig von der Umgebung auf Ihrem Computer) erforderlichen Pakete. Der Einfachheit halber schlage ich vor, ein neues Verzeichnis zu erstellen und eine neue virtuelle Umgebung einzurichten, wie in ▶ Listing 11.1 gezeigt.

Listing 11.1: Einrichten einer neuen virtuellen Umgebung für die Datenwissenschaft.

```
$ cd ~/repos
$ mkdir python_data_science
$ cd python_data_science/
$ python3 -m venv venv
$ source venv/bin/activate
(venv) $
```

Ich empfehle außerdem, Ihr Projekt mit Git unter Versionskontrolle zu stellen und ein Remote-Repository bei GitHub oder einem anderen Repository-Host Ihrer Wahl einzurichten. Wenn Sie sich für diesen Weg entscheiden, können Sie die `.gitignore`-Datei in ▶ Listing 11.2 verwenden, die eine zusätzliche Zeile enthält, um nicht benötigte Änderungen in Jupyter zu ignorieren.

Listing 11.2: *`.gitignore`* Eine `.gitignore`-Datei für die Datenwissenschaft in Python.

```
venv/

*.pyc
__pycache__/

instance/

.pytest_cache/
.coverage
htmlcov/

dist/
build/
*.egg-info/

.ipynb_checkpoints

.DS_Store
```

Jetzt sind wir bereit, die erforderlichen Pakete zu installieren. Wie im Rest dieses Tutoriums werden wir die exakten Versionen installieren, um eine maximale zukünftige Kompatibilität zu gewährleisten. Sie können aber auch die neuesten Versionen ausprobieren, indem Sie jeweils den Teil `==<version number>` weglassen. Seien Sie nur auf unvorhersehbare Ergebnisse vorbereitet. ▶ Listing 11.3 zeigt alle erforderlichen Pakete.

Listing 11.3: Installieren von Paketen für die Datenwissenschaft in Python.

```
(venv) $ pip install numpy==1.23.3
(venv) $ pip install matplotlib==3.6.1
(venv) $ pip install pandas==1.5.0
(venv) $ pip install scikit-learn==1.1.2
```

Wir haben bereits in ▶ Abschnitt 1.3 gesehen, dass viele Python-Entwickler das Conda-System für die Verwaltung von Paketen bevorzugen. Wenn überhaupt, dann ist dies bei Datenwissenschaftlern in Python noch mehr der Fall. Aber wie bereits in ▶ Abschnitt 1.3 erwähnt, nimmt Conda umfangreichere Änderungen an der Umgebung vor und ist (zumindest meiner Erfahrung nach) schwieriger rückgängig zu machen oder zu entfernen, wenn Sie das System zurücksetzen müssen. Wenn Sie Erfahrung mit der Verwendung von Python auf Ihrem System gesammelt haben, empfehle ich Ihnen, sich Conda noch einmal anzuschauen, um zu sehen, ob es Ihren Anforderungen erfüllt.

Wie bereits in der Einführung erwähnt, empfehle ich Ihnen ausdrücklich auch Jupyter (ausgesprochen „Jupiter", wie der Planet oder der römische Gott),[107] das eine *Notebook-Schnittstelle* zu einer besonderen Version von Python bereitstellt – typischerweise eine leistungsstarke Variante, die als *IPython* (*Interactive Python*) bekannt ist. Jupyter-Notebooks bestehen aus *Zellen*, in denen Sie Code eingeben und ausführen können. Dabei können Sie die Ergebnisse interaktiv verfolgen (ähnlich wie bei der REPL), was besonders praktisch für die Visualisierung von Daten und Zusammenhängen ist. (Wie die REPL sind auch Jupyter-Notebooks oft ein guter erster Schritt zu eigenständigen Python-Programmen, wie sie in den vorherigen Kapiteln besprochen wurden). Nach einer Weile könnte Ihr Jupyter-Notebook etwa so aussehen wie in ▶ Abbildung 11.1.

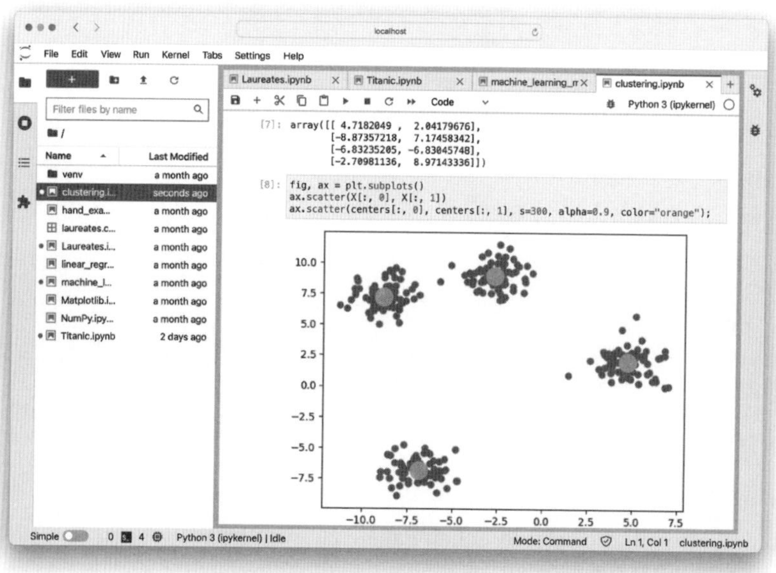

Abbildung 11.1: Ein funktionierendes Jupyter-Notebook.

107 Der Name ist ein Verweis auf die drei Hauptsprachen, die von der Notebook-Schnittstelle unterstützt werden: Julia, Python und R.

Ich empfehle, Jupyter über *JupyterLab* zu installieren und zu verwenden. In JupyterLab können bequem mehrere Jupyter-Notebooks nebeneinander angeordnet werden und JupyterLab ist auch die vom Jupyter-Projekt selbst empfohlene Schnittstelle:

```
(venv) $ pip install jupyterlab==3.4.8
```

JupyterLab kann anschließend mit dem folgenden Befehl gestartet werden:[108]

```
(venv) $ jupyter-lab
```

Das Ergebnis ist ein Jupyter-Server, der auf dem lokalen System läuft, in der Regel unter der Adresse http://localhost:8889/lab (Details können jedoch abweichen). Auf meinem System startet das `jupyterlab` automatisch ein neues Browser-Fenster mit einem Verzeichnisbaum und einer Benutzeroberfläche zur Erstellung eines neuen Jupyter-Notebooks (▶ Abbildung 11.2).

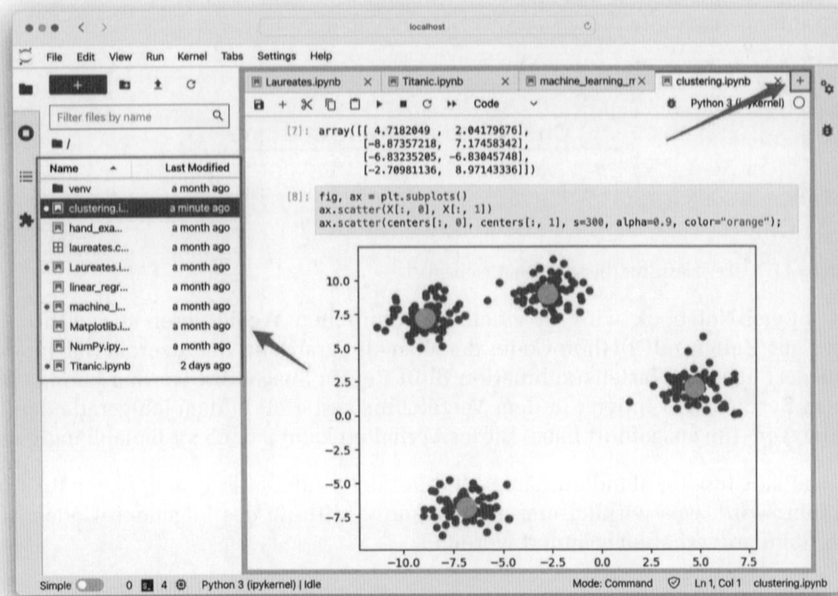

Abbildung 11.2: Ein Verzeichnisbaum und eine Benutzeroberfläche zum Erstellen eines neuen Jupyter-Notebooks.

Manchmal werden Sie auch auf die „klassische" Jupyter-Benutzeroberfläche stoßen, die bei der Installation des `jupyter`-Pakets automatisch mit installiert und durch Ausführen des Befehls `jupyter notebook` in der Kommandozeile geöffnet wird (▶ Abbildung 11.3).

108 Es ist unklar, warum die Bibliothek und das Paket JupyterLab und `jupyterlab` (ohne Bindestrich) heißen, während der Kommandozeilenbefehl `jupyter-lab` (mit einem Bindestrich) lautet, aber so ist es nun einmal.

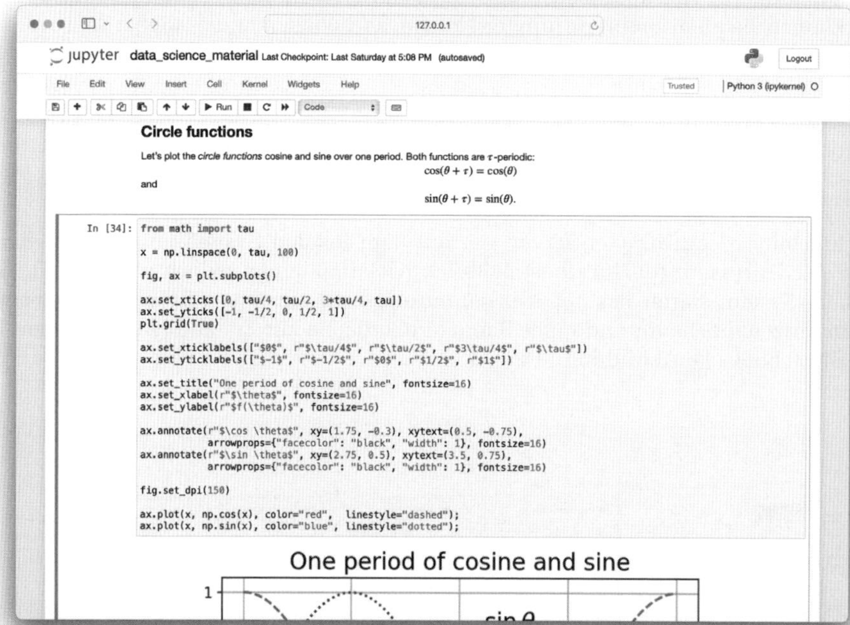

Abbildung 11.3: Die „klassische" Jupyter-Benutzeroberfläche.

Jedes Jupyter-Notebook wird in einem gewöhnlichen Webbrowser ausgeführt und besteht aus Zellen mit Python-Code, der über die grafische Benutzeroberfläche oder (bequemer) über die Tastenkombination Shift-Return ausgeführt werden kann.[109] Auf meinem System wird Jupyter in dem Verzeichnis gestartet, in dem ich gerade den Befehl `jupyter-lab` ausgeführt habe. Dieses Verhalten kann jedoch systemabhängig sein.

Übrigens lädt Jupyter standardmäßig Module nicht automatisch neu, bevor Ihr Code ausgeführt wird, was wirklich nervig sein kann. Mithilfe des folgenden Codes kann dieses Standardverhalten geändert werden:

```
%load_ext autoreload
%autoreload 2
```

Im weiteren Verlauf dieses Kapitels werden wir hauptsächlich Beispiele aus der Python-Kommandozeile verwenden, da ich nicht davon ausgehen möchte, dass Sie Jupyter installiert haben.[110] Dennoch empfehle ich Ihnen dringend, Jupyter zu installieren und zu erlernen, da es ein Standardwerkzeug für die Datenanalyse und für wissenschaftliche Berechnungen mit Python darstellt. Insbesondere kann Jupyter in der Cloud IDE verwendet werden, indem Sie den Schritten in ▶ Exkurs 11.1 folgen. Eine weitere Option ist CoCalc, ein kommerzieller Dienst, der Jupyter-Notebooks standardmäßig unterstützt.

109 Benutzern von *Mathematica*, von dem Jupyter stark inspiriert wurde, wird diese Notebook-Benutzeroberfläche besonders vertraut vorkommen.

110 Da die Benutzeroberfläche der Jupyter-Notebooks bei interaktiver Nutzung so lehrreich ist, *wird* in den Videos zu diesem Buch Jupyter (oder genauer gesagt JupyterLab) verwendet.

■ Exkurs 11.1: Ausführen von Jupyter in der Cloud IDE

Es mag überraschen, dass es möglich ist, Jupyter-Notebooks in der Cloud IDE (https://www.learnenough.com/dev-environment-tutorial#sec-cloud_ide) zum Laufen zu bringen, die ich im kostenlosen englischsprachigen Tutorium *Learn Enough Dev Environment to Be Dangerous* empfohlen habe. (Zumindest war es für mich überraschend.) Der erste Schritt besteht darin, eine Konfigurationsdatei wie folgt zu erstellen (stellen Sie sicher, dass Sie diese und alle Befehle in dem in ▶ Listing 11.1 erstellten Verzeichnis `python_data_science` und innerhalb einer virtuellen Umgebung ausführen):

```
$ jupyter notebook --generate-config
```

Dieser Befehl erzeugt eine Datei im versteckten Verzeichnis `.jupyter` unterhalb des Home-Verzeichnisses:

```
~/.jupyter/jupyter_notebook_config.py
```

Verwenden Sie einen Texteditor wie `nano`, `vim` oder `c9` (letzterer kann über `npm install --location=global c9` installiert werden) und fügen Sie die folgenden Zeilen am Ende von `jupyter_notebook_config.py` ein:

```
c.NotebookApp.allow_origin = "*"
c.NotebookApp.ip = "0.0.0.0"
c.NotebookApp.allow_remote_access = True
```

Nun sollten Sie den folgenden Befehl in der Kommandozeile ausführen können:

```
$ jupyter-lab --port $PORT --ip $IP --no-browser
```

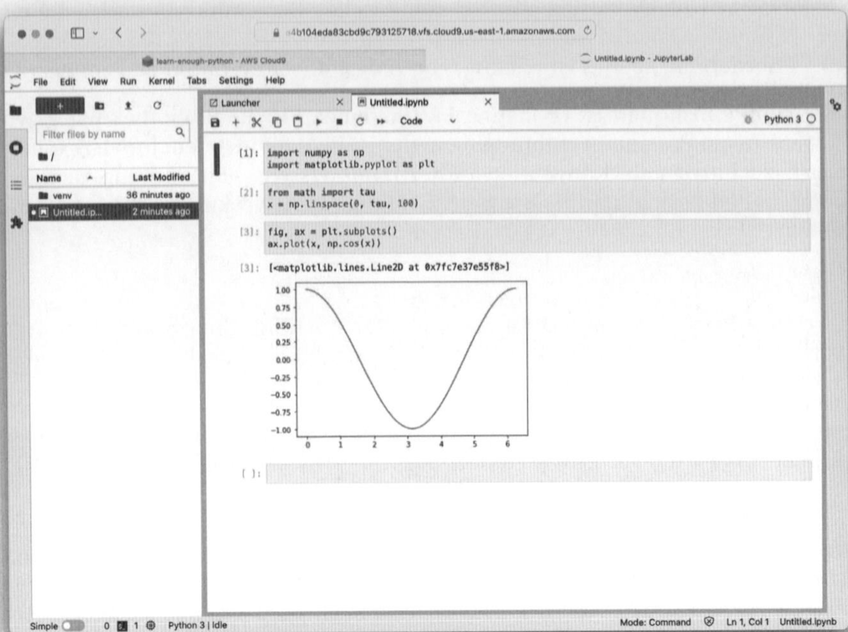

Abbildung 11.4: Ein Jupyter-Notebook in der Cloud IDE.

Um das Jupyter-Notebook zu betrachten, verwenden Sie den Menüpunkt *Preview > Preview Running Application*. Möglicherweise müssen Sie auf das *Pop Out Into New Window*-Symbol oben rechts im Fenster klicken. Wahrscheinlich werden Sie zur Eingabe eines Tokens aufgefordert, das in der Ausgabe des Befehls `jupyter-lab` zu finden ist und in etwa wie folgt aussehen sollte:

```
http://127.0.0.1:8080/?token=c33a7633b81ad52fc81
```

Kopieren Sie das für Ihre Anwendung eindeutige Token (d. h. alles nach „token=") und fügen Sie es ein, um Zugriff auf die Seite zu erhalten. Das Ergebnis sollte ein Jupyter-Notebook sein, das in der Cloud IDE läuft (▶ Abbildung 11.4).

11.2 Numerische Berechnungen mit NumPy

Python hat zwar den Ruf, eine „langsame Sprache" zu sein, ist aber tatsächlich in C geschrieben, einer der schnellsten Sprachen, die es gibt. Die gelegentlich auftretende Langsamkeit von Python ist meist eine Folge der Dinge, die es auch dynamisch machen, was oft Abstraktionsebenen über dem zugrunde liegenden C-Code beinhaltet. Die NumPy-Bibliothek macht die Geschwindigkeit von C direkt für numerische Berechnungen verfügbar, indem sie die zeitintensivsten Teile direkt in C umschreibt.

NumPy (ausgesprochen „NUM-pai", für „Numerical Python") war ursprünglich Teil der großen und leistungsstarken Bibliothek SciPy für wissenschaftliche Berechnungen in Python, wurde aber aufgrund ihrer breiten Anwendbarkeit als separate Bibliothek ausgegliedert. Die Datenwissenschaft ist in der Tat ein gutes Beispiel dafür: Die zentrale Python-Bibliothek für die Datenwissenschaft namens *pandas* (▶ Abschnitt 11.4) benötigt SciPy nicht, stützt sich aber bei numerischen Berechnungen stark auf NumPy. Daher ist für die Datenwissenschaft zwar nicht die vollständige Beherrschung von NumPy erforderlich, aber es ist wichtig, zumindest die Grundlagen zu kennen.

Sobald NumPy installiert ist (▶ Listing 11.3), können Sie die Bibliothek wie gewohnt mit `import` in ein Programm einbinden – in der REPL oder in einem Jupyter-Notebook. Eine nahezu universelle Konvention in der Datenwissenschaft und eng verwandten Gemeinschaften besteht darin, `numpy` aus Gründen der Zweckmäßigkeit als `np` zu importieren:

```
>>> import numpy as np
```

(Die meisten Beispiele in diesem Kapitel enthalten die REPL-Eingabeaufforderung >>>, aber wenn Sie Jupyter-Notebooks verwenden, wird keine Eingabeaufforderung angezeigt, wie z. B. in ▶ Abbildung 11.1.)

PYTHON MIT BISS

import as

Die oben erwähnte Notation `import ... as ...` scheint auf den ersten Blick sehr verlockend, da man nicht immer den ganzen Namen der Bibliothek eingeben muss, wenn man anschließend eine ihrer Funktionen verwendet. Generell sollte man diese Möglichkeit aber nur bei einigen wenigen Bibliotheken nutzen, bei denen es eine standardisierte Abkürzung gibt. Alle anderen Bibliotheken sollte man mit ihrem vollen Namen importieren (also einfach `import ...` ohne `as ...`).

11.2.1 Arrays

Die Kombination aus SciPy, NumPy und Matplotlib (▶ Abschnitt 11.3) stellt eine Open-Source-Alternative zum proprietären MATLAB-System dar. Wie MATLAB basiert auch NumPy auf Arrays, wobei die zentrale Datenstruktur ein *ndarray* (kurz für „*n-dimensionales* Array“) ist:

```
>>> np.array([1, 2, 3])
array([1, 2, 3])
```

Die ndarrays in NumPy haben viele Eigenschaften mit regulären Python-Listen (▶ Kapitel 3) gemeinsam:

```
>>> a = np.array([1, 3, 2])
>>> len(a)
3
>>> a.sort()
>>> a
array([1, 2, 3])
```

In Analogie zur Funktion `range()` bei Listen (zuerst gesehen in ▶ Listing 2.24), können wir Arraybereiche mit `arange()` erzeugen:

```
>>> r = range(17)
>>> r
range(0, 17)
>>> list(r)
[0, 1, 2, 3, 4, 5, 6, 7, 8, 9, 10, 11, 12, 13, 14, 15, 16]
>>> a = np.arange(17)
>>> a
array([ 0, 1, 2, 3, 4, 5, 6, 7, 8, 9, 10, 11, 12, 13, 14, 15, 16])
```

Diese Ähnlichkeiten werfen die Frage auf, warum wir nicht einfach Listen verwenden können, wenn wir mit Python Datenwissenschaft betreiben. Die Antwort lautet, dass Berechnungen mit Arrays viel schneller sind als die entsprechenden Operationen mit Listen. Da NumPy selbst auf Arrays basiert, können solche Berechnungen in der Regel auch viel kompakter ausgedrückt werden, ohne dass Schleifen oder gar Comprehensions erforderlich sind.

Insbesondere unterstützen NumPy-Arrays *vektorisierte Operationen* (Vektoroperationen), bei denen wir beispielsweise in einem Schritt jedes Element in einem Array mit einer bestimmten Zahl multiplizieren können. Um zum Beispiel eine Liste zu erstellen, deren Elemente durch Multiplikation jedes Elements in einem mit range() definierten Bereich mit 3 erhalten werden, könnten wir wie folgt eine List Comprehension (▶ Abschnitt 6.1) verwenden:

```
>>> [3 * i for i in r]
[0, 3, 6, 9, 12, 15, 18, 21, 24, 27, 30, 33, 36, 39, 42, 45, 48]
```

Einen NumPy-ndarray können wir dagegen einfach direkt mit 3 multiplizieren:

```
>>> 3 * a
array([ 0, 3, 6, 9, 12, 15, 18, 21, 24, 27, 30, 33, 36, 39, 42, 45, 48])
```

Hier führt NumPy die Multiplikation über die einzelnen Array-Elemente automatisch durch (entspricht im Wesentlichen der *skalaren Multiplikation* eines Vektors). Wir können auch andere Operationen wie beispielsweise das Quadrieren auf ähnliche Weise auf ein ndarray anwenden:

```
>>> a**2
array([ 0, 1, 4, 9, 16, 25, 36, 49, 64, 81, 100, 121, 144, 169,
196, 225, 256])
```

Hier wurde jedes Element des Arrays a quadriert, ohne dass eine Schleife oder eine Comprehension erforderlich war.

Wie bereits erwähnt, dient dies nicht nur der Bequemlichkeit, sondern ist auch viel schneller. Wir können das zeigen, indem wir das Quadrieren einmal mithilfe einer List Comprehension und einmal durch direktes Quadrieren eines Arrays durchführen und dabei mithilfe der Bibliothek `timeit` die Ausführungsdauer des Codes messen:

```
>>> import timeit
>>> t1 = timeit.timeit("[i**2 for i in range(50)]")
>>> t2 = timeit.timeit("import numpy as np; np.arange(50)**2")
>>> t1, t2, t1/t2
(9.171871625003405, 0.5006397919496521, 18.320300887960165)
```

Auch wenn die genauen Ergebnisse variieren können, zeigt das hier dargestellte Ergebnis eine um fast den Faktor 20 höhere Geschwindigkeit der vektorisierten Version. NumPy erreicht diese viel höhere Geschwindigkeit, weil es die für die Operation erforderlichen Hauptschleifen in optimierten C-Code verschiebt. (*Hinweis*: In einem Jupyter-Notebook können wir IPython verwenden, um mit der speziellen Operation `%%timeit` einen noch besseren Vergleich durchzuführen (▶ Abbildung 11.5).)

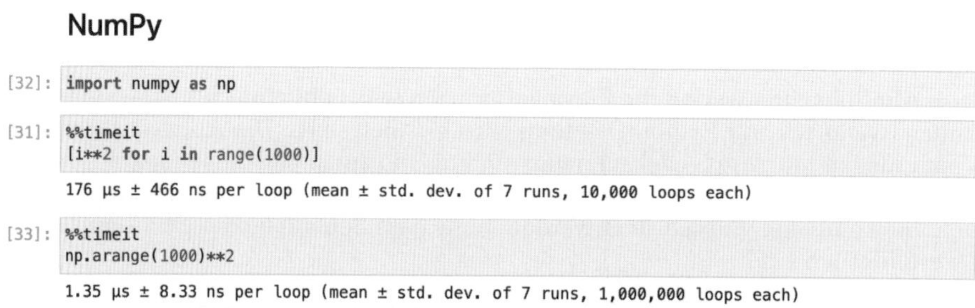

Abbildung 11.5: Verwendung von NumPy und `timeit` in einem Jupyter-Notebook.

11.2.2 Mehrdimensionale Arrays

NumPy bietet auch Unterstützung für mehrdimensionale Arrays:

```
>>> a = np.array([[1, 2, 3], [4, 5, 6]])
>>> a
array([[1, 2, 3],
       [4, 5, 6]])
```

NumPy-Arrays verfügen über ein Attribut namens `shape`, das die Anzahl der Zeilen und Spalten des Arrays zurückgibt:

```
>>> a.shape
(2, 3)
```

Das Ergebnis `(2, 3)` resultiert aus den 2 Zeilen `[1, 2, 3]` und `[4, 5, 6]` sowie den 3 Spalten `[1, 4]`, `[2, 5]` und `[3, 6]`). Sie können sich das Array wie eine 2×3-Matrix vorstellen.

In Analogie zum *List Slicing* (▶ Abschnitt 3.3) unterstützt NumPy das *Array Slicing* für ndarrays aller Dimensionen. Die in ▶ Abschnitt 3.3 eingeführte Doppelpunkt-Notation ist besonders nützlich für die Auswahl ganzer Zeilen oder Spalten durch die Verwendung eines einzelnen Doppelpunkts:

```
>>> a[0, :]                  # Erste Zeile
array([1, 2, 3])
>>> a[:, 0]                  # Erste Spalte
array([1, 4])
```

Durch die Kombination von Doppelpunkten mit Zahlenbereichen können wir ein Subarray extrahieren:

```
>>> A = a[0:2, 0:2]
>>> A
array([[1, 2],
       [4, 5]])
```

Wie beim List Slicing können Sie auch beim Array Slicing bei der Extraktion vom Anfang bis zu einem bestimmten Index der Zeile/Spalte auch den Startindex des Bereichs sowie bei der Extraktion von einem bestimmten Index bis zum Ende der Zeile/Spalte den Endindex des Bereichs weglassen, also zum Beispiel:

```
>>> A = a[:2, :2]
>>> A
array([[1, 2],
       [4, 5]])
```

NumPy bietet umfangreiche Unterstützung für gängige numerische Operationen wie der linearen Algebra, in diesem Fall unter Verwendung superoptimierter und praxiserprobter Pakete wie BLAS und LAPACK. Diese Routinen sind größtenteils in C und Fortran geschrieben, aber wir müssen diese Sprachen nicht beherrschen, da die Routinen in Python über die Bibliothek `linalg` eingebunden werden.[111]

Werfen wir einen Blick auf ein kurzes Beispiel für die Unterstützung der linearen Algebra durch NumPy. Das Subarray `A` das wir gerade definiert haben, ist eine quadratische Matrix (gleiche Anzahl von Zeilen und Spalten). Das bedeutet, dass wir versuchen können, die Inverse der Matrix zu berechnen. Die Inverse A^{-1} („*A* invers“) einer invertierbaren Matrix erfüllt die Beziehungen $AA^{-1} = A^{-1}A = I$, wobei I der *n*×*n*-*Identitätsmatrix* (1en auf der Diagonalen, 0en überall sonst) entspricht. Die Matrixinversion ist in NumPy über die Funktion `linalg.inv()` verfügbar:

```
>>> Ainv = np.linalg.inv(A)             # Inverse einer Matrix
>>> Ainv
array([[-1.66666667,  0.66666667],
       [ 1.33333333, -0.33333333]])
```

111 Obwohl ich während meines Studiums ohnehin viel in C programmiert habe, konnte ich mir meinen Kindheitstraum erfüllen, nie Fortran lernen zu müssen.

In NumPy besteht der bequemste Weg zur Durchführung einer *Matrizenmultiplikation* in der Verwendung des @-Operators:[112]

```
>>> A @ Ainv
array([[1., 0.],
       [0., 1.]])
```

Das Ergebnis ist wie erwartet die 2×2-Identitätsmatrix. (Beachten Sie, dass einige Elemente aufgrund von numerischen Rundungsfehlern leicht von den exakten Werten der Identitätsmatrix abweichen können; siehe ▶ Abschnitt 11.2.3 für weitere Informationen).

Wir können auch versuchen, die Matrizen mit dem Operator + zu addieren und mit dem Operator * zu multiplizieren:

```
>>> A + Ainv
array([[-0.66666667, 2.66666667],
       [ 5.33333333, 4.66666667]])
>>> A * Ainv
array([[-1.66666667, 1.33333333],
       [ 5.33333333, -1.66666667]])
```

Auch wenn die Summe `A + Ainv` der Arrays in diesem Zusammenhang keine besondere mathematische Bedeutung besitzt, können wir feststellen, dass die Elemente in Übereinstimmung mit den vektorisierten Operationen von NumPy (▶ Abschnitt 11.2.1) addiert worden sind. In ähnlicher Weise wurde das Array-Produkt `A * Ainv` ebenfalls Term für Term berechnet. Dies ist eine mögliche Quelle der Verwirrung, da der *-Operator in einigen anderen Systemen (insbesondere MATLAB) in diesem Zusammenhang eine *Matrizenmultiplikation* durchführt, was zu dem erwarteten Ergebnis $AA^{-1} = I$ führt.

PYTHON MIT BISS

Matrixoperationen

Wenn Sie in Python eine Berechnung durchführen möchten, ist das Wichtigste, dass Sie genau wissen, was Sie machen möchten. Wenn Sie die grundlegende Mathematik nicht verstanden haben, nützen Ihnen auch die besten Programmierkenntnisse nichts.

Die wichtigsten Matrixoperationen sind die Matrizenmultiplikation (@) sowie die Addition von Matrizen (+). Die elementweise Multiplikation (*) wird hingegen kaum je gebraucht. Sie macht nur dann Sinn, wenn man eine Matrix mit einer Zahl multipliziert. Entsprechend ist die Entscheidung zweifelhaft, dass die elementweise Matrizenmultiplikation den Operator * erhalten hat. Dies führt schnell zu Verwirrung.

Die Invertierung von Matrizen ist ebenfalls sehr wichtig. Allerdings ist sie sehr rechenintensiv und wird, wenn immer möglich, durch andere Operationen ersetzt.

112 Auch die Funktion `matmul()` kann zur Matrizenmultiplikation verwendet werden. Mit `numpy` als `np` importiert würde dies wie folgt aussehen: `np.matmul(A, Ainv)`, was äquivalent zu `A @ Ainv` ist.

Eine besonders nützliche Methode zur Manipulation von Matrixobjekten heißt `reshape()`. Mithilfe dieser Methode können wir zum Beispiel ein eindimensionales Array in ein zweidimensionales Array umwandeln. Das Argument für `reshape()` ist ein Tupel (▶ Abschnitt 3.6) mit den Zieldimensionen, das heißt mit der Anzahl der Zeilen und der Spalten des Zielarrays:

```
>>> a = np.arange(16)
>>> a.reshape((2, 8))
>>> a
array([[ 0, 1, 2, 3, 4, 5, 6, 7],
       [ 8, 9, 10, 11, 12, 13, 14, 15]])
>>> b = a.reshape((4, 4))
>>> b
array([[ 0, 1, 2, 3],
       [ 4, 5, 6, 7],
       [ 8, 9, 10, 11],
       [12, 13, 14, 15]])
```

Die Verwendung von `reshape()` ist oft viel bequemer, als die entsprechenden Arrays von Hand zu erstellen. Beachten Sie, dass `reshape()` das Array *nicht* verändert, sodass wir das Ergebnis einer neuen Variablen als Wert zuweisen müssen, wenn wir es noch weiter verwenden wollen.

Eines der Argumente der `reshape()`-Methode darf auch `-1` sein, was als Anzahl der Zeilen oder Spalten zunächst keinen Sinn zu machen scheint. Tatsächlich bewirkt das Argument `-1`, dass die zugehörige Anzahl der Zeilen bzw. Spalten *automatisch* aus der Gesamtzahl der Elemente des Arrays und dem Wert des zweiten Arguments der `reshape()`-Methode berechnet wird.

Zum Beispiel können wir die Argumente `(-1, 2)` bei einem Array mit 16 Elementen verwenden, um eine 8×2-Matrix zu erhalten, wobei die 8 aus der Division von 16 durch 2 resultiert:

```
>>> a.reshape((-1, 2))
array([[ 0, 1],
       [ 2, 3],
       [ 4, 5],
       [ 6, 7],
       [ 8, 9],
       [10, 11],
       [12, 13],
       [14, 15]])
```

Die `-1` ist also ein Platzhalter, der NumPy auffordert: „Wähle eigenständig die Dimension, die erforderlich ist, um die tatsächliche Gesamtzahl der Elemente zu erhalten.“

Diese `-1`-Technik kann unter anderem dazu verwendet werden, ein mehrdimensionales Array in ein Array von Arrays mit jeweils nur *einem* Element umzuwandeln. Dazu müssen der `reshape()`-Methode die Argumente `(-1, 1)` übergeben werden (▶ Listing 11.4). Dieses Format dient häufig als Input für Algorithmen des maschinellen Lernens (▶ Abschnitt 11.7).

Listing 11.4: Erzeugen eines Arrays aus 1×1-Arrays.

```
>>> a.reshape((-1, 1))
array([[ 0],
       [ 1],
       [ 2],
       [ 3],
       [ 4],
       [ 5],
       [ 6],
       [ 7],
       [ 8],
       [ 9],
       [10],
       [11],
       [12],
       [13],
       [14],
       [15]])
```

11.2.3 Konstanten, Funktionen und Arrays mit gleichmäßig verteilten Zahlen

Wie die `math`-Bibliothek, die in ▶ Abschnitt 4.1 besprochen wurde, enthält NumPy auch mathematische Konstanten, wie z. B. die Eulersche Zahl e:

```
>>> import math
>>> math.e
2.718281828459045
>>> np.e
2.718281828459045
>>> math.e == np.e
True
```

PYTHON MIT BISS

Operator ==

Was hier im Text gemacht wurde, sollten Sie niemals wiederholen: zwei Gleitkommazahlen mit dem Operator == auf Gleichheit prüfen führt aufgrund der endlichen Genauigkeit von Gleitkommazahlen und entsprechenden Rundungsfehlern zu unvorhersehbarem Verhalten. Im Allgemeinen sollten Sie für Gleitkommazahlen nur die Operatoren < und > verwenden.

NumPy verfügt mit `pi` auch über die Zahl π, aber im Gegensatz zur `math`-Bibliothek gab es in NumPy zumindest zum Zeitpunkt, als dieser Text geschrieben wurde, keine Konstante `tau`:

```
>>> np.pi
3.141592653589793
>>> np.tau
Traceback (most recent call last):
    raise AttributeError("module {!r} has no attribute "
AttributeError: module 'numpy' has no attribute 'tau'
```

Wir können aber weiterhin die Konstante `tau` aus der `math`-Bibliothek verwenden:

```
>>> math.tau
6.283185307179586
>>> math.tau == 2 * np.pi
True
```

Wie `math` bietet NumPy außerdem Operationen für trigonometrische Funktionen und Logarithmen (siehe unten für eine Erklärung des seltsamen Ergebnisses von `np.sin(math.tau)`):

```
>>> np.cos(math.tau)
1.0
>>> np.sin(math.tau)
-2.4492935982947064e-16
>>> np.log(np.e)
1.0
>>> np.log10(np.e)
0.4342944819032518
```

Beachten Sie, dass NumPy wie `math` und die meisten Programmiersprachen `log()` zur Bezeichnung des natürlichen Logarithmus (zur Basis e) und `log10()` für den dekadischen Logarithmus (zur Basis 10) verwendet.

An dieser Stelle werden Sie sich vielleicht fragen, welchen Sinn es hat, Definitionen in NumPy aufzunehmen, die bereits über `math` verfügbar sind. Bei Konstanten wie e und π geschieht dies hauptsächlich aus Gründen der Vollständigkeit, aber bei den Funktionen gibt es tatsächlich einen bedeutenden Unterschied: Im Gegensatz zu `math`-Funktionen können die Funktionen von NumPy als vektorisierte Operationen (▶ Abschnitt 11.2.1) in einem Schritt auf alle Elemente eines Arrays angewandt werden.

Betrachten Sie zum Beispiel eine Periode von $\cos x$, also für Winkel x von 0 bis τ (▶ Listing 11.5).[113]

Listing 11.5: Erzeugung eines Arrays mit Winkeln, die einfachen Bruchteilen einer Periode von cos *x* entsprechen.

```
>>> np.arange(5)
array([0, 1, 2, 3, 4])
>>> angles = math.tau * np.arange(5) / 4
>>> angles
array([0.        , 1.57079633, 3.14159265, 4.71238898, 6.28318531])
```

Beachten Sie, dass die Werte der Elemente des Arrays `angles` in ▶ Listing 11.5 einfach die numerischen Entsprechungen von 0, $\tau/4$, $\tau/2$, $3\tau/4$ und τ sind. Die direkte Anwendung von `cos()` auf diese Winkel durch die Übergabe des Arrays `angles` als Argument funktioniert nicht mit der `math`-Version, wohl aber mit der NumPy-Version von `cos()` (▶ Listing 11.6).

113 Ich ziehe es vor, den Kosinus anstelle des Sinus als kanonisches Beispiel zu verwenden, weil es aus der Perspektive der einfachen harmonischen Schwingung, die eines der wichtigsten Beispiele für sinusoidale Funktionen darstellt, intuitiver ist. Da die Kosinusfunktion (für den Winkel 0) mit einem Wert von 1 beginnt, beschreibt sie natürlicherweise einen Oszillator, der bereits eine gewisse Distanz aus der Gleichgewichtslage herausbewegt wurde und seine Bewegung ohne einen weiteren zusätzlichen Anstoß fortsetzt. Im Gegensatz dazu muss man bei der Verwendung des Sinus einen solchen Oszillator erst anstoßen, sodass er mit einer Geschwindigkeit ungleich Null aus dem Gleichgewicht heraus startet.

Listing 11.6: Anwenden der `cos()`-Funktion auf ein Array von Winkeln .

```
>>> math.cos(angles)
Traceback (most recent call last):
  File "<stdin>", line 1, in <module>
TypeError: only size-1 arrays can be converted to Python scalars
>>> a = np.cos(angles)
>>> a
array([ 1.0000000e+00, 6.1232340e-17, -1.0000000e+00, -1.8369702e-16,
        1.0000000e+00])
```

Beachten Sie, dass das Array am Ende von ▶ Listing 11.6 als Ergebnis für die cos-Werte, die eigentlich exakt Null sein sollten, infolge von Rundungsfehlern sehr kleine, nahe an Null liegende, aber eben von Null verschiedene Zahlenwerte enthält (das genaue Verhalten ist allerdings systemabhängig, sodass Sie nochmal etwas andere Werte erhalten können). Wir können diese Fehler mithilfe der NumPy-Funktion `isclose()` beheben. Die `isclose()`-Funktion nimmt zwei Zahlen als Argumente an und gibt `True` zurück, wenn das erste Argument „sehr nahe“ am zweiten liegt (im Wesentlichen innerhalb der Fehlerspanne der Fließkomma-Arithmetik des Systems):

```
>>> np.isclose(0.01, 0)
False
>>> np.isclose(10**(-16), 0)
True
>>> np.isclose(a, 0)
array([False, True, False, True, False])
```

Wir können dieses Array mit Booleschen Werten tatsächlich an das ursprüngliche Array selbst übergeben und die Elemente `x`, für welche die Funktion `isclose(x, 0)` den Booleschen Wert `True` zurückgibt, exakt auf `0` setzen (▶ Listing 11.7).

Listing 11.7: Verwendung der Funktion `isclose()`, um sehr nahe an Null liegende Werte in einem Array auf exakt 0 zu setzen.

```
>>> a[np.isclose(a, 0)]
array([ 6.1232340e-17, -1.8369702e-16])
>>> a[np.isclose(a, 0)] = 0
>>> a
array([ 1.,  0.,  -1.,  0.,  1.])
```

In ▶ Listing 11.5 haben wir bei der Erzeugung des Arrays `angles` das mit `arange(5)` erzeugte Array durch 4 dividiert. Aus technischen Gründen (im Zusammenhang mit numerischen Rundungsfehlern) besteht der bevorzugte Weg zur Erzeugung solcher Sequenzen aber in der Verwendung der Funktion `linspace()` (für „linear space(d)“, „lineare oder gleiche Abstände“). Die gebräuchlichsten Argumente für die `linspace()`-Funktion sind der Anfang und das Ende des Bereichs sowie die gewünschte Gesamtzahl der äquidistanten (mit gleichem Abstand) und somit gleichmäßig verteilten Zahlen im Zielarray. Wir können `linspace()` beispielsweise wie folgt verwenden, um ein Array mit Winkeln einer Periode der Kosinusfunktion in Abständen von jeweils einer viertel Periode zu erzeugen (mit insgesamt fünf Winkeln, da wir auch den Startwinkel `0` einschließen):

```
>>> angles = np.linspace(0, math.tau, 5)
>>> angles
array([0.        , 1.57079633, 3.14159265, 4.71238898, 6.28318531])
>>> a = np.cos(angles)
```

```
>>> a[np.isclose(a, 0)] = 0
>>> a
array([ 1., 0., -1., 0., 1.])
```

Die Funktion `linspace()` wird häufig verwendet, um ein Array mit viel kleineren Abständen zwischen den äquidistanten Elementen und einer größeren Anzahl von Elementen zu erstellen. Wir können zum Beispiel wie folgt ein Array mit 100 äquidistanten Winkeln in einer Periode der Kosinusfunktion erhalten und durch Übergabe dieses Arrays als Argument an die Funktion `cos()` ein Array mit den zu den Winkeln gehörenden Kosinuswerten erzeugen:

```
>>> angles = np.linspace(0, math.tau, 100)
>>> angles
array([0.        , 0.06346652, 0.12693304, 0.19039955, 0.25386607,
       0.31733259, 0.38079911, 0.44426563, 0.50773215, 0.57119866,
       0.63466518, 0.6981317 , 0.76159822, 0.82506474, 0.88853126,
       0.95199777, 1.01546429, 1.07893081, 1.14239733, 1.20586385,
       1.26933037, 1.33279688, 1.3962634 , 1.45972992, 1.52319644,
       1.58666296, 1.65012947, 1.71359599, 1.77706251, 1.84052903,
       1.90399555, 1.96746207, 2.03092858, 2.0943951 , 2.15786162,
       2.22132814, 2.28479466, 2.34826118, 2.41172769, 2.47519421,
       2.53866073, 2.60212725, 2.66559377, 2.72906028, 2.7925268 ,
       2.85599332, 2.91945984, 2.98292636, 3.04639288, 3.10985939,
       3.17332591, 3.23679243, 3.30025895, 3.36372547, 3.42719199,
       3.4906585 , 3.55412502, 3.61759154, 3.68105806, 3.74452458,
       3.8079911 , 3.87145761, 3.93492413, 3.99839065, 4.06185717,
       4.12532369, 4.1887902 , 4.25225672, 4.31572324, 4.37918976,
       4.44265628, 4.5061228 , 4.56958931, 4.63305583, 4.69652235,
       4.75998887, 4.82345539, 4.88692191, 4.95038842, 5.01385494,
       5.07732146, 5.14078798, 5.2042545 , 5.26772102, 5.33118753,
       5.39465405, 5.45812057, 5.52158709, 5.58505361, 5.64852012,
       5.71198664, 5.77545316, 5.83891968, 5.9023862 , 5.96585272,
       6.02931923, 6.09278575, 6.15625227, 6.21971879, 6.28318531])
>>> np.cos(angles)
array([ 1.        ,  0.99798668,  0.99195481,  0.9819287 ,  0.9679487 ,
        0.95007112,  0.92836793,  0.90292654,  0.87384938,  0.84125353,
        0.80527026,  0.76604444,  0.72373404,  0.67850941,  0.63055267,
        0.58005691,  0.52722547,  0.47227107,  0.41541501,  0.35688622,
        0.29692038,  0.23575894,  0.17364818,  0.1108382 ,  0.04758192,
       -0.01586596, -0.07924996, -0.14231484, -0.20480667, -0.26647381,
       -0.32706796, -0.38634513, -0.44406661, -0.5       , -0.55392006,
       -0.60560969, -0.65486073, -0.70147489, -0.74526445, -0.78605309,
       -0.82367658, -0.85798341, -0.88883545, -0.91610846, -0.93969262,
       -0.95949297, -0.97542979, -0.98743889, -0.99547192, -0.99949654,
       -0.99949654, -0.99547192, -0.98743889, -0.97542979, -0.95949297,
       -0.93969262, -0.91610846, -0.88883545, -0.85798341, -0.82367658,
       -0.78605309, -0.74526445, -0.70147489, -0.65486073, -0.60560969,
       -0.55392006, -0.5       , -0.44406661, -0.38634513, -0.32706796,
       -0.26647381, -0.20480667, -0.14231484, -0.07924996, -0.01586596,
        0.04758192,  0.1108382 ,  0.17364818,  0.23575894,  0.29692038,
        0.35688622,  0.41541501,  0.47227107,  0.52722547,  0.58005691,
        0.63055267,  0.67850941,  0.72373404,  0.76604444,  0.80527026,
        0.84125353,  0.87384938,  0.90292654,  0.92836793,  0.95007112,
        0.9679487 ,  0.9819287 ,  0.99195481,  0.99798668,  1.        ])
```

Es ist äußerst schwierig, allein durch Ansehen dieser vielen Zahlenwerte die Zusammenhänge und die Bedeutung dieser Daten zu erkennen, aber sie eignen sich hervorragend als Input für eine Plot-Bibliothek wie Matplotlib, mit deren Hilfe die Daten grafisch dargestellt und dadurch veranschaulicht werden können. Matplotlib ist Gegenstand von ▶ Abschnitt 11.3.

11.2.4 Übungen

1. Was geschieht, wenn die Dimensionen in `reshape()` nicht zur Größe des Arrays passen (also z. B. `np.arange(16).reshape((4, 17))`)?
2. Bestätigen Sie, dass mit `A = np.random.rand(5, 5)` eine 5×5-Zufallsmatrix definiert werden kann.
3. Finden Sie die Inverse `Ainv` der 5×5-Matrix aus der vorherigen Übung. (Die Berechnung der Inversen einer 2×2-Matrix wie in ▶ Abschnitt 11.2.2 von Hand ist noch relativ einfach, aber die Aufgabe wird mit wachsender Matrixgröße schnell schwieriger. In diesem Fall ist ein computergestütztes System zur Durchführung solcher Berechnungen wie NumPy unerlässlich.)
4. Führen Sie die Matrizenmultiplikation `A @ Ainv = I` der Matrizen aus den beiden vorherigen Aufgaben durch. Verwenden Sie die Funktion `isclose()` aus ▶ Listing 11.7, um die sehr nah an Null liegenden Elemente des Ergebnisses auf exakt Null zu setzen und zu bestätigen, dass die resultierende Matrix tatsächlich der 5×5-Identitätsmatrix entspricht.

11.3 Visualisierung von Daten mit Matplotlib

Matplotlib ist ein leistungsfähiges Visualisierungstool für Python, das eine beinahe absurd große Anzahl eindrucksvoller Dinge tun kann.[114] In diesem Abschnitt beginnen wir mit einer einfachen zweidimensionalen Darstellung (Diagramm, Plot), die auf der Arbeit in ▶ Abschnitt 11.2 basiert, und fügen dann schrittweise weitere Merkmale hinzu, bis wir schließlich die in ▶ Abbildung 11.6 gezeigte Abbildung erreichen. Anschließend werden wir noch andere wichtige Arten der Datenvisualisierung (Streudiagramme und Histogramme) behandeln, die für die Datenanalyse mit *pandas* wichtig sind (▶ Abschnitt 11.4). Die genaue Technik zur Anzeige von Matplotlib-Diagrammen hängt vom jeweiligen Setup ab. Folgen Sie ▶ Exkurs 11.2, um die Anzeige von Matplotlib-Diagrammen auf Ihrem System zum Laufen zu bringen.

---

114 Es ist erwähnenswert, dass viele Python-Datenwissenschaftler auch *seaborn* verwenden, eine Bibliothek zur Visualisierung statistischer Daten, die auf Matplotlib aufbaut. Auch wenn das Erlernen von seaborn sicherlich nicht unbedingt notwendig ist, wäre es doch eine natürliche Fortsetzung dieses Abschnitts und würde Ihre Möglichkeiten zur Visualisierung von Daten noch weiter ausbauen. Das offizielle seaborn-Tutorium wäre dafür ein guter Ausgangspunkt.

PYTHON MIT BISS

Matplotlib

Die Bibliothek *Matplotlib* ist für die Visualisierung von Daten unersetzlich. Ihre Verwendung von Grund auf zu erlernen, ist jedoch kaum möglich, da sie zu viele Möglichkeiten bietet. Wenn Sie eine Grafik erstellen müssen, sollten Sie sich jeweils die Matplotlib-Galerie (https://matplotlib.org/stable/gallery/index.html) anschauen und nach möglichst ähnlich aussehenden Beispielen suchen, die Sie dann an Ihre Bedürfnisse anpassen.

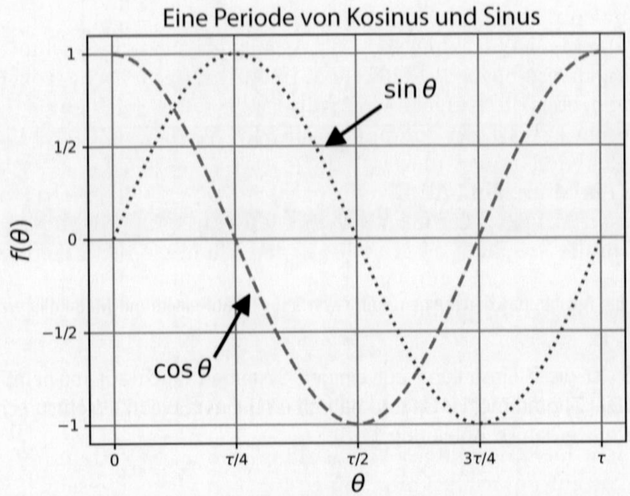

Abbildung 11.6: Ein schönes Diagramm, das einige Funktionen von Matplotlib veranschaulicht.

Exkurs 11.2: Techniken von Matplotlib

Die genaue Technik zur Anzeige von Matplotlib-Diagrammen variiert stark in Abhängigkeit von den genauen Details Ihres Setups. Der offensichtlichste Weg zur Anzeige von Diagrammen mit Matplotlib, der auf den meisten Systemen über die REPL funktioniert, ist die Methode `show()`:

```
>>> import numpy as np
>>> import matplotlib.pyplot as plt
>>> x = np.linspace(-2, 2, 100)
>>> fig, ax = plt.subplots(1, 1)
>>> ax.plot(x, x*x)
>>> plt.show()
```

Auf vielen Systemen wird dadurch ein Fenster wie in ▶ Abbildung 11.7 geöffnet, welches das zuvor mithilfe der Methoden von Matplotlib erzeugte Diagramm `plt` enthält.

In Jupyter-Notebooks kann die Umgebung so konfiguriert werden, dass Matplotlib-Diagramme automatisch („inline“, d. h. direkt im Jupyter-Notebook) angezeigt werden, indem Sie den folgenden Befehl in einer Zelle des Notebooks ausführen:

```
%matplotlib inline
```

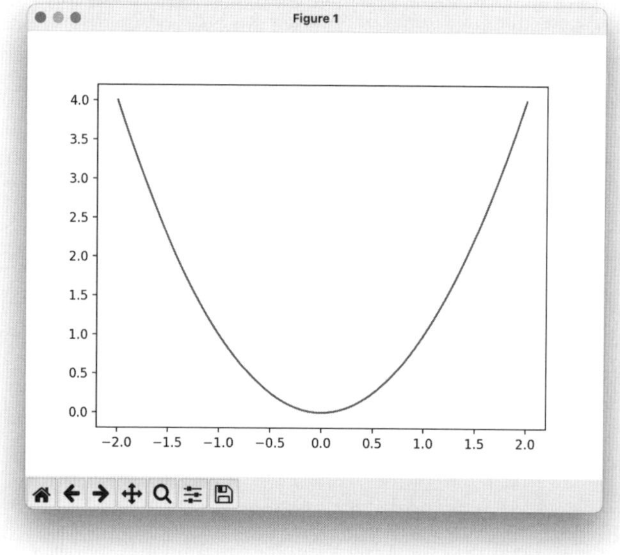

Abbildung 11.7: Ein Fenster, das durch einen Aufruf von `show()` auf einem mit Matplotlib erzeugten Diagramm geöffnet wird.

Soweit ich weiß, ist diese Einstellung auf einigen Systemen (auch auf meinem) standardmäßig aktiviert, sodass die Diagramme (Plots) automatisch erscheinen, wenn die entsprechenden Jupyter-Zellen ausgewertet werden (▶ Abbildung 11.8).

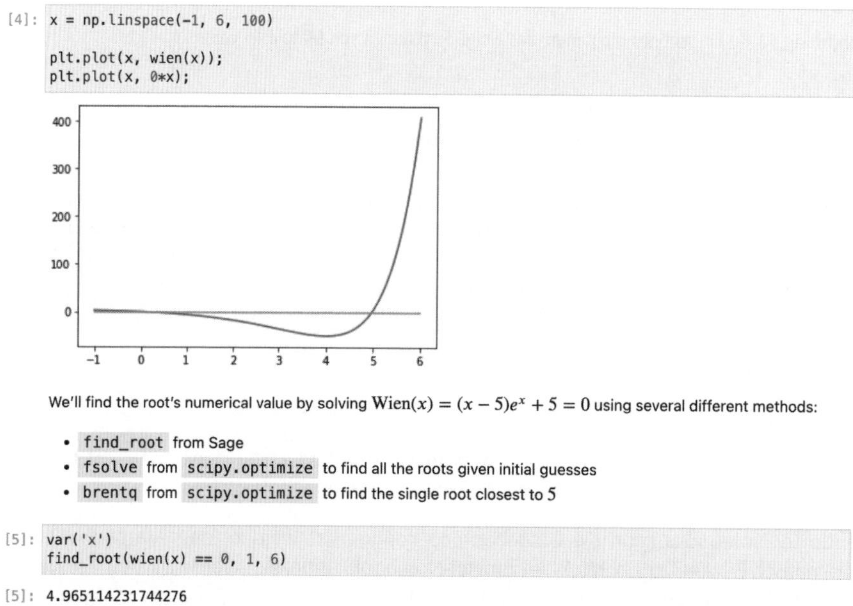

Abbildung 11.8: Ein Diagramm, das automatisch in einem Jupyter-Notebook angezeigt wird.

In einer Umgebung wie der Cloud IDE ist es möglich, zu einem nicht-grafischen Backend zu wechseln, in eine Datei zu schreiben und die Datei dann im Browser anzuzeigen. Lesen Sie den Stack-Overflow-Thread unter https://bit.ly/cloud-plot, wenn Sie diesen Weg gehen möchten. Die empfohlene Lösung besteht aber darin, Jupyter wie in ▶ Exkurs 11.1 beschrieben in der Cloud IDE einzurichten. In diesem Fall können Sie die Inline-Anzeige von Diagrammen wie oben beschrieben aktivieren (falls sie nicht automatisch verfügbar ist).

11.3.1 Erstellen von Diagrammen (Plotten)

Schauen wir uns zunächst noch einmal das letzte Beispiel aus ▶ Abschnitt 11.2 an, in dem ein Array mit 100 äquidistanten (gleichmäßig verteilten) Zahlen von 0 bis τ definiert wurde:

```
(venv) $ python3
>>> import numpy as np
>>> import matplotlib.pyplot as plt
>>> from math import tau
>>> x = np.linspace(0, tau, 100)
```

Matplotlib besitzt zwei Schlüsselobjekte, `Figure` und `Axes`. Grob gesagt ist `Figure` ein Container für die Elemente, aus denen das Bild besteht, und `Axes` beinhaltet die Daten, die die Elemente repräsentieren. Machen Sie sich aber nicht zu viele Gedanken darüber, was das genau bedeutet. In der Praxis beschränkt sich die Verwendung von Matplotlib oft darauf, Figure- und Axes-Objekte (üblicherweise als `fig` und `ax` bezeichnet) dem Ergebnis des Aufrufs der Funktion `subplots()` zuzuweisen:

```
>>> fig, ax = plt.subplots()
```

Diese etwas obskure Syntax stammt direkt aus der Matplotlib-Dokumentation.[115]

Um ein Diagramm der Kosinusfunktion zu erstellen, können wir anschließend die Methode `plot()` des `ax`-Objekts aufrufen und dabei für die x-Werte (horizontal) unseren Array `x` mit den 100 äquidistanten Zahlen sowie für die y-Werte einen Aufruf der Funktion `np.cos()` mit unserem Array `x` als Argument übergeben:

```
>>> ax.plot(x, np.cos(x))
>>> plt.show()
```

Wie in ▶ Exkurs 11.2 erwähnt, hängt der Schritt zum *Anzeigen* des Diagramms von den genauen Details Ihres Setups ab. Wir werden hier daher den Befehl `plt.show()` verwenden (▶ Exkurs 11.2), den Sie gegebenenfalls durch den entsprechenden Befehl auf Ihrem System ersetzen müssen. (Beachten Sie insbesondere, dass das `fig`-Objekt im Allgemeinen nicht benötigt wird, es sei denn, Sie speichern die Abbildung auf der Festplatte. Die meisten Aktionen werden mit dem `ax`-Objekt durchgeführt.) Als Ergebnis erhalten wir im vorliegenden Fall die schöne Basisdarstellung der Kosinusfunktion in ▶ Abbildung 11.9.

115 In diesem Kapitel verwenden wir die sogenannte „objektorientierte" Schnittstelle zu Matplotlib, die im Allgemeinen vom Matplotlib-Projekt selbst bevorzugt wird. Es gibt jedoch noch eine zweite Schnittstelle, die so konzipiert ist, dass sie sich wie die Plot-Funktionen in MATLAB verhält. Weitere Informationen finden Sie in dem Artikel „Pyplot vs Object Oriented Interface" unter https://matplotlib.org/matplotblog/posts/pyplot-vs-object-oriented-interface/.

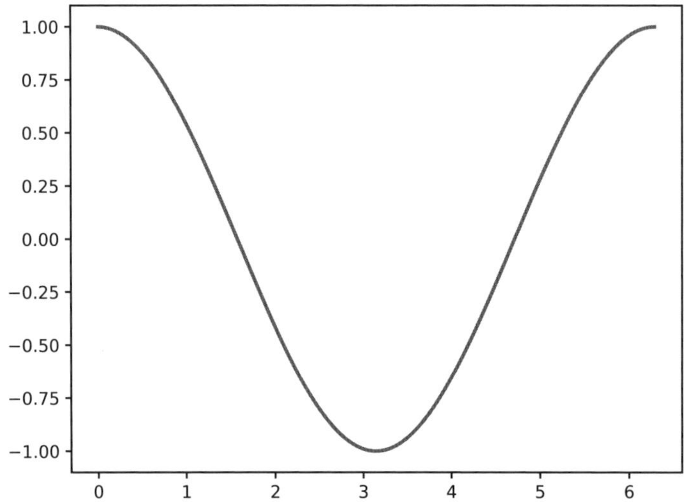

Abbildung 11.9: Eine schöne Basisdarstellung der Kosinusfunktion.

Für die meisten der verbleibenden Beispiele werde ich die Eingabeaufforderung >>> weglassen, damit Sie den Code bei Bedarf einfacher kopieren und einfügen können. Das ist vor allem deswegen hilfreich, weil das Erstellen von Diagrammen etwas mühsam sein kann, da alle Befehle jedes Mal erneut ausgeführt werden müssen. Ein großer Vorteil von Jupyter-Notebooks besteht darin, dass Sie dies vermeiden können, indem Sie das Diagramm schrittweise in einer einzelnen Zelle aufbauen und den Code dann wiederholt mit der Tastenkombination Shift-Return ausführen.

Im nächsten Schritt ersetzen wir die zuvor automatisch hinzugefügte standardmäßige Achseneinteilung durch eine auf die dargestellte Funktion zugeschnittene, spezifische Achseneinteilung. Dies geschieht für die *x*-Achse mit der Methode `set_xticks()` und für die *y*-Achse mit der analogen Methode `set_yticks()`. Darüber hinaus fügen wir mit `plt.grid()` noch Gitternetzlinien hinzu, deren Abstände an die Achseneinteilungen angepasst sind:

```
fig, ax = plt.subplots()

ax.set_xticks([0, tau/4, tau/2, 3*tau/4, tau])
ax.set_yticks([-1, -1/2, 0, 1/2, 1])
plt.grid(True)

ax.plot(x, np.cos(x))
plt.show()
```

Anhand der daraus resultierenden Darstellung sind die symmetrische Struktur der Kosinusfunktion, ihre vier paarweise kongruenten Abschnitte, die jeweils einer Viertelperiode entsprechen, sowie die Funktionswerte an den Abschnittsgrenzen leichter zu erkennen (▶ Abbildung 11.10).

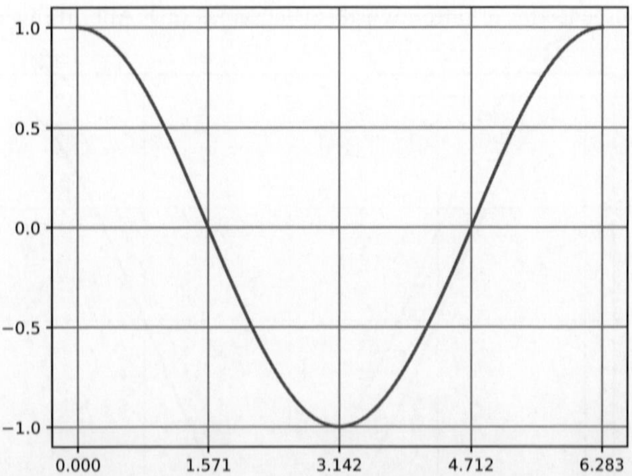

Abbildung 11.10: Hinzufügen einer spezifischen Achseneinteilung und der zugehörigen Gitternetzlinien.

Die in den Methoden `set_xticks()` und `set_yticks()` angegebenen Terme für die Werte der Achseneinteilungen wurden in der Darstellung des Diagramms in ▶ Abbildung 11.10 in die entsprechenden Fließkommazahl-Darstellungen umgewandelt. Es wäre aber viel schöner und anschaulicher, wenn sie an der *x*-Achse als Bruchteile der vollen Periode (d. h. von τ) und an der *y*-Achse als Bruchteile von ±1 erscheinen würden. Großartigerweise unterstützt Matplotlib die weit verbreitete *LaTeX*-Syntax[116] für mathematischen Schriftsatz, bei der mathematische Ausdrücke üblicherweise von Dollarzeichen ($) umschlossen und Befehle mit Backslashes (\) eingeleitet werden.[117]

Die Methoden `set_xticks()` und `set_yticks()` nehmen als Argumente nur Listen von Zahlwerten an. Um die Achsenbeschriftungen mit spezifischen Strings definieren zu können, müssen wir dagegen die Methoden `set_xticklabels()` und `set_yticklabels()` verwenden. Dabei übergeben wir *rohe* Strings (▶ Abschnitt 2.2.2) in den Argumenten, damit wir die in *LaTeX*-Code häufig vorkommenden Backslashes nicht durch Escape-Zeichen kennzeichnen müssen:

```
fig, ax = plt.subplots()

ax.set_xticks([0, tau/4, tau/2, 3*tau/4, tau])
ax.set_yticks([-1, -1/2, 0, 1/2, 1])
plt.grid(True)

ax.set_xticklabels([r"$0$", r"$\tau/4$", r"$\tau/2$", r"$3\tau/4$", ↩
r"$\tau$"])
ax.set_yticklabels([r"$-1$", r"$-1/2$", r"$0$", r"$1/2$", r"$1$"])

ax.plot(x, np.cos(x))
plt.show()
```

116 Die Aussprache von *LaTeX* variiert. Ich bevorzuge die Aussprache *la-tech*, mit „tech" wie in „Technologie".

117 Die Verwendung von Dollarzeichen (`$...$` für die Inline-Darstellung mathematischer Ausdrücke, `$$...$$` für die separate zentrierte Darstellung) resultiert aus dem *TeX*-System, das *LaTeX* zugrunde liegt. Die bevorzugte *LaTeX*-Syntax lautet allerdings `\(...\)` für Inline-Ausdrücke und `\[...\]` für separate, zentrierte Ausdrücke. Soweit ich das beurteilen kann, unterstützen Jupyter-Notebooks nur die einfache *TeX*-Syntax.

Als Ergebnis dieses Codes erhalten wir das Diagramm in ▶ Abbildung 11.11.

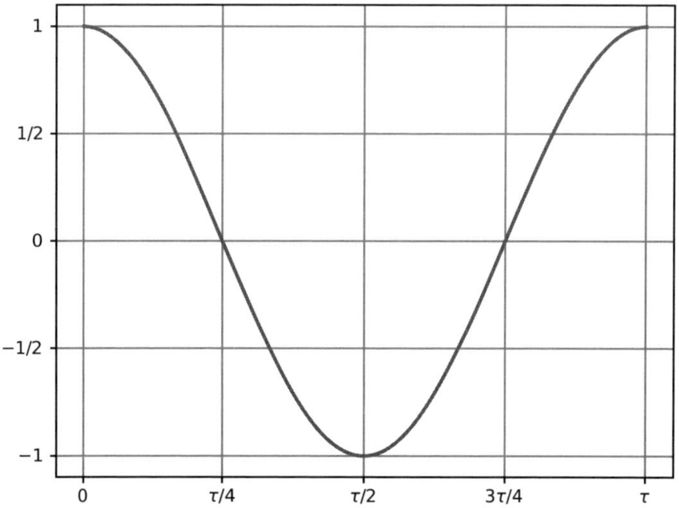

Abbildung 11.11: Hinzufügen anschaulicherer, mithilfe von *LaTeX*-Code definierter Achsenbeschriftungen zum Diagramm der Kosinusfunktion.

Als Nächstes fügen wir analog zur Kosinusfunktion zusätzlich die Sinusfunktion sowie Titel für die beiden Achsen (`set_xlabel()` und `set_ylabel()`) und das Diagramm (`set_title()`) hinzu:

```
fig, ax = plt.subplots()

ax.set_xticks([0, tau/4, tau/2, 3*tau/4, tau])
ax.set_yticks([-1, -1/2, 0, 1/2, 1])
plt.grid(True)

ax.set_xticklabels([r"$0$", r"$\tau/4$", r"$\tau/2$", r"$3\tau/4$", ↩
r"$\tau$"])
ax.set_yticklabels([r"$-1$", r"$-1/2$", r"$0$", r"$1/2$", r"$1$"])

ax.set_xlabel(r"$\theta$", fontsize=16)
ax.set_ylabel(r"$f(\theta)$", fontsize=16)
ax.set_title("Eine Periode von Kosinus und Sinus", fontsize=16)

ax.plot(x, np.cos(x))
ax.plot(x, np.sin(x))
plt.show()
```

Als Titel für die *x*-Achse haben wir hier den griechischen Buchstaben θ (theta) gewählt, der traditionell für die Bezeichnung von Winkeln verwendet wird. Das aus dem obigen Code resultierende Diagramm ist in ▶ Abbildung 11.12 dargestellt.

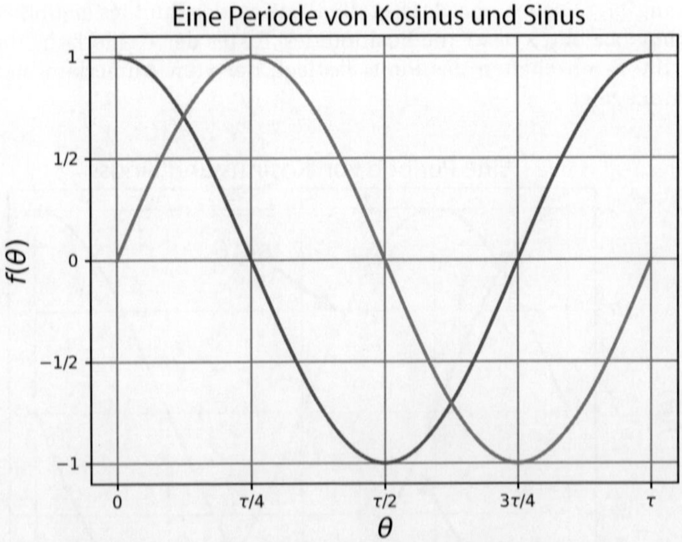

Abbildung 11.12: Hinzufügen der Sinusfunktion sowie von Titeln für die beiden Achsen und das Diagramm.

Beachten Sie in ▶ Abbildung 11.12, dass Matplotlib automatisch eine neue Farbe für zusätzliche Plots (Kurven) desselben `Axes`-Objekts verwendet, damit der Betrachter sie besser unterscheiden kann. Zur weiteren Kennzeichnung und leichteren Zuordnung der Kurven zu den beiden Funktionen können wir mithilfe der Methode `annotate()` zusätzliche, frei positionierbare *Anmerkungen* hinzufügen. Versuchen Sie aus dem Kontext im Code und dem resultierenden Diagramm in ▶ Abbildung 11.13 zu schließen, was die Argumente `xy`, `xytext` und `arrowprops` bewirken:

```
fig, ax = plt.subplots()

ax.set_xticks([0, tau/4, tau/2, 3*tau/4, tau])
ax.set_yticks([-1, -1/2, 0, 1/2, 1])
plt.grid(True)

ax.set_xticklabels([r"$0$", r"$\tau/4$", r"$\tau/2$", r"$3\tau/4$", ↵
r"$\tau$"])
ax.set_yticklabels([r"$-1$", r"$-1/2$", r"$0$", r"$1/2$", r"$1$"])

ax.set_title("Eine Periode von Kosinus und Sinus", fontsize=16)
ax.set_xlabel(r"$\theta$", fontsize=16)
ax.set_ylabel(r"$f(\theta)$", fontsize=16)

ax.annotate(r"$\cos\theta$", xy=(1.75, -0.3), xytext=(0.5, -0.75),
            arrowprops="facecolor": "black", "width": 1, fontsize=16)
ax.annotate(r"$\sin\theta$", xy=(2.75, 0.5), xytext=(3.5, 0.75),
            arrowprops="facecolor": "black", "width": 1, fontsize=16)


ax.plot(x, np.cos(x))
ax.plot(x, np.sin(x))
plt.show()
```

In ▶ Abbildung 11.13 sehen wir, dass `xy` die Position des Punktes angibt, auf den sich die Anmerkung bezieht, `xytext` die Position des Textes der Anmerkung definiert und `arrowprops` die Eigenschaften des Pfeils festlegt, der vom Anmerkungstext zum zugehörigen Punkt zeigt.

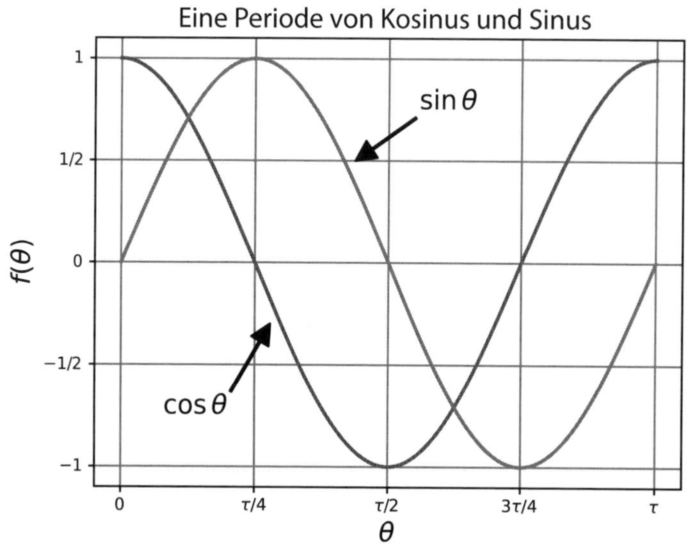

Abbildung 11.13: Hinzufügen von frei positionierbaren Anmerkungen.

Zum Schluss definieren wir noch selbstgewählte Farben und Linienstile für die Kurven sowie eine höhere Auflösung (in Punkten pro Zoll oder `dpi`) für das Diagramm. Aus Gründen der Zweckmäßigkeit enthält der resultierende Code in ▶ Listing 11.8 noch einmal alle Befehle, die zur Erstellung der vollständigen ▶ Abbildung 11.14 von Grund auf erforderlich sind.

Listing 11.8: Der vollständige Code für eine schöne, anschauliche Darstellung sinusoidaler Funktionen.

```
from math import tau

import numpy as np
import matplotlib.pyplot as plt


x = np.linspace(0, tau, 100)

fig, ax = plt.subplots()

ax.set_xticks([0, tau/4, tau/2, 3*tau/4, tau])
ax.set_yticks([-1, -1/2, 0, 1/2, 1])
plt.grid(True)

ax.set_xticklabels([r"$0$", r"$\tau/4$", r"$\tau/2$", r"$3\tau/4$", ↩
r"$\tau$"])
ax.set_yticklabels([r"$-1$", r"$-1/2$", r"$0$", r"$1/2$", r"$1$"])
```

```
ax.set_title("Eine Periode von Kosinus und Sinus", fontsize=16)
ax.set_xlabel(r"$\theta$", fontsize=16)
ax.set_ylabel(r"$f(\theta)$", fontsize=16)

ax.annotate(r"$\cos\theta$", xy=(1.75, -0.3), xytext=(0.5, -0.75),
            arrowprops={"facecolor": "black", "width": 1}, fontsize=16)
ax.annotate(r"$\sin\theta$", xy=(2.75, 0.5), xytext=(3.5, 0.75),
            arrowprops={"facecolor": "black", "width": 1}, fontsize=16)

fig.set_dpi(150)

ax.plot(x, np.cos(x), color="red", linestyle="dashed")
ax.plot(x, np.sin(x), color="blue", linestyle="dotted")
plt.show()
```

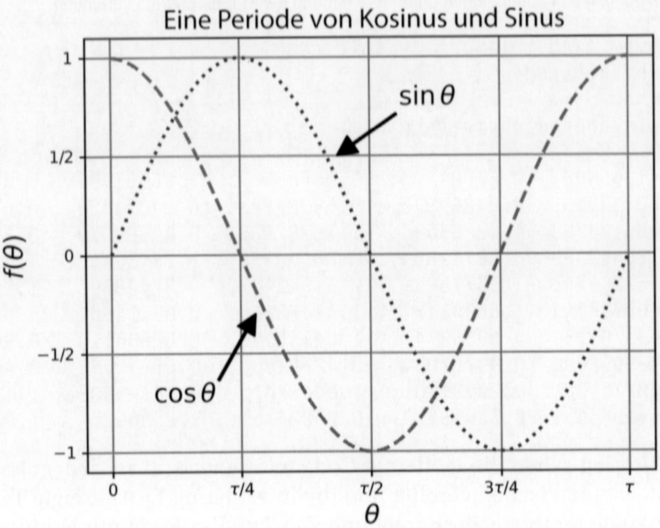

Abbildung 11.14: Unsere endgültige Darstellung der Kosinus- und Sinusfunktion.

11.3.2 Streudiagramme

Bei der Erstellung des Diagramms in ▶ Abschnitt 11.3.1 haben wir einige der wichtigsten Ideen und Funktionen von Matplotlib eingeführt. In diesem und dem nächsten Abschnitt werden wir uns auf zwei Arten der Visualisierung von Daten konzentrieren, die in der Datenwissenschaft besonders wichtig sind: *Streudiagramme* und *Histogramme*. Machen Sie sich keine Sorgen, wenn Sie nicht sofort alles verstehen. Wir werden in ▶ Abschnitt 11.5, ▶ Abschnitt 11.6 und ▶ Abschnitt 11.7 noch reichlich Gelegenheit haben, weitere Beispiele für Streudiagramme und Histogramme kennenzulernen.

In einem Streudiagramm (engl.: *scatter plot*; auch *Punktwolke* genannt) werden Wertepaare von zwei experimentell beobachteten statistischen Merkmalen als einzelne Punkte in ein kartesisches Koordinatensystem eingetragen. Als Ergebnis erhält man ein Diagramm mit einer Punktwolke, deren Form Rückschlüsse auf die Existenz und die Art möglicher Beziehungen zwischen den beiden statistischen Merkmalen zulässt. Schauen wir uns ein konkretes Beispiel an, um zu sehen, was das bedeutet.

Wir beginnen mit der Erzeugung eines Arrays mit einer Reihe von Zahlen, deren Werte statistisch entsprechend der *Standardnormalverteilung*[118] vom Wert 0 abweichen. Die Standardnormalverteilung ist eine besondere Form der Normalverteilung[119] („Glockenkurve") mit einem Mittelwert von $\mu = 0$ und einer Standardabweichung von $\sigma = 1$. Wir können diese Zahlen mithilfe der Bibliothek `random` von NumPy erzeugen, welche über den standardmäßigen Zufallszahlengenerator `default_rng()` verfügt (▶ Listing 11.9).

Beachten Sie, dass die Werte der mithilfe der Methode `default_rng().standard_normal()` erzeugten Zufallszahlen *nicht* exakt standardnormalverteilt sind! Ihre Verteilung nähert sich aber mit wachsender Anzahl von Zufallszahlen, die in einem Schritt mit dieser Methode generiert werden, der Standardnormalverteilung immer stärker an. Wir werden im Folgenden in Zusammenhang mit der Anwendung dieser Methode der Kürze wegen aber einfach von standardnormalverteilten Zahlenwerten sprechen.

Listing 11.9: Erzeugung von Zufallszahlen unter Verwendung der Standardnormalverteilung.

```
>>> from numpy.random import default_rng
>>> rng = default_rng()
>>> n_pts = 50
>>> x = rng.standard_normal(n_pts)
>>> x
array([ 0.41256003,  0.67594205,  1.264653  ,  1.16351491, -0.41594407,
       -0.60157015,  0.84889823, -0.59984223,  0.24374326,  0.06055498,
       -0.48512829,  1.02253594, -1.10982933, -0.40609179,  0.55076245,
        0.13046238,  0.86712869,  0.06139358, -2.26538163,  1.45785923,
       -0.56220574, -1.38775239, -2.39643977, -0.77498392,  1.16794796,
       -0.6588802 ,  1.66343434,  1.57475219, -0.03374501, -0.62757059,
       -0.99378175,  0.69259747, -1.04555996,  0.62653116, -0.9042063 ,
       -0.32565268, -0.99762804, -0.4270288 ,  0.69940045, -0.46574267,
        1.82225132,  0.23925201, -1.0443741 , -0.54779683,  1.17466477,
       -2.54906663, -0.31495622,  0.25224765, -1.20869217, -1.02737145])
```

(In Online-Tutorien sehen Sie vielleicht Code wie `random.standard_normal(50)`, aber diese Variante ist inzwischen veraltet und die in ▶ Listing 11.9 gezeigte Technik ist die derzeit bevorzugte Methode zur Erzeugung von Zufallswerten mit NumPy).

Mit einem auf diese Weise erzeugten Array `x` von Zufallszahlen erstellen wir nun einen Array `y` von Funktionswerten, indem wir den Array `x` mit dem konstanten Faktor 5 (Steigung) multiplizieren und dann einen Array mit standardnormalverteilten Werten, der analog zum Array `x` generiert wird, addieren. Beachten Sie, dass es sich sowohl bei der Multiplikation des Arrays `x` mit dem konstanten Faktor als auch bei der Addition eines zweiten Arrays um *vektorisierte Operationen* (▶ Abschnitt 11.2.1 und ▶ Abschnitt 11.2.2) handelt:

```
>>> y = 5*x + rng.standard_normal(n_pts)
```

118 Die funktionale Form der Standardnormalverteilung ist durch die Wahrscheinlichkeitsdichte $P(x) = \frac{1}{\sqrt{\tau}} e^{-\frac{1}{2}x^2}$ gegeben, wobei $1/\sqrt{\tau} = 1/\sqrt{2\pi}$ ein Normalisierungsfaktor ist, der sicherstellt, dass die Gesamtwahrscheinlichkeit $\int_{-\infty}^{\infty} P(x)dx$ gleich 1 ist. Die Dichtefunktion für eine allgemeine Normalverteilung mit dem Mittelwert μ und der Standardabweichung σ lautet $P(x\ ;\mu,\sigma) = \frac{1}{\sigma\sqrt{\tau}} e^{-\frac{1}{2}(\frac{x-\mu}{\sigma})^2}$ Wenn Sie darin $\mu = 0$ und $\sigma = 1$ setzen, erhalten Sie die Standardnormalverteilung.

119 Es gibt nichts „Anormales" an anderen Verteilungen. Die Verwendung des Wortes „normal" ist zum großen Teil eine Eigenart der Geschichte.

Dies entspricht im Großen und Ganzen dem Muster einer Geradengleichung $y = mx + b$, nur mit zufälligen Werten für x und b. Da die Form der Funktion y im Wesentlichen also linear ist, sollten die Punkte in einem Diagramm, in dem `y` gegen `x` aufgetragen wird, auf oder nahe an einer Geraden mit der Steigung $m = 5$ liegen, was wir folgendermaßen durch die Erzeugung eines Streudiagramms mithilfe der Methode `scatter()` bestätigen können:

```
>>> fig, ax = plt.subplots()
>>> ax.scatter(x, y)
>>> plt.show()
```

Wie in ▶ Abbildung 11.15 zu sehen ist, war unsere Vermutung richtig. (Da wir keinen bestimmten Startwert für den Zufallszahlengenerator festgelegt haben, werden Ihre genauen Ergebnisse von denen in der Abbildung abweichen).

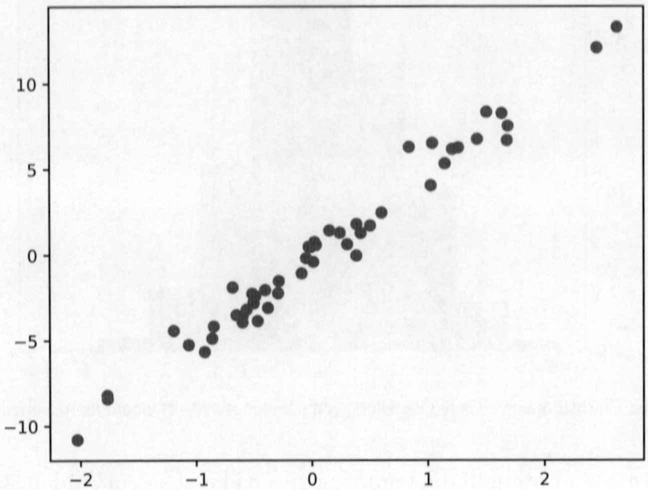

Abbildung 11.15: Ein mit Matplotlib erzeugtes Streudiagramm.

11.3.3 Histogramme

Lassen Sie uns zum Abschluss einige der Konzepte aus ▶ Abschnitt 11.3.2 anwenden, um die Verteilung von 1000 Zufallszahlen zu visualisieren, die mithilfe der Methode `standard_normal()` erzeugt wurden:

```
>>> values = rng.standard_normal(1000)
```

Gemäß den Erläuterungen in ▶ Abschnitt 11.3.2 sollten die Werte der Zufallszahlen im Array `values`*näherungsweise* standardnormalverteilt sein.

Eine gängige Methode zur Darstellung der Verteilung der Werte einer endlichen Anzahl von Zahlen sind sogenannte *Histogramme*. Zur Erstellung eines Histogramms werden die möglichen Zahlenwerte in Klassen (engl.: „bins", Behälter) eingeteilt, wobei jede Klasse einem bestimmten Intervall von Zahlenwerten entspricht. Dann wird ein Diagramm erstellt, dessen x-Achse die Zahlenwerte und dessen y-Achse die jeweilige Anzahl der Zahlen mit dem entsprechenden Wert repräsentiert. Schließlich wird für jede Klasse ein Rechteck in das Diagramm eingefügt, dessen Breite und Position in x-Richtung dem Intervall entspricht, das durch die Klasse festgelegt ist, und dessen Höhe in y-Richtung die Anzahl der Zahlen mit Werten aus der zugehörigen Klasse wiedergibt. Ein *Histogramm* kann mithilfe der Matplotlib-Methode `hist()` erzeugt werden:

```
>>> fig, ax = plt.subplots()
>>> ax.hist(values)
>>> plt.show()
```

Im resultierenden Histogramm, das in ▶ Abbildung 11.16 dargestellt ist, lässt sich bereits näherungsweise die Form der Glockenkurve der Standardnormalverteilung erkennen.

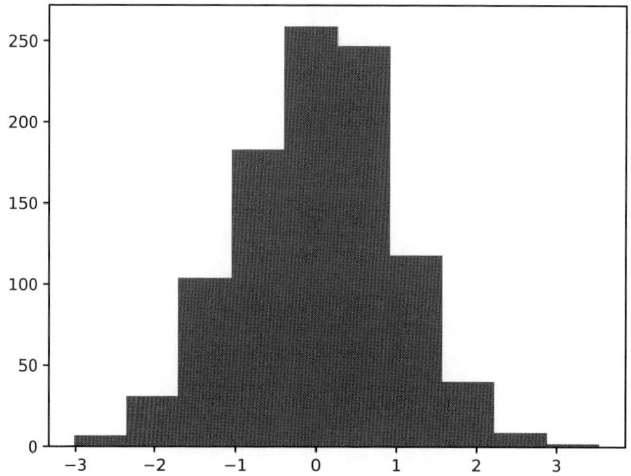

Abbildung 11.16: Ein Histogramm, das die Verteilung von näherungsweise standardnormalverteilten Zahlenwerten veranschaulicht.

Die Methode `hist()` unterteilt die Werte der an sie übergebenen Zahlen standardmäßig in zehn Klassen, sodass im Histogramm zehn Rechtecke zu sehen sind. Wir können die Anzahl der Klassen aber über das Argument `bins` der Methode `hist()` auch selbst festlegen. Lassen Sie es uns mit 20 Klassen (`bins=20`) probieren und schauen, wie sich das Histogramm verändert:

```
>>> fig, ax = plt.subplots()
>>> ax.hist(values, bins=20)
>>> plt.show()
```

Als Ergebnis, das in ▶ Abbildung 11.17 dargestellt ist, erhalten wir eine feinkörnigere, höher aufgelöste Version des Histogramms, in der die Form der Glockenkurve, aber auch die Abweichungen der nur *näherungsweise* standardnormalverteilten Werte von der Standardnormalverteilung besser zu erkennen sind.

Da Matplotlib ein allgemeines System für das Erstellen von Diagrammen und die Visualisierung von Daten ist, gibt es noch viel mehr Dinge, die Sie damit tun können. Wir haben jetzt zwar die Grundlagen besprochen, die wir für den Rest dieses Tutoriums benötigen. Ich möchte Sie aber ermutigen, die Möglichkeiten von Matplotlib noch mehr zu erkunden, und die Matplotlib-Dokumentation ist ein guter Ausgangspunkt dafür.

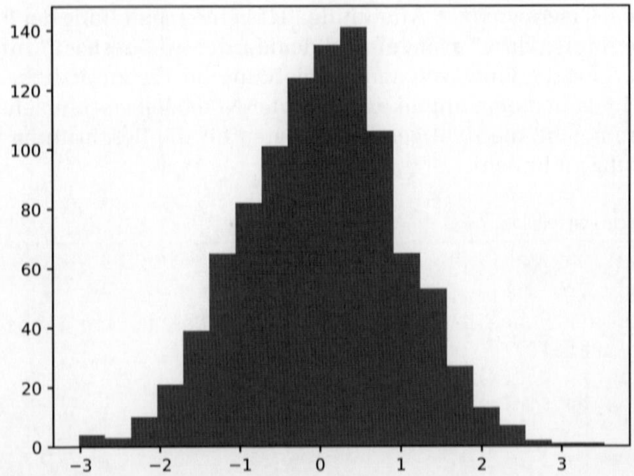

Abbildung 11.17: Eine verfeinerte Version von Abbildung 11.16.

11.3.4 Übungen

1. Fügen Sie zu dem in ▶ Abbildung 11.15 gezeigten Diagramm Titel für das Diagramm und die beiden Achsen hinzu.
2. Fügen Sie Titel zu den Histogrammen in ▶ Abschnitt 11.3.3 hinzu.
3. Eine häufige Aufgabe beim Erstellen von Diagrammen (Plotten) ist das Einfügen mehrerer Einzeldiagramme (Subplots) in dieselbe Abbildung. Zeigen Sie, dass der Code in ▶ Listing 11.10 übereinander angeordnete Subplots erzeugt, wie in ▶ Abbildung 11.18 zu sehen ist. (Mit der Methode `suptitle()` wird hier ein übergeordneter Titel erstellt, der oben über den beiden Diagrammen positioniert wird. In der Matplotlib-Dokumentation zu Subplots finden Sie weitere Möglichkeiten zur Erzeugung mehrerer Subplots.)

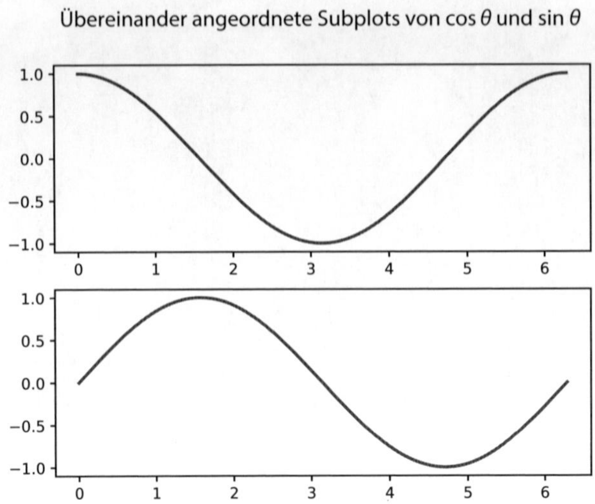

Abbildung 11.18: Übereinander angeordnete Subplots in einer Abbildung.

4 Fügen Sie dem Diagramm in ▶ Abbildung 11.14 eine Darstellung der Funktion cos($x - \tau/8$) mit der Linienfarbe "orange" und dem Linienstil "dashdot" hinzu. *Extraaufgabe*: Fügen Sie auch eine geeignete Anmerkung für die zusätzliche Kurve hinzu. (Dieser Schritt ist in einem interaktiven Jupyter-Notebook *viel* einfacher – vor allem, wenn es darum geht, die richtigen Koordinaten für die Beschriftung und den Pfeil der Anmerkung zu finden).

Listing 11.10: Stapeln von Teilplots.

```
>>> x = np.linspace(0, tau, 100)
>>> fig, (ax1, ax2) = plt.subplots(2)
>>> fig.suptitle(r"Übereinander angeordnete Subplots von $\cos\the-
ta$ und $\sin\theta$")
>>> ax1.plot(x, np.cos(x))
>>> ax2.plot(x, np.sin(x))
```

11.4 Einführung in die Datenanalyse mit pandas

Eines der am häufigsten verwendeten Werkzeuge für die Datenwissenschaft mit Python ist *pandas*, eine leistungsstarke Bibliothek zur Datenanalyse. Im Wesentlichen können wir mit pandas (von „**pan**el **da**ta") viele der gleichen Aufgaben durchführen wie mit einer Tabellenkalkulation oder einer Datenbanksprache wie SQL (*Structured Query Language*), nur mit der Leistung und Flexibilität einer vollwertigen, universellen Programmiersprache unter der Haube (▶ Abbildung 11.19[120]).

Abbildung 11.19: Pandas sind berühmt für ihre Liebe zu Bambus und ihre bemerkenswerte Begabung für die Datenwissenschaft.

120 Bild mit freundlicher Genehmigung von San Hoyano/Shutterstock.

Die Benutzeroberfläche von pandas ist etwas gewöhnungsbedürftig und es gibt eigentlich nur einen Weg, sich damit vertraut zu machen: Schauen Sie sich möglichst viele Beispiele an. Daher werden in diesem Kapitel drei Fälle mit zunehmendem Schwierigkeitsgrad behandelt. Wir beginnen mit vereinfachten, gezielt von Hand konstruierten Beispielen (▶ Abschnitt 11.4.1) und besprechen anschließend komplexere Analysetechniken anhand von zwei realen Datensätzen: *Nobelpreisträger* (▶ Abschnitt 11.5) und Überlebensraten beim Untergang der *Titanic* (▶ Abschnitt 11.6). (Der zweite dieser Datensätze wird auch als Hauptquelle für unsere Beispiele zum maschinellen Lernen in ▶ Abschnitt 11.7 dienen.)

Darüber hinaus gibt es aber *wirklich* keinen Ersatz dafür, sich selbst Fragen zu stellen und zu beantworten. Meiner Erfahrung nach können Sie mit Tutorien wie diesem einen guten Anfang machen und erhalten oft einfach erscheinende Ergebnisse wie in ▶ Abbildung 11.20. Aber sobald Sie auch nur einen Millimeter von den sorgfältig ausgewählten Beispielen abweichen und versuchen, eine Fragestellung selbst zu beantworten, erhalten Sie immer wieder Ergebnisse wie in ▶ Abbildung 11.21.

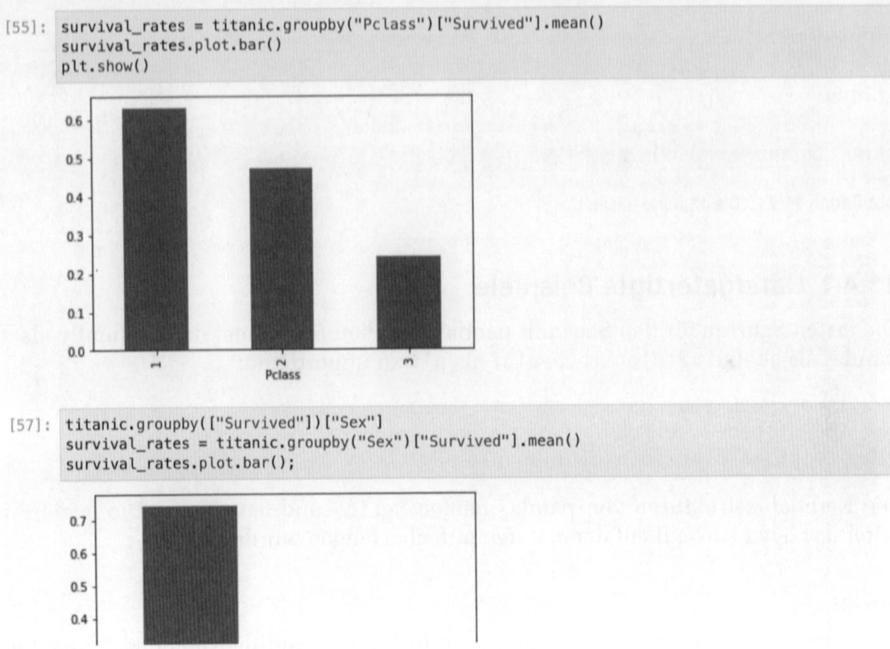

Abbildung 11.20: Pandas sehen einfach aus.

Ich empfehle Ihnen, zunächst einfach mitzumachen, um mit den Pandas vertraut zu werden, und erst dann die Untersuchung Ihrer eigenen Fragestellungen in Angriff zu nehmen. Aber wenn Sie sich irgendwann dazu inspiriert fühlen, auf eigene Faust loszuziehen, lassen Sie sich von mir auch nicht aufhalten – Sie sollten nur wissen, was Sie erwartet, wenn Sie das tun.

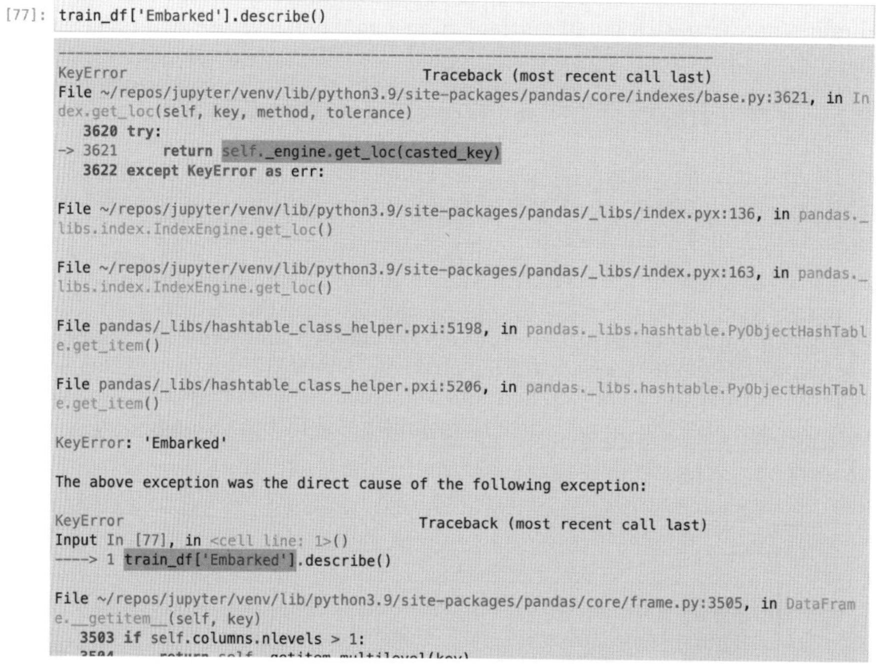

```
[77]: train_df['Embarked'].describe()

---------------------------------------------------------------------------
KeyError                                  Traceback (most recent call last)
File ~/repos/jupyter/venv/lib/python3.9/site-packages/pandas/core/indexes/base.py:3621, in Index.get_loc(self, key, method, tolerance)
   3620 try:
-> 3621     return self._engine.get_loc(casted_key)
   3622 except KeyError as err:

File ~/repos/jupyter/venv/lib/python3.9/site-packages/pandas/_libs/index.pyx:136, in pandas._libs.index.IndexEngine.get_loc()

File ~/repos/jupyter/venv/lib/python3.9/site-packages/pandas/_libs/index.pyx:163, in pandas._libs.index.IndexEngine.get_loc()

File pandas/_libs/hashtable_class_helper.pxi:5198, in pandas._libs.hashtable.PyObjectHashTable.get_item()

File pandas/_libs/hashtable_class_helper.pxi:5206, in pandas._libs.hashtable.PyObjectHashTable.get_item()

KeyError: 'Embarked'

The above exception was the direct cause of the following exception:

KeyError                                  Traceback (most recent call last)
Input In [77], in <cell line: 1>()
----> 1 train_df['Embarked'].describe()

File ~/repos/jupyter/venv/lib/python3.9/site-packages/pandas/core/frame.py:3505, in DataFrame.__getitem__(self, key)
   3503 if self.columns.nlevels > 1:
```

Abbildung 11.21: Die oft harte Realität.

11.4.1 Handgefertigte Beispiele

Die ersten Schritte für den Start mit pandas bestehen fast immer darin, NumPy als `np`, pandas als `pd` und `matplotlib.pyplot` als `plt` zu importieren:

```
>>> import numpy as np
>>> import pandas as pd
>>> import matplotlib.pyplot as plt
```

Die Kerndatenstrukturen von pandas heißen `Series` und `DataFrame`. Die letztere ist wichtiger, aber sie baut auf der ersteren auf, also fangen wir dort an.

Series

Eine Serie (ein Series-Objekt) ist im Wesentlichen ein eindimensionales Array-ähnliches Objekt mit Elementen beliebigen Typs (ähnlich wie eine Liste). Jede Serie verfügt als *eindimensionales* Objekt über genau *eine* sogenannte *Achse* (engl.: *axis*). Ein mehrdimensionales ndarray oder DataFrame besitzt dagegen mehrere Achsen, wobei im Fall eines DataFrame jede Achse durch eine Serie gebildet wird – aber dazu kommen wir gleich erst. Der folgende Befehl definiert zum Beispiel eine Serie mit Zahlen und Strings sowie einem speziellen (und häufig vorkommenden) Wert, der als *NaN* („Not a Number") bekannt ist:

```
>>> pd.Series([1, 2, 3, "foo", np.nan, "bar"])
0     1
1     2
```

```
2     3
3   foo
4   NaN
5   bar
dtype: object
>>> pd.Series([1, 2, 3, "foo", np.nan, "bar"]).dropna()
0     1
1     2
2     3
3   foo
5   bar
dtype: object
```

Der zweite Befehl zeigt, wie man mit der Methode `dropna()` alle Elemente, die „keinen verfügbaren“ Wert repräsentieren, wie z. B. `None`, `NaN` oder `NaT` („Not a Time“), aus der Serie entfernen kann.

Standardmäßig werden die Elemente einer Serie oder Achse genau wie die Elemente einer Liste oder eines Arrays mit numerischen Indizes gekennzeichnet und identifiziert (im obigen Fall `0–5`). Die Menge der Indizes einer Serie wird als *Index* der Serie bezeichnet:

```
>>> pd.Series([1, 2, 3, "foo", np.nan, "bar"]).index
RangeIndex(start=0, stop=6, step=1)
```

Es ist auch möglich, einen eigenen Index zu definieren, der auch nichtnumerische Indizes enthalten darf, aber die gleiche Anzahl von Elementen haben muss wie die Serie:

```
>>> from numpy.random import default_rng
>>> rng = default_rng()
>>> s = pd.Series(rng.standard_normal(5), index=["a", "b", "c", "d", "e"])
>>> s
a    0.770407
b   -0.698040
c    1.977234
d   -1.559065
e   -0.713496
dtype: float64
```

Serien verhalten sich sowohl wie ndarrays von NumPy als auch wie normale Python-Dictionaries:

```
>>> s[0]                    # Verhalten wie bei einem ndarray
0.7704065892197263
>>> s[1:3]                  # Unterstützt Slicing
b   -0.698040
c    1.977234
dtype: float64
>>> s["c"]                  # Zugriff auf Elemente über deren Index
1.977233512910388
>>> s.keys()                # Die keys() sind einfach der Index der Serie.
Index(['a', 'b', 'c', 'd', 'e'], dtype='object')
>>> s.index
Index(['a', 'b', 'c', 'd', 'e'], dtype='object')
```

Serien sind mit einer Fülle von Methoden ausgestattet, darunter auch Methoden zur Erstellung von Diagrammen, die im Hintergrund Matplotlib ▶ (Abschnitt 11.3) verwenden. Hier sehen Sie zum Beispiel ein Histogramm für eine Serie mit 1000 (näherungsweise) standardnormalverteilten Zahlenwerten, die mit der Methode `standard_normal()` erzeugt wurden:

```
>>> s = pd.Series(rng.standard_normal(1000))
>>> s.hist()
>>> plt.show()
```

Abgesehen von geringfügigen Unterschieden in der Formatierung ist das Ergebnis (▶ Abbildung 11.22) im Wesentlichen dasselbe wie das Histogramm, das wir in ▶ Abschnitt 11.3.3 direkt erstellt haben (▶ Abbildung 11.16).

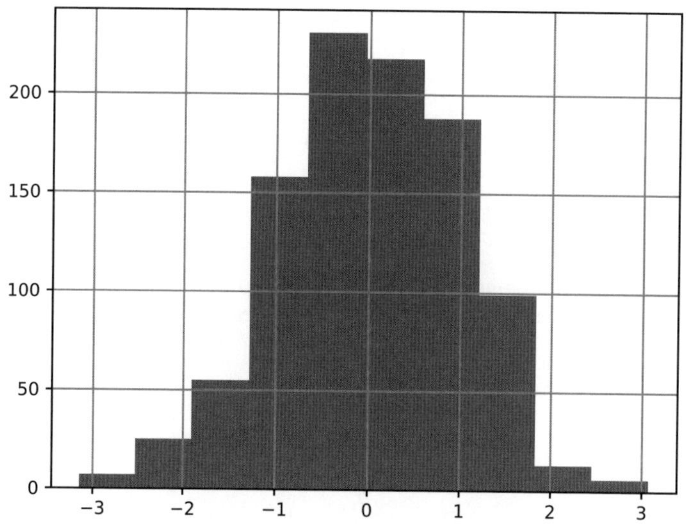

Abbildung 11.22: Ein Histogramm, das durch die Anwendung der Methode `hist()` auf eine Serie von 1000 näherungsweise standardnormalverteilten Zahlenwerten erzeugt wurde.

DataFrame

Der andere wichtige Objekttyp von pandas ist das `DataFrame`-Objekt, welches das Herzstück der Datenanalyse in Python darstellt. Ein DataFrame kann man sich als zweidimensionales Gitter vorstellen, dessen Zellen beliebige Datentypen enthalten können und das einem Excel-Arbeitsblatt ähnelt. In diesem Abschnitt werden wir ein paar einfache DataFrames von Hand erstellen, um ein Gefühl dafür zu bekommen, wie sie funktionieren. Sie sollten jedoch bedenken, dass die meisten DataFrame-Objekte in der Praxis durch den Import von Daten aus Dateien (oder sogar von Live-URLs) erstellt werden – eine Technik, die wir ab ▶ Abschnitt 11.5 behandeln werden.

Es gibt viele Möglichkeiten zur Initialisierung oder Erstellung von DataFrames, die für eine entsprechend große Anzahl von Umständen geeignet sind. Eine Möglichkeit ist zum Beispiel die Initialisierung mit einem Python-Dictionary, wie in ▶ Listing 11.11 gezeigt.

Listing 11.11: Initialisierung eines DataFrames mit einem Dictionary.

```
>>> from math import tau
>>> from numpy.random import default_rng
>>> rng = default_rng()
>>> df = pd.DataFrame(
...     {
...         "Nummer": 1.0,
...         "String": "foo",
...         "Winkel": np.linspace(0, tau, 5),
...         "Zufall": pd.Series(rng.standard_normal(5)),
...         "Zeitstempel": pd.Timestamp("20240331"),
...         "Größe": pd.Categorical(["winzig", "klein", "mittel", ↵
"groß", "riesig"])
...     })
>>> df
   Nummer String    Winkel    Zufall Zeitstempel   Größe
0     1.0    foo  0.000000 -1.954002  2024-03-31  winzig
1     1.0    foo  1.570796  0.967171  2024-03-31   klein
2     1.0    foo  3.141593 -1.149739  2024-03-31  mittel
3     1.0    foo  4.712389 -0.084962  2024-03-31    groß
4     1.0    foo  6.283185  0.310634  2024-03-31  riesig
```

In ▶ Listing 11.11 haben wir neben der Methode `linspace()` aus ▶ Abschnitt 11.2.3 die beiden bisher nicht besprochenen pandas-Methoden `Timestamp()` (genau das, wonach es klingt – ein Zeitstempel) und `Categorical()` (die Werte einer *kategorialen Variable* enthält) verwendet. Das resultierende `DataFrame`-Objekt `df` ist ein Satz von beschrifteten Zeilen und Spalten mit einem heterogenen Satz von Daten.

Wir können auf eine DataFrame-Spalte zugreifen, indem wir den Spaltennamen als Schlüssel verwenden:

```
>>> df["Größe"]
0    winzig
1     klein
2    mittel
3      groß
4    riesig
```

Wir können auch statistische Kenngrößen der Daten des DataFrames berechnen, z. B. den Mittelwert der Spalte `Zufall`:

```
>>> df["Zufall"].mean()
-0.3821796291792846
```

Eine nützliche pandas-Funktion, um einen allgemeinen Überblick über verschiedene statistische Kenngrößen der numerischen Daten des DataFrames zu erhalten, ist `describe()`:

```
>>> df.describe()
       Nummer    Winkel    Zufall
count     5.0  5.000000  5.000000
mean      1.0  3.141593 -0.382180
std       0.0  2.483647  1.167138
```

```
min      1.0   0.000000  -1.954002
25%      1.0   1.570796  -1.149739
50%      1.0   3.141593  -0.084962
75%      1.0   4.712389   0.310634
max      1.0   6.283185   0.96717
```

Diese Funktion gibt automatisch die Gesamtzahl (`count`), den Mittelwert (`mean`), die Standardabweichung (`std`), den Minimal- (`min`) und Maximalwert (`max`) sowie die mittleren drei Quartile (`25%`, `50%` und `75%`) der Werte in jeder numerischen Spalte des DataFrames zurück. Diese Werte sind nicht immer aussagekräftig – die Standardabweichung der äquidistanten Winkel ist zum Beispiel keine wirklich nützliche Information –, aber die Anwendung der Methode `describe()` ist als erster Schritt einer Datenanalyse häufig hilfreich. Wir werden ab ▶ Abschnitt 11.5 zwei weitere nützliche Methoden – `head()` und `info()` – kennenlernen, die jeweils mehrere Informationen zu einem DataFrame zusammenfassen und zurückgeben.

Eine weitere nützliche Methode von DataFrames heißt `map()`. Diese können wir verwenden, um Werte in einem DataFrame durch andere Werte zu ersetzen. Nehmen wir zum Beispiel an, dass die kategorialen Werte in der Spalte `"Größe"` jeweils einem bestimmten Volumen einer Flasche in Millilitern entsprechen. Die Zuordnungen zwischen diesen Daten können wir in einem Dictionary hinterlegen, das wir `groessen` nennen wollen. Die Anwendung der Methode `map()` auf die Spalte `"Größe"` des DataFrames df mit Übergabe des Dictionary `groessen` als Argument liefert dann das gewünschte Ergebnis (▶ Listing 11.12).

Listing 11.12: Verwendung der Methode `map()`, um die Werte einer Spalte eines DataFrames mit den Daten eines Dictionary zu modifizieren.

```
>>> groessen = {"winzig": 2, "klein": 20, "mit-
tel": 250, "groß": 1000, "riesig": 10000}
>>> df["Größe"].map(groessen)
0        2
1       20
2      250
3     1000
4    10000
```

Wir können aber nicht nur Dictionaries an `map()` übergeben, sondern zum Beispiel auch eine Funktion, die dann auf jedes Element in der betreffenden Spalte des DataFrames angewandt wird.

Die Technik des Mappings ist besonders wertvoll, wenn Sie Algorithmen des maschinellen Lernens anwenden (▶ Abschnitt 11.7), die in der Regel nicht mit kategorialen Daten, aber sehr gut mit ganzen Zahlen oder Fließkommazahlen umgehen können.

11.4.2 Übung

1. Die Methode `info()` gibt verschiedene Informationen zu einem DataFrame zurück, welche die über die Methode `describe()` erhältlichen Informationen noch ergänzen. Wie lautet das Ergebnis der Anwendung der Methode `info()` auf den in ▶ Listing 11.11 definierten DataFrame `df`?

11.5 pandas-Beispiel: Nobelpreisträger

In ▶ Abschnitt 11.4 haben wir einen ersten kleinen Einblick in die Verwendung und möglichen Ergebnisse von pandas bekommen. Um aber interessante Dinge mit pandas zu machen, sind in der Regel größere Datensätze erforderlich, die sich nur mühsam von Hand erstellen lassen. Stattdessen besteht die gängigste Praxis darin, Daten aus externen Dateien zu laden. Dementsprechend werden wir in diesem und im nächsten Abschnitt (▶ Abschnitt 11.6) die zu analysierenden Datensätze aus Dateien mit dem für diesen Zweck wohl gängigsten Dateiformat CSV (für „comma-separated values") einlesen.

PYTHON MIT BISS

Dateiformate

Es gibt mehrere verschiedene Dateiformate zum Speichern von tabellarischen oder listenartigen Datensätzen, nicht nur CSV. Weitere Dateiformate sind JSON/XML, SQL, HDF5, etc. Diese haben alle ihre Vor- und Nachteile und Sie sollten sich künftig jeweils genau überlegen, welches Dateiformat Sie verwenden. Sofern Sie nicht Excel nutzen möchten, ist JSON vermutlich eine bessere Wahl als CSV.

Unser erster Schritt besteht im Herunterladen eines Datensatzes über die Gewinner eines Nobelpreises, die üblicherweise als *Laureaten* bezeichnet werden (eine Anspielung auf die antike Praxis, große Leistungen mit einem Lorbeerkranz (lat.: *laureatum*) zu ehren).[121] Wir können die Datei[122] in der Kommandozeile mithilfe des Befehls `curl` innerhalb desselben Verzeichnisses herunterladen, das auch für die Datenanalyse verwendet wird:

```
(venv) $ curl -OL https://cdn.learnenough.com/laureates.csv
```

Anschließend können wir die Daten mithilfe der pandas-Funktion `read_csv()` lesen:

```
>>> nobel = pd.read_csv("laureates.csv")
```

Die statistischen Kenngrößen der numerischen Spalten sind nicht sehr aussagekräftig, sodass `describe()` keine wirklich verwertbaren Informationen liefert:

```
>>> nobel.describe()
                id         year       share
count   975.000000   975.000000  975.000000
mean    496.221538  1972.471795    2.014359
std     290.594353    34.058064    0.943909
min       1.000000  1901.000000    1.000000
25%     244.500000  1948.500000    1.000000
50%     488.000000  1978.000000    2.000000
75%     746.500000  2001.000000    3.000000
max    1009.000000  2021.000000    4.000000
```

121 Dieser Abschnitt stützt sich auf den ausgezeichneten Abschnitt *pandas* aus *Python for Scientific Computing*.

122 Diese Daten wurden ursprünglich direkt von der offiziellen Nobelpreis-Website unter http://api.nobelprize.org/v1/laureate.csv heruntergeladen. Sie wurden auf das *Learn Enough CDN* hochgeladen, um maximale Kompatibilität zu gewährleisten, falls sich die Version auf nobelprize.org ändert oder die Datei dort nicht mehr verfügbar sein sollte.

Durchaus etwas nützlichere Informationen erhalten wir dagegen mit `head()` (▶ Listing 11.13).

Listing 11.13: Blick auf die mit `head()` erhältlichen Daten zu den Nobelpreisträgern.

```
>>> nobel.head()
   id        firstname  ...        city            country
0   1  Wilhelm Conrad  ...      Munich            Germany
1   2      Hendrik A.  ...      Leiden    the Netherlands
2   3          Pieter  ...   Amsterdam    the Netherlands
3   4           Henri  ...       Paris             France
4   5          Pierre  ...       Paris             France
[5 rows x 20 columns]
```

Hier haben wir die Methode `head()` verwendet, um einen Blick auf die ersten paar Einträge zu werfen. In einem Jupyter-Notebook können Sie scrollen, um alle Spalten zu sehen, aber im Terminal sehen wir nur einige wenige. Weitere hilfreiche Informationen können wir mithilfe der Methode `info()` anzeigen lassen:

```
>>> nobel.info()
<class 'pandas.core.frame.DataFrame'>
RangeIndex: 975 entries, 0 to 974
Data columns (total 20 columns):
#    Column             Non-Null Count   Dtype
---  ------             --------------   -----
0    id                 975 non-null     int64
1    firstname          975 non-null     object
2    surname            945 non-null     object
3    born               974 non-null     object
4    died               975 non-null     object
5    bornCountry        946 non-null     object
6    bornCountryCode    946 non-null     object
7    bornCity           943 non-null     object
8    diedCountry        640 non-null     object
9    diedCountryCode    640 non-null     object
10   diedCity           634 non-null     object
11   gender             975 non-null     object
12   year               975 non-null     int64
13   category           975 non-null     object
14   overallMotivation  23 non-null      object
15   share              975 non-null     int64
16   motivation         975 non-null     object
17   name               717 non-null     object
18   city               712 non-null     object
19   country            713 non-null     object
dtypes: int64(3), object(17)
memory usage: 152.5+ KB
```

Das Ergebnis ist vollständige Liste der Spaltennamen sowie die Anzahl der Nicht-Null-Werte für jede Spalte.

Daten finden

Eine der wichtigsten Aufgaben in pandas ist das Auffinden von Daten, die bestimmte gewünschte Kriterien erfüllen. Wir können zum Beispiel einen Nobelpreisträger mit einem bestimmten Nachnamen suchen und finden. Als Caltech-Absolvent bin ich vertraglich dazu verpflichtet, eine der beliebtesten Caltech-Persönlichkeiten zu verwenden, den Physiker Richard Feynman. Neben seiner bahnbrechenden Arbeit in der theoretischen Physik (insbesondere der Quantenelektrodynamik und den damit verbundenen Feynman-Diagrammen) ist Feynman für die *Feynman Lectures on Physics* bekannt, die den Lehrplan für die Grundlagen der Physik (Mechanik, Thermodynamik, Elektrodynamik usw.) auf ungewöhnlich unterhaltsame und aufschlussreiche Weise abdecken.

Verwenden wir eckige Klammern und ein Boolesches Kriterium für die Spalte `surname`, um Feynmans Eintrag in den Daten der Preisträger zu finden (*surname* und nicht *nachname*, da es sich um einen englischsprachigen Datensatz handelt, der keine Spalte *nachname* enthält – das gilt im Folgenden analog für andere Spaltennamen):[123]

```
>>> nobel[nobel["surname"] == "Feynman"]
    id   firstname   ...        city country
86  86   Richard P. ... Pasadena CA    USA
```

Diese Array-ähnliche Notation gibt den vollständigen Feynman-Datensatz zurück, mit dessen Hilfe wir zum Beispiel auch das Jahr ermitteln können, in dem Feynman seinen Nobelpreis verliehen bekam. In einem Jupyter-Notebook können Sie wahrscheinlich einfach zur Seite scrollen und das gesuchte Jahr ablesen (▶ Abbildung 11.23), aber in der REPL können wir das `year`-Attribut direkt abfragen:

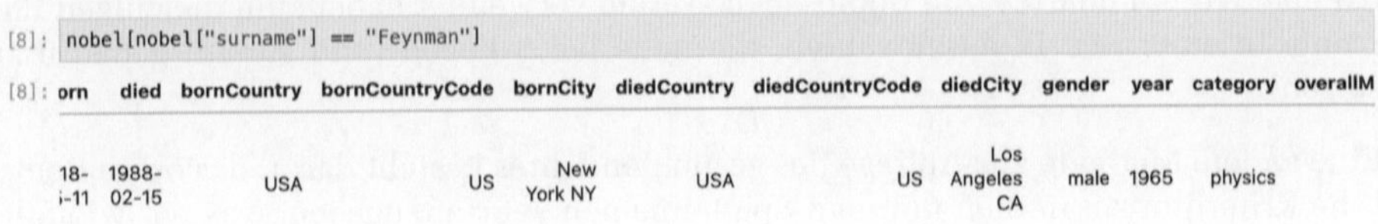

Abbildung 11.23: Anzeige des pandas-Datensatzes eines Nobelpreisträgers in einem Jupyter-Notebook.

```
>>> nobel[nobel["surname"] == "Feynman"].year
86    1965
```

Mit dieser Methode können wir das Attribut aber auch einer Variablen zuweisen, was möglicherweise nützlicher ist, als es nur durch Ansehen zu prüfen.

Die Syntax

```
>>> nobel[nobel["surname"] == "Feynman"]
```

kann übrigens etwas verwirrend sein, denn es ist vielleicht nicht klar, warum wir uns zweimal auf `nobel` beziehen müssen. Die Antwort lautet, dass der innere Teil der Syntax eine Serie (▶ Abschnitt 11.4.1) zurückgibt, die aus Booleschen Werten für jeden Preisträger besteht. Dabei ist der jeweilige Boolesche Wert `True`, wenn der zugehörige

123 Von hier an werden unwichtige Ausgaben wie `[1 rows x 20 columns]` und `Name: year, dtype: int64` der Kürze halber weggelassen.

Eintrag das Boolesche Kriterium – hier, dass der Nachname `Feynman` lautet – erfüllt, und ansonsten `False`:

```
>>> nobel["surname"] == "Feynman"
0       False
1       False
2       False
3       False
4       False
        ...
970     False
971     False
972     False
973     False
974     False
```

Wir können auch direkt den entsprechenden Booleschen Wert für einen Eintrag mit einem bestimmten Index abfragen. Wenn wir dabei im vorliegenden Fall den Index des Feynman-Eintrags (d. h. 86) verwenden, wird tatsächlich `True` zurückgegeben:

```
>>> (nobel["surname"] == "Feynman")[86]
True
```

Auf diese Weise erreichen wir, dass durch den Code

```
>>> nobel[nobel["surname"] == "Feynman"]
```

nur die Werte von `nobel` extrahiert werden, für die `nobel["surname"] == "Feynman"` den Booleschen Wert `True` ergibt. Dies ähnelt dem `isclose()`-Trick in ▶ Listing 11.7, bei dem wir ein ndarray von Booleschen Werten verwendet haben, um diejenigen Elemente in einer Matrix auszuwählen, die nahe bei 0 liegen (und sie auf genau 0 zu setzen).

Eine andere Methode zur Abfrage des gesuchten Jahres besteht darin, das obige Boolesche Kriterium zusammen mit dem Spaltennamen `year` anzugeben, was wir wie folgt versuchen könnten (nur die wichtigste Zeile der Ausgabe wird angezeigt):

```
>>> nobel[nobel["surname"] == "Feynman", "year"]
pandas.errors.InvalidIndexError
```

Das funktioniert nicht, aber wir können das gewünschte Ziel erreichen, indem wir das Attribut `loc` („location") verwenden:[124]

```
>>> nobel.loc[nobel["surname"] == "Feynman", "year"]
86    1965
```

Auf diese Weise wird nur die Gesamt-id des Eintrags (in diesem Fall 86) und der Inhalt der gesuchten Spalte des Eintrags zurückgegeben. Das `loc`-Attribut kann an vielen Stellen anstelle von bloßen Klammern verwendet werden und ist im Allgemeinen ein flexiblerer Weg, um spezifische Daten aus dem Datensatz zu extrahieren.

124 Genauer gesagt, handelt es sich bei `loc` um eine *Eigenschaft* (engl.: *property*), d. h. eine spezielle Art von Attribut, das unter Verwendung eines *property decorators* erstellt wird.

Nach meiner Promotion wurde ich von Kip Thorne, einem meiner Mentoren am Caltech, angeworben, um an einem *Feynman-Lectures*-Projekt (https://www.michaelhartl.com/feynman-lectures/) mitzuarbeiten (▶ Abbildung 11.24[125]). Kip Thorne hat später selbst einen Nobelpreis gewonnen, also lassen Sie uns herausfinden, in welchem Jahr.

Abbildung 11.24: Der Autor mit dem Nobelpreisträger Kip Thorne und Stephen Hawking.

Wir könnten nach dem Nachnamen suchen, wie wir es bei Feynman getan haben, aber Kip besteht darauf, „Kip“ genannt zu werden, also suchen wir stattdessen nach dem Vornamen:

```
>>> nobel.loc[nobel["firstname"] == "Kip"]
Empty DataFrame
```

Hmm, das Ergebnis ist leer. Ein Blick zurück auf das Ergebnis der `head()`-Methode in ▶ Listing 11.13 lässt erahnen, warum das so ist. Der Eintrag für Hendrik Lorentz enthält in der Spalte `firstname` zusätzlich zum ersten Vornamen noch die Initiale „A.“ für einen zweiten Vornamen. Vielleicht ist dies bei Kips Eintrag im DataFrame auch der Fall. Der zweite Vorname von Kip lautet Stephen, also fügen wir in unserer Vergleichsoperation zum Vornamen „Kip“ noch ein Leerzeichen und die Initiale „S.“ hinzu:

```
>>> nobel.loc[nobel["firstname"] == "Kip S."]
      id firstname surname  ...                    name city country
916  943    Kip S.  Thorne  ...  LIGO/VIRGO Collaboration  NaN     NaN
```

Bingo. Jetzt können wir wie im Fall von Feynmans Eintrag das Jahr abfragen, in dem ihm der Nobelpreis verliehen wurde:

```
>>> nobel.loc[nobel["firstname"] == "Kip S."].year
2017
```

125 Bild copyright © 2012 Michael Hartl.

Was ist aber, wenn wir Kips zweiten Vornamen nicht kennen (und nicht daran gedacht haben, bei Wikipedia danach zu suchen)? Es wäre schön, wenn man alle Vornamen nach dem Substring "Kip" durchsuchen könnte. Wir können dazu das Objekt Series.str verwenden, das die Anwendung von String-Funktionen auf Serien ermöglicht. Mithilfe der Funktion contains() lässt sich dann feststellen, ob ein String den als Argument übergebenen Substring enthält (▶ Listing 11.14).

Listing 11.14: Suche nach einem Eintrag, der einen bestimmten Substring enthält.

```
>>> nobel.loc[nobel["firstname"].str.contains("Kip")]
     id firstname surname  ...                     name city country
916  943    Kip S.  Thorne  ...  LIGO/VIRGO Collaboration  NaN     NaN
```

Da es sich um einen recht ungewöhnlichen Vornamen handelt, überrascht es vielleicht nicht, dass es nur einen „Kip" in dem Datensatz gibt. Was ist mit möglichen anderen Feynmans? Wir können es noch einmal mit "surname" und "Feynman" anstelle von "firstname" und "Kip" versuchen:

```
>>> nobel.loc[nobel["surname"].str.contains("Feynman")]
ValueError: Cannot mask with non-boolean array containing NA / NaN values
```

Ups, wir haben einen Fehler. Der Grund dafür ist eine große Anzahl von NaNs in der Spalte "surname" von Organisationen, die den Friedensnobelpreis erhalten haben:

```
>>> nobel.loc[nobel["surname"].isnull()]
     id                                    firstname  ... ↩
city country
465  467               Institute of International Law  ... ↩
NaN     NaN
474  477          Permanent International Peace Bureau  ... ↩
NaN     NaN
479  482        International Committee of the Red Cross  ... ↩
NaN     NaN
480  482        International Committee of the Red Cross  ... ↩
NaN     NaN
.
.
.
```

Wir können NaNs und andere NA-Werte (*Not Available values*) herausfiltern, indem wir zusätzlich die Option na=False an contains() übergeben:

```
>>> nobel.loc[nobel["surname"].str.contains("Feynman", na=False)]
    id  firstname  ...        city country
86  86  Richard P.  ...  Pasadena CA     USA
```

Es sieht aus, als gäbe es auch nur einen Feynman in dem Datensatz, was wir mithilfe der Funktion len() nochmals bestätigen können:

```
>>> len(nobel.loc[nobel["surname"].str.contains("Feynman", na=False)])
1
```

Es gibt zwar nur einen Nobelpreisträger mit dem Nachnamen „Feynman", aber bekanntermaßen mehrere mit dem Nachnamen „Curie", wie Sie in ▶ Listing 11.15 sehen können.

Listing 11.15: Suche nach Laureaten mit dem Nachnamen „Curie".

```
>>> curies = nobel.loc[nobel["surname"].str.contains("Curie", na=False)]
>>> curies
     id firstname  ...   city country
4     5    Pierre  ...  Paris  France
5     6     Marie  ...    NaN     NaN
6     6     Marie  ...  Paris  France
191 194     Irène  ...  Paris  France
```

Hier haben wir das Ergebnis der Einfachheit halber der Variablen `curies` zugewiesen. So können wir zum Beispiel den Vor- und Nachnamen für alle Preisträger mit dem Nachnamen „Curie" wie folgt ermitteln:

```
>>> curies[["firstname", "surname"]]
4      Pierre          Curie
5       Marie          Curie
6       Marie          Curie
191     Irène   Joliot-Curie
```

Die Ausgabe zeigt, dass Marie Curie (auch bekannt als Marie Skłodowska-Curie)[126] zwei Nobelpreise gewonnen hat (▶ Abbildung 11.25[127]). Die anderen Preisträger mit dem Nachnamen Curie sind Pierre Curie, Maries Ehemann, und Irène Joliot-Curie, eine ihrer Töchter. (Tatsächlich gibt es sogar noch einen weiteren Nobelpreisträger in der absurd erfolgreichen Familie Curie; siehe ▶ Abschnitt 11.5.1).

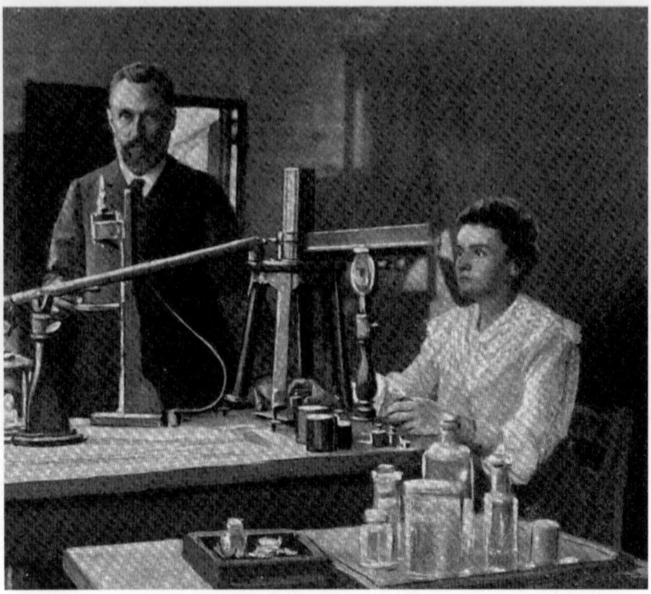

Abbildung 11.25: Marie Skłodowska-Curie mit ihrem Ehemann und Mitlaureaten Pierre Curie.

126 Obwohl sie vor allem in englischsprachigen Quellen in der Regel nur als „Marie Curie" bekannt ist, zog es Marie selbst vor, auch den polnischen Teil ihres Namens zu verwenden, und viele europäische Quellen (auch polnische) folgen ihr dabei.

127 Bild mit freundlicher Genehmigung von Morphart Creation/Shutterstock.

Marie Skłodowska-Curie ist neben Linus Pauling (1954 für Chemie und 1963 rückwirkend für 1962 den Friedensnobelpreis) die einzige Person, die den Nobelpreis in zwei verschiedenen Kategorien verliehen bekommen hat (1903 für Physik und 1911 für Chemie). Lassen Sie uns mit Hilfe von pandas herausfinden, ob es noch andere mehrfache Nobelpreisträger gibt. Eine Möglichkeit zur Beantwortung dieser Frage besteht darin, die Preisträger mithilfe der Funktion `groupby()` nach ihren Namen zu gruppieren und dann mit der Methode `size()` abzufragen, wie oft der jeweilige Name im gesamten DataFrame vorkommt:

```
>>> nobel.groupby(["firstname", "surname"]).size()
firstname   surname
A. Michael  Spence         1
Aage N.     Bohr           1
Aaron       Ciechanover    1
            Klug           1
Abdulrazak  Gurnah         1
                          ..
Youyou      Tu             1
Yuan T.     Lee            1
Yves        Chauvin        1
Zhores      Alferov        1
Élie        Ducommun       1
```

Alle hier auf den ersten Blick sichtbaren Werte betragen `1`, aber wir können die Ergebnisse mit `sort_values()` sortieren, um alle Mehrfachpreisträger leichter finden zu können:

```
>>> nobel.groupby(["firstname", "surname"]).size().sort_values()
firstname      surname
A. Michael     Spence      1
Nicolay G.     Basov       1
Niels          Bohr        1
Niels K.       Jerne       1
Niels Ryberg   Finsen      1
                          ..
Élie           Ducommun    1
Linus          Pauling     2
John           Bardeen     2
Frederick      Sanger      2
Marie          Curie       2
```

Es gibt folglich vier mehrfache Nobelpreisträger.

Obwohl der Trick mit der Methode `sort_values()` ganz nett ist, würden wir doch gerne eine Liste erhalten, die *nur* die Mehrfachpreisträger enthält. Ein möglicher Weg, nur die Mehrfachpreisträger aus dem DataFrame zu extrahieren, ist die direkte Verwendung eines Booleschen Kriteriums. Dabei erfolgt die Abfrage mithilfe der im Wesentlichen gleichen Gruppierung nach Namen wie zuvor und der anschließenden Kombination der Methode `size` mit dem Kriterium `size > 1` (▶ Listing 11.16). Beachten Sie, dass wir als Kriterium zur Gruppierung mit `groupby()` zusätzlich `"id"` hinzugefügt haben, um den (unwahrscheinlichen, aber möglichen) Fall zu berücksichtigen, dass verschiedene Personen mit demselben Namen jeweils mehr als einen Nobelpreis bekommen haben.

Listing 11.16: Abfrage nur von Mehrfachpreisträgern aus dem DataFrame.

```
>>> laureates = nobel.groupby(["id", "firstname", "surname"])
>>> sizes = laureates.size()
>>> sizes[sizes > 1]
id   firstname  surname
6    Marie      Curie      2
66   John       Bardeen    2
217  Linus      Pauling    2
222  Frederick  Sanger     2
```

Aus ▶ Listing 11.16 geht hervor, dass zum Zeitpunkt der Zusammenstellung des hier verwendeten Datensatzes nur vier Personen mehr als einen Nobelpreis gewonnen hatten: Frederick Sanger (Chemie), John Bardeen (Physik), Linus Pauling (Chemie und Frieden) und natürlich Marie Curie (Physik und Chemie). Seit 2022 gibt es einen fünften Mehrfachnobelpreisträger, da K. Barry Sharpless in diesem Jahr seinen zweiten Nobelpreis für Chemie erhielt.

Auswahl anhand von Zeitpunkten

Eine der größten Stärken von pandas ist seine Fähigkeit, mit Zeitpunkten und *Zeitreihen* umzugehen, also lassen Sie uns zunächst einen Blick auf die Auswahl von Daten anhand von Zeitpunkten werfen. In unserem Datensatz der Nobelpreisträger könnten wir beispielsweise nach Preisträgern mit einem bestimmten Geburtsdatum suchen, das wir als String übergeben:

```
>>> nobel.loc[nobel["born"] == "1879-03-14"]
    id firstname  ...    city  country
25  26    Albert  ...  Berlin  Germany
```

Sie könnten vermuten, dass es sich bei einem 1879 geborenen Nobelpreisträger mit dem Vornamen „Albert" um Albert Einstein handelt, und Sie hätten damit Recht. Das können wir überprüfen, indem wir den Nachnamen aus dem Feld `surname` abfragen:[128]

```
>>> nobel.loc[nobel["born"] == "1879-03-14"]["surname"]
Einstein
```

Bei etwas genauerem Hinsehen werden Sie feststellen, dass Einstein am 14. März geboren wurde. Dieser Tag wird wegen der Ähnlichkeit der zugehörigen Datumsangabe 03-14 oder 3/14 im englischsprachigen Raum mit den ersten drei Ziffern der Zahl $\pi \approx 3,14$ manchmal als *Pi Day* bezeichnet. Fans des Pi Day betonen gerne, wie großartig das ist.

Als Begründer des *Tau Day* (https://tauday.com/) war ich natürlich daran interessiert, einen großen Nobelpreisträger zu finden, der am 28. Juni geboren wurde, da die Datumsangabe 06-28 (6/28) den ersten drei Ziffern von $\tau \approx 6,28$ ähnelt. Wir haben dieses Problem der Suche nach Substrings scheinbar schon gelöst (wie z. B. in ▶ Listing 11.14), also probieren wir es auf analoge Weise mit der Suche nach dem Substring `06-28` im Feld `born`:

```
>>> nobel.loc[nobel["born"].str.contains("06-28", na=False)]
      id    firstname  ...          city  country
79    79        Maria  ...  San Diego CA      USA
```

128 Wenn Sie Jupyter verwenden, können Sie den vollständigen Namen wahrscheinlich einfach aus dem Ergebnis der Auswertung der Zelle ablesen.

```
125  126        Klaus  ...     Stuttgart  Germany
281  283  F. Sherwood  ...     Irvine CA      USA
304  306       Alexis  ...   New York NY      USA
598  607        Luigi  ...           NaN      NaN
790  809     Muhammad  ...           NaN      NaN
889  916   William C.  ...    Madison NJ      USA

[7 rows x 20 columns]
```

Das sind *sieben* Zeilen. Lassen Sie uns die Suche einschränken, indem wir nur nach *Physik*-Nobelpreisträgern suchen. Für diesen Zweck nutzen wir in pandas den Booleschen Vergleichsoperator `&` als logisches *Und*. Beachten Sie, dass sich diese Syntax vom logischen *Und* in Python selbst unterscheidet, wo der analoge Operator *and* lautet (▶ Abschnitt 2.4.1):

```
>>> nobel.loc[(nobel["born"].astype('string').str.contains("06-28")) &
...           (nobel["category"] == "physics")]
      id firstname  ...          city  country
79    79     Maria  ...  San Diego CA      USA
125  126     Klaus  ...     Stuttgart  Germany

[2 rows x 20 columns]
```

Das ist schon besser. Werfen wir einen Blick nur auf den ersten Eintrag, indem wir diesen mithilfe von `iloc` („index location") anhand seines Index `79` direkt abfragen:

```
>>> nobel.iloc[79]
id                                              79
firstname                                    Maria
surname                             Goeppert Mayer
born                                    1906-06-28
died                                    1972-02-20
.
.
.
```

Es handelt sich um den Eintrag für Maria Goeppert Mayer (▶ Abbildung 11.26[129]), die für ihre Beiträge zum Kern-Schalen-Modell mit dem Nobelpreis in Physik ausgezeichnet wurde und die offizielle Physikerin des Tau Day ist.

Apropos Geburtsdatum: Die Lebensdauer von Nobelpreisträgern war im Laufe der Jahre Gegenstand einiger wissenschaftlicher Untersuchungen.[130] Wir sind zwar nicht in der Lage, Schlussfolgerungen zu möglicherweise existierenden Auswirkungen eines Nobelpreises auf die Lebenserwartung zu ziehen, aber wir können ein Histogramm erstellen, um einen Eindruck von der Verteilung der Lebensdauern der Nobelpreisträger zu bekommen.

129 Bild mit freundlicher Genehmigung von Archive PL/Alamy Alamy Stock Photo.
130 Siehe z. B. Matthew D. Rablen und Andrew J. Oswald, „Mortality and immortality: The Nobel Prize as an experiment into the effect of status upon longevity". *Journal of Health Economics*, Volume 27, Issue 6 (Dezember 2008), 1462–1471.

Abbildung 11.26: Maria Goeppert Mayer, Nobelpreisträgerin und offizielle Physikerin des Tau Day.

Beginnen wir mit der Suche nach dem Eintrag zu Hans Bethe, der zu den Nobelpreisträgern gehört, die ein sehr hohes Lebensalter erreicht haben:[131]

```
>>> bethe = nobel.loc[nobel["surname"] == "Bethe"]
>>> bethe["born"]
88    1906-07-02
>>> bethe["died"]
88    2005-03-06
```

Durch Subtraktion im Kopf können wir feststellen, dass Bethe 98 Jahre alt geworden ist. Diese Prozedur nacheinander für alle Nobelpreisträger durchzuführen, um das angestrebte Histogramm der Lebensdauernverteilung erzeugen zu können, wäre allerdings höchst unpraktikabel.

Versuchen wir also zunächst, die Lebensdauer von Bethe durch direkte Subtraktion von Sterbe- und Geburtsdatum zu berechnen:

```
>>> bethe["died"] - bethe["born"]
TypeError: unsupported operand type(s) for -: 'str' and 'str'
```

Okay, das hätten wir uns eigentlich denken können. Die Sterbe- und Geburtsdaten sind als Strings gespeichert, sodass die direkte Subtraktion nicht funktionieren konnte. Stattdessen sollten wir versuchen, die Datum-Strings zunächst in `datetime`-Objekte zu konvertieren und diese dann voneinander zu subtrahieren:

```
>>> diff = pd.to_datetime(bethe["died"]) - pd.to_datetime(bethe["born"]).
>>> diff
88   36042 days
dtype: timedelta64[ns]
```

131 Hans Bethe (* 2. Juli 1906 in Straßburg; † 6. März 2005 in Ithaca, New York) war bereits in den 1930er Jahren ein berühmter Physiker, da er eine Reihe bahnbrechender Arbeiten zur Kerntheorie veröffentlicht hatte. Später war er als Leiter der theoretischen Abteilung in Los Alamos an der Entwicklung der Atombombe beteiligt. Und doch lebte er so lange, dass ich die Gelegenheit hatte, ihn Anfang der 2000er Jahre zu treffen, als er zu einem Vortrag über Astrophysik ans Caltech kam.

Das ist schon wesentlich besser, aber als Ergebnis würden wir eine Serie von `timedelta64`-Objekten und nicht von Fließkommazahlen (Floats) erhalten. Wir können dies beheben, indem wir über die dt-Eigenschaft des `timedelta64`-Objekts direkt auf das Attribut `days` zugreifen, um die Anzahl der Tage als ganze Zahl (Datentyp: int64) abzufragen:

```
>>> diff.dt.days
88    36042
dtype: int64
```

An dieser Stelle könnten wir dann durch 365 (oder genauer 365,25) dividieren, um näherungsweise die Anzahl der Lebensjahre zu erhalten. Das wäre für unser Histogramm wahrscheinlich gut genug, aber eben nicht genau, da die Anzahl der Schaltjahre innerhalb der jeweiligen Lebensspanne nicht nur von der Lebensdauer, sondern auch von der genauen Lage von Geburts- und Sterbedatum abhängt. Glücklicherweise verfügt NumPy über eine Methode namens `timedelta64`, die dies automatisch berücksichtigt:

```
>>> diff/np.timedelta64(1, "Y")
88    98.679644
dtype: float64
```

Die Argumente `1, "Y"` beziehen sich hier auf eine Zeitdifferenz von einem Jahr (1 Year).

Wenden wir nun das gleiche Konzept auf die vollständige Liste der Nobelpreisträger an:

```
>>> nobel["born"] = pd.to_datetime(nobel["born"])
dateutil.parser._parser.ParserError: month must be in 1..12: 1873-00-00
```

Hier kommt es zu einem Fehler, weil für das Geburtsdatum in mindestens einem Eintrag des Datensatzes der Wert `00-00` für den Monat und den Tag hinterlegt ist. Aber warum?

```
>>> nobel.loc[nobel["born"] == "1873-00-00"]
      id                         firstname surname  ... name city country
465  467  Institute of International Law     NaN  ...  NaN  NaN     NaN

[1 rows x 20 columns]
>>> nobel.iloc[465].category
465    peace
Name: category, dtype: object
>>> nobel.iloc[465].year
465    1904
Name: year, dtype: int64
```

Ah, eine Organisation namens *Institute of International Law* hat also 1904 den Friedensnobelpreis verliehen bekommen. Wie Sie vielleicht anhand des Werts von `born` bereits vermuten, wurde das Institut 1873 gegründet. Da es sich aber nicht um eine Person handelt, ist für das Institut kein genaues Gründungsdatum („Geburtsdatum") in dem Nobelpreisträger-Datensatz angegeben.

Bei genauerer Betrachtung des Datensatzes würde man feststellen, dass für den Monat und den Tag der Gründung *aller* Institute in der Spalte `born` der Wert `00-00` und für das Sterbedatum in der Spalte `died` für alle Institute und alle noch lebenden Nobelpreisträger der Wert `00-00-00` hinterlegt ist.

Das macht die Sache etwas komplizierter, denn wir können diese Daten nicht einfach aussortieren wie im Fall von NA-Werten (Not Available values) wie `NaN` (Not a Number) und `NaT` (Not a Time). Glücklicherweise verfügt pandas über eine Option, mit der die Rückgabe solcher NA-Werte beim Auftreten von Fehlern bei der Konvertierung erzwungen (engl.: *coerce*) wird. So können wir zunächst wie folgt alle Geburts- und Sterbedaten direkt im DataFrame `nobel` in `datetime`-Objekte konvertieren und dabei die oben erwähnten Daten der Institute und noch lebenden Nobelpreisträger in NA-Werte umwandeln sowie alle alten Daten überschreiben:

```
>>> nobel["born"] = pd.to_datetime(nobel["born"], errors="coerce")
>>> nobel["died"] = pd.to_datetime(nobel["died"], errors="coerce")
```

Jetzt können wir den Wert für das *Institute of International Law* noch einmal überprüfen:

```
>>> nobel.iloc[465].born
NaT
```

Durch die Verwendung der Option `errors="coerce"` wurde das ungültige Datum also in `NaT` (Not a Time) umgewandelt. Das ist für unsere Zwecke perfekt, weil solche Werte beim Erstellen von Histogrammen mit `hist()` automatisch ignoriert werden und Institute und noch lebende Preisträger in einem Histogramm der Gesamtlebensdauern von Nobelpreisträgern auch nicht berücksichtigt werden sollen.

Jetzt können wir die Lebensdauern der Preisträger berechnen, indem wir die `datetime`-Objekte der Geburtsdaten von den `datetime`-Objekten der Sterbedaten subtrahieren und das Ergebnis durch die magische Zeitdifferenz von NumPy dividieren:

```
>>> nobel["lifespan"] = (nobel["died"] - nobel["born"])/np.timedelta64 ↵
(1, "Y")
```

Beachten Sie, dass dabei in unserem DataFrame `nobel` dynamisch eine neue Spalte namens `lifespan` für die Lebensdauern erzeugt wurde. Wir können eine stichprobenartige Überprüfung des Resultats durchführen, indem wir die Lebensdauer von Bethe aus der `lifespan`-Spalte abfragen und mit dem Ergebnis unserer obigen Berechnung vergleichen:

```
>>> bethe = nobel.loc[nobel["surname"] == "Bethe"]
>>> bethe["lifespan"]
88    98.679644
```

Die in der `lifespan`-Spalte abgelegte Lebensdauer von Hans Bethe stimmt also mit unserer vorherigen Berechnung überein.

Wir sind nun endlich bereit, das Histogramm zu erstellen. Bei all der Vorarbeit, die wir geleistet haben, müssen wir nun einfach nur noch `hist()` aufrufen und dabei `column="lifespan"` als Argument übergeben (▶ Listing 11.17).

Listing 11.17: Der Code zur abschließenden Erzeugung des Histogramms, das die Verteilung der Lebensdauern der bereits verstorbenen Nobelpreisträger zeigt.

```
>>> nobel.hist(column="lifespan")
array([[<AxesSubplot:title={'center':'lifespan'}>]], dtype=object)
>>> plt.show()
```

Das resultierende Histogramm finden Sie in ▶ Abbildung 11.27. Als Diagrammtitel wird hier automatisch der Titel der Spalte hinzugefügt. Wie aufgrund der Forschungsergebnisse zu diesem Thema zu erwarten war, liegt die mittlere Lebensdauer der Nobelpreisträger viel näher an den höchsten als an den niedrigsten Lebensdauern, die von den Preisträgern erreicht wurden. Das Histogramm ähnelt folglich nicht einer symmetrischen, sondern einer in Richtung der höheren Lebensdauern verzerrten Glockenkurve.

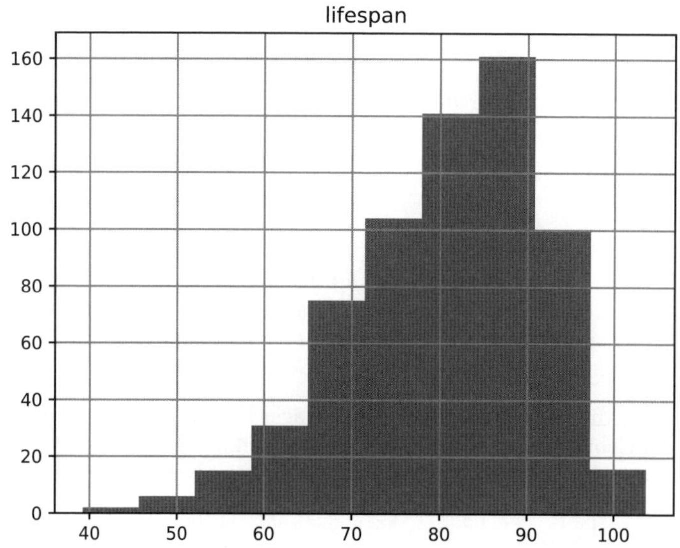

Abbildung 11.27: Histogramm, das die Verteilung der Lebensdauern der bereits verstorbenen Nobelpreisträger zeigt.

11.5.1 Übungen

1. Bestätigen Sie, dass der Datensatz in der Datei `laureates.csv` auch einen Eintrag für Frédéric Joliot-Curie enthält, der sich 1935 den Nobelpreis in Chemie mit seiner Frau Irène teilte. Warum haben wir ihn nicht gefunden, als wir in ▶ Listing 11.15 nach Preisträgern mit dem Nachnamen „Curie" gesucht haben? *Tipp*: Suchen Sie nach einem Eintrag mit dem Vornamen (`firstname`) `"Frédéric"` und achten Sie dabei darauf, die richtigen Akzente zu setzen.
2. Vergewissern Sie sich durch entsprechende Suchen im DataFrame `nobel`, dass die nach ▶ Listing 11.16 angegebenen Nobelpreiskategorien korrekt sind (z. B., dass Frederick Sanger wirklich den Nobelpreis in Chemie erhalten hat usw.).
3. Welches Ergebnis würde man erhalten, wenn in ▶ Listing 11.17 einfach nur `nobel.hist()` ohne Argument, also ohne eine Spalte anzugeben, aufgerufen würde?

11.6 pandas-Beispiel: Titanic

Unser zweites großes pandas-Beispiel verwendet Überlebensdaten vom tragischen Untergang der RMS *Titanic* im Jahr 1912 (▶ Abbildung 11.28[132]). Dies ist ein Standarddatensatz, der in der pandas-Dokumentation selbst verwendet wird[133] und als solcher ausgiebig analysiert wurde, sodass der „Google for it"-Algorithmus ungewöhnlich effektiv ist.

Abbildung 11.28: Die untergegangene RMS *Titanic*.

Wie üblich besteht unser erster Schritt darin, die Daten direkt aus dem Web herunterzuladen, wie in ▶ Listing 11.18 gezeigt. (Wir haben in ▶ Abschnitt 9.2 gesehen, dass die Methode `request.get()` Weiterleitungen *automatisch* folgt, aber soweit ich weiß, ist das bei `read_csv()` nicht der Fall. Ich habe nicht herausfinden können, wie man bei `read_csv()` eine Weiterleitung bewirken kann (wenn das überhaupt möglich ist), daher verwendet ▶ Listing 11.18 stattdessen die rohe Amazon-S3-URL.)

Listing 11.18: Lesen von Daten direkt aus einer (rohen S3-) URL.

```
>>> URL = "https://learnenough.s3.amazonaws.com/titanic.csv"
>>> titanic = pd.read_csv(URL)
```

Werfen wir zunächst einen Blick auf die mit `head()` abrufbaren Daten:

```
>>> titanic.head()
   PassengerId  Survived  Pclass  ...     Fare Cabin  Embarked
0            1         0       3  ...   7.2500   NaN         S
1            2         1       1  ...  71.2833   C85         C
2            3         1       3  ...   7.9250   NaN         S
3            4         1       1  ...  53.1000  C123         S
4            5         0       3  ...   8.0500   NaN
```

132 Bild mit freundlicher Genehmigung von Shawshots/Alamy.

133 Der Datensatz ist unter https://github.com/pandas-dev/pandas/blob/main/doc/data/titanic.csv verfügbar, aber wie bei den Daten der Nobelpreisträger werden wir die Version aus dem *Learn Enough CDN* verwenden, um maximale Kompatibilität zu gewährleisten, falls sich die pandas-Version ändert oder die Datei dort nicht mehr verfügbar sein sollte.

Wir sehen, dass die erste Spalte des (eigentlichen) Datensatzes für jeden Passagier eine Passagier-ID (`PassengerId`) enthält und somit als eine Art Indexspalte betrachtet werden kann, aber das ist nicht sehr aussagekräftig. Wir können dem Ganzen eine persönlichere Note geben, indem wir die Daten erneut lesen und dabei durch die Verwendung der Option `index_col="Name"` explizit angeben, dass die Spalte `Name` des Datensatzes als Indexspalte angezeigt werden soll (▶ Listing 11.19).

Listing 11.19: Festlegen einer benutzerdefinierten Indexspalte.

```
>>> titanic = pd.read_csv(URL, index_col="Name")
>>> titanic.head()
                                                    PassengerId  ...  ↵
Embarked
Name                                                             ...
Braund, Mr. Owen Harris                                       1  ...  ↵
         S
Cumings, Mrs. John Bradley (Florence Briggs Tha...            2  ...  ↵
         C
Heikkinen, Miss. Laina                                        3  ...  ↵
         S
Futrelle, Mrs. Jacques Heath (Lily May Peel)                  4  ...  ↵
         S
Allen, Mr. William Henry                                      5  ...  ↵
         S
```

Wir können uns den Wert in der Spalte `Survived` für jeden Passagier ansehen und feststellen, ob er überlebt hat oder nicht:

```
>>> titanic.iloc[0]["Survived"]
0
>>> titanic.iloc[1]["Survived"]
1
```

Hier steht `1` für „Überlebt" (engl.: *survived*) und `0` für „Nicht überlebt". Dies entspricht der üblichen Praxis für eine Kategorie, die nur einen von zwei Werten annehmen kann (auch „binärer Prädiktor", „Indikatorvariable" oder „Dummy-Variable" genannt).

Aufgrund der Wahl dieser 0,1-Codierung ist der Mittelwert des Attributs `Survived` gleich der Gesamtüberlebensrate:

$$\text{Überlebensrate} = \sum_{i=1}^{N} \frac{\text{Gesamtzahl der Überlebenden}}{\text{Gesamtzahl der Passagiere}} = \frac{\text{Anzahl der } \mathbf{1}\text{en in „Survived"}}{N}$$

Folglich können wir die Gesamtüberlebensrate erhalten, indem wir die Funktion `mean()` auf die Spalte `Survived` anwenden:

```
>>> titanic["Survived"].mean()
0.3838383838383838
```

Die Überlebensrate bei der *Titanic-Katastrophe* lag also bei etwa 38%.

Lassen Sie uns untersuchen, wie die Überlebensrate von einigen der Variablen abhing, anhand derer die Passagiere in unterschiedliche Gruppen eingeteilt werden können. Wir beginnen damit, mithilfe von `info()` einen Überblick über die im Datensatz verfügbaren Kategorien zu gewinnen:

```
>>> titanic.info()
<class 'pandas.core.frame.DataFrame'>
Index: 891 entries, Braund, Mr. Owen Harris to Dooley, Mr. Patrick
Data columns (total 11 columns):
 #   Column       Non-Null Count  Dtype
---  ------       --------------  -----
 0   PassengerId  891 non-null    int64
 1   Survived     891 non-null    int64
 2   Pclass       891 non-null    int64
 3   Sex          891 non-null    object
 4   Age          714 non-null    float64
 5   SibSp        891 non-null    int64
 6   Parch        891 non-null    int64
 7   Ticket       891 non-null    object
 8   Fare         891 non-null    float64
 9   Cabin        204 non-null    object
 10  Embarked     889 non-null    object
dtypes: float64(2), int64(5), object(4)
```

Die interessantesten Spalten (Kategorien) im Hinblick auf die Überlebensrate sind wahrscheinlich die Passagierklasse (`Pclass`), das Geschlecht (`Sex`) und das Alter (`Age`).

Mit pandas können wir feststellen, dass die Passagierklasse selbst in drei Kategorien unterteilt ist:

```
>>> titanic["Pclass"].unique()
array([3, 1, 2])
```

Diese stehen für Tickets der ersten (1), zweiten (2) und dritten (3) Klasse, die der höchsten (1) bis zur niedrigsten (3) Qualität der Unterkunft entsprechen.

Wenn wir die Passagiere mit `groupby()` nach der Passagierklasse gruppieren und dann für die einzelnen Klassen wie oben beschrieben den Mittelwert der Spalte `Survived` berechnen, können wir in Erfahrung bringen, wie die Überlebensrate von der Passagierklasse abhing:

```
>>> titanic.groupby("Pclass")["Survived"].mean()
Pclass
1    0.629630
2    0.472826
3    0.242363
```

Wir sehen also, dass immerhin 62,9 % der Passagiere der ersten Klasse, aber nur 24,2 % der Passagiere der dritten Klasse überlebt haben.

Wir können dieses Ergebnis veranschaulichen, indem wir ein Balkendiagramm der Überlebensrate nach Passagierklassen erstellen. In pandas verfügt jedes `Series`-Objekt über ein Attribut namens `plot`, mit dem wir die Funktion `bar()` aufrufen können, um ein Balkendiagramm zu erstellen, das automatisch die Balkenbeschriftungen enthält. Die Höhe der einzelnen Balken wird durch die Werte der zugehörigen Variablen bestimmt, in diesem Fall also durch die Überlebensraten, die wir gerade berechnet haben:

```
>>> survival_rates = titanic.groupby("Pclass")["Survived"].mean()
>>> survival_rates.plot.bar()
>>> plt.show()
```

Das resultierende Balkendiagramm sehen Sie in ▶ Abbildung 11.29.

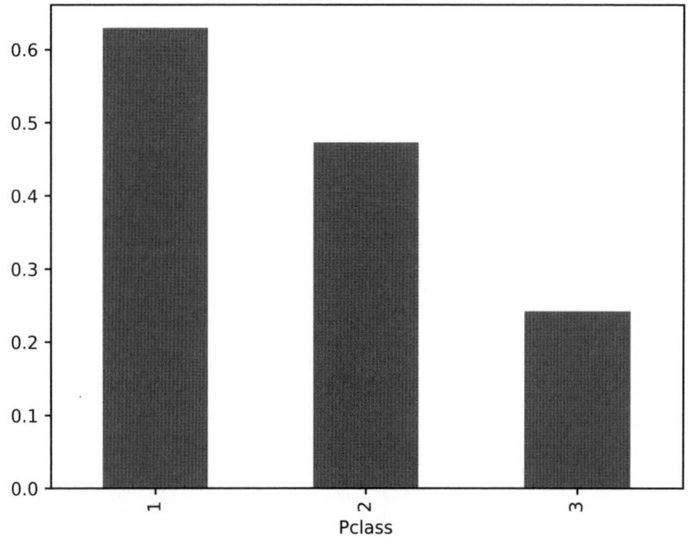

Abbildung 11.29: Überlebensraten der *Titanic* nach Passagierklasse.

Wir können diese Technik auf analoge Weise auch auf die kategoriale Variable `Sex` für das Geschlecht anwenden:

```
>>> titanic["Sex"].unique()
array(['male', 'female'], dtype=object)
```

Auch der Code zur Erstellung des Balkendiagramms ist im Wesentlichen derselbe, nur mit der Gruppierung nach `Sex` anstelle von `Pclass`:

```
>>> survival_rates = titanic.groupby("Sex")["Survived"].mean()
>>> survival_rates.plot.bar()
>>> plt.subplots_adjust(bottom=0.20)
>>> plt.show()
```

Die `subplots_adjust()`-Zeile kann notwendig sein, um genügend Platz für die Beschriftungen an der x-Achse zu schaffen, weil sie ansonsten auf manchen Systemen nicht richtig angezeigt werden (bei mir war es so). Das resultierende Balkendiagramm sollte so aussehen wie das in ▶ Abbildung 11.30. Das Ergebnis zeigt, dass die Überlebensrate der weiblichen Passagiere deutlich höher war als die der männlichen Passagiere.

Wir kommen nun zu der dritten wichtigen Variable, die von Interesse sein dürfte, dem Alter. Bei den Variablen Passagierklasse (`Pclass`) und Geschlecht (`Sex`) handelt es sich bereits um *kategoriale* Variablen, was die Erstellung eines Balkendiagramms mit je einem Balken pro Kategorie erleichtert. Die Variable Alter (`Age`) ist jedoch nicht kategorial, sondern numerisch, sodass wir die Daten ähnlich wie bei einem Histogramm (▶ Abschnitt 11.3.3) erst noch in Kategorien einteilen müssen.

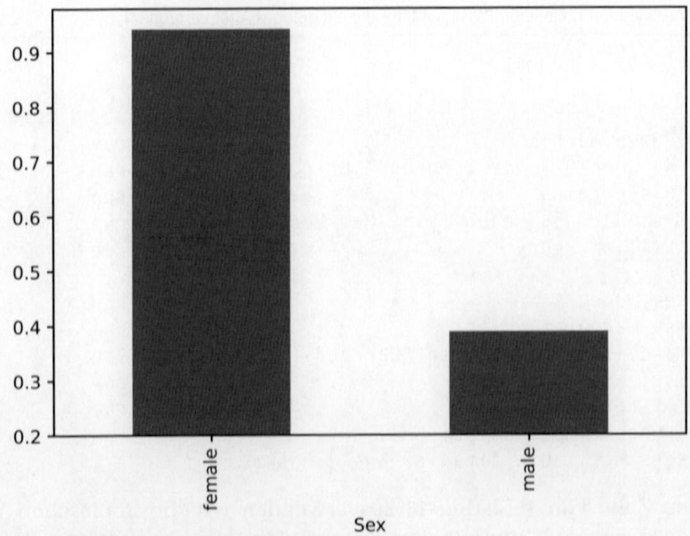

Abbildung 11.30: Überlebensraten der *Titanic* nach Geschlecht.

Das Alter der *Titanic*-Passagiere erstreckte sich von weniger als einem Jahr bis 80 Jahre:

```
>>> titanic["Age"].min()
0.42
>>> titanic["Age"].max()
80.0
```

An diesem Punkt müssen wir entscheiden, in wie viele Alterskategorien wir das Alter der Passagiere einteilen möchten bzw. über wie viele Jahre sich jede der Alterskategorien erstrecken soll. Bei sieben Alterskategorien (gleicher Breite) würde jede Kategorie etwas mehr als 11 Jahre umfassen. Die erste Kategorie würde also beispielsweise vom Säuglingsalter bis etwa 11,8 Jahre reichen:

```
>>> (titanic["Age"].max() - titanic["Age"].min())/7
11.368571428571428
```

11,8 Jahre können als vernünftige Grenze zwischen Kindern und Jugendlichen betrachtet werden.

Der nächste Schritt besteht darin, die gewünschte Anzahl von Kategorien zu erzeugen und die Daten den Kategorien zuzuordnen. Dies geschieht mithilfe einer pandas-Methode namens `cut()`. Zunächst müssen wir aber diejenigen Passagiere aussortieren, für die der Datensatz *kein* gültiges Alter enthält, bzw. *nur* die auswählen, für die ein gültiges Alter vorhanden ist. Dazu nutzen wir die Methode `notna()`, mit deren Hilfe wir für jeden Passagier einen Booleschen Wert erhalten, der angibt, ob das Alter des Passagiers im Datensatz verfügbar ist (`True`) oder nicht (`False`) (▶ Listing 11.20).

Listing 11.20: Auswahl nur derjenigen Passagiere, für die ein gültiges Alter verfügbar ist.

```
>>> titanic["Age"].notna()

Name
Braund, Mr. Owen Harris                                True
Cumings, Mrs. John Bradley (Florence Briggs Thayer)    True
Heikkinen, Miss. Laina                                 True
Futrelle, Mrs. Jacques Heath (Lily May Peel)           True
Allen, Mr. William Henry                               True
                                                       ...
Montvila, Rev. Juozas                                  True
Graham, Miss. Margaret Edith                           True
Johnston, Miss. Catherine Helen "Carrie"              False
Behr, Mr. Karl Howell                                  True
Dooley, Mr. Patrick                                    True
Name: Age, Length: 891, dtype: bool
>>> valid_ages = titanic[titanic["Age"].notna()]
```

In der letzten Zeile von ▶Listing 11.20 verwenden wir die Booleschen Werte von `titanic["Age"].notna()`, um aus dem `titanic`-Objekt nur diejenigen Passagiere zu extrahieren, für die der Datensatz ein gültiges Alter enthält.

Bevor wir die verbliebenen Daten mit `cut()` in die verschiedenen Alterskategorien einteilen, müssen wir die Daten nach dem Alter sortieren, weil die Daten mit `cut()` einfach nur in die angegebene Anzahl von Kategorien unterteilt und dabei gemäß ihrer Reihenfolge in dem zugrunde liegenden Datensatz den verschiedenen Kategorien zugeordnet werden:

```
>>> sorted_by_age = valid_ages.sort_values(by="Age")
```

Ohne die vorherige Sortierung nach Alter würden die Passagiere nicht nach ihrem Alter, sondern nach ihrem Namen den verschiedenen Alterskategorien zugeordnet. Das macht natürlich keinen Sinn, weil sich dann Passagiere völlig unterschiedlichen Alters in derselben und Passagiere gleichen Alters in weit auseinander liegenden Alterskategorien befinden könnten (und würden).

An diesem Punkt sind wir bereit, die Daten mit `cut()` in die gewünschte Anzahl von Alterskategorien aufzuteilen:

```
>>> sorted_by_age["Age range"] = pd.cut(sorted_by_age["Age"], 7)
```

Schließlich berechnen wir die Überlebensrate für jede Alterskategorie, indem wir mit `groupby()` nach den Alterskategorien (`Age range`) gruppieren und mit `mean()` den Mittelwert der Spalte `Survived` für jede der Gruppen ermitteln. (Sie erinnern sich, dass der Mittelwert der Spalte `Survived` direkt der Überlebensrate entspricht, weil für die binären Prädiktoren in dieser Spalte die übliche 0,1-Codierung verwendet wurde.)

```
>>> survival_rates = sorted_by_age.groupby("Age range")["Survived"].mean()
```

Nun können wir zum Abschluss mit derselben Technik, die wir bei der Veranschaulichung der Überlebensrate nach Passagierklasse und Geschlecht eingesetzt haben, ein Balkendiagramm erstellen, das die Überlebensrate in Abhängigkeit von der Alterskategorie zeigt (mit einer Anpassung des Abstands vom unteren Rand, damit die Beschriftungen vollständig dargestellt werden können):

```
>>> survival_rates.plot.bar()
>>> plt.subplots_adjust(bottom=0.33)
>>> plt.show()
```

Das resultierende Balkendiagramm finden Sie in ▶ Abbildung 11.31.

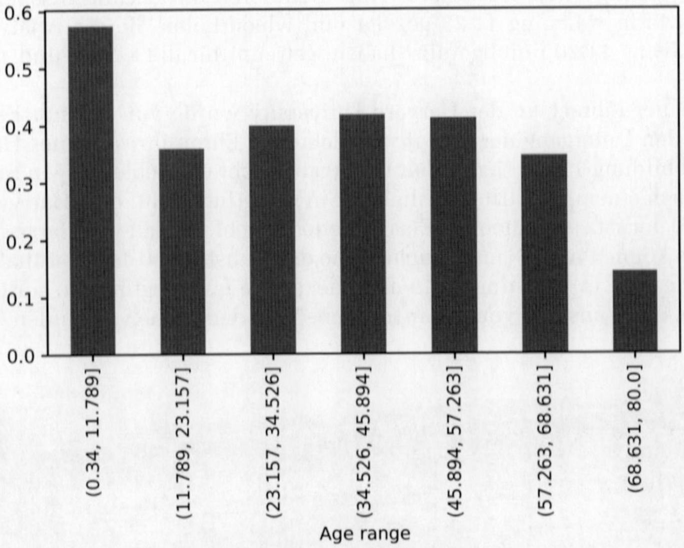

Abbildung 11.31: Überlebensraten der *Titanic* nach Alterskategorie.

Aus ▶ Abbildung 11.31 geht hervor, dass die Überlebensrate bei den jüngsten Passagieren am höchsten war. Für die Jugendlichen und meisten Erwachsenen war sie dann niedriger, aber näherungsweise gleich groß. In der höchsten Alterskategorie fiel die Überlebensrate dann aber stark ab. Die männlichen Passagiere waren aber im Mittel auch älter als die weiblichen:

```
>>> titanic[titanic["Sex"] == "male"]["Age"].mean()
30.72664459161148
>>> titanic[titanic["Sex"] == "female"]["Age"].mean()
27.915708812260537
```

Aus ▶ Abbildung 11.30 wissen wir, dass die männlichen Passagiere auch eine niedrigere Überlebensrate hatten als die weiblichen, was einen Teil der Unterschiede zwischen Alterskategorien erklären könnte. In ▶ Abschnitt 11.7 werden wir eine Möglichkeit kennenlernen, den relativen Beitrag der einzelnen Variablen separat zu untersuchen.

11.6.1 Übungen

1. Bestätigen Sie mithilfe des Codes in ▶ Listing 11.21, dass die Überlebensrate der weiblichen Passagiere in der dritten Klasse der *Titanic* 50 % betrug. Variieren Sie den Code, sodass Sie damit die Überlebensrate der *männlichen* Passagiere in der *ersten* Klasse ermitteln können.
2. Erstellen Sie zwei Versionen des in ▶ Abbildung 11.31 gezeigten Balkendiagramms für die Überlebensrate der *Titanic* nach Alterskategorie, eine nur für männliche und eine nur für weibliche Passagiere. *Tipp*: Definieren Sie geschlechtsspezifische Variablen wie in ▶ Listing 11.22 gezeigt und wiederholen Sie die Analyse, die wir *nach* ▶ Listing 11.20 durchgeführt haben, getrennt für die `male_`- und `female_`-Variablen.
3. Die Widener Library an der Harvard University wurde von Eleanor Elkins Widener, die den Untergang der *Titanic* überlebte, zu Ehren ihres Sohnes Harry errichtet (▶ Abbildung 11.32[134]), der den Untergang nicht überlebte. Zeigen Sie mit einer Suche nach einem Substring ähnlich der in ▶ Listing 11.14, dass Harry in unserem *Titanic*-Datensatz enthalten ist, Eleanor jedoch nicht. Wie alt war Harry, als er starb? *Tipp*: Sie können nach Namen suchen, die den Substring `Widener` enthalten. Da wir die Spalte `Name` in ▶ Listing 11.19 als Indexspalte festgelegt haben, sollten Sie aber `titanic.index` anstelle von `titanic["Name"]` in der Suche verwenden.

Abbildung 11.32: Ein Porträt von Harry Elkins Widener in der Widener Library der Harvard University.

134 Bild copyright © 2022 Michael Hartl.

Listing 11.21: Ermittlung einer Überlebensrate für Passagiere, die mehrere Boolesche Kriterien erfüllen.

```
titanic[(titanic["Sex"] == "female") &
        (titanic["Pclass"] == 3)]["Survived"].mean()
```

Listing 11.22: Vorbereitung der für die beiden Geschlechter getrennten Visualisierung der Überlebensraten der *Titanic* nach Alterskategorie.

```
male_passengers = titanic[titanic["Sex"] == "male"]
female_passengers = titanic[titanic["Sex"] == "female"]
valid_male_ages = male_passengers[titanic["Age"].notna()]
valid_female_ages = female_passengers[titanic["Age"].notna()]
```

11.7 Maschinelles Lernen mit scikit-learn

Dieser Abschnitt enthält eine kurze Einführung in das *maschinelleLernen*. Dabei handelt es sich um einen Bereich der künstlichen Intelligenz (KI) und Informatik, der sich mit Programmen bzw. Algorithmen beschäftigt, die als Antwort auf den Input von Daten schrittweise ein bestimmtes Verhalten „erlernen", das nicht explizit programmiert wurde. Obwohl die Meinungen darüber, ob maschinelles Lernen per se Teil der Datenwissenschaft ist, auseinandergehen, ist es zumindest ein eng verwandtes Gebiet und eignet sich daher für eine Einführung wie diese.

Maschinelles Lernen ist ein sehr umfangreiches Thema und in diesem Abschnitt können wir nur an der Oberfläche kratzen. Wie bei den anderen Abschnitten in diesem Kapitel liegt das Hauptziel auch hier in der Entwicklung einer grundlegenden Vertrautheit mit einem relevanten Python-Paket – in diesem Fall mit einem Paket namens *scikit-learn*.

Aufbauend auf der *Titanic*-Analyse in ▶ Abschnitt 11.6 werden wir uns zunächst ein Beispiel für eine *lineare Regression* ansehen (▶ Abschnitt 11.7.1) und dann anspruchsvollere Modelle des maschinellen Lernens betrachten (▶ Abschnitt 11.7.2). Den Abschluss bildet ein Beispiel für eine *Clusteranalyse*, die nur einen von vielen anderen Bereichen repräsentiert, für die scikit-learn hervorragend geeignet ist.

11.7.1 Lineare Regression

In diesem Abschnitt werden wir scikit-learn verwenden, um mithilfe einer *linearen Regression* eine Gerade zu finden, die die Korrelation zwischen verschiedenen Variablen eines gegebenen Datensatzes bestmöglich beschreibt.[135] Bei der *linearen* Regression wird dabei eine lineare (also durch eine Geradengleichung bestimmte) Korrelation zwischen den Variablen angenommen. Ob eine solche *lineare* Korrelation tatsächlich besteht, kann durch das Ergebnis der Regression bestätigt oder widerlegt werden. Die lineare Regression als „maschinelles Lernen" zu bezeichnen, wird manchmal als eine Art Insider-Witz angesehen, da die Technik relativ einfach ist und schon seit vielen Jahren verwendet wird. Nichtsdestotrotz ist es ein guter Anfang.

135 Dieser Abschnitt wurde zum Teil durch den Artikel „Linear Regression in Python" von Mirko Stojiljković inspiriert (https://realpython.com/linear-regression-in-python/).

Für die lineare Regression in diesem Abschnitt verwenden wir denselben *Titanic*-Datensatz wie in ▶ Abschnitt 11.6. Wir beginnen mit dem Import der notwendigen Bibliotheken und erstellen einen DataFrame namens `titanic`:

```
>>> import numpy as np
>>> import pandas as pd
>>> import matplotlib.pyplot as plt
>>> URL = "https://learnenough.s3.amazonaws.com/titanic.csv"
>>> titanic = pd.read_csv(URL)
```

Unser Ziel besteht darin, den Einfluss des Alters auf die Überlebensrate zu untersuchen. Wir beginnen mit der Erstellung eines Streudiagramms (▶ Abschnitt 11.3.2) der Überlebensrate in Abhängigkeit vom Alter und ermitteln dann mit scikit-learn die Regressionsgerade zur Beschreibung der Korrelation zwischen diesen Variablen.

Zunächst extrahieren wir nur die Spalten `Age` (Alter) und `Survived` (überlebt = 1 oder nicht überlebt = 0), weil diese die Daten enthalten, die für die Fragestellung von Interesse sind. Da wir nur diejenigen Passagiere bei der Analyse berücksichtigen möchten und können, für die der Datensatz das Alter enthält, führen wir durch Aussortieren der NA-Werte mithilfe von `dropna()` (▶ Abschnitt 11.4.1) außerdem eine Datenbereinigung durch:

```
>>> passenger_age = titanic[["Age" , "Survived"]].dropna()
>>> passenger_age.head()
    Age  Survived
0  22.0         0
1  38.0         1
2  26.0         1
3  35.0         1
4  35.0         0
```

Für die *x*-Achse unseres Diagramms verwenden wir die tatsächlich vorkommenden Alterswerte der Passagiere, die wir durch `passenger_age["Age"]` erhalten und mithilfe von `unique` jeweils nur einmalig dem neu definierten Array `passenger_ages` hinzufügen. Darüber hinaus sortieren wir diese Werte im Array `passenger_ages` noch in aufsteigender Reihenfolge:

```
>>> passenger_ages = passenger_age["Age"].unique()
>>> passenger_ages.sort()
>>> passenger_ages
array([ 0.42,  0.67,  0.75,  0.83,  0.92,  1.  ,  2.  ,  3.  ,  4.  ,
        5.  ,  6.  ,  7.  ,  8.  ,  9.  , 10.  , 11.  , 12.  , 13.  ,
       14.  , 14.5 , 15.  , 16.  , 17.  , 18.  , 19.  , 20.  , 20.5 ,
       21.  , 22.  , 23.  , 23.5 , 24.  , 24.5 , 25.  , 26.  , 27.  ,
       28.  , 28.5 , 29.  , 30.  , 30.5 , 31.  , 32.  , 32.5 , 33.  ,
       34.  , 34.5 , 35.  , 36.  , 36.5 , 37.  , 38.  , 39.  , 40.  ,
       40.5 , 41.  , 42.  , 43.  , 44.  , 45.  , 45.5 , 46.  , 47.  ,
       48.  , 49.  , 50.  , 51.  , 52.  , 53.  , 54.  , 55.  , 55.5 ,
       56.  , 57.  , 58.  , 59.  , 60.  , 61.  , 62.  , 63.  , 64.  ,
       65.  , 66.  , 70.  , 70.5 , 71.  , 74.  , 80.  ])
```

Jetzt können wir die Überlebensrate für jeden Alterswert wie folgt berechnen:

```
>>> survival_rate = passenger_age.groupby("Age")["Survived"].mean()
```

Schauen wir uns zur Überprüfung einen Ausschnitt aus dem mittleren Altersbereich an:

```
>>> survival_rate.loc[30:40]
Age
30.0     0.400000
30.5     0.000000
31.0     0.470588
32.0     0.500000
32.5     0.500000
33.0     0.400000
34.0     0.400000
34.5     0.000000
35.0     0.611111
36.0     0.500000
36.5     0.000000
37.0     0.166667
38.0     0.454545
39.0     0.357143
40.0     0.461538
Name: Survived, dtype: float64
```

Demnach lag beispielsweise die Überlebensrate der 37-jährigen Passagiere bei etwa 16,7 %.

Wie in ▶ Abschnitt 11.3.2 bereits erwähnt, bietet ein Streudiagramm eine einfache Möglichkeit, sich einen sehr guten Überblick über die Daten und ihre Verteilung zu verschaffen:

```
>>> fig, ax = plt.subplots()
>>> ax.scatter(passenger_ages, survival_rate)
>>> plt.show()
```

Das resultierende Streudiagramm finden Sie in ▶ Abbildung 11.33.

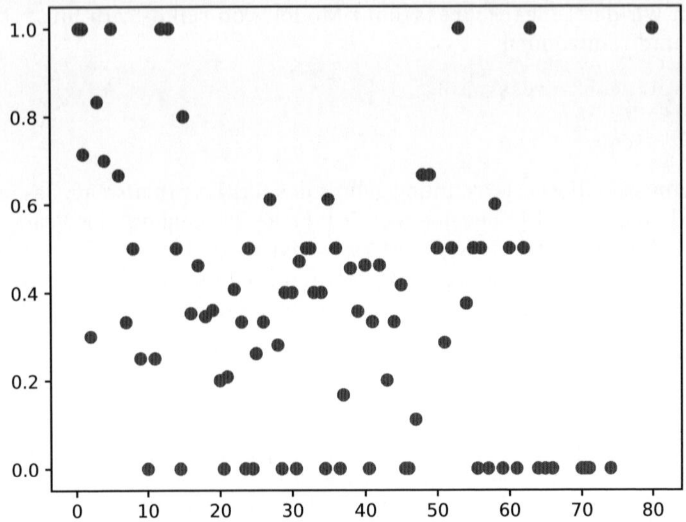

Abbildung 11.33: Ein Streudiagramm der Überlebensraten der *Titanic* nach Alter.

Das Streudiagramm in ▶ Abbildung 11.33 scheint von den jüngsten zu den ältesten Passagieren einen allgemeinen Abwärtstrend der Überlebensrate zu zeigen, der im Wesentlichen auch im Balkendiagramm in ▶ Abbildung 11.31 erkennbar ist. Wir können diesen Trend mithilfe des `LinearRegression`-Modells von scikit-learn (▶ Listing 11.23) quantifizieren.[136]

Listing 11.23: Importieren eines linearen Regressionsmodells.

```
>>> from sklearn.linear_model import LinearRegression
```

Wir definieren nun die Variablen `X` für die Alterswerte und `Y` für die zugehörigen Überlebensraten als Input für das Regressions-Modell von scikit-learn.[137] Das von scikit-learn-Modellen erwartete Inputformat ist ein Array aus eindimensionalen Arrays für `X` und ein reguläres NumPy-ndarray für `Y`. Ersteres ist genau das Format, das mit der in ▶ Abschnitt 11.2.2 eingeführten Methode `reshape((-1, 1))` erzeugt wird (▶ Listing 11.4):

```
>>> X = np.array(passenger_ages).reshape((-1, 1))
>>> X[:10]     # Zur Überprüfung die ersten zehn Werte anschauen.
array([[0.42],
       [0.67],
       [0.75],
       [0.83],
       [0.92],
       [1.  ],
       [2.  ],
       [3.  ],
       [4.  ],
       [5.  ]])
```

Die Definition von `Y` ist im Vergleich dazu deutlich einfacher:

```
>>> Y = np.array(survival_rate)
```

Jetzt können wir das `LinearRegression()`-Modell von scikit-learn mit `fit()` auf die Variablen `X` und `Y` anwenden:

```
>>> model = LinearRegression()
>>> model.fit(X, Y)
LinearRegression()
```

Zu den Ergebnissen dieser Berechnung gehört das Bestimmtheitsmaß, das (aus technischen Gründen) auch mit R^2 bezeichnet wird. Es ist das Quadrat des Pearson-Korrelationskoeffizienten und kann jeden Wert zwischen –1 und 1 annehmen, wobei 1 eine perfekte Korrelation und –1 eine perfekte Antikorrelation zwischen den Variablen bedeutet. R^2 kann mithilfe der Methode `score()` des Modells abgefragt werden:

```
>>> model.score(X, Y)     # Bestimmtheitsmaß R^2
0.13539675574075116
```

136 SciPy verfügt auch über eine Funktion zur linearen Regression namens `scipy.stats.linregress`, aber in diesem Abschnitt verwenden wir die Funktion von scikit-learn, um ihn mit der Behandlung der fortgeschritteneren Modelle in Abschnitt 11.7.2 zu vereinheitlichen.

137 Die Konventionen für die Großschreibung von Regressionsvariablen sind ziemlich kompliziert; für mehr Informationen dazu siehe hier: https://stats.stackexchange.com/questions/389395/why-uppercase-for-x-and-lowercase-for-y.

Ein R^2-Wert von 0,135 ist zwar klein, aber nicht vernachlässigbar. Dabei sollten Sie allerdings auch beachten, wie schwierig die Interpretation von R^2-Werten ist.

Wir können einen visuellen Eindruck davon gewinnen, wie gut die Daten durch die Regressionsgerade beschrieben werden, indem wir die Gerade in das Streudiagramm einfügen. Die Steigung und der *y*-Achsenabschnitt der Geraden sind über die Attribute `coef_` und `intercept_` des Modells verfügbar:

```
>>> m = model.coef_
>>> b = model.intercept_
```

Die nachgestellten Unterstriche in den Namen sind eine Konvention von scikit-learn für Attribute, die erst verfügbar sind, nachdem das Modell mit der Methode `model.fit()` auf die Daten angewandt worden ist.

Wir haben die Steigung und den Achsenabschnitt zur Beschreibung einer Geraden in der *x,y*-Ebene mit den dafür üblichen Buchstaben `m` und `b` bezeichnet. Die zugehörige Geradengleichung lautet folglich:

$y = mx + b$ Gleichung einer Geraden

Wir können ein Diagramm unserer Regressionsgeraden mit dem Streudiagramm aus ▶ Abbildung 11.33 kombinieren, um einen visuellen Eindruck davon zu bekommen, wie gut die Gerade die Überlebensraten in Abhängigkeit vom Alter widerspiegelt (hier ohne die REPL-Eingabeaufforderung (>>>), um das Kopieren des Codes zu erleichtern):

```
fig, ax = plt.subplots()
ax.scatter(passenger_ages, survival_rate)
ax.plot(passenger_ages, m * passenger_ages + b, color="orange")
ax.set_xlabel("Alter")
ax.set_ylabel("Überlebensrate")
ax.set_title("Überlebensraten der Titanic nach Alter")
plt.show()
```

(Da wir die Beschriftungen hier im Gegensatz zu den Balkendiagrammen in ▶ Abschnitt 11.6 *nicht* automatisch aus dem zugrunde liegenden englischsprachen Datensatz hinzufügen lassen, sondern explizit setzen, können wir auch wieder zu deutschen Beschriftungen übergehen.)

Das resultierende Streudiagramm mit der zugehörigen Regressionsgeraden ist in ▶ Abbildung 11.34 dargestellt. Wie aufgrund des relativ niedrigen R^2-Werts zu erwarten war, spiegelt die Regressionsgerade die Korrelation zwischen der Überlebensrate und dem Alter zwar tendenziell wider, beschreibt sie aber nicht besonders gut. Es ist klar zu erkennen, dass die Korrelation zwischen der Überlebensrate und dem Alter alles andere als perfekt ist. Allerdings haben wir in ▶ Abschnitt 11.6 festgestellt, dass sowohl das Geschlecht als auch die Passagierklasse ebenfalls einen signifikanten Einfluss auf die Überlebensraten haben. Wir werden diese Zusammenhänge in ▶ Abschnitt 11.7.2 mit ausgefeilteren maschinellen Lernmodellen weiter untersuchen.

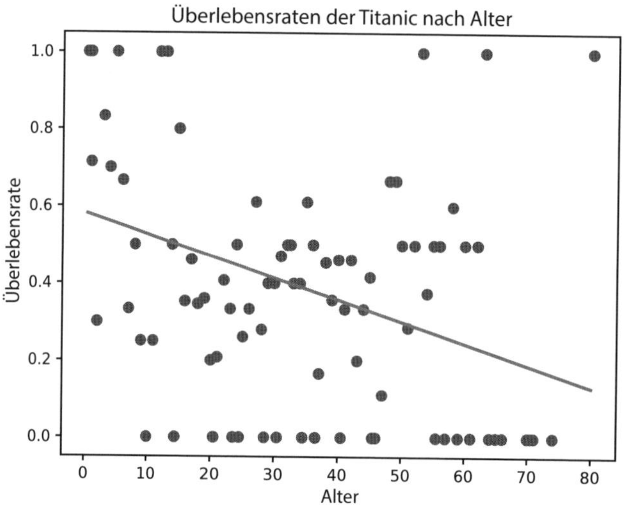

Abbildung 11.34: Hinzufügen einer Regressionsgeraden (und deutscher Beschriftungen) zu Abbildung 11.33.

11.7.2 Modelle des maschinellen Lernens

In ▶ Abschnitt 11.6 haben wir pandas verwendet, um die Zusammenhänge zwischen den Überlebensraten der *Titanic* und den Schlüsselvariablen Passagierklasse (`Pclass`), Geschlecht (`Sex`) und Alter (`Age`) einzeln zu untersuchen. In ▶ Abschnitt 11.7.1 haben wir eine Regressionsgerade zur Beschreibung der Überlebensraten als Funktion des Alters berechnet, aber die Vorhersagekraft des linearen Regressionsmodells war ziemlich bescheiden. Das liegt unter anderem daran, dass die Überlebensraten nicht nur vom Alter, sondern auch von den Variablen Passagierklasse und Geschlecht abhängen. In diesem Abschnitt werden wir uns mit wesentlich ausgefeilteren maschinellen Lernmodellen beschäftigen, die entsprechend bessere Vorhersagen liefern.[138]

Wie in den vorangegangenen Abschnitten importieren wir die erforderlichen Pakete und erstellen den notwendigen DataFrame (wieder ohne die REPL-Eingabeaufforderung (>>>) dargestellt, um das Kopieren des Codes zu erleichtern):

```
import numpy as np
import pandas as pd
import matplotlib.pyplot as plt


URL = "https://learnenough.s3.amazonaws.com/titanic.csv"
titanic = pd.read_csv(URL)
```

138 Die hier durchgeführte Analyse basiert zum Teil auf dem Artikel „Predicting the Survival of Titanic Passengers", der Daten aus dem beliebten Wettbewerb „Machine Learning from Disaster" der Machine-Learning-Website Kaggle (einer Tochtergesellschaft von Google) verwendet. Der Kaggle-Datensatz enthält sowohl Trainings- als auch Testdaten. Das Ziel des Wettbewerbs besteht darin, mit den Trainingsdaten Modelle zu trainieren und dann Vorhersagen auf der Grundlage der Testdaten zu machen. Leider ist dieser Schritt im Artikel „Predicting the Survival of Titanic Passengers" nicht klar, da die Methode `predict()` von scikit-learn verwendet wird, um Vorhersagen zu berechnen, dann aber nichts mit diesen Vorhersagen geschieht. Die Teilnehmer des Wettbewerbs würden diese Vorhersagen verwenden, um die von Kaggle für die Teilnahme am Wettbewerb geforderten Ergebnisse zu erzeugen.

Es gibt eine Vielzahl von verschiedenen Modellen, die von scikit-learn unterstützt werden und die wir ausprobieren könnten. Eine ausführliche Diskussion dieser Modelle würde den Rahmen dieses Buches sprengen, aber hier ist eine Auswahl der Modelle, die wir in diesem Abschnitt betrachten werden, mit Links zu weiteren Informationen:

- Logistische Regression (https://de.wikipedia.org/wiki/Logistische_Regression)
- Naiver Bayes-Klassifikator (https://en.wikipedia.org/wiki/Naive_Bayes_classifier)
- Perzeptron (https://de.wikipedia.org/wiki/Perzeptron)
- Entscheidungsbaum (https://en.wikipedia.org/wiki/Decision_tree)
- Random Forest (https://de.wikipedia.org/wiki/Random_Forest)

Diese Modelle wurden als repräsentative Beispiele für verschiedene Arten von Candidate-Algorithmen ausgewählt. Die einzige Ausnahme ist Random Forest, der sich im Falle unseres Datensatzes als äquivalent zum Entscheidungsbaum herausstellen wird, aber dennoch beibehalten wurde, weil „Random Forest" wirklich cool klingt. (Ganz im Ernst: Wann und inwieweit sich Random Forest vom Entscheidungsbaum unterscheidet, wird in einer Übung in ▶ Abschnitt 11.7.4 diskutiert.)

Um die verschiedenen Modelle auf unseren Trainings-DataFrame anwenden zu können, müssen wir sie zunächst aus dem scikit-learn-Paket `sklearn` importieren (▶ Listing 11.24).

Listing 11.24: Importieren von mehreren maschinellen Lernmodellen.

```
from sklearn.linear_model import LogisticRegression
from sklearn.naive_bayes import GaussianNB
from sklearn.linear_model import Perceptron
from sklearn.tree import DecisionTreeClassifier
from sklearn.ensemble import RandomForestClassifier
```

Beachten Sie die Ähnlichkeit zwischen diesen Importanweisungen und der für lineare Regressionen in ▶ Abschnitt 11.7.1 verwendeten Anweisung (▶ Listing 11.23).

An dieser Stelle müssen wir unsere Daten in das Format bringen, das für die Übergabe an die Lernmodelle von scikit-learn erforderlich ist. Da wir beschlossen haben, uns auf die Auswirkungen von Passagierklasse, Geschlecht und Alter auf die Überlebensraten zu konzentrieren, entfernen wir in einem ersten Schritt die Spalten, die wir nicht berücksichtigen wollen. Der Einfachheit halber erstellen wir einfach eine Liste mit Strings für die betreffenden Spaltennamen und iterieren anschließend über die Liste, wobei wir in jedem Iterationsschritt die Spalte mit dem jeweiligen Namen mithilfe der pandas-Methode `drop()` aus dem DataFrame herauslöschen. Dabei gibt die Option `axis=1` an, dass die *Spalte* und nicht die *Zeile* (entsprechend der Standardoption `axis=0`) mit dem als erstes Argument übergebenen Namen entfernt werden soll:

```
dropped_columns = ["PassengerId", "Name", "Cabin", "Embarked",
                   "SibSp", "Parch", "Ticket", "Fare"]

for column in dropped_columns:
    titanic = titanic.drop(column, axis=1)
```

Anders als zum Beispiel bei Histogrammen, bei deren Erstellung nicht verfügbare Werte wie NaN und NaT normalerweise einfach ignoriert werden, brechen die maschinellen Lernmodelle ab, wenn sie ungültige Werte erhalten. Um diesen unglücklichen Umstand zu vermeiden, wenden wir den gleichen Trick wie in ▶ Listing 11.20 an: Wir definieren den DataFrame `titanic` ausgehend vom aktuellen DataFrame `titanic`, der nur noch die Spalten `Age`, `Sex` und `Pclass` enthält, noch einmal neu, wobei wir aber mithilfe der Methode `notna()` *nur* die *nicht* nicht verfügbaren Daten in den neuen DataFrame einschließen und die NA-Werte aussortieren (*notna* steht für *Not Not Available* – man beachte die doppelte Verneinung):

```
for column in ["Age", "Sex", "Pclass"]:
    titanic = titanic[titanic[column].notna()]
```

Eine weitere Ursache für Modellfehler sind kategoriale Rohwerte wie `male` und `female`, mit denen die Modelle nicht umgehen können. Um das Problem zu beheben, werden wir diese kategorialen Werte mithilfe der pandas-Methode `map()`, die wir bereits in ▶ Listing 11.12 kennengelernt haben, durch Zahlen ersetzen:

```
sexes = {"male": 0, "female": 1}
titanic["Sex"] = titanic["Sex"].map(sexes)
```

Wenn `Pclass` durch Strings wie `first`, `second` und `third` repräsentiert würde, müssten wir etwas Ähnliches für diese Variable tun, aber glücklicherweise wird sie bereits durch die Ganzzahlen `1`, `2` und `3` beschrieben. Das bedeutet, dass wir zum nächsten Schritt übergehen können, nämlich zur Vorbereitung unserer Daten. Die unabhängigen Variablen sind die Passagierklasse, das Geschlecht und das Alter, während die Überlebensrate die abhängige Variable darstellt. Der üblichen Konvention folgend, nennen wir die unabhängigen Variablen `X` und die abhängigen Variablen `Y` und definieren diese wie folgt:

```
X = titanic.drop("Survived", axis=1)
Y = titanic["Survived"]
```

Beachten Sie, dass wir die abhängige Spalte `Survived` aus der Trainingsvariable `X` entfernt haben, weil wir die Werte genau dieser Spalte vorhersagen wollen.

Bevor wir die Algorithmen des Lernmodells anwenden, sollten wir uns alles noch einmal stichprobenartig ansehen, um sicherzustellen, dass die Vorbereitung der Daten zum gewünschten Ergebnis geführt hat:

```
print(X.head(), "\n----\n")
print(Y.head(), "\n----\n")
   Pclass  Sex   Age
0       3    0  22.0
1       1    1  38.0
2       3    1  26.0
3       1    1  35.0
4       3    0  35.0
----

0    0
1    1
2    1
3    1
4    0
Name: Survived, dtype: int64
----
```

Sieht gut aus.

Der ursprüngliche Wettbewerb, der dieses Beispiel inspiriert hat, sah die Bereitstellung von Trainingsdaten für die Erstellung von Modellen vor, die dann auf Testdaten angewendet wurden, die den Teilnehmern des Wettbewerbs nicht zur Verfügung standen. Da dieser Abschnitt nicht Teil dieses Wettbewerbs ist, werden wir die gegebenen Daten selbst in separate Trainings- und Testdatensätze aufteilen. Die Verwendung solcher getrennten Datensätze hilft, eine Überanpassung an die Daten zu vermeiden, bei der so viele freie Parameter verwendet werden, dass das Modell über die ursprünglichen Datensätze hinaus keinen Vorhersagewert besitzt – wie der große John von Neumann einst sagte: „Mit vier Parametern kann ich einen Elefanten anpassen, und mit fünf kann ich ihn mit dem Rüssel wackeln lassen.“ (Wir werden mit der *Kreuzvalidierung* noch einen weiteren Schutz gegen eine Überanpassung betrachten.)

Die wichtigste scikit-learn-Methode für die Aufteilung zwischen Training und Test heißt passenderweise `train_test_split()` und gibt vier Werte zurück, nämlich jeweils eine Trainings- und eine Testvariable für `X` und `Y`:

```
from sklearn.model_selection import train_test_split
(X_train, X_test, Y_train, Y_test) = train_test_split(X, Y, ↵
random_state=1)
```

Da `train_test_split()` die Daten vor der Aufteilung vermischt, haben wir die Option `random_state` so eingestellt, dass Ihre Ergebnisse mit den im Text gezeigten übereinstimmen.

Jetzt können wir die verschiedenen Modelle, die zu Beginn von Abschnitt 11.7.2 aufgelistet wurden, an den Trainingsdaten ausprobieren und sehen, wie genau ihre Anpassungen an die Daten sind, wenn wir sie auf die Testdaten anwenden. Unsere Strategie besteht darin, für jedes der in ▶ Listing 11.24 importierten Modelle eine Instanz zu definieren, dann jeweils mit der Methode `fit()` die Anpassung an die *Trainingsdaten* zu berechnen und anschließend das Ergebnis der Anwendung der Methode `score()` auf die *Testdaten* zu betrachten. Im Anschluss vergleichen wir die Genauigkeit der verschiedenen Modelle auf der Grundlage der von der `score()`-Methode zurückgegebenen Bestimmtheitsmaße R^2.

Wir beginnen mit der logistischen Regression:

```
logreg = LogisticRegression()
logreg.fit(X_train, Y_train)
accuracy_logreg = logreg.score(X_test, Y_test)
```

Nun folgt der (Gaußsche) naive Bayes-Klassifikator:

```
naive_bayes = GaussianNB()
naive_bayes.fit(X_train, Y_train)
accuracy_naive_bayes = naive_bayes.score(X_test, Y_test)
```

Dann das Perzeptron:

```
perceptron = Perceptron()
perceptron.fit(X_train, Y_train)
accuracy_perceptron = perceptron.score(X_test, Y_test)
```

Nun der Entscheidungsbaum (engl: *Decision Tree*):

```
decision_tree = DecisionTreeClassifier()
decision_tree.fit(X_train, Y_train)
accuracy_decision_tree = decision_tree.score(X_test, Y_test)
```

Und schließlich der Random Forest (unter Verwendung der Option `random_state` wie bei `train_test_split()`, um konsistente Ergebnisse zu erhalten):

```
random_forest = RandomForestClassifier(random_state=1)
random_forest.fit(X_train, Y_train)
accuracy_random_forest = random_forest.score(X_test, Y_test)
```

Lassen Sie uns einen DataFrame erstellen, um die Ergebnisse zu speichern und anzuzeigen (wir lassen die Eingabeaufforderung zum leichteren Kopieren wieder weg):

```
results = pd.DataFrame({
    "Model": ["Logistic Regression", "Naive Bayes", "Perceptron",
              "Decision Tree", "Random Forest"],
    "Score": [accuracy_logreg, accuracy_naive_bayes, accuracy_perceptron,
              accuracy_decision_tree, accuracy_random_forest]})
result_df = results.sort_values(by="Score", ascending=False)
result_df = result_df.set_index("Score")
result_df
```

Das Ergebnis sehen Sie in ▶ Listing 11.25.

Listing 11.25: Die Genauigkeit (Bestimmtheitsmaße R^2) der verschiedenen Modelle.

```
                        Model
Score
0.854749  Decision Tree
0.854749  Random Forest
0.787709  Logistic Regression
0.770950  Naive Bayes
0.743017  Perceptron
```

Wir sehen, dass der Entscheidungsbaum und der Random Forest gleichauf das beste Ergebnis geliefert haben, gefolgt von der logistischen Regression und dem naiven Bayes-Klassifikator, die sehr nahe beieinander liegen, während das Perzeptron das Schlusslicht bildet. Die Unterschiede zwischen den Modellen sind jedoch insgesamt so gering, dass bereits andere Werte für `random_state` ihre Reihenfolge leicht beeinflussen könnten (▶ Abschnitt 11.7.4).

Nachdem wir die `fit()`-Methode ausgeführt haben, können wir uns mit `feature_importances_` ansehen, wie groß der Beitrag der einzelnen Faktoren zu den Ergebnissen des Modells waren. Für das Random-Forest-Modell erhalten wir zum Beispiel die folgenden Bedeutungen der einzelnen Faktoren:

```
>>> random_forest.feature_importances_
array([0.16946036, 0.35821155, 0.47232809])
>>> X_train.columns
Index(['Pclass', 'Sex', 'Age'], dtype='object')
```

Das Ergebnis zeigt, dass das Alter (Age) den größten Einfluss auf die Überlebensrate hatte, gefolgt vom Geschlecht (Sex) und mit einem größeren Abstand der Passagierklasse (Pclass). Wir können das Ergebnis auch in einem Balkendiagramm darstellen, um die Quantität der Beträge der verschiedenen Faktoren visuell zu veranschaulichen:

```
>>> fig, ax = plt.subplots()
>>> ax.bar(X_train.columns, random_forest.feature_importances_)
<BarContainer object of 3 artists>
>>> plt.show()
```

Frühere Beispiele von bar() haben wir über die pandas-Schnittstelle aufgerufen, aber hier sehen wir, dass Matplotlib Balkendiagramme auch direkt unterstützt. (Das ist nicht überraschend, da pandas, wie in ▶ Abschnitt 11.4 erwähnt, im Hintergrund Matplotlib verwendet). Das resultierende Balkendiagramm finden Sie in ▶ Abbildung 11.35.

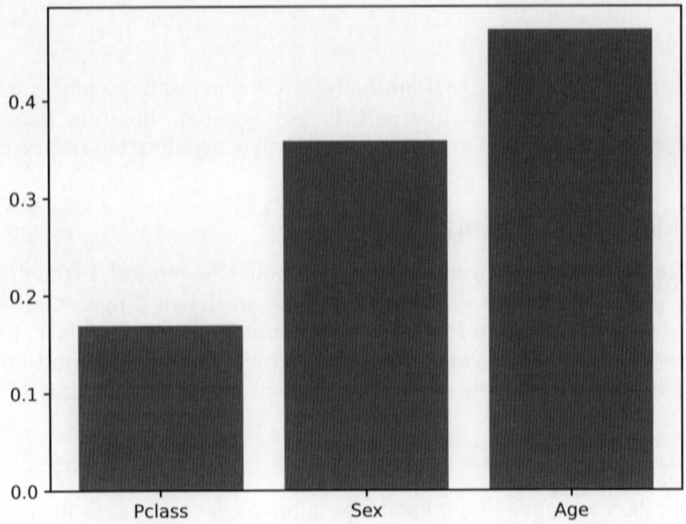

Abbildung 11.35: Die Bedeutung der einzelnen Faktoren für die Überlebensraten der *Titanic*.

Kreuzvalidierung

Wie bereits erwähnt, teilen wir die Daten in Trainings- und Testdatensätze auf, um eine Überanpassung zu vermeiden. Eine andere gängige Technik, um zu vermeiden, dass „ein Elefant angepasst wird" (um mit von Neumanns Wortspiel zu sprechen), ist die sogenannte *Kreuzvalidierung*. Die Grundidee besteht darin, die ursprünglichen Trainingsdaten künstlich in neue Trainings- und Testdatensätze aufzuteilen, das Modell mit den neuen Trainingsdaten zu trainieren und dann das Modell zur Vorhersage der Testdaten zu verwenden. Wenn dies bei mehreren zufällig ausgewählten Trainings- und Testdatensätzen zu weitgehend konsistenten Ergebnissen führt, können wir davon ausgehen, dass das Modell tatsächlich funktioniert.

Da dies eine sehr verbreitete Technik ist, verfügt scikit-learn über eine vordefinierte Routine zur Durchführung von Kreuzvalidierungen namens cross_val_score:

```
>>> from sklearn.model_selection import cross_val_score
```

Diese Methode implementiert die sogenannte *k-fache Kreuzvalidierung*, bei der die Daten in *k* Teile oder „Falten" zerlegt werden, *k*–1 Falten zum Trainieren des Modells verwendet werden und dann die Werte der letzten Falte vorhergesagt werden, um die Genauigkeit zu beurteilen. Die Funktion `cross_val_score` verwendet als Standardwert $k = 5$, was für unsere Zwecke ausreichend ist, sodass wir der Funktion nur die `RandomForestClassifier`-Instanz und die Trainingsdaten übergeben müssen. Wir werden das Random-Forest-Modell verwenden, da es den ersten Platz belegt (und, wie bereits erwähnt, einen besonders coolen Namen hat):

```
>>> random_forest = RandomForestClassifier(random_state=1)
>>> scores = cross_val_score(random_forest, X, Y)
>>> scores
array([0.75524476, 0.8041958, 0.82517483, 0.83216783, 0.83098592])
>>> scores.mean()
0.8095538264552349
>>> scores.std()
0.028958338744358988
```

Mit einem durchschnittlichen Bestimmtheitsmaß R^2 von fast 81 % und einer Standardabweichung von knapp 3 % können wir davon ausgehen, dass das Random-Forest-Modell eine ziemlich genaue Vorhersage der Überlebensdaten der *Titanic* ermöglicht.

11.7.3 *k*-Means-Clustering

Als letztes Beispiel werfen wir einen Blick auf eine *Clusteranalyse* (auch *Clustering-Algorithmus* genannt), die nur eines der vielen erstaunlichen Dinge ist, die scikit-learn kann.[139] Wir beginnen mit dem Import einer Hilfsmethode namens `make_blobs()`, die häufig bei der Demonstration von Clusteranalysen verwendet wird und im vorliegenden Fall 300 Punkte erzeugt, die auf 4 Kleckse (engl.: *blobs*) aufgeteilt sind:

```
>>> from sklearn.datasets import make_blobs
>>> X, _ = make_blobs(n_samples=300, centers=4, random_state=42)
```

Beachten Sie, dass wir auch einen Parameter namens `random_state` übergeben haben, der für reproduzierbare Ergebnisse bei wiederholtem Aufruf der Funktion sorgt. (Die Ergebnisse können ansonsten sehr unterschiedlich sein.)

Die „Klecks-artige" Verteilung der mit `make_blobs()` erzeugten Punkte wird erkennbar, wenn wir in einem Streudiagramm die zweite Spalte gegen die erste auftragen:

```
>>> fig, ax = plt.subplots()
>>> ax.scatter(X[:, 0], X[:, 1])
>>> plt.show()
```

Das resultierende Diagramm ist in ▶ Abbildung 11.36 dargestellt.

Eine gute Anpassung an die vier Blobs (Kleckse) können wir mithilfe eines Algorithmus namens *k-Means-Clustering* finden:

```
>>> from sklearn.cluster import KMeans
>>> kmeans = KMeans(n_clusters=4)
>>> kmeans.fit(X)
```

139 Siehe https://jakevdp.github.io/PythonDataScienceHandbook/05.11-k-means.html für weitere Details.

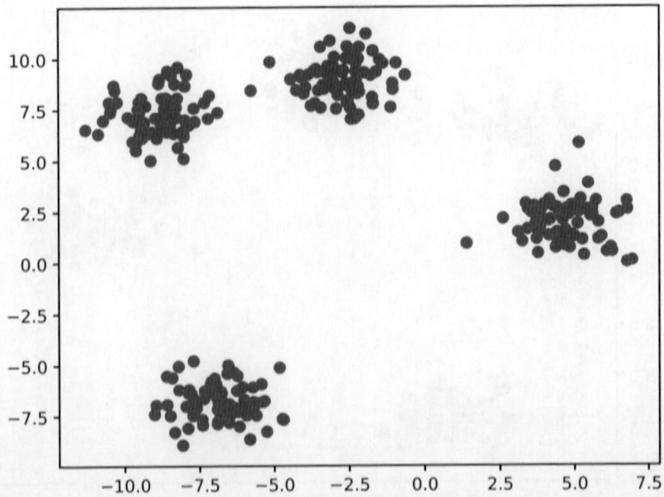

Abbildung 11.36: Einige zufällige Punkt-Kleckse (Blobs), die mit `make_blobs()` erzeugt wurden.

Beachten Sie, wie stark die Schritte den Anpassungen mithilfe der Methode `fit()` bei den Modellen in ▶ Abschnitt 11.7.2 ähneln. Die mit dem *k*-Means-Clustering-Algorithmus berechneten Abschätzungen für die Positionen der Zentren der einzelnen Blobs erhalten wir anschließend durch die Abfrage des Attributs `cluster_centers_`:

```
>>> centers = kmeans.cluster_centers_
>>> centers
array([[ 4.7182049 ,  2.04179676],
       [-8.87357218,  7.17458342],
       [-6.83235205, -6.83045748],
       [-2.70981136,  8.97143336]])
```

(Beachten Sie die in ▶ Abschnitt 11.7.1 bereits erwähnte Namenskonvention mit einem nachgestellten Unterstrich zur Kennzeichnung von Attributen, die erst nach dem Aufruf von `fit()` verfügbar sind.) Das Ergebnis ist ein Array von Punkten, deren Bedeutung wir zur leichteren Interpretation veranschaulichen können, indem wir die zweite Spalte wie bei den ursprünglichen Blobs gegen die erste auftragen und die resultierenden Punkte zusätzlich in das ursprüngliche Streudiagramm mit den vier Blobs einfügen:

```
fig, ax = plt.subplots()
ax.scatter(X[:, 0], X[:, 1])
centers = kmeans.cluster_centers_
ax.scatter(centers[:, 0], centers[:, 1], s=200, alpha=0.9, ↩
color="orange")
plt.show()
```

Die Punkte, die die *Zentren* der Blobs oder *Cluster* repräsentieren, werden hier mit einem größeren Durchmesser, einer schwachen Transparenz und in der Farbe Orange dargestellt, damit die mit dem *k*-Means-Clustering-Algorithmus berechneten Zentren der Blobs leicht von den Punkten der Blobs unterschieden und unmittelbar identifiziert werden können. Das resultierende Streudiagramm ist in ▶ Abbildung 11.37 dargestellt. Als Ergebnis sehen wir, dass die Positionen der Zentren der einzelnen Cluster (Blobs), die mithilfe des Clustering-Algorithmus berechnet wurden, hervorragend mit denen überstimmen, die wir intuitiv erwartet hätten.

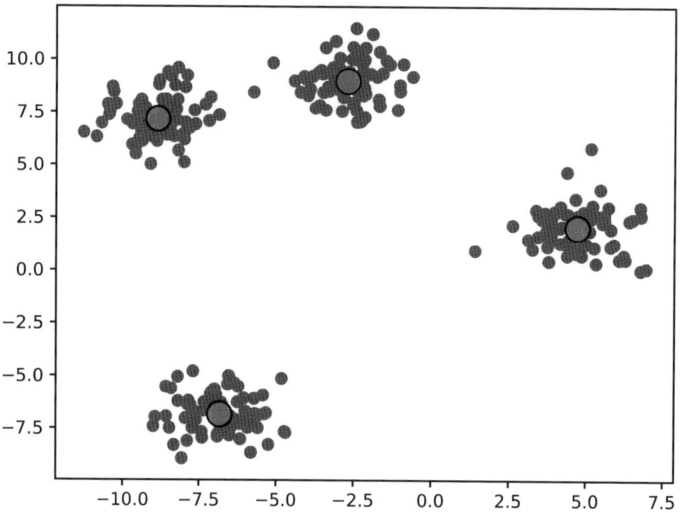

Abbildung 11.37: Cluster mit ihren Zentren, die mithilfe des *k*-Means-Algorithmus ermittelt wurden.

11.7.4 Übungen

1. Die Funktion `RandomForestClassifier()` Funktion nimmt ein Schlüsselwortargument namens `n_estimators` entgegen, das die „Anzahl der Bäume im Wald" angibt. Welchen Standardwert besitzt das Argument `n_estimators` laut Dokumentation? Verwenden Sie `random_state=1`.
2. Schätzen Sie den Wert von `n_estimators` ab, bei dem der Random-Forest-Klassifikator weniger genau wird als der Entscheidungsbaum, indem Sie wiederholt die Funktion `RandomForestClassifier()` aufrufen und dabei den Wert des Arguments `n_estimators` gezielt variieren. Verwenden Sie `random_state=1`.
3. Zeigen Sie, dass die Reihenfolge der Bestimmtheitsmaße R^2 der verschiedenen Modelle in ▶ Listing 11.25 nicht immer gleich bleibt, wenn Sie die Schritte aus ▶ Abschnitt 11.7.2 mit anderen Werten von `random_state` wiederholen. *Tipp*: Probieren Sie Werte wie `0`, `2`, `3` und `4`.
4. Wiederholen Sie die Clustering-Schritte aus ▶ Abschnitt 11.7.3 einmal mit zwei Clustern (Blobs) und einmal mit acht Clustern (Blobs). Funktioniert der Algorithmus in beiden Fällen immer noch gut?

11.8 Weitere Ressourcen und abschließende Bemerkungen

Herzlichen Glückwunsch – jetzt sollten Sie *wirklich* genug *Biss* in Python entwickelt haben, um selbstständig größere Schritte in der Python-Welt zu unternehmen! Zusätzlich zu den Grundlagen der Programmierung in Python haben Sie nun eine gute Wissensbasis in einigen der wichtigsten Tools für die Datenwissenschaft mit Python erlangt.

Es gibt unzählige Möglichkeiten, welche Wege Sie in der Python-Welt nun beschreiten können. Hier folgen einige dieser Wege:

- Die offizielle pandas-Dokumentation beginnt mit einer allgemeinen Einführung für pandas-Anfänger mit dem Titel „10 minutes to pandas", gefolgt von einer großen Menge an zusätzlichem Übungsmaterial. Die offiziellen Dokumentationen von NumPy, Matplotlib und scikit-learn sind ebenfalls hervorragende Ressourcen. Schließlich sind die Projekte SciPy und SageMath erwähnenswert – insbesondere Sage bietet die Möglichkeit, sowohl symbolische als auch numerische Berechnungen durchzuführen (ähnlich wie *Mathematica* oder Maple).
- *Python for Scientific Computing:* Obwohl diese Ressource nicht für die Datenwissenschaft an sich gedacht ist, deckt sie viele der für dieses Fachgebiet relevanten Themen ab. Unter anderem war *Python for Scientific Computing* die Inspiration für den Abschnitt, in dem die Daten der Nobelpreisträger analysiert werden (▶ Abschnitt 11.5).
- *Python Data Science Handbook* von Jake VanderPlas: Dieses Buch verfolgt einen ähnlichen Ansatz wie dieses Kapitel und ist kostenlos online verfügbar.
- *Data Science from Scratch* von Joel Grus: Dieses Buch ist im Grunde das genaue Gegenteil dieses Kapitels. Es verfolgt einen Ansatz für den Zugang zur Datenwissenschaft, der sich auf die grundlegenden Konzepte und Zusammenhänge der Thematik konzentriert. Ein solcher Ansatz hätte den begrenzten Rahmen dieses Kapitels in einem Buch zu den Grundlagen der Programmierung in Python gesprengt. Wenn Sie aber ein professioneller Datenwissenschaftler werden möchten, kann ich Ihnen dieses Buch sehr empfehlen.
- Der *Data-Science*-Kurs des *Bloom Institute of Technology*: Dieser Online-Kurs richtet sich an ernsthafte Studenten, die sich für eine Karriere in der Datenwissenschaft interessieren.
- *Hands-On Machine Learning with Scikit-Learn, Keras, and TensorFlow* von Aurélien Géron: Eine viel fortgeschrittenere Einführung in das maschinelle Lernen als ▶ Abschnitt 11.7, einschließlich *Keras*, einer Python-Schnittstelle zu Googles Bibliothek *TensorFlow*.

Der Vollständigkeit halber folgen nun noch einmal die allgemeinen Python-Ressourcen, die bereits in ▶ Abschnitt 10.6 empfohlen wurden:

- Replits *100 days of Code*: Dies ist eine geführte Einführung in die Python-Programmierung unter Verwendung der erstaunlichen kollaborativen browserbasierten IDE von Replit.
- *Practical Python Programming* von Dave Beazley: Ich bin seit langem ein großer Fan von Beazelys *Python Essential Reference* und kann seinen (kostenlosen) Online-Kurs sehr empfehlen.
- *Learn Python the Hard Way* von Zed Shaw: Dieser übungs- und syntaxlastige Ansatz ist eine hervorragende Ergänzung zu dem umfassenden, erzählerischen Ansatz dieses Tutoriums. *Spaßfakt*: Die Marke „Learn Code the Hard Way" von Zed Shaw war eine direkte Inspiration für „Learn Enough to Be Dangerous" (https://www.learnenough.com/).
- *Python Crash Course* und *Automate the Boring Stuff with Python* von No Starch Press: Beide Bücher sind gute Nachfolger von *Learn Enough Python to Be Dangerous*. Ersteres (von Eric Matthes) behandelt die Python-Syntax ausführlicher, während letzteres (von Al Sweigart) zahlreiche Anwendungen der Python-Programmierung für alltägliche Computeraufgaben enthält.

- *Captain Code* von Ben Forta und Shmuel Forta: Obwohl sich dieses Buch in erster Linie an Kinder richtet, haben viele erwachsene Leser berichtet, dass es ihnen ebenfalls gefallen hat.
- Für alle, die eine möglichst solide technische Grundlage wünschen, ist *Learn Enough All Access* (https://www.learnenough.com/all-access) ein Abonnement-Service, der spezielle Online-Versionen aller Learn Enough-Bücher und über 40 Stunden Streaming-Video-Tutorials bietet, darunter *Learn Enough Python to Be Dangerous, Learn Enough Ruby to Be Dangerous* und das komplette *Ruby on Rails Tutorial* (https://www.railstutorial.org/). Wir hoffen, dass Sie es sich ansehen werden!

Dies sind nur einige wenige Beispiele für die unglaubliche Vielfalt an Möglichkeiten, die Ihnen jetzt zur Verfügung stehen, nachdem Sie die Grundlagen von Python erlernt und Ihr technisches Verständnis entwickelt haben. Viel Glück!

Stichwortverzeichnis

#

A

B

C

G

H

I

T